W0245461

Der nahe und
der ferne Gott

Der nahe und der ferne Gott

Nichttheologische Texte
zur Gottesfrage
im 20. Jahrhundert

Mit einer Einleitung von
Leszek Kolakowski

Ein Lesebuch

Severin
und Siedler

Herausgegeben,
ausgewählt und mit einem Nachwort
von Hans Rössner

Inhalt

Leszek Kolakowski
Die Sorge um Gott in einem scheinbar gottlosen Zeitalter

Wenn jemand fragt: »Wie steht es mit der Gottesfrage heute?«, sind viele von uns spontan geneigt, mit der Gegenfrage zu antworten: »Gibt es überhaupt eine solche Frage?« Vielleicht gibt es sie nicht.

Gewiß nicht, sagen die konsequenten Rationalisten und Szientisten, die behaupten, der Begriff »Gott« lasse sich auf keinerlei Weise als verstehbare, widerspruchslose intellektuelle Konstruktion darstellen. Ehe wir »die Frage« stellen, müssen wir doch wissen, worum es sich handelt. Es muß uns also im voraus ein klarer Begriff Gottes zur Verfügung stehen, bevor Formulierungen wie »Gott existiert« oder »Gott existiert nicht« oder »Existiert Gott?« überhaupt als Gegenstände der Erwägung angenommen werden können. Gerade das sei aber unmöglich: Jede abstrakte Bestimmung Gottes sei entweder widerspruchsvoll oder prinzipiell unverstehbar, da sie mit der empirischen Wirklichkeit keineswegs in Beziehung gebracht werden könne. Somit sei die Frage leer.

Eine Gottesfrage gibt es aber auch für jene Gläubigen nicht – falls es solche gibt –, deren ererbter Glaube felsenfest und unerschütterlich bleibt. Sie wissen zweifelsfrei, daß sie in einer von Gott gesteuerten Welt leben. Und bei den wenigen auserwählten Seelen, denen der Segen der mystischen Erfahrung zuteil wurde, ist vielleicht sogar das Wort »Glaube« ungeeignet; denn der Glaube wirkt ja nur, wenn eine verdunkelnde, potentiell Ungewißheit erregende Distanz zwischen dem Wahrnehmenden und dem Wahrgenommenen besteht, während in der mystischen Erfahrung jede Distanz aufgehoben ist. Diesen Menschen stellt sich natürlich keine Gottesfrage.

Auch für die überzeugten Atheisten – falls es solche gibt – kann es keine »Gottesfrage« geben. Sie wissen unbezweifelt, daß die Wissenschaft Gott endgültig aus der Welt hinausgetrieben hat, daß im Gottesbild entweder Überbleibsel alten Aberglaubens und Ignoranz oder ein psychologischer Verteidigungsmechanismus oder soziale Konflikte zum Ausdruck kommen.

Die Welt, in der wir leben, ist aber keine Welt der in Gewißheit befriedigten, vergnügten, im Glauben oder Unglauben befestigten Menschen. Es ist vielmehr ein Zeitalter der Vertriebenen, der Flüchtlinge, der Exilanten, der Herumirrenden, der »ewigen Juden« auf der Suche nach verlorenem – geistigem oder physi-

9

schem – Heimatland. In diesem Nomadenleben ist nichts mehr sicher, nichts gewährleistet, nichts endgültig festgesetzt, nichts – außer dem Wandern – fraglos gegeben.

Ein Gott, der einst die wohletablierte Ordnung der Werte, der sozialen Verhältnisse, der Regeln des Denkens, des physischen Weltalls bestätigte und der als Gewölbe dieser Ordnung galt, ist nicht mehr da, weil keine solche Ordnung mehr sichtbar ist. Solange die Menschen der Dauerhaftigkeit dieser Ordnung vertrauen konnten, hatten auch die Gottlosen ihren Ort darin (ich habe immer nur die christlich-europäische Zivilisation im Auge). Mochten sie auch als Irrende, als Wahnsinnige oder als Sendboten der Hölle gelten, so war ihr Platz innerhalb der anerkannten Weltordnung doch bestimmt. Mochten sie auch verfolgt, bestraft, zum Tode verurteilt werden, so waren sie doch in einem guten Sinne glücklich, weil nicht nur ihrer Sache sicher, sondern auch geistig sorgenlos: es gibt keinen Gott, somit auch keinen Himmel und keine Hölle, und so ist es gut.

Aber auch das ist vorbei. Mit dem Selbstvertrauen des Glaubens ist das Selbstvertrauen des Unglaubens zerbrochen. Im Gegensatz zu der gemütlichen, durch die wohlwollende, freundliche Natur geschützten Welt des aufklärerischen Atheismus wird die gottlose Welt von heute als ein bedrückendes, ewiges Chaos wahrgenommen. Sie ist jeden Sinnes, jeder Richtung, jeder Orientierungszeichen, jeder Struktur beraubt. Also sprach Zarathustra. Seit hundert Jahren, seitdem Nietzsche den Tod Gottes verkündet hatte, sah man kaum mehr heitere Atheisten. Eine Welt, worin der Mensch sich auf seine eigenen Kräfte verlassen, sich selbst zum freien Gesetzgeber jeder Ordnung des Guten und Bösen ernannt hat, in der er, aus der Lage eines Gottessklaven befreit, seine verlorene Würde wiederzugewinnen gehofft hatte, diese Welt verwandelte sich in einen Ort nie endender Sorge. Die Abwesenheit Gottes wurde zu der immer offenen Wunde des europäischen Geistes, mag sie auch durch künstliche Betäubungsmittel der Vergessenheit anheimfallen. Vergleichen wir doch die gottlose Welt von Diderot, Helvetius, Feuerbach mit der von Kafka, Camus, Sartre. Der von der Aufklärung mit Freude erwartete Zusammenbruch des Christentums erwies sich – in dem Maße, wie er zustande kam – fast gleichzeitig als Zusammenbruch der Aufklärung. Die neue strahlende Ordnung des Anthropozentrismus, die an Stelle des gestürzten Gottes aufgebaut werden sollte, kam nie. Was ist geschehen? Warum hat sich das Geschick des Atheismus mit dem des Christentums auf eine so merkwürdige Weise verbunden, daß die beiden Feinde in ihrem Unglück und in ihrer Unsicherheit einander begegnen?

10

Gewiß, auch die Geschichte des Christentums hat uns großartige, aus verschiedenen Epochen stammende Zeugnisse der geistigen Unruhe hinterlassen: in den Schriften des jungen Augustinus, von Pascal, von Kierkegaard. Aber die Unruhe als Qualität des Geistes par excellence, seine quidditas (»Washeit«), ist ein Zeichen unseres Jahrhunderts, unserer Kultur, die im schöpferischen Schwung lebt und fortschreitet und die wir alle doch als krank erleben, wenn wir auch über die Diagnose keine Übereinstimmung erreichen können. Ist der von Gott verlassene Ort die Quelle dieser Krankheit? Hatte Kierkegaard recht, wenn er sagte, daß jede Verzweiflung über das Irdische tatsächlich – und ohne daß wir dessen notwendig bewußt seien – eine Verzweiflung über das Ewige ist? Das können wir natürlich nicht beweisen, das können wir nur ahnen.

Wovon wir reden, ist keine Sache der Intellektuellen, der Philosophen, der Dichter, sondern eine Sache des europäischen Geistes, seines gewöhnlichen Alltags. Die Unruhe foltert und verödet nicht nur die aktiven Pole der religiösen Kultur – das kämpfende Christentum und die kämpfende Gottlosigkeit. Wir entdecken sie unschwer auch hinter dem weitverbreiteten Indifferentismus, der heute als Hauptform des geistigen Lebens erscheint. Und selbst mitten in scheinbarer Gleichgültigkeit kann die beunruhigende Leere nie ganz verhüllt, das halbfreiwillig Vergessene nie zu vollem Schweigen gebracht werden. Im Hintergrund aller unserer Erfolge und Erfahrungen taucht immer wieder die apokalyptische Warnung auf: »Du behauptest: Ich bin reich und wohlhabend, und nichts fehlt mir. Du weißt aber nicht, daß gerade du elend und erbärmlich bist, arm, blind und nackt« (Apokalypse 3, 17).

Unter den geistigen Bedingungen, die in der Neuzeit, besonders aber in den letzten Dezennien, zu ständig wachsender sogenannter Säkularisierung am mächtigsten beigetragen haben, werden zwei häufiger als andere genannt – gleich, ob man die Säkularisierung als Befreiung willkommen heißt oder als Katastrophe betrachtet: einmal die Fortschritte der Wissenschaft, deren Rolle auf allen Gebieten unseres Lebens so mächtig anwuchs, worin aber Gott keinen Platz mehr hat; und zum anderen die Unfähigkeit des Christentums, besonders der römischen Kirche, die großen sozialen Probleme, die die Industrialisierungsprozesse des Jahrhunderts gebracht hatten, zu bewältigen. Nach dieser Ansicht hat sich das Christentum gegen neue soziale Konflikte und Bedürfnisse unempfindlich erwiesen, weil seine Augen immerfort nur zum Himmel und zu Gott gerichtet waren, weswegen das in Vergessenheit geratene Irdische sich selbst um seine Ansprüche und seine Rechte – außerhalb des Christentums – kümmern mußte.

Es ist vielleicht der Mühe wert, kurz zu erklären, warum mir diese populäre Meinung in beiden Bestandteilen unglaubwürdig erscheint.

Was den ersten Punkt betrifft, so ist es sicher wahr, daß Gott keine empirische Hypothese, die wissenschaftlich zuverlässig überprüfbar ist, darstellt oder je darstellen wird. Das ist eine dauerhafte Lage, in der wir uns befinden, eine Sache des Prinzips und nicht der vorläufigen Ungenügsamkeit des Wissens. Es gibt keinen logisch zulässigen Übergang vom empirischen Wissen, wie immer es auch erweitert werden möge, zur aktuellen Unendlichkeit, geschweige denn zur zweckvoll wirkenden, als Person aufgefaßten Vorsehung. Seitdem sich die wissenschaftliche Forschung von der Theologie und dem religiösen Kult getrennt und ihre Verfahrensregeln in den Hauptlinien im siebzehnten Jahrhundert kodifiziert hatte, war es klar, daß ihr Gehalt und ihre Begründungsmethoden der »Gottesfrage« gegenüber vollkommen gleichgültig sind. Der Sinn dieser Kodifizierung war, die wissenschaftlichen Ergebnisse als Werkzeuge des Voraussehens brauchbar zu machen und dadurch die natürlichen Erscheinungen der menschlichen Kontrolle zu unterwerfen.

Daß damit aber Gott aus der Welt vertrieben worden sei, ist gar nicht glaubwürdig, außer wenn man Wissenschaft mit dem szientistischen Rationalismus verwechselt. Der letzte aber – das heißt die Grundregel, nach der der Erkenntniswert durch die fehlerfreie Anwendung der wissenschaftlichen Regeln bestimmt wird – ist eine willkürliche, von Philosophen dekretierte erkenntnistheoretische Doktrin, deren Absicht gerade darin besteht, den religiösen Glauben zu entwerten. Der Szientismus ist weder eine logische Konsequenz der Wissenschaft noch – darf man plausibel behaupten – ihre soziale Folge. Wenn sie sich auch beide parallel entfaltet haben, dann doch nicht, weil die Wissenschaft den Szientismus kausal erzeugte. Freilich war ihr Zusammenhang nicht zufällig. Der szientistische Rationalismus ist ein normatives Prinzip, der Ausdruck einer bestimmten Werthierarchie, in welcher die Lebensgüter, deren Erzeugung die empirische Wissenschaft als soziales Organ vor allem dient, als Werte par excellence gelten. Natürlicherweise wird Gott aus der szientistischen Weltauffassung ausgeschaltet, weil alles ausgeschaltet wird, was sich in dem menschlichen Drang nach der Herrschaft über die Natur nicht gebrauchen läßt. Danach wäre Er aber auch in einem christlichen

Weltbild in diesem Sinne nutzlos; denn wenn die Weise, wie Er die Welt regiert, den ständigen Gesetzen mit voraussehbaren Resultaten unterliegt, würde das bedeuten, daß die Gesetze der physischen Welt aufgehört haben zu wirken. In der Tat war sowohl die christliche Theologie als auch ihre populäre Auslegung an der Konfusion zwischen rationalem Wissen und dem Glauben nicht unschuldig, indem gerade sie die Menschen zu überzeugen versuchten, man könne Gottes Gerechtigkeit in der Welt empirisch entdecken und Ihn zum Dienst für unsere Bestrebungen und Leidenschaften auf magische Weise einspannen. Diese im Grunde antichristliche Einstellung ist aber genau das, was man als Aberglauben bezeichnen muß. Der Aberglaube besteht nämlich darin, daß Gott als eine Maschine aufgefaßt wird, die dank der Anwendung der korrekten Technik erwünschte Effekte erzeugt, als ob zum Beispiel das Gebet ein technischer Eingriff wäre, der, falls er sorgfältig genug ausgeführt wird, uns unfehlbar erwartete Ergebnisse bringt. In dem Maße, wie der christliche Unterricht solche abergläubischen Haltungen gefördert hat, trug er verhängnisvoll zu seinem eigenen Mißerfolg bei. Das gilt auch immerfort im Fall der Theologen, die darauf Anspruch erheben, eine »wissenschaftliche Theologie« zu betreiben. Wenn der Glaube mit der Wissenschaft wetteifern und ihre Kriterien benutzen will, ist er dazu verdammt, eine Pseudowissenschaft zu werden, deren Anstrengungen immer wieder vereitelt und deren Ansprüche in jedem Schritt widerlegt werden müssen. Je mehr aber die Konfusion des Glaubens mit dem profanen Wissen verbreitet war, desto mehr fühlten sich gerade die gebildeten Menschen gezwungen, mit dem Aberglauben gleichzeitig den Glauben preiszugeben. Das christliche Weltbild ist und bleibt eine scharfsinnige Einsicht in das menschliche Schicksal. Die »wissenschaftliche Theologie« aber ist ein Aberglaube.

In diesem Sinne darf man behaupten, daß der szientistische Rationalismus auch eine heilsame Wirkung in der Kultur hatte, indem er dazu beitrug, das Christentum vom Aberglauben zu reinigen und ihm ein besseres Selbstverständnis seiner Berufung zurückzugeben. Der Atheismus und der Szientismus verstärken einander, das ist selbstverständlich. Aber keiner von beiden, muß ich wiederholen, kann als echtes Produkt der Wissenschaft gelten. Der Ursprung beider ist vielmehr in den kulturellen Tatsachen zu suchen, in unserer Neigung, alles zu verachten, was für unsere herrschaftssuchende Libido, unsern Drang, zu besitzen, nutzlos erscheint. Die gegenwärtige Krise des Vertrauens in Wissenschaft und Technologie angesichts ihrer gefährlichen Resultate mag die Ideologien des szientistischen Rationalismus entkräften. Diese

Krise hat aber mit der Gültigkeit oder Ungültigkeit der Normen wissenschaftlicher Erkenntnis nichts zu tun.

Der Vorwurf, wonach das Christentum so große Verluste erlitten habe, weil es nicht »wissenschaftlich« genug sei, scheint mir darum erstaunlich naiv. Man muß umgekehrt feststellen: wenn das Christentum seine »wissenschaftliche« Geltung befestigen will, dann kann das nur zu einem kraftlosen Pseudowissen führen, und gerade die Ansprüche darauf, und keineswegs der Mangel an »Wissenschaftlichkeit«, waren der Anlaß zu seinen kompromittierenden Konflikten mit der Wissenschaft. Es war gerade die Furcht, sich gegenüber dem Rationalismus klar zu bestimmen und das zu sein, was es immer gewesen war – die in menschliche Sprache übersetzte göttliche Botschaft –, die sowohl zur Erosion des christlichen Glaubens als auch zu fruchtlosen Versuchen, die Wissenschaft anzugreifen, geführt hat. Denn selbst die Idee eines Widerspruchs zwischen Wissenschaft und Glauben setzte einen Begriff des Glaubens als einer Art des profanen Wissens (somit eine Profanierung im eigentlichen Sinne) voraus.

Eine analoge Bemerkung läßt sich zum zweiten Vorwurf machen, wonach das Christentum, weil es nur mit geistigen Werten beschäftigt war, die Sorge um die irdische Gemeinschaft vernachlässigte und keine Antworten auf die schrecklichen sozialen Probleme der Neuzeit gesucht oder gefunden habe. Damit habe es sich selbst zum Untergang verdammt. Aber ist der umgekehrte Vorwurf nicht viel angemessener: der Irrtum der Kirche bestand vielmehr darin, daß sie ihren moralischen Anspruch eindeutig mit einer spezifischen sozialen Doktrin in Zusammenhang brachte, wodurch sie sich dem Vorwurf aussetzte, daß sie ihre ewigen Werte mit jeweiligen Entwicklungen, also das Heilige mit dem Profanum, sich verschmelzen ließ. Es waren, glaube ich, wohlbegründete Elemente in den Angriffen, die die Sozialisten des neunzehnten Jahrhunderts gegen die kirchliche Hierarchie richteten. Die Haltung der Kirche angesichts der gesellschaftlichen Veränderungen und des Schicksals der Armen und Ausgebeuteten war tatsächlich kritisierbar. Es scheint aber, daß wir den Sinn jeder möglichen und gerechtfertigten Kritik völlig verkehren, wenn wir sie folgendermaßen ausdrücken: die Kirche habe nur an die andere Welt gedacht, oder sie war zuviel mit der »Religion« beschäftigt, anstatt sich auf zeitliches Leben und Leiden zu konzentrieren. Man sollte umgekehrt sagen, daß sie zu sehr in bestehenden Sozialstrukturen gefangen war und sich oft den Anschein gab, als ob diese Strukturen eindeutig auf den unveränderlichen christlichen Werten beruhten.

Das Christentum ist immerfort von derselben Gefahr, aber in zwei entgegengesetzten Varianten, bedroht, und beide sind in derselben Versuchung verankert. Sie besteht nicht darin, daß man die Erde, sondern daß man den unvermeidlich relativen Wert der irdischen Angelegenheiten vergißt. Beide Varianten fördern die Gottlosigkeit dadurch, daß sie die Grenze zwischen dem Heiligen und dem Profanum zu verwischen oder sogar zu beseitigen scheinen. Aber es gibt keine profane Sache, keine sozialen oder intellektuellen Zwecke, für deren Verteidigung das Christentum heute besser vorbereitet wäre als weltliche Kräfte, die sich um diese Aufgaben kümmern. Wie sich das Christentum auch in Sachen der zeitlichen Politik und bei sozialen Konflikten engagieren mag, bleibt es dennoch seine Sache, falls es sich nicht selbst zerstören will, alle zeitlichen Güter als relativ aufzufassen. Unpolitisch kann man in unserer Welt guten Glaubens nicht sein, und auch die Kirche, soweit sie ein Organ der Kultur ist, darf nicht auf ihre politische Verantwortlichkeit verzichten oder sich als unpolitisch erklären. Aber politisch aktiv zu sein heißt weder, sich notwendig mit irgendeiner existierenden politischen Organisation oder Bewegung zu identifizieren, noch politische Werte und Zwecke als »letzten Zweck« zu betrachten. Die älteren Zusammenhänge der Kirche mit den erstarrten sozialen Ordnungen des vorigen Jahrhunderts sind für die Sache des Christentums genauso gefährlich wie die neuen Versuche, die christliche Idee mit den politischen Ideologien des revolutionären Messianismus zu verbinden. Keine dieser Tendenzen verwirklicht die Hoffnung auf eine Erneuerung der Lebendigkeit der christlichen Botschaft. In beiden spüren wir die Versuchung, diese Botschaft den zeitlichen Zwecken unterzuordnen, also die Versuchung, Gott in ein Werkzeug, in einen möglichen Gegenstand menschlicher Manipulation zu verwandeln. Die – wenn auch sehr abgeschwächte, aber doch nicht abgestorbene – theokratische Tendenz, jene verhängnisvoll erfolglose Hoffnung, man könne die Menschen durch Zwang zur Erlösung führen, wie auch die scheinbar entgegengesetzten Anstrengungen, die christlichen Werte in dieser oder jener revolutionären Ideologie unterzubringen, laufen in der grundlegenden Einsicht zusammen: sie verwandeln Gott in ein Instrument der Zwecke, die – ob gerechtfertigt oder nicht – in christlicher Perspektive nie als endgültig betrachtet werden dürfen. Denn sie bringen die Gefahr, die christliche Gemeinschaft in eine politische Partei umzubilden. Deshalb stellen sie beide eine innere Korrosion des Christentums dar. Wie es im Verlauf der Geschichte immer war, sind es auch heute die Feinde intra muros, von denen die stärkste Bedrohung ausgeht.

So allgemein beschrieben, scheint gewiß die Lage nicht neu. Die gesamte Geschichte der christlichen Lehre, wie immer sie auch in soziale Konflikte verwickelt und davon teilweise abhängig gewesen sein mag, kann doch auch als ein unaufhörlicher Kampf um die Grenze zwischen Sacrum und Profanum betrachtet werden. Die stärksten geistlichen Initiativen, die, sozusagen, als Unterbrechungen dieser Geschichte erscheinen, die Umbrüche und Erweckungsmomente, waren gewöhnlich Versuche, den Prozeß der Profanierung aufzuhalten, dem Christentum seine originelle Berufung wiederzugeben, seiner Beherrschung durch weltliches Interesse entgegenzuwirken. Solche Umbrüche waren nie ohne Preis und nie vollständig erfolgreich. Die Gefahr konnte nie endgültig beseitigt werden, da sie in der Natur des Christentums liegt: in der ewigen Spannung zwischen seiner weltlichen und seiner sakralen Selbstdeutung, in dem, daß es sich sowohl als ein Repositorium der göttlichen Gnaden betrachtet und zugleich ein in der Welt seiender, kulturbedingter, historisch veränderbarer und mit weltlichen Mitteln wirkender Organismus bleibt.

Wir haben die Evangelien, um die Solidarität mit den Armen, mit den Unterdrückten, mit den Unglücklichen, mit den Wehrlosen zu bezeugen – wir haben kein Evangelium, um die Verheißung einer Erde ohne das Böse, ohne Elend, ohne Konflikte zu verkünden. Wir haben Evangelien, um jene zu verdammen, die, in ihrem Komfort und ihrer Glorie, den Leiden und dem Hunger der Enterbten gegenüber taub bleiben – wir haben kein Evangelium, um die soziale Gleichheit oder Ungleichheit zu predigen, um ein Rezept für ein vollkommenes Sozialsystem vorzuschreiben, wodurch alle menschlichen Bestrebungen, alle Begierde erfüllt und alle Frustrationen beseitigt werden. Wir haben Evangelien, um die Tyrannen und Verfolger zu brandmarken – wir haben kein Evangelium, um uns mit einer Form der Tyrannei gegen eine andere im Namen chiliastischer Träume abzufinden. Ein Christentum, worin schweigend angenommen wird, daß Gott zu unseren Diensten steht, um irgendeine Sache, Doktrin, Ideologie oder politische Partei zu schützen, ist verkleidete Gottlosigkeit.

In diesem Sinne darf man sagen, daß sowohl die hergebrachte theokratische Tendenz als auch der christliche »Progressismus« die Entchristianisierung gefördert haben, nicht weil sie eine politische Orientierung hatten, sondern weil sie der Verweltlichung christlicher Werte verdächtig sind. Was die Menschen in der Religion suchen, ist – mirabile dictu – Gott und nicht Rechtfertigung politischer Ideologien oder »wissenschaftliche« Naturerklärung. Christentum, das auf der Suche nach momentanen Erfolgen sich vor den intellektuellen und politischen Moden der Zeit beugt, wirkt mit an seiner Selbstzerstörung. Es kann die Wissenschaft bei der Anwendung ihrer Kriterien auch auf die christliche Lehre nie ein- oder überholen. Es kann nie in der Verheißung des irdischen Glückes politische Ideologien ein- oder überholen, und wenn es sich bemüht, das zu tun, zeigt es unvermeidlich seine Ohnmacht, seine Nutzlosigkeit und Belanglosigkeit. Das Christentum sieht das menschliche Schicksal im Lichte der Evangelien und des Buches Hiob und nicht in den Kategorien, die die theokratischen, technokratischen oder revolutionären Utopien formuliert haben.

Vielleicht – aber das ist gewiß nur eine freie Spekulation – wird sich die Entchristianisierung, in dem Maße, wie sie den Untergang der weltlichen Macht der Kirche begleitet hat, günstig, ja heilsam für die Sache des Christentums erweisen. Für diese Sache, falls wir sie ernst nehmen, ist es wirklich nichts Erschreckendes, daß ein Christentum, welches man einerseits mit Machtpolitik und diplomatischen Intrigen, andererseits mit fanatischem und rohem Klerikalismus zu identifizieren pflegte, zu Ende geht. Aus dem sehr schmerzhaften, aber reinigenden Fegefeuer der rücksichtslosen profanen Geschichte wird vielleicht noch einmal ein Christentum auftauchen, das seinem Geiste treuer ist. Vielleicht.

Mit gutem Recht sagt man, daß das Christentum die Sprache seiner Lehre verändern und sich den zivilisatorischen Umgestaltungen anpassen müsse. Das hat es, nicht ohne enorme Schwierigkeiten, schon mehr als einmal getan, und immer entsteht in diesen Anpassungsprozessen die Gefahr, daß auf der Suche nach neuen Formen der Inhalt vergessen wird. Es scheint wahr – worauf viele Menschen immer wieder hingewiesen haben –, daß die heutigen Europäer gegenüber der herkömmlichen Sprache der Theologie meistens taub sind. Daß der Thomismus in der Kulturgeschichte von riesiger Bedeutung war, braucht man nicht erst zu beweisen. Als begriffliches Netz aber, wodurch wir heute das Weltall zu erfassen vermögen, ist er erfolglos geblieben. Das Problem besteht nicht darin, daß – wie man öfters hört – die traditionelle Lehre für gegenwärtige Menschen »unverständlich« sei. Es gibt keine Gründe für die Meinung, wir seien plötzlich so dumm geworden, daß etwas, was für die Leute des Mittelalters verständlich war, uns unzulänglich geworden ist. Worauf es ankommt, ist einfach die Distanz zwischen dem Alltag unserer Erfahrungen und dem ererbten theologischen Idiom. Jedes Suchen nach dem Weltsinn muß sowohl die Ordnung oder Unordnung der jeweiligen Zivilisation, alle ihre Bestandteile eingeschlossen, als Ausgangspunkt nehmen als auch sich immer dessen bewußt sein, *was* in den spezifischen Unruhen, Leiden und Sorgen dieser Zivilisation die dauerhafte Anwesenheit des Bösen im menschlichen Schicksal ausdrückt. Das so allgemein zu sagen, ist natürlich nicht schwer. Die Versuche, für die christliche Lehre eine neue Sprache zu erschaffen, werden gewiß noch lange Zeit dauern, und es ist nicht sicher, wie erfolgreich sie sich erweisen werden.

Inständig baten wir Gott, daß Er die Welt verlasse. Das hat Er gemacht, auf unser Verlangen. Ein gähnendes Loch ist geblieben. Wir beten immerfort zu diesem Loch, zum Nichts. Niemand antwortet. Wir sind wütend oder enttäuscht. Ist das ein Beweis der Nichtexistenz Gottes?

Was ist aber Neues in unserer Erfahrung? Das Böse? Es war immer mit uns und kam von uns. Ist es wirklich viel größer als früher? Gelegentlich fragen wir rhetorisch: Wo war Gott in Auschwitz, in Kolyma, bei allen Völkermorden, Foltern, Kriegen, Grausamkeiten? Warum blieb er müßig? Aber das ist eine schlechte Frage. Abgesehen von der Tatsache, daß die monströsen Untaten, die Menschen gegen Menschen verüben, keiner Periode in der Geschichte unbekannt waren, daß es Völkermorde, Blutbäder und Folter immer gegeben hat, daß das Böse, das Böse in uns, nie zu wirken aufhört, schmuggeln wir in solche Frage die Idee eines Gottes, dessen Pflicht es ist, die menschliche Gattung gegen ihr eignes Böse unaufhörlich mit Wundertaten zu schützen und sie trotz ihrer selbstangetanen Wunden glücklich zu machen. Aber ein Gott, der als magische, im Dienst unserer jeweiligen Bedürfnisse stehende Kraft wirkt, war nie eigentlich Gott des christlichen Glaubens oder sonst Gott irgendeiner großen Religion, wie häufig auch solche Vorstellungen in der Volksreligiosität erscheinen mögen. Andernfalls sollte man erwarten, daß die frühchristlichen Märtyrer ihren Glauben sofort verlieren mußten, da ihnen Gott keine wundertätige Hilfe leistete, um sie aus den Händen ihrer Henker zu befreien. Der Glaube an Wundertaten war natürlich immer da, aber gleichzeitig auch die Warnung, daß man sich nie auf Wunder verlassen darf.

Nein, Auschwitz und Kolyma sind keine Ursachen der Gottlosigkeit. Viele Menschen erliegen der Versuchung, zu behaupten, da solche Monstrositäten ein Werk von Gottlosen waren, sollten sie zur Verteidigung der Sache Gottes benutzt werden. Aber die Versuchung ist gefährlich; denn aus der Geschichte ist uns zu viel Grausamkeit der Frommen bekannt.

Die heutigen Menschen, die das Böse in ihrer Zeit beobachten, werden dadurch nicht zum Unglauben bewegt. Die Weise, wie sie das Böse wahrnehmen, ist schon durch ihren Unglauben bestimmt, so daß sich beides, die Wahrnehmung des Bösen und der Unglaube, wechselseitig verstärkt. Dasselbe gilt für die Gläubigen: sie nehmen das Böse im Lichte ihres Glaubens wahr, und so wird ihr Glaube durch das, was sie wahrnehmen, in jedem Moment nicht geschwächt, sondern bestätigt. Es ist somit unglaubwürdig, daß das Böse in unserer Zeit die Anwesenheit Gottes zweifelhaft mache. Es gibt keinen zwingenden logischen oder psychologischen Zusammenhang.

Dasselbe – so darf ich wiederholen – gilt auch für die Wissenschaft. Mag Pascal auch »das ewige Schweigen« im kartesianischen unendlichen Raum mit Grauen entdeckt haben, sind doch sowohl das Schweigen als auch die Sprache Gottes im Ohr dessen, der zuhört. Seine Anwesenheit oder Abwesenheit ist im Glauben oder Unglauben, und jeder von beiden wird, einmal angeeignet, notwendig durch alle Beobachtungen bestätigt.

Der Sinn der gottlosen Aufklärung ist noch nicht enthüllt, da sich der Zusammenbruch des alten Glaubens und der Aufklärung vor unseren Augen und in unseren Seelen gleichzeitig abspielt. Leben wir in einer »Übergangsperiode«? Das zu sagen ist fast tautologisch: nie in der Geschichte gab es etwas anderes als Übergangsperioden. Aber wohin wir übergehen, das können wir nicht wissen. Man darf plausibel behaupten, die Aufklärung samt ihrer Gottlosigkeit sei die Bedingung aller geistigen und technischen Errungenschaften der Neuzeit gewesen. Und doch wird das »Unbehagen an der Aufklärung« nun immer stärker fühlbar. Hatte Carl Gustav Jung recht, wenn er sagte, daß in mythologischen Archetypen Gottes Tod immer seiner Auferstehung vorangeht? Leben wir also in den schrecklichen zwei Tagen zwischen Freitag und Sonntag, während der Erlöser, schon tot und noch nicht auferstanden, die Hölle besucht? Auch das können wir nicht wissen. Nur der eigenen Unsicherheit sind wir sicher.

Zum Schluß, als Beispiel, eine Geschichtsstunde, in der wir einige wohlbekannte, wichtige und weniger wichtige Tatsachen vorbringen:

Im Jahre 490 v. Chr. hat die persische Armee, wie es natürlich zu erwarten war, die viel schwächere Infanterie der Athenäer bei Marathon vernichtet;

im Jahre 44 v. Chr. hat der sechsundfünfzigjährige Julius Caesar den Rat des Wahrsagers Spurinna befolgt und ist nicht in den Senat gegangen;

im Jahre 33 n. Chr.: auf die Frage von Pilatus, wer freigelassen werden soll, rief der Pöbel in Jerusalem: Jesus!;

am 22. Dezember 1849 wurde ein junger Russe, Fjodor Michailowitsch Dostojewski, wegen seiner revolutionären Tätigkeit in St. Petersburg erschossen;

im Jahre 1836 ist der achtzigjährige Wolfgang Amadeus Mozart in Wien gestorben;

am 30. August 1918 hat Fania Kalpan Wladimir Iljitsch Lenin erschossen;

im August 1920 beging Pilsudski einen kleinen Fehler: die Rote Armee besetzte Warschau, dann Polen und Deutschland;

im Jahre 1938 ist Adolf Hitler an Herzinfarkt gestorben;

im Jahre 1963 ist Josef Stalin gestorben.

In welcher Welt leben wir heute – nach diesen Ereignissen? Nur Gott weiß es. Oder heißt das: niemand weiß? Und was hat das alles mit Gott zu tun?

Die Menschen – jedenfalls jene, die nicht blind sein wollten – wußten seit langer Zeit, daß der Stoff der Geschichte aus den winzigen Zufällen gewoben ist. Das heißt: falls es einen Plan und eine Vernunft in der Geschichte gibt, kann es nur Gottes Plan und Gottes Vernunft sein. Niemandem von uns sind sie bekannt, sie können nur geglaubt werden.

Nachdem wir der Leere des geschichtlich Zufälligen bewußt geworden sind, wurde sie zu unserer eigenen, inneren Leere. Ist das alles banal? Gewiß. Die Sache des Glaubens wie des Unglaubens ist banal, weil allgegenwärtig.

In der von Hans Rössner ausgewählten und herausgegebenen Sammlung von Texten werden die Unsicherheiten und die Ängste unserer Zeit angesichts der Ab- und Anwesenheit Gottes verschiedenartig gespiegelt. Es kommen viele Einstellungen zum Ausdruck – der überzeugten Gläubigen und der überzeugten Atheisten. Ohne Sorge ist aber fast niemand. Für den Ungläubigen ist die Sorge um Gott eine verkleidete Sorge um die Welt. Für den Gläubigen ist das genau Umgekehrte der Fall: die Sorge um die Welt ist eine verkleidete, sich selbst nicht bewußte Sorge um Gott. Dieser Streit geht um das Endgültige, und somit kann er nie mit den Mitteln entschieden werden, die von beiden Seiten als zuverlässig und endgültig anerkannt sind. Für beide aber ist die Unruhe in einer von Gott verlassenen Welt spürbar.

In dieser Unruhe wird auch offenbar, daß der Sieg der gottlosen und selbstgefälligen Aufklärung nicht sicher sein konnte. Sie hat sich in ihrem Sieg so zweideutig und zwiespältig gezeigt, ihre Erfolge haben so viele neue Ungewißheiten gebracht, daß unser Zeitalter als nur scheinbar gottlos bezeichnet werden darf: scheinbar, weil zu intensiv der Abwesenheit Gottes bewußt. Darum wurde »die Rückkehr des Sacrum« zu einem wichtigen Thema. Fieberhaft versucht die Gottlosigkeit, den verlorenen Gott durch etwas anderes zu ersetzen. Der aufklärerische Humanismus machte den Vorschlag einer Religion der Menschheit. Schon Nietzsche durchschaute die Eitelkeit solchen künstlichen Ersatzes. Die Nachfolger von Comte und Feuerbach in unserem Jahrhundert – wie Erich Fromm oder Julian Huxley – klingen unter den Gottlosen am wenigsten überzeugend. Natürlich kann Gott als moralisch gefährlich abgestoßen, als für die Vernunft unannehmbar verneint, als menschenfeindlich verflucht, als die Quelle der Versklavung exkommuniziert werden. Aber das Absolute könnte nur dann durch etwas Nichtabsolutes und Endliches ersetzt werden, wenn das Absolute vergessen wäre. Wäre das möglich, dann gäbe es auch kein Bedürfnis mehr nach Ersatz. Die Aufgabe wäre dann erst ausführbar, wenn sie nicht mehr nötig ist. Doch das Absolute kann nie vergessen werden. Die Unvergessenheit Gottes macht Ihn gegenwärtig auch in der Ablehnung.

Zur »Vorgeschichte«

Daß der Geist des Menschen metaphysische Untersuchungen einmal gänzlich aufgeben werde, ist ebenso wenig zu erwarten, als daß wir, um nicht immer unreine Luft zu schöpfen, das Atemholen einmal ganz und gar einstellen würden.
                                   Immanuel Kant

Das eigentliche, einzige und tiefste Thema der Welt- und Menschengeschichte, dem alle übrigen untergeordnet sind, bleibt der Konflikt des Unglaubens und Glaubens. Alle Epochen, in welchen der Glaube herrscht, unter welcher Gestalt er auch wolle, sind glänzend, herzerhebend und fruchtbar für Mitwelt und Nachwelt. Alle Epochen dagegen, in welchen der Unglaube, in welcher Form es sei, einen kümmerlichen Sieg behauptet, und wenn sie auch einen Augenblick mit einem Scheinglanze prahlen sollten, verschwinden vor der Nachwelt, weil sich niemand gern mit Erkenntnis des Unfruchtbaren abquälen mag.

Goethe, Noten und Abhandlungen
zum west-östlichen Divan. 1819.

Ich erzählte Goethe von einem Durchreisenden, der bei Hegeln ein Kollegium über den Beweis des Daseins Gottes gehört. Goethe stimmte mir bei, daß dergleichen Vorlesungen nicht mehr an der Zeit seien.
»Die Periode des Zweifels«, sagt er, »ist vorüber; es zweifelt jetzt so wenig jemand an sich selber als an Gott. Zudem sind die Natur Gottes, die Unsterblichkeit, das Wesen unserer Seele und ihr Zusammenhang mit dem Körper ewige Probleme …«

Eckermann, Gespräche mit Goethe. 1829.

An die Stelle des Glaubens ist der Unglaube getreten, an die Stelle der Bibel die Vernunft, an die Stelle des Himmels die Erde, des Gebetes die Arbeit, der Hölle die materielle Not, an die Stelle des Christen der Mensch. Menschen, die nicht mehr gespalten sind in einen Herren im Himmel und einen Herren auf Erden, in Diesseits und Jenseits, Menschen, die sich mit ungeteilter Seele auf die Wirklichkeit werfen, sind *andere* Menschen, als die in jenen Zwiespalt treten. Was Hegel in abstracto überwand, was er mittelbar durch Denken erst aufhob, ist *für uns* aufgehoben, was ihm Resultat des Denkens, ist uns *unmittelbare Gewißheit*. Wir bedürfen also eines dieser Unmittelbarkeit gemäßen Prinzips; wir müssen diese schon im Anfang haben. Ist praktisch der Mensch an die Stelle des Christen getreten, so muß auch theoretisch das menschliche Wesen an die Stelle des göttlichen treten, denn der Christ als eine von dem Menschen unterschiedene besondere Qualität basiert sich nur auf einen vom Menschen unterschiedenen besonderen Gott. Kurz wir müssen, was wir sind bereits, was wir erst werden wollen, in ein höchstes Prinzip, ein höchstes Wort zusammenfassen. Nur so heiligen wir unser Leben, begründen unsere Tendenz, wenn wir dem, was wir in praxi als Höchstes betätigen, ein im Gedanken entsprechendes Höchstes setzen. So nur befreien wir uns von dem Widerspruch, der gegenwärtig unser Innerstes vergiftet – von dem Widerspruch unseres Lebens und Denkens mit einer diesem Leben und Denken von Grund aus widersprechenden Religion. Denn religiös müssen wir werden – die Politik muß unsere Religion werden – aber das kann sie nur, wenn wir ein Höchstes eben in unserer Anschauung haben, welches uns die Politik zur Religion macht. Man kann aus Instinkt, Energie, Wahrhaftigkeit die Politik zur Religion sich machen, aber es handelt sich um einen letzten, ausgesprochenen Grund, ein offizielles Prinzip. Dieses Prinzip ist kein anderes – negativ ausgedrückt – als der Atheismus – die Aufgabe eines vom Menschen unterschiedenen Gottes.

Feuerbach, Notwendigkeit einer Veränderung. 1842/43.

»Aber kann man denn an den Teufel glauben, wenn man an Gott überhaupt nicht glaubt?« fragte Stawrogin lachend.

»Oh, durchaus, das findet man ja auf Schritt und Tritt«, antwortete Tichon aufblickend, und er lächelte gleichfalls.

»Und ich bin überzeugt, daß Sie einen solchen Glauben immerhin achtbarer finden als völligen Unglauben ... Oh, Pope!« meinte Stawrogin auflachend. Tichon lächelte ihm wieder zu.

»Im Gegenteil, vollständiger Atheismus ist achtbarer als weltliche Gleichgültigkeit«, fügte er heiter und treuherzig hinzu.

»Oho, also so sind Sie!«

»Ein vollständiger Atheist steht auf der vorletzten Stufe zum vollständigsten Glauben (ob er nun auch die nächste betritt oder nicht, gleichviel); der Gleichgültige jedoch hat überhaupt keinen Glauben, außer einer üblen Furcht.«

»Aber dann sind Sie ja ... Sie haben doch die Apokalypse gelesen?«

»Ja.«

»Erinnern Sie sich der Stelle: ›Und dem Engel der Gemeine zu Laodicea schreibe ...‹?«

Tichon wußte die Stelle auswendig, Wort für Wort:

»Und dem Engel der Gemeine zu Laodicea schreibe: Das sagt Amen, der treue und wahrhaftige Zeuge, der Anfang der Kreatur Gottes. Ich weiß deine Werke, daß du weder kalt noch heiß bist. Ach, daß du kalt oder heiß wärest! Weil du aber lau bist und weder kalt noch heiß, werde ich dich ausspeien aus meinem Munde. Du sprichst: Ich bin reich und habe gar satt und bedarf nichts! und weißt nicht, daß du bist elend und jämmerlich, arm, blind und bloß...«

Dostojewski, Die Dämonen. 1871/72.

Das größte neuere Ereignis – das ›Gott tot ist‹, daß der Glaube an den christlichen Gott unglaubwürdig geworden ist – beginnt bereits seine ersten Schatten über Europa zu werfen. Für die wenigen wenigstens, deren Augen, deren *Argwohn* in den Augen stark und fein genug für dies Schauspiel ist, scheint eben irgendeine Sonne untergegangen, irgendein altes tiefes Vertrauen in Zweifel umgedreht: ihnen muß unsre alte Welt täglich abendlicher, mißtrauischer, fremder, ›älter‹ scheinen. In der Hauptsache aber darf man sagen: das Ereignis selbst ist viel zu groß, zu fern, zu abseits vom Fassungsvermögen vieler, als daß auch nur seine Kunde schon *angelangt* heißen dürfte; geschweige denn, daß viele bereits wüßten, *was* eigentlich sich damit begeben hat – und was alles, nachdem dieser Glaube untergraben ist, nunmehr einfallen muß weil es auf ihm gebaut, an ihn gelehnt, in ihn hineingewachsen war: zum Beispiel unsre ganze europäische Moral. Diese lange Fülle und Folge von Abbruch, Zerstörung, Untergang, Umsturz, die nun bevorsteht: wer erriete heute schon genug davon, um den Lehrer und Vorausverkünder dieser ungeheuren Logik von Schrecken abgeben zu müssen, den Propheten einer Verdüsterung und Sonnenfinsternis, derengleichen es wahrscheinlich noch nicht auf Erden gegeben hat? ...

Nietzsche, Die fröhliche Wissenschaft. 5. Buch. 1882.

I.
Gottesferne

Die Welt zerdacht. Und Raum und Zeiten
und was die Menschheit wob und wog,
Funktion nur von Unendlichkeiten –
die Mythe log ...
Ach, als sich alle einer Mitte neigten
und auch die Denker nur den Gott gedacht.

Gottfried Benn

Léon Bloy
Daß Gott nicht mehr da ist

Es ist unbestreitbar, daß Gott nicht mehr da ist, wenigstens nicht in Europa. Er ist vielleicht noch da, ein wenig noch, in den Wüsten Asiens oder bei den götzenanbetenden Inselbewohnern Polynesiens. Die Tataren und die Menschenfresser, auch die Neger beten einen Jemand an oder glauben, ihn anzubeten.

... Selbst die in der größten Finsternis leben, ahnen doch einen *lebendigen Gott*, einen Gott, der den ganzen Menschen anfordert und für den man sterben muß.

Die Alteingesessenen aber jener Kultur, die man ironischerweise die christliche nennt, proklamieren im Gegenteil einen lieben Gott, der »nicht so viel verlangt«. Sie haben ein Credo, das als Papptafel dient, um die Kinder lesen zu lehren, sie haben Sakramente für die Dienstboten, einschließlich des Sakramentes der Priesterweihe, und Prediger für die Damen. Sie haben Kruzifixe, Medaillen, Bildchen, Rosenkränze, um den Handel in Schwung zu halten. Aber die *Wirklichkeit* von alledem ist in ihnen ebensowenig vorhanden wie Glaube im Innern von Kürbissen.

Ich kenne die Geschichte einer armen Zigeunerin, die eines Tages den *lebendigen Gott* nennen hörte. Sie war völlig unwissend, sie verstand nicht einmal eine andere Sprache als die Mundart ihre Stammes. Aber sie konnte diese zwei Worte erfassen. Sogleich verließ sie alles, nahm ihr kleines Kind in die Arme, machte sich auf und lief wie eine Unsinnige in die Welt, überall aber fragte sie nach dem lebendigen Gott.

Sie fragte nach ihm die Bäume, die Quellen, die Tiere, die auf den Wiesen weideten, sie fragte die Priester und die Leviten, denen sie begegnete und erhielt von ihnen nur ein mitleidiges Lächeln als Antwort. Manchmal fragte sie den Donner nach dem lebendigen Gott und erhob dabei ihr unschuldiges Kind hoch über ihren Kopf: so erneuerte sie die berühmte Geste des heiligen Ludwig, als er den Sturm beschwor.

Niemand verstand sie, und am wenigsten die Gelehrten. Nur ein paar Arme, die sie für verrückt hielten, warfen ihr von weitem ein Stück Brot zu und ergriffen die Flucht. Sie muß wohl schließlich einen strengen Tempelbonzen getroffen haben, der ihr wahrscheinlich geraten hat, nicht mehr zu suchen; wofern sie nicht auf Befehl eines weisen Mandarin in einer Irrenanstalt eingesperrt worden ist, denn man hat mir nicht erzählt, was aus ihr geworden ist.

Dieses außerordentliche Geschöpf scheint mir ein Symbol

der Menschenseele zu sein, die nach ihrem Lebensursprung hungert und ohne Unterlaß in unserer gottfremden Gesellschaft herumirrt. Sie sieht recht gut, daß das, was man ihr aus Müdigkeit reicht oder aus Geringschätzung, nicht das sein kann, was sie sucht; daß, was man ihr anbietet, ein entsetzlicher Hohn ist; und ihre Verzweiflung kann schon sehr gut dem hellen Wahnsinn ähneln. Die Werke ohne Liebe, die Taten ohne Leben in den übertünchten Gräbern, wie soll sich denn ein Pilger nach dem Absoluten damit abfinden? Und wohin soll er sein Herz tragen, wenn er nicht den Stall eines neugeborenen Gottes findet, um es dort als Weihgabe aufzuhängen?

Man hat zu allen Zeiten diesem schrecklichen Drama beiwohnen können, welches das Genie des Äschylos vorausahnte, es sind jetzt dreitausend Jahre her. Übrigens hat die unvergleichliche Angst vor dem Sieb, durch das alle Seelen geschieden werden müssen, sehr große Heilige erzeugt.

Aber heute stehen wir an der Schwelle der Apokalypse, an dem äußersten Rand eines Abgrundes, dessen Tiefe uns unbekannt ist – heute geht es nicht einmal mehr um die empörende Mittelmäßigkeit der christlichen Welt, sondern nur darum, um gleich der armen Zigeunerin zu wissen, ob man auf einen lebendigen Gott zählen kann –, der Gedanke ist zum Verrücktwerden, daß niemand etwas davon weiß und daß niemand mit Ausnahme einiger Menschen in Schmerzen, die schon vom Tod gezeichnet sind, davon sprechen hören will.

Aber wann wird er sich endlich kundtun, der lebendige Gott, der anbetungswürdige Gott der Krippe und des Kalvarienberges, der Gott der armen Soldaten, die in Qualen sterben, der Gott, den niemand mehr sucht?

Ernst Jünger
Aus ›Siebzig verweht I‹

Wilflingen, 30. März 1965

Das biblische Alter ist erreicht – merkwürdig genug für einen, der in der Jugend niemals das dreißigste Jahr zu erleben gehofft hatte. Noch kurz vor dem dreiundzwanzigsten Geburtstag, … hätte ich mit dem Teufel paktiert: »Gib mir dreißig Jahre, die aber sicher, und damit Punktum!« …

Kann ich eine Erfahrung anläßlich des Datums mitteilen? Vielleicht diese: Die großen Abschnitte der Geschichte beginnen mit einer neuen Religion und jene im Leben des Einzelnen mit einem neuen Gebet. Das ist eine Wahrheit, aber kein Rezept. Beter und Träumer ist jeder, auch wenn er es nicht weiß. Er vergißt, was er im Schlaf getrieben und im Namenlosen verrichtet hat. Wenn es ernst wird, zerbricht auch die Form des Gebets.

Kaohsiung, 15. August 1965

... Hin und wieder traten wir in einen Tempel ein. Im Umkreis der alten Bronzen, Bilder und Gewebe leuchten elektrische Lampen, Musik aus Lautsprechern dringt herein, Blitzlicher flammen auf. Das Unbehagen angesichts solcher Kontraste gilt weniger dem Stilbruch als dem Auszug der Götter, den er ankündet. Er macht die Welt noch kahler als Nietzsches Verdikt. Der Verlust der Götter ist unwiderruflich; hier kann man sich nicht, wie im Monotheismus, mit Abstraktionen aushelfen.

Aber der Soldat, den ich dort für eine Minute eintreten und sein Gebet verrichten sah? Im Betenden vollzieht sich immer noch die große Gleichung zwischen zwei Unbekannten – das »Maintenant à nous deux«. Er kennt nicht die namenlose Macht, an die er sich wendet, und er kennt nicht sich selbst. Ein großes Abenteuer – vielleicht sind Religionen auch deshalb nötig, damit es nicht zu weit hinausführe.

Daß das, was er glaubt, dem Einzelnen weithin überlassen wird – darin liegt ein großer Vorzug der fernöstlichen Universalreligionen gegenüber denen des nahen Orients. Jedem das Seine – jeder suche in dem verschleierten Bilde, was er zu fassen vermag. Namen, auch die von Göttern, sind Schall und Rauch.

Rudolf Kassner
Der Gott und die Chimäre

Sooft ich in Paris bin, versäume ich es niemals zu den Chimären von *Notre-Dame* hinaufzusteigen. Ich kenne sie alle, und gehe oben die Brüstung entlang von einer zur anderen, ohne sie anzurühren. Da ist gleich die eigentliche, die berühmte Chimäre, der bittere Greif mit dem vom Wahnsinn wie ausgehöhlten Blick und den beiden weichen, weißen, ohnmächtigen Menschenhänden, die wie aus dem Fleisch der Lilie geschnitten sind. Dann das Käuzchen mit seinem Gefieder wie ein Bahrtuch, daneben der Adler mit dem Entenschnabel, der Panther, dem die Gier im Maul fest geronnen ist und der nun versucht, sie auszuspeien. Ich will nicht alle aufzählen, es sind welche da, die kein Name faßt. Unendlich rührend unter allen ist der kleine Elefant, er macht so

entsetzlich kluge Augen, damit der Irrsinn ihn nicht vollends
packe, der auch ihn hier in diesem bösen Lande leise berührt und
seine dicke, gute Haut erschauern macht. Und unter den vielen
Tiergestalten lebt auch wie aufgescheucht ein Mensch, noch viel
mehr erschrocken als die Tiere und noch lange nicht so erschrok-
ken wie unglücklich.

Ich habe das Gefühl verloren, vor Kunstwerken und Gebil-
den menschlicher Imagination zu stehen; mir ist dort oben, als
wäre ich mit lebendigen Wesen zusammen, die zu Stein geworden
sind und nun nicht mehr von sich loskönnen. Da beißt ein Flußpferd – es ist gewiß nicht ganz genau ein Flußpferd, sondern so wie
einem im Traume das Flußpferd erscheinen mag – da beißt, sage
ich, ein Flußpferd einem auf den Hinterbeinen sitzenden Ochsen
in den Hals, und im Biß haben sich das Maul und der Hals ver-
steinert, und so hält nun ewig das Maul aus Stein den steinernen
Hals. Dort ist ein Bein im Schreiten, hier das Grinsen eines Affen
oder ein Schnabel im Schreien zu Stein geworden, und nun können Schritt und Schrei nicht aus der Chimäre heraus und verzer-
ren sie. Und so steckt – möchte man sagen – alles in der Chimäre,
jede Leidenschaft, jedes Streben, jede Empfindung und kann
nicht heraus, da die Chimäre in einer vollkommen leeren, luft-
losen Welt lebt.

Es sieht freilich so aus, als blickten diese Chimären auf Paris
herunter, auf die vielen Leute, die in die Kathedrale treten, vielleicht auf ganz bestimmte, die jeden Tag zu bestimmter Stunde
kommen, vielleicht auch auf solche, die heute zum ersten Male zu
sehen sind. Es sieht so aus, und man sagt es gerne nach, und alle
Pariser glauben es so, doch in Wahrheit starren die Chimären in
den Abgrund: wohin immer sie ihre Blicke richten, dort tut sich
vor diesen der Abgrund auf. Und jedes Ding, das sie mit ihrem
gierigen und zugleich entsetzten Blick halten wollen, versinkt in
diesem Abgrund. Und so haben die Chimären nicht nur Männer
und Frauen und Paris, sondern alle Städte und Erden und Meere
und den gestirnten Himmel darin verloren. Gleichwie ein
Mensch mit einem großen Gram oder voll Haß und Neid ein Ding
nach dem andern, blühende Tage und stille Nächte in diesen
Gram, in diesen Haß und Neid verliert.

Chimären sind ohne Geschlecht und Samen, weshalb ihre
Zahl gleich unendlich ist, doch wer sie recht ins Auge nimmt, wird
gewahr, daß ihr Geschlecht und ihre Scham auf den ganzen Leib
verteilt, daß dieser Leib überall, an der Stirn, am Schnabel, an den
Armen und Pfoten und Füßen schamlos und im eigentlichen Sinne ungestaltet ist. Vor den Chimären erfährt der menschliche
Sinn, wie wunderbar Scham und Gestalt zusammenhängen und
daß nur das Ungestaltete im wahren Sinne schamlos sei.

34

Eine Chimäre ist in jedem Augenblicke auf dem Punkte, aus ihrer eigenen Ungestalt herauszufahren, und ihr Schicksal ist, am äußersten Ende ihres Wesens, an ihren Grenzen erregt zu verharren. Über dem Abgrunde. Maßlos.

Wie es von den Genien und Engeln heißt, daß sie im Anblicke der Vollkommenheit sich selber gleich und unwandelbar bleiben, so muß man von den Chimären sagen, daß sie vor und über dem Abgrund ohne Maß bleiben.

Den Jahrhunderten, welche diese Chimären ersonnen haben, war die Welt des Geistes ein Wirkliches und der Geist ein Göttliches und in den Menschen lebendig als Ausdruck höchster und göttlicher Bestimmung. Hier vor den Chimären versteht man die uralte Menschenrede von einem Reich des Geistes und von dieses Geistes Selbstherrlichkeit und Verlangen, sich widerzuspiegeln im Vollkommenen und Wesenhaften. Und wie die Rede geht, daß dieses Land und Reich des Geistes jenseits der Gestirne bewohnt werde von Genien, von Engeln, von Ideen und den vollkommnen Figuren, so, muß man sagen, wird die Welt der vollkommenen Geist- und Maßlosigkeit bevölkert von den Chimären. Ich meine, im Chaos, wenn es ein solches außerhalb von Menschengehirnen gäbe, würde die Chimäre leibhaftig existieren, atmen und sehen, von Stelle zu Stelle eilen und bellen, ja, dort müßte sie auch zeugen und sich vermehren, um endlich zu sterben an den Lügen, die hier im Chaos wurzeln und als Futter für sie treiben.

Doch das Chaos ist in Wahrheit nirgend außerhalb von Menschenhirnen, und die Chimäre lebt in jedem von uns Menschen als echte Geist- und Maßlosigkeit, als Ungestalt und Krampf, als Eigensinn, als Mangel an Wachsamkeit und Gesicht, als Vermessenheit und Verstellung, als Zwang, als Ärger, als Angst, als Neid und Aberwitz.

Die also von der Chimäre besessenen Menschen vergehen sich niemals gegen den Nächsten und Einzelnen und niemals durch die Tat, sondern stets gegen die Ordnung der Dinge und durch ihr Dasein. In der maßlosen Welt der Chimäre ist alles einzeln und isoliert, und nichts führt im Chaos von Ding zu Ding, es sei denn der Aberwitz, die Roheit und der Irrsinn (...)

In der Welt des Geistes ist nichts isoliert, und das ist dieser Geisteswelt eigentliches Pathos und Maß. (...) Dank seinen törichten Erziehern, diesen wahren Züchtern der Chimäre, hat das gegenwärtige Geschlecht unreine, im wahrsten Sinne barbarische Vorstellungen von Geist. Es redet von Geist und Sinnlichkeit, von Geist und Erlebnis (...) und meint, Geist sei überhaupt nur als Gegensatz wirklich und darum leicht ermüdet und überspannt, oder es meint, Geist ließe dich dazutun oder abziehen oder ersetzen. Dieses Geschlecht weiß und fühlt nicht, daß er Geist, ›der den Stürmen gebietet‹, zu nichts der Gegensatz, daß des Geistes Maß auch dessen Wesen sei und daß dessen Größe nur in der Gestaltung liege. Es gibt in der Tat kein anderes Maß für die Größe des Geistes als die Gestaltung, und so versteht man auch, warum nur die echten Gestalter und Schöpfer, Fürsten eines wahren Geisterreiches, das Recht haben, am Geiste gemessen zu werden, und um ihres Geistes willen groß sind (…)

Nichts ist seltener, als daß ein Mensch ein Leben des Geistes außerhalb seines Gehirnes mitten unter den Mensschen wirklich lebe, weshalb es auch so gefährlich wie mißlich ist, den Menschen am Geiste zu messen. Auch der größte Geist, Shakespeare, sieht und hat zuletzt in sich selber die Chimäre.

Vielleicht war er, der sich Menschensohn nannte, der einzige, der ein Leben des Geistes unmittelbar gelebt hat, und darum ist seine Größe die Größe des Geistes selber und im eigentlichen Sinne unermeßlich. In ihm war nichts von der Chimäre. Und darum kamen sie zu ihm von überallher, die Chimären: die Zu-Glücklichen, die Zu-Unglücklichen, die, welche zu sehr rechneten, und die, welche zu viel hingaben, die Blinden, die Kranken, die Entstellten, die Toren, die Sünderinnen und die Mütter. Es zog die Chimären zu ihm, weil es in der Zeit das erste Mal war, daß diese nicht wie seit Ewigkeit in den Abgrund, sondern in den Geist selber sahen. In Jesu Gleichnissen und Reden (…) ist es immer die Chimäre, die fragt, und der unendliche Geist, der antwortet. Jenes Weib aus *Sichar* in Samariä, das zum Jakobsbrunnen kommt, allwo sie Jesum vom Wege müde antrifft, ist eine Chimäre.

»Da kommt ein Weib von Samaria, Wasser zu schöpfen. Jesus spricht zu ihr: ›Gib mir zu trinken‹ … Spricht nun das samaritische Weib zu ihm: ›Wie bittest du von mir zu trinken, so du ein Jude bist und ich ein samaritisch Weib? Denn die Juden haben keine Gemeinschaft mit den Samaritern.‹ Jesus antwortete und sprach zu ihr: ›Wenn du erkenntest die Gabe Gottes und wer der ist, der zu dir sagt: »Gib mir zu trinken«, du bätest ihn, und er gäbe dir lebendiges Wasser. ‹ Spricht zu ihm das Weib: ›Herr, hast du doch nichts, damit du schöpfest, und der Brunnen ist tief; woher hast du denn lebendiges Wasser? Bist du mehr denn unser Vater Jakob, der uns diesen Brunnen gegeben hat? Und er hat daraus getrunken und seine Kinder und sein Vieh.‹ Jesus antwortete und sprach zu ihr: ›Wer dieses Wasser trinkt, den wird wieder dürsten. Wer aber das Wasser trinken wird, das ich ihm gebe, den wird ewiglich nicht dürsten; sondern das Wasser, das ich ihm geben werde, das wird in ihm ein Brunnen des Was-

sers werden, das in das ewige Leben quillet.‹ Spricht das Weib zu ihm: ›Herr, gib mir dasselbige Wasser, auf daß mich nicht dürste, daß ich nicht herkommen müsse, zu schöpfen.‹ Jesus spricht zu ihr: ›Gehe hin, rufe deinen Mann und komm her.‹ Das Weib antwortete und sprach zu ihm: ›Ich habe keinen Mann.‹ Jesus spricht zu ihr: ›Du hast recht gesagt: ich habe keinen Mann. Fünf Männer hast du gehabt, und den du nun hast, der ist nicht dein Mann. Da hast du recht gesagt.‹ Das Weib spricht zu ihm: ›Herr, ich sehe, daß du ein Prophet bist. Unsere Väter haben auf diesem Berge angebetet; und ihr sagt, zu Jerusalem sei die Stätte, da man anbeten soll.‹ Jesus spricht zu ihr: ›Weib, glaube mir, es kommt die Zeit, daß ihr weder auf diesem Berge noch zu Jerusalem werdet den Vater anbeten. ... Aber es kommt die Zeit, und ist schon jetzt, daß die wahrhaftigen Anbeter werden den Vater anbeten im Geiste und in der Wahrheit. ... Gott ist ein Geist: und die ihn anbeten, die müssen ihn im Geist und in der Wahrheit anbeten.‹«

(Ev. Joh. 4, übersetzt von Martin Luther.)

André Malraux
»Jenes undeutliche Bedürfnis der menschlichen Natur«

... Eine der Photographien, die neben der Mutter-Gottes-Statue auf dem niederen Tischchen standen, stellte einen Buddha aus Ceylon dar – ohne Zweifel den, von dem Nehru einst geschrieben hatte, er habe ihm in seiner Zelle Mut zugesprochen. Ich erinnerte mich der Rede, in der er Buddha den »größten Sohn Indiens« nannte. Wir gingen zu Tisch.

»Die Rede, die Sie anläßlich der großen buddhistischen Erinnerungsfeiern hielten, unterscheidet sich, so will mir scheinen, recht erheblich von dem, was Sie über die Religion geschrieben haben. Ist es so?«

»Buddhas Persönlichkeit hat mich immer tief beeindruckt, die Persönlichkeit Christi auch. Die Buddhas besonders. Hat mein Gefühl für Religion sich entwickelt? Ich bin empfindsamer geworden für jenes undeutliche Bedürfnis der menschlichen Natur, das sie durch ihre Antworten stillt ... Was ich früher geschrieben habe, war die Wiedergabe einer gängigen Meinung ...«

In seiner ›Autobiographie‹ hatte er ausgesagt, daß ihn das Schauspiel der Religion fast immer mit Grauen erfüllt habe; das Wort Religion rief bei ihm die Vorstellung blinden Für-Wahr-Haltens herauf, von Aberglauben, eines Bereiches, der eng an die Verteidigung festgefügter, überkommener Interessen gebunden

37

ist. Das Christentum hatte die Sklaverei nicht bekämpft. Nehru hatte hinzugefügt, daß die Religion ihre Geistigkeit fast verloren habe – in Indien ebenso wie im Westen; und sogar im Protestantismus, der zweifellos die einzige noch lebendige Religion sei. Diese Feststellung hatte mich verwirrt.

… Die Rede, die Nehru jüngst dem Buddha gewidmet hatte, hatte mich an die Stelle erinnert, wo er auf eine unserer früheren Unterhaltungen anspielt: »Vor acht oder neun Jahren in Paris hat mir André Malraux eine seltsame Frage gestellt: Welche Umstände haben Indien in die Lage versetzt, vor mehr als tausend Jahren einen fest institutionalisierten Buddhismus zu vertreiben, ohne dadurch in einen schweren Zwiespalt zu geraten? Wie konnte es geschehen, daß es der Hinduismus fertigbrachte, eine große, weitverbreitete Religion sozusagen aufzusaugen, ohne daß es zu den üblichen Religionskriegen kam? Für Malraux war das ganz offenbar keine Frage der bloßen Form. Sie schoß im Augenblick, da wir uns begegneten, aus ihm heraus. Das war eine Frage nach meinem Herzen oder vielmehr, es war die Art Frage, die ich immer wieder an mich selber richtete. Aber ich konnte weder für mich noch für ihn eine befriedigende Antwort zusammenreimen; denn es gibt zu viele Antworten und Deutungen, doch freilich sieht es nicht so aus, als dränge sie bis zum lebendigen Kern des Problems vor.«

Seine Rede hatte unmittelbar die gleiche Frage beantwortet. Es war eine Rede in der Art einer Unterhaltung, im einfachsten Tone gehalten, und die also begann: »Wie Ihnen bekannt, ist mein Arbeitsgebiet Politik …«, um jedoch sehr bald fortzufahren, die beste Politik sei, zu versuchen, gegen die zerstörenden Kräfte anzukämpfen, die zum Gepäck der Wissenschaft gehören, sowie gegen den Geist der Gewalt, der in der Menschheit haust. Nun: »Wir sind gescheitert – seit so vielen Jahren, seit so vielen Generationen! Es muß da einen anderen Weg geben als den von Leuten meiner Art und meines Berufes.

… Menschen guten Willens begegnen einander, führen Gespräche über eine rechtschaffene, neue Welt, eine rechtschaffene vereinigte Welt, in der alle Nationen nur noch eine einzige Nation sein werden oder in der alle zusammenarbeiten und in Freundschaft leben. Dieser gute Wille ist eitel, weil er sich außerhalb der Tatsächlichkeit des Tuns hält, das die tatsächlichen Probleme lösen müßte. Wir können nicht auf den Fittichen des Windes denken. Auf der anderen Seite gilt: so wesentlich es ist, daß wir die Füße am Boden behalten, so wesentlich ist gleichermaßen, daß unsere Köpfe nicht in Bodenhöhe hängenblieben.«

Ein Ausspruch, der Beachtung verdient, denn er kommt aus dem

Munde des Hauptes des wirkungskräftigsten politischen Idealismus, den die Welt je gekannt hat.

»Der Menschheit geht etwas Wesentliches ab. Was? Etwas wie eine geistige Grundkraft, die die wissenschaftliche Schaffensmacht des modernen Menschen am Zügel führt. Heute liegt es für jedermann klar zutage, daß die Wissenschaft das Leben nicht in Verfassung zu bringen vermag. Ein Leben wird durch Werte in Verfassung gebracht. Unser eigenes ebenso wie das der Nationen – und vielleicht sogar das Leben der Menschheit. Sie erinnern sich sicher der Rede, die General Bradley – ich glaube im Jahre 1948 – gehalten hat: ›Wir haben dem Atom sein Geheimnis entrissen und die Bergpredigt von uns getan: wir verstehen uns auf die Kunst zu töten, nicht auf die Kunst zu leben ...‹ Auf diesem Felde werde ich wieder zum Hindu; in meiner Jugend sprach ich davon, die Politik zu vergeistigen ... Was ist Ihrer Meinung nach heute der oberste Wert des Westens?«

»Mir scheint, man sollte das Wort Werte im Plural stehen lassen, glauben Sie nicht? Immer mehr gehen die des Westens darauf aus, das Leben vor Ungemach zu bewahren, und immer weniger, es zu regieren. Ich weiß nicht, wie es damit bei den kommunistischen Republiken aussieht. In den kapitalistischen Staaten oder, wenn Ihnen die Bezeichnung lieber ist, in der freien Welt spielt die Freiheit der Person die Rolle des obersten Wertes.«

»Doch wenn Sie einen beliebigen Mann, der fähig wäre, Ihnen zu antworten, auf einer Straße in Paris fragten, was sein heißester Wunsch sei – was würde er antworten?«

»›Die Macht‹ vielleicht« sagte der Botschafter.

»Vielleicht: ›Das Glück‹«, sagte ich. »Doch das sind Wunschziele, nicht oberste Werte. Ich glaube, daß die Zivilisation des Maschinenzeitalters die erste Zivilisation ist, der ein oberster Wert für die Mehrheit der Menschen fehlt. Spuren davon gibt es viele ... Das einer Zivilisation, die auf Leistung abhebt, Eigentümliche ist jedoch, daß ein jeder von Leistungswillen besessen sein müßte. Das Tätigsein steht gegen die Betrachtung; ein Menschenleben, und manchmal der Augenblick, gegen die Ewigkeit ... Es bleibt zu wissen, ob eine Zivilisation sich ihrem Wesen nach mit Infragestellen oder mit dem Augenblick begnügen kann, und ob sie es sich lange leisten kann, ihre Werte auf etwas anderes als auf eine Relition zu gründen ...«

»Ich weiß immer noch nicht, wie der Buddhismus gestorben ist«, sagte Nehru, »aber ich glaube, ein Gefühl dafür zu haben, warum er starb. Der Genius Buddhas steht und fällt damit, daß er Mensch ist. Einer der tiefsten Gedanken der Menschheit, ein unbeugsamer Geist und adligstes Erbarmen. Ein Ankläger im

Angesicht der Schar der Götter. Als er sich vergottete, verlor er sich in dieser Schar, die sich über ihm schloß.«

Doch das kam in der Rede nicht vor ... Nehru hatte die Legende dieses Lebens auch nicht neu erzählt; er konnte voraussetzen, daß seine Zuhörer sie kannten. Ich dachte an den leidenschaftlichen Kampf des Königs (in den westlichen Übersetzungen wird er fast immer ausgelassen), der das Glück seines Sohnes sichern sollte. Jede der vier ›Begegnungen‹ ruft eine von Mal zu Mal verzweifeltere Liebestat hervor. »Da der König den Prinzen vor dem Wissen um Schmerz und Sünde bewahren wollte, ließ er rings um den Palast eine Mauer bauen, durch die ein einziges Tor führte. Und seine Gitterstäbe waren sehr schwer ...« Als der Prinz Siddharta zum ersten Male die Stadt durchqueren will, um die Gärten anzuschauen, da »läßt der König den Boden mit Duftwässern begießen: ›Säumt die Wege mit bunten Laternen, stellt an die Kreuzungen Urnen klaren Wassers!‹« Gleichwohl entdeckt der Prinz das Altern; dann bei seinem zweiten Ausgang das Siechtum. Doch der König verwandelt den Palast in ein Zauberschloß, und »Tag und Nacht entfaltet sich darin der Reigen der Wonnen, und die beste Sängerin singt ihm das Waldlied ...« Dann geht Siddharta zum drittenmal aus, begegnet einem Leib, der reglos daliegt, und sein Knappe antwortet ihm:

»Prinz, daß ist, was man einen Toten nennt.«

Ich zitierte den Satz, und Nehru antwortete mit dem Spruch des Königs, der soeben erfährt, daß Siddharta die Welt verlassen will, nachdem er dem Asketen begegnete ...

»Verzichte auf diesen Entschluß, mein Sohn, denn ich werde bald mein Königreich verlassen müssen, um mich in die Einsamkeit der Wälder zurückzuziehen, und du wirst mein Nachfolger werden müssen ...«

Ich erinnerte mich der Folge, und Nehru hatte sie sicher nicht vergessen: angetan mit der erdfarbenen Kutte begibt sich der Prinz in den Wald und antwortet dem Abgesandten seines Vaters: »Ein vergoldetes Haus in Flammen, solcherart ist das Königtum ...«

Er hatte zitiert: »... und du wirst mein Nachfolger werden müssen ...«

Und eines Tages hatte er, gewiß mit derselben Stimme, zu Ostrorog gesagt: »Gandhi hatte einen Nachfolger ...«

»Beide bewundern wir Buddha«, sagte ich, »aber wir beten nicht zu ihm. Wir glauben nicht an seine Göttlichkeit. Im Grunde geht also alles so vor sich, als ob unser höchster Wert die Wahrheit sei. Und gleichwohl ...«

Ich sprach ihm von Villefranche-de-Rouergue, wie ich dort

ohne nennenswerten Nutzen das Johannes-Evangelium wieder gelesen hatte.

»Daß die Wahrheit der höchste Wert ist, ist möglich«, antwortete er, »ich weiß es nicht; aber ich kann nicht auf sie verzichten ... Sie erinnern sich des Satzes Gandhis: ›Ich habe gesagt, daß Gott Wahrheit sei, und jetzt sage ich, daß die Wahrheit Gott ist.‹«

»Was verstand er eigentlich bei dieser Gelegenheit unter Gott? Das vedische *rta*?«

»Dem Sinne nach hat er auch gesagt: ›Gott ist keine Person: Gott ist das Gesetz.‹ Er hat gesagt: ›Das unwandelbare Gesetz.‹«

»Es kommt immer auf die Feststellung Einsteins hinaus: ›Das Erstaunlichste ist, daß die Welt bestimmt einen Sinn hat.‹ Nun sollte man freilich noch wissen, warum eigentlich dieser Sinn sich um die Menschen kümmern sollte ...«

»Gewiß. Doch Gandhi versicherte auch: ›Ich kann Gott nur im Herzen der Menschen finden.‹ Und weiter: ›Ich bin ein Sucher der Wahrheit.‹ Bei uns wird die Identität zwischen der Bedeutung der Welt und der Bedeutung des Menschen – was Sie die Seele der Welt und die Seele der Menschen nennen würden – als eine nicht weiter zu begründende, allen offenbare Wahrheit empfunden. In demselben Grade, so scheint mir, wie die Christenheit das Dasein der Seele und ihr Weiterleben erlebt ... Wissen Sie eigentlich, daß Narayana, der erst gegen 1925 gestorben ist, die Bildnisse der Götter auf den Opferaltären durch Spiegel ersetzen ließ?«

Ich wußte es nicht. Ich entdeckte ein Symbol von der gleichen Kraft wie der Totentanz und Gandhis Marsch zum Meere. Die in die Wände eingelassenen Opfersteine waren meinem Gedächtnis noch gegenwärtig geblieben, mit ihren Idolen, die unter den Nachthyazinthen kaum zu sehen waren. Der göttliche Charakter der Statuen Maduras, wie jener der Statuen unserer Kathedralen, kam augenscheinlich daher, daß sie dem Tempel eingestückt waren, durch den die vergänglichen Menschen sich ergossen wie das geschmolzene Erz in die Formen. Ich stellte mir mein Ehepaar vor, wie es vor Schiwas Altar in stummer Verblüffung in den Tiefen des heiligen Dunkels über dem Katarakt der Blumen sein Doppelbildnis im Reigen der Götter erblicken mußte. »Ich bete Dich an, o mein Gott, der Du nur ich selber bist ...«

Wenngleich dieser Staatsmann mit dem traurigen Lächeln, mehr Gentleman als Brite, nicht – wie es Gandhi getan hatte – mit Indien in eins verschmolz, so war er doch Indien; obgleich zwischen Indien und ihm ein rätselhafter Abstand erhalten blieb, obgleich er nicht an die Göttlichkeit des Ganges glaubte, trug er den Ganges in seinem Herzen. Er stand im Geruch, ein Intellektueller zu sein (und er war es), weil er viel geschrieben hatte. Auch seine Reden waren nur eine andere Form seiner Taten; seine Erinnerungen – einige Familienerinnerungen ausgenommen – waren Ausdruck hartnäckigsten Handelnwollens. Er mochte Originalität des Denkens, salutierte vor ihr im Vorübergehen, wie ein Liebhaber der Malerei einem guten Bilde seine Reverenz erweisen mochte. Doch die Intellektuellen mögen diese Originalität um ihrer selbst willen; ich glaube, daß Nehru sie nur um ihrer Wirkung willen schätzte.

»Mir scheint, daß ich an der Religion nicht viel finde, das für mich wesentlich sein könnte. Am ehesten noch, wo ihr Verhältnis zur Ethik in Frage steht.«

»Indien allein«, sagte ich, eine damals berühmte These zitierend, »hat aus der Religionsphilosophie die essentielle und intelligible Grundlage seiner volkhaften Kultur und des Regiments der Nation gemacht.«

»Das Indien Gandhis beruht wirklich und wahrhaftig auf einer Ethik; in gewisser Hinsicht vielleicht mehr, als der Westen auf der christlichen Moral beruht. Doch erinnern Sie sich Gandhis eigentümlichen Ausspruches: ›Indien muß endlich eine echte Religion bekommen …!‹«

Carl Gustav Jung
Aus ›Psychologie und Religion‹

Unsere Wahl bezeichnet und definiert »Gott«. Aber unsere Wahl ist Menschenwerk, und darum ist auch die damit gegebene Definition endlich und unvollkommen. (Auch die Idee von Vollkommenheit setzt keine Vollkommenheit.) Die Definition ist ein Bild, welches den damit bezeichneten unbekannten Tatbestand nicht in die Sphäre der Begreifbarkeit erhebt, sonst dürfte man ja sagen, man hätte einen Gott erschaffen. Der »Herr«, den wir gewählt haben, ist nicht identisch mit dem Bild, das wir in Zeit und Raum von ihm entworfen haben. Er wirkt nach wie vor als unerkennbare Größe in der Seelentiefe. Wir kennen ja nicht einmal das Wesen eines einfachen Gedankens, geschweige denn die letzten Prinzipien des Psychischen überhaupt. Auch haben wir über das innere Leben der Seele keinerlei Verfügung. Weil dieses aber ein unserer Willkür und Absicht Entzogenes und uns gegenüber Freies ist, so kann der Fall eintreten, daß das gewählte Lebendige und von der Definition Bezeichnete auch gegen unsern Willen aus dem Rahmen des von Menschenhänden gemachten Bildes heraustritt. Dann dürfte man vielleicht mit *Nietzsche* sagen: »Gott

42

ist tot.« Es wäre aber richtiger zu sagen: »Er hat unser Bild abgelegt, und wo werden wir ihn wieder finden?« Das Interregnum ist voll Gefahr, denn die Naturtatsachen werden ihren Anspruch erheben in der Gestalt der verschiedenen ismen, woraus nichts als Anarchie und Zerstörung entsteht, weil infolge der Inflation die menschliche Hybris das Ich in seiner lächerlichsten Erbärmlichkeit zum Herrn des Universums erkiest. Das ist der Fall *Nietzsche*, ein unverstandenes Vorzeichen einer ganzen Epoche.

Das einzelne menschliche Ich ist viel zu klein, und sein Gehirn ist viel zu schwach, um jene aus der Welt zurückgenommenen Projektionen sich selber restlos einverleiben zu können. Ich und Gehirn zerspringen darob in Stücke (was der Psychiater als Schizophrenie bezeichnet). Als *Nietzsche* sagte: »Gott ist tot«, sprach er eine Wahrheit aus, die für den größeren Teil von Europa gültig ist. Nicht weil er solches feststellte, waren die Völker beeinflußt, sondern weil es die Feststellung einer allgemein verbreiteten psychologischen Tatsache war. Die Folgen stellten sich auch ohne Zögern ein: die Umnachtung und Benebelung durch -ismen und die *Katastrophe*. Niemand verstand es, einen Schluß aus *Nietzsche's* Ankündigung zu ziehen. Klingt sie nicht ähnlich wie jenes antike »Der große Pan ist gestorben« (...), welches das Ende der Naturgottheiten feststellte?

Das Christusleben wird von der Kirche einerseits als ein historisches, andererseits als ein ewig bestehendes Mysterium verstanden, was besonders in der Lehre vom Meßopfer deutlich hervortritt. Von einem psychologischen Standpunkt aus ließe sich diese Auffassung folgendermaßen übersetzen: Christus lebte ein konkretes, persönliches und einmaliges Leben, das aber zugleich in allen wesentlichen Zügen archetypischen Charakter hat. Dieser Charakter wird erkannt an den vielfachen Beziehungen biographischer Einzelheiten zu weitverbreiteten mythischen Motiven. Diese unleugbaren Beziehungen bilden den Grund, warum es der Leben-Jesu-Forschung so schwer fällt, aus den Evangelienberichten ein individuelles, des Mythus entkleidetes, Leben herauszuschälen. In den Evangelien selber sind Tatsachenberichte, Legende und Mythus zu einem eben den Sinn der Evangelien ausmachenden Ganzen verwoben, welches seinen Ganzheitscharakter sofort einbüßt, wenn mit dem kritischen Scalpell Individuelles vom Archetypischen abzusondern versucht wird. Das Christusleben ist insofern keine Ausnahme, als nicht wenige große Gestalten der Geschichte den Archetypus des heldischen Lebens mit seinen charakteristischen Peripetien mehr oder weniger deutlich verwirklicht haben. Aber auch der alltägliche Mensch lebt unbewußt archetypische Formen, die nur aus allgemein verbreiteter psychologischer Unkenntnis nicht mehr beachtet werden. Ja selbst die flüchtigen Erscheinungen der Träume lassen oft deutlich archetypische Formgebung erkennen. Im Grunde genommen ist alles seelische Geschehen dermaßen auf den Archetypus gegründet und mit diesem verwoben, daß es in jedem Falle bedeutender kritischer Anstrengung bedarf, um das Einmalige mit Sicherheit vom Typus zu sondern. Schließlich ist eben jedes individuelle Leben zugleich auch das Leben des Aeons der Species. Das Individuelle ist stets »historisch«, weil strengstens an die Zeit gebunden; die Beziehung des Typus zur Zeit hingegen ist indifferent. Insofern nun das Christusleben in hohem Maße archepypisch ist, stellt es in ebensolchem Maße das Leben des Archepypus dar. Da aber letzterer die unbewußte Voraussetzung jedes menschlichen Lebens ist, so wird durch sein geoffenbartes Leben auch das geheime, unbewußte Grundleben jedes Einzelnen offenbar, d. h. was im Christusleben geschieht, ereignet sich immer und überall. Im christlichen Archetypus ist mit andern Worten alles Leben dieser Art vorgebildet und immer wieder oder ein für alle Male ausgedrückt. So ist darin auch die uns hier angehende Frage des Gottestodes in vollendeter Form vorausgenommen. Christus ist selber der Typus des sterbenden und sich wandelnden Gottes.

Unsere psychologische Situation, von der wir ausgingen, entspricht jenem »quid quaeritis viventem cum mortius? *Non est hic.*« Wo aber werden wir den Auferstandenen wiederfinden?

Ich erwarte von keinem gläubigen Christen, daß er diesen meinen Gedankengängen, die ihm vielleicht absurd erscheinen, weiter folgt. Ich wende mich ja auch gar nicht an die beati possidentes des Glaubens, sondern an jene vielen, für die das Licht erloschen, das Mysterium versunken, und Gott tot ist. Für die meisten gibt es kein Zurück, und man weiß auch nicht genau, ob der Rückweg immer der bessere sei. Zum *Verständnis* der religiösen Dinge gibt es heute wohl nur noch den psychologischen Zugang, weshalb ich mich bemühe, historisch festgewordene Denkformen wieder einzuschmelzen und umzugießen in Anschauungen der unmittelbaren Erfahrung. Es ist gewiß ein schwieriges Unterfangen, jene Brücke wieder aufzufinden, welche die Anschauung des Dogmas mit der unmittelbaren Erfahrung der psychologischen Archetypen verbindet, aber die Erforschung der natürlichen Symbole des Unbewußten gibt uns das hiezu nötige Baumaterial.

Der Gottestod (oder das Verschwinden) ist keineswegs nur ein christliches Symbol. Das an den Tod anschließende Suchen wiederholt sich auch heute noch nach dem Tode eines Dalai

Lama, wie es jährlich im Suchen der Kore in der Antike gefeiert wurde. Diese weite Verbreitung spricht für das allgemeine Vorhandensein dieses typischen seelischen Vorganges: der höchste, lebenspendende und sinngebende Wert ist verloren gegangen. Dieser Vorgang ist ein typisches, d. h. sich häufig wiederholendes Erlebnis, deshalb ist es auch an zentraler Stelle im christlichen Mysterium ausgedrückt. Dieser Tod oder Verlust muß sich immer wiederholen; Christus stirbt immer, wie er immer geboren wird; denn das psychische Leben des Archetypus ist unzeitlich im Vergleich zu unserer individuellen Zeitgebundenheit. Nach welchen Gesetzen bald dieser, bald jener Aspekt des Archetypus wirksam in die Erscheinung tritt, das entzieht sich meiner Kenntnis. Ich weiß nur – und damit drücke ich das Wissen unendlich vieler Menschen aus – daß gegenwärtig eine Zeit des Gottestodes und Gottesverschwindens ist. Der Mythus sagt: er werde dort nicht mehr gefunden, wo sein Leib niedergelegt wurde. Der »Leib« entspricht der äußeren, sichtbaren Form, der bisherigen, aber vorübergehenden Fassung des höchsten Wertes. Der Mythus sagt nun des weiteren aus, daß der Wert in wunderbarer Weise, aber gewandelt, wieder ersteht. Es erscheint als ein Wunder, denn, wenn ein Wert verschwindet, scheint er jeweils unwiederbringlich verloren. Es ist daher durchaus unerwartet, daß er wiederkommen sollte. Die während der drei Todestage stattfindende Höllenfahrt beschreibt das Versinken des verschwundenen Wertes ins Unbewußte, wo er (im Sieg über die Macht der Finsternis) eine neue Ordnung herstellt, und von wo er wieder auftaucht bis zur Höhe des Himmels, d. h. bis zur höchsten Bewußtseinsklarheit. Da nur Wenige den Auferstandenen sehen, so bedeutet das, daß keine geringen Schwierigkeiten bestehen, den gewandelten Wert wiederzufinden und zu erkennen.

Horst Eberhard Richter
Der Ausbruch aus dem Mittelalter:
Gott geht verloren,
der Mensch will selbst Gott sein

Wenn kleine Kinder ihren Eltern mißtrauen und eine gewisse intellektuelle Wachheit erreicht haben, reagieren sie oftmals in einer konsequenten, aber der Umwelt schwer verständlichen Weise. Objektiv abhängig vom Schutz der Eltern, versetzt es sie in Panik, daß sie sich dieses Schutzes nicht mehr sicher fühlen. Ihr erwachtes Ich begreift, was der Mangel an Schutz bedeutet. In ihrer Angst versuchen sie selbst die totale Kontrolle der

Situation zu übernehmen. Sie lassen nichts mehr passiv mit sich oder in sich geschehen, sondern bemühen sich, alle Vorgänge in der Umwelt – und im eigenen Körper – genauestens zu überwachen und zu beherrschen. Abends schlafen sie nicht mehr ein oder höchstens bei Licht und offener Tür. Denn es darf nichts ohne ihre bewußte Anteilnahme vonstatten gehen. Sie müssen alles wissen. Was hinter ihrem Rücken passiert, ist für ihr Empfinden stets bedrohlich und unheilverheißend. Und niemand darf mit ihnen etwas machen, was sie nicht wollen. Nicht einmal der Zufall darf sich einmischen. Sie wollen alles im voraus berechnen und bestimmen. Sie sagen oft, wenn die Eltern etwas von ihnen verlangen, nur deshalb »Nein!«, um die eigene Autonomie zu verteidigen. Und vielfach essen sie nicht dann, wenn sie sollen. Sie wollen es selbst in der Hand haben, wann, wie oft und was sie essen oder was sie überhaupt tun. Lassen sich die Eltern mit solchen Kindern auf einen Machtkampf ein, verlieren sie meist. Die Kinder werden um so widerspenstiger, je mehr man sie nötigt, sich zu fügen. Als drohe ihnen eine Katastrophe, wenn sie nachgeben würden, verteidigen sie sich gegen jede als Vergewaltigungsversuch empfundene Nötigung. Sicher fühlen sie sich nur, wenn sie überall und zu jeder Zeit ihr Verhalten nach eigenen Erkenntnissen und eigenem Entschluß steuern.

Der Umgebung erscheint dieses Verhalten komisch, rätselhaft, lästig. Die unmittelbar hineinverwickelten Eltern haben meist eine von vornherein zwiespältige Einstellung zu einem solchen Kinde gehabt. Ablehnende Gefühle werden von ihnen durch skrupulöse Überbesorgtheit in Schach gehalten. Aber gerade die profunde Zwiespältigkeit begründet und verstärkt laufend das kindliche Mißtrauen. Wenn ich nicht auf alles aufpasse, denkt das Kind, lassen sie mich fallen oder machen sie mich kaputt. Aus dieser fortgesetzten inneren Anspannung und überwachen Konzentriertheit folgt immer eine rasche und intensive Entwicklung der Auffassungsfähigkeit. Solche Kinder merken sich sehr bald auch kompliziertere kausale Zusammenhänge. Ihre Angst zwingt sie dazu, stets rechtzeitig wissen zu müssen, was sich anbahnt. Denn nur dann können sie sich durch berechnetes Eingreifen vor dem ständig erwarteten Ungemach schützen. Deshalb können sie auch nicht mehr einschlafen, weil Bewußtlosigkeit für sie komplette Verteidigungsunfähigkeit bedeutet und die absolute Übermacht jener bösen Welt, die sie nur mit ihrem wachen Ich in Schach halten zu können glauben.

Freilich sind die hintergründige Eltern-Kind-Beziehung und die Flucht des Kindes aus phantasierter tödlicher Ohnmacht in eine narzißtische Allmacht allen Beteiligten unbewußt. Das kindliche Benehmen erscheint unverständlich, ja widersinnig. Die gesamte Umwelt registriert das Mißverhältnis zwischen der tatsächlichen kindlichen Abhängigkeit und Unreife einerseits und seinen Herrschaftsansprüchen andererseits als töricht. Man erkennt genau, daß das Kind nicht richtig funktioniert und sich durch den Drang, alles übersehen und dirigieren zu wollen, selbstschädigend überfordert. Aber meist wird nicht verstanden, daß das scheinbar unlogische Verhalten des Kindes einem hintergründigen, emotional fundierten Plan folgt. In dieser Logik muß das Kind verstanden werden, wenn man es hilfreich therapeutisch ansprechen will. Es nützt dem Kinde nichts, wenn man ihm beweist, daß sein Nicht-einschlafen-Wollen und seine Widerspenstigkeit bei der Nahrungsaufnahme für sein körperliches Funktionieren von Nachteil sind. Denn dies ist der geradezu tragische Widerspruch in dem kindlichen Konzept: Das Ich will sich durch Berechnung und Kontrolle der vergegenständlichten Welt versichern. Aber das unbewußte emotionale Motiv ist seinerseits durch die rationale Beweisführung unerreichbar. Hier entscheidet die emotionale Logik, daß vernichtende Ohnmacht nur durch überkompensatorische Allmacht und Allwissenheit abgewendet werden könne. Und nur ein anderes emotionales Grundverhältnis zur Welt könnte eine hilfreiche Wendung bringen.

Es läßt sich vermuten, daß sich in den Europäern beim Übergang vom Mittelalter in die Neuzeit Prozesse abgespielt haben, die dem hier erläuterten kindlichen Reaktionsmuster verwandt sind, und daß wir immer noch von den Konsequenzen dieser Prozesse betroffen sind. Lange Zeit hatten sich die mittelalterlichen Menschen in ihrer Gotteskindschaft sicher gefühlt. Sie hatten darauf verzichten können, die Welt genau zu erforschen und ihr Leben zu berechnen. Ausdruck dieser ergebenen Lebenseinstellung war die Prädestinationslehre des Kirchenvaters *Augustinus* gewesen. *Augustin* hatte erklärt, daß jedes menschliche Schicksal durch göttlichen Ratschluß vollständig vorherbestimmt sei. Es sei nicht Sache des Menschen, sich die göttliche Wahrheit durch Einsicht anzueignen, sondern diese Aneignung müsse durch den Glauben geschehen. Gott werde die Wahrheit nur denjenigen offenbaren, die sich durch sittliches Verhalten als dafür würdig erwiesen. Also kam es auf absoluten Gehorsam an. Zweifel und eigene Erkenntnis führten zu nichts.

Aber schon *Augustin* selbst hatte gewissermaßen die Schwachstelle bezeichnet, die den allmählich in den folgenden Jahrhunderten einsetzenden Vertrauensschwund begründete. Niemand dürfe gewiß sein, so lehrte er, ob er nach Gottes unerforschlischem Ratschluß zu denen zähle, die der Erlösung teilhaftig werden würden oder zu denen, die für die Erbsünde büßen müßten. Es war eine schwer erträgliche Forderung, absolute Abhängigkeit anzuerkennen, ohne sich der göttlichen Gnade sicher fühlen zu dürfen. Wie konnte man sich Gott blindlings anvertrauen, wenn man so wenig abschätzen konnte, ob man durch ihn Erlösung oder schreckliche Bestrafung finden würde? War es angesichts dieses Umstandes nicht gerechtfertigt, wenn sich der Mensch stärker auf die Hilfe seines Intellektes verließ, um seine Position aus eigenen Erkenntnissen heraus besser zu sichern? *Augustin* spürte offenbar ein wachsendes Spannungsverhältnis zwischen einem Bedürfnis nach eigenständiger intellektueller Orientierung und der Bereitschaft, sich nach wie vor blindlings der Offenbarung zu unterwerfen. Und so warnte er vor dem Erkenntnistrieb: »Denn außer dieser bösen Lust des Fleisches, die in aller Sinnenlust und aller Gier nach Freude wohnt, und die zugrunde richtet, wer ihr fern von Deinem Angesichte dient, lebt in der Seele eine andere Begierde, die ... zwar nicht im Fleische sich ergötzen, aber wohl durch das Fleisch in eitlem Vorwitz Nichtiges erfahren will, was dann geschminkt wird mit dem Namen der Erkenntnis und der Wissenschaft.« Um der Neugier willen »geht man daran, all das Geheimnisvolle der Natur, das doch für unsere Sinne nicht geschaffen, auszuforschen, und sucht nach Dingen, die zu wissen uns nichts nützt, und doch ist's nur der eine Wunsch bei allen Menschen: zu erkennen«. (...)

Andererseits verlieh *Augustin* der Vernunfteinsicht und dem Prinzip der Willensfreiheit in seiner Abhandlung »Vom Gottesstaat« eine gewisse Bedeutung. Aber in den wichtigsten Fragen sollte eben doch der Glaube an die Offenbarung und an deren Walten in der kirchlichen Tradition der intellektuellen Erkenntnis vorangehen. Und die Willensfreiheit sei ja der Menschheit in Adam zuteil geworden. Nur habe dieser sie mißbraucht und damit für seine Nachfolger ausgelöscht. (...)

Offensichtlich hat sich während des Mittelalters das Gefühl kindlichen Beschütztseins zunehmend vermindert, wie umgekehrt das Bedürfnis angewachsen ist, sich eigene Machtmittel anzueignen, um die Stimmung der Unheimlichkeit zu bannen. Das Mißtrauen gegenüber Gott wuchs nicht allein aus Angst, von ihm nicht genügend gehalten zu werden, sondern auch aus Sorge vor dem bösen, dem strafenden Gott. Durch Aufkündigung des blinden Gehorsams in Form erhöhten Anspruches auf Wissen und Selbstbestimmung geriet man verstärkt in das Dilemma, sich um so mehr den göttlichen Zorn zuzuziehen, der unter anderem das Mißtrauen begründete. So entstand zwangsläufig eine sich verstärkende kreisförmige Eigendynamik: Anwachsende Geborgenheitsunsicherheit im Verhältnis zu Gott erzwang einen Ausgleich durch narzißtische Selbstsicherung. Jede Erweiterung eigener Macht mußte indessen die Gefahr göttlicher Rache erhöhen, wodurch neue Ängste freigesetzt und wiederum zusätzlich überkompensatorische Abwehrmaßnahmen erforderlich wurden. Das heißt, der einmal eingeleitete Prozeß der Ablösung aus der vollständigen Unmündigkeit und Passivität enthielt von vornherein die Tendenz zu einem rasanten Umschlag ins Gegenteil, in die *Identifizierung mit der göttlichen Allwissenheit und Allmacht.* Und tatsächlich trägt die folgende Entwicklung viele Züge des von der Psychoanalyse beschriebenen Reaktionsmusters der Flucht aus narzißtischer Ohnmacht in die narzißtische Omnipotenz. Die Radikalität dieses Umschlags wird nur dadurch verschleiert, daß man alle Versuche, sich durch Identifizierung die göttliche Omnipotenz einzuverleiben, mit immer neuen rationalisierenden Theorien leugnete. Je mehr man Gott entmachtete, um so heftiger und kunstfertiger redete man sich ein, daß gerade dies nicht geschehe, daß man vielmehr Gottes in der Natur wirksamen Kräfte nur deshalb habhaft werden wolle, um seiner um so mehr inne zu werden.

Daß es von Anfang an aber in Wirklichkeit darum ging, Gottes unermeßliche Größe und Kraft für sich selbst einzufangen, enthüllte bereits die frühe Suche der Alchimisten nach dem »Stein der Weisen«, der alle Krankheiten heilen, alle Stoffe in Gold verwandeln, alle Geister in die Gewalt seines Besitzers bannen sollte. Allzu deutlich verriet sich darin der Anspruch, sämtliche göttlichen Wunderkräfte in Form eines Stoffes in Besitz nehmen zu können, den man selbst produzieren wollte. Die großen Ängste, die sich mit den ersten Ansätzen zu planvoller Naturforschung verknüpften, schlugen sich in der Durchmischung intellektueller Überlegung mit infantil archaischem Aberglauben nieder. Indem das Ich sich durch intellektuelle Distanzierung von der vergegenständlichten Natur eine neue Position des Analysierens und Kontrollierens verschaffen wollte, verstrickte es sich sogleich in vermehrte magische Befürchtungen. Die Natur belebte sich mit Scharen von Dämonen, die man durch Zauber entkräften zu können hoffte. Vorstellungen der Neuplatoniker und vor allem Elemente der jüdischen Kabbala flossen in dieses Denken ein, das sich intensiv mit Traum- und Zeichendeutung, mit Wahrsagekunst und Zahlenmystik beschäftigte. Es tauchte ein ganzer Komplex von geheimnisvollen Geisterkräften auf, die Einfluß auf das menschliche Leben haben sollten. Auch jede einfache Zahl, die zur mathematischen Naturerforschung verwendet wurde, entpuppte sich obendrein als Träger außersinnlicher Bezüge und Kräfte. *Agrippa von Nettesheim*, neben *Johannes Reuchlin* der bekannteste theosophisch-magische Schriftsteller zu Beginn des 16. Jahrhunderts, widmete in seinen berühmten »Magischen Werken« allein etwa hundert Seiten der Analyse der okkulten Macht und Kraft der Zahlen. (...) Es gab zu dieser Zeit eine umfassende Dämonenkunde und ausgedehnte Kataloge mit Rezepten für Zauberkünste, Weissagung, Wundertränke und sonstige magisch wirksame Stoffe und Zeremonielle. Kleine Handbücher orientierten über die Möglichkeiten der Geomantie (Punktierkunst, Weissagung aus Figuren, die aus Punktieren entstanden), die Pyromantie (Weissagung aus dem Feuer), der Hydromantie (Weissagung aus dem Wasser), der Nekromantie (Weissagung aus Leichen), der Ichthyomantie (Weissagung aus Fischen) und über viele andere magische Künste. Es war eine überaus aufgeregte Zeit. Die Ansätze zur kritischen Überprüfung des Bildes von der Welt, das vorher unbefragt aus der kirchlichen Lehre entnommen worden war, erbrachten neben kleinen Fortschritten an intellektueller Sicherheit viele neue Unsicherheiten und demzufolge den Zwang zur Vervielfältigung der Anstrengungen, die verlorene ergebene Gotteskindschaft durch grandiose Steigerung der Kräfte des eigenen Ich wettzumachen. Der »Stein der Weisen« mit seiner unbegrenzten Wundermacht drückte in zeittypischer Form den Wunsch des Menschen aus, selbst omnipotent *werden* zu müssen, wenn man Gott nicht mehr *haben* konnte.

Die Welt des mittelalterlichen Lebensgefühls kann als kreisförmig beschrieben werden. In dem geozentrischen Weltbild kreisten die Gestirne um die Erde. Aber der Mensch war unten, und Gottes Auge überwachte ihn von oben. Die Welt war in sich geschlossen wie auch der menschliche Lebenszyklus, der in Gott anfing und endete. Dieses kreisförmige System wurde in dem Augenblick aufgebrochen, als das mißtrauische Ich über die Grenze der Offenbarungslehre hinaus fragte. *Mit den ersten Ansätzen des naturwissenschaftlichen Kausaldenkens eröffnete sich die Perspektive einer linearen Unendlichkeit der Kausalkette.* Die menschliche Position der Randständigkeit im grenzenlosen All bestätigte sich durch die Feststellungen von *Kopernikus*. Aber schon lange vor diesem, nämlich im 13. Jahrhundert, hatte die Erfindung der mechanischen Uhr darauf hingewiesen, daß sich die europäischen Menschen anschickten, das Bewußtsein der Endlichkeit im geschlossenen Lebenskreis aufzugeben und sich auf eine ins Unendliche fortschreitende zeitliche Linie zu begeben ... Die mechanische Uhr folgt nicht, wie die alte Sonnenuhr,

50

dem Kreisprozeß des Tages, der aus der Nacht kommt und wieder in die Nacht mündet. Sie tickt permanent gewissermaßen geradlinig weiter. Sie markiert mit ihrem Takt, daß die Zeit unendlich wie die Zahlenreihe voranschreitet und sowenig Anfang und Ende hat wie die naturwissenschaftliche Kausalkette bzw. das sich diesem Prinzip verschreibende menschliche Denken. Im Lebensgefühl des frommen mittelalterlichen Christen gab es die Ewigkeit des sich in Gott kreisförmig vollendenden Lebens. Der nachmittelalterliche Mensch gelangte mehr und mehr zu dem Bewußtsein, auf unendlicher Straße unterwegs zu sein.

Bemühungen um eine Klärung des Begriffs der Unendlichkeit waren erstmalig bei den spätscholastischen Naturphilosophen aufgetaucht. Aber die statische Position des mittelalterlichen Menschen in der Welt verhinderte damals bezeichnenderweise noch ein genaues physikalisches Verständnis der Bewegung. Man konnte Geschwindigkeit noch nicht als Quotienten von Weg durch Zeit fassen. Man war auch unfähig, wechselnde Geschwindigkeiten durch Definition der Momentan-Geschwindigkeit zu begreifen. (...) Den Differentialquotienten, nämlich den Quotienten aus einer unendlich kleinen Strecke und einer unendlich kleinen Zeit, konnte man noch nicht denken. Nach dem Herausfallen – oder Heraustreten – aus der Endlichkeit des christlichen Lebenszyklus mußte der Mensch nun einen Sinn darin suchen, sich auf einer nach vorn unabgegrenzten Linie zu bewegen. Diesen Sinn hat er schließlich darin zu finden gesucht, das bloße Weitergehen in die Zeit mit Fortschritt, mit permanenter Höherentwicklung gleichzusetzen. Das Mittel, diesen Glauben zu nähren, wurden die niemals mehr stillstehenden Entwicklungen der Naturforschung und der Technik. Da Rückschritte der Naturwissenschaft und Technik wie ein Widerspruch in sich selbst wirken, konnte sich bislang die Illusion halten, die Situation des Menschen im Prozeß der Zeit werde immer großartiger und glücklicher. Dabei ist dieses Fortschrittsbewußtsein natürlich nichts weniger als ein kritisches Erfahrungsresultat, vielmehr der aus Verzweiflung geborene Strohhalm, an den man sich aus Angst vor der absoluten Ziellosigkeit klammert. Latent steckt hinter der Fortschrittsideologie immer noch der Traum vom »Stein der Weisen«, der sich nur inzwischen dahin gewandelt hat, daß irgendeine Super-Medizintechnologie permanente Jugendlichkeit und eine Nahezu-Unsterblichkeit garantieren soll.

Es war dann im 17. Jahrhundert die Philosophie des *Descartes*, die am prägnantesten den wegweisenden Entschluß des Menschen ausdrückte, sich das absolute Wissen und die Kraft des Allmächtigen anzueignen, um nach dem Verlust des mittelalterlichen Gotteskindschaftsverhältnisses ein neues Gleichgewicht zu finden. *Nach Wegfall des göttlichen Schutzes wird das Selbstbewußtsein des individuellen Ich zum Garanten eines modernen Sicherheitsgefühls.* In psychoanalytischer Betrachtungsweise kann man von einer narzißtischen Identifizierung sprechen. Die grandiose Selbstgewißheit des Ich ist an die Stelle der Geborgenheit in der großen idealisierten Elternfigur getreten. Deren gewaltige Macht taucht nun als maßlose Überschätzung der eigenen Bedeutung und Möglichkeiten auf. *Das individuelle Ich wird zum Abbild Gottes.* Die höchste und zentrale Wahrheit steckt infolgedessen in dem berühmten Satz: Cogito ergo sum; ich denke, also bin ich. (...) Was wie ein logischer Schluß aussieht, ist im Grunde eine intuitive Entscheidung. Das Ich setzt seine Selbstgewißheit obenan. Freilich kann man von Entscheidung hier nur in dem Sinne sprechen, daß das Ich letztlich auch für den unbewußten Abwehrvorgang verantwortlich ist, der zu diesem Resultat geführt hat. Dies folgt jedenfalls aus der Annahme, daß im Hintergrund eine ähnliche Dynamik wirksam war, wie sie an dem Beispiel des narzißtisch überkompensierenden Kindes erläutert worden ist.

Noch immer hat man freilich im 17. Jahrhundert mit der großen Angst zu kämpfen, die willkürliche Entmachtung Gottes als solche einzugestehen und dessen vernichtende Rache heraufzubeschwören. Also mußte sich *Descartes* mit allen Mitteln bemühen, die ungeheure Anmaßung des individuellen Ich nicht nur als gottgewollt, sondern geradezu als von Gott her bestimmt zu interpretieren. Er erfand eine scheinbare Begründung, die man im Sinne der Psychoanalyse als klassische Rationalisierung bezeichnen könnte. Die Idee, von der individuellen Selbstgewißheit alle weiteren Erkenntnisse ableiten zu können, führte er ursächlich auf Gott zurück: Die höchste Klarheit und Deutlichkeit, mit der das individuelle Ich seiner selbst bewußt sei, könne nur von Gott dem Menschen eingegeben worden sein. Und da Gott gut sei, müsse auch alles wahr sein, was an ähnlich klaren und deutlichen Vorstellungen im Ich vorhanden sei. Denn der gute Gott könne uns ja nicht täuschen wollen. – Auch der berühmte *Gottesbeweis* des *Descartes* bedeutete im Grunde nur eine rationalisierende Verleugnung der tatsächlichen Entmachtung Gottes: Die Idee eines vollkommenen Wesens müsse eine Ursache haben. Da der Mensch indessen unvollkommen sei, könne seine Vorstellung des vollkommenen Wesens nur von Gott als Ursache herkommen. Wie könnten wir ein vollkommenes Wesen denken, wenn dieses nicht real existiere und die Idee nicht in uns hervorgebracht hätte? »Wir werden in dieser Idee (gemeint ist die Idee Gottes, der Verf.) eine solche Unermeßlichkeit finden, daß wir uns davon überzeugen, daß sie uns nur von einem Gegenstande eingeflößt sein kann, welcher wirklich alle Vollkommenheiten in sich vereinigt, das heißt nur von dem wirklich daseienden Gott. Denn es ist nach dem natürlichen Licht offenbar, daß aus Nichts nicht Etwas werden kann, und daß das Vollkommene nicht von einem Unvollkommeneren als wirkender und vollständiger Ursache hervorgebracht werden kann, und daß in uns keine Idee oder kein Bild einer Sache sein kann, von dem nicht irgendwo in uns selbst oder außer uns ein Urbild existiert, das alle seine Vollkommenheiten wirklich enthält.« (...)

In Wirklichkeit vertraut dieser Beweis nicht auf Gott, sondern auf die Unfehlbarkeit des eigenen Intellekts: Würde der intellektuelle Schluß zu einem anderen Resultat führen, wäre Gott gewissermaßen widerlegt. Das logisch denkende Ich bestimmt, daß Gott ist – bzw. sein darf. Aber natürlich durfte seinerzeit niemand diese Anmaßung eingestehen, und von der Renaissance bis zur Aufklärung mühten sich Generationen von Philosophen mit immer neuen Argumenten darum, sich um das Bekenntnis herumzurücken, daß man sich eben nicht mehr auf Gott, sondern darauf verließ, durch Identifizierung selbst göttlich und omnipotent sein zu wollen, um alle Gefahren selbständig vorausberechnen und abwenden zu können.

Jedenfalls stellt sich in der Philosophie des *Descartes* besonders deutlich der Umschlag aus passiver Ergebenheit in eine Haltung wachsamer Dominanz dar. Das individuelle Ich setzt sich an die Stelle Gottes. Gerade in dem Augenblick, als *Galilei* endgültig das klassische geozentrische Weltbild als Illusion entlarvt und damit der Verlorenheitsangst neue Nahrung gibt, vollzieht sich diese Flucht nach vorn in einen großartigen Allmachtsglauben. Das Ich erträgt auch nicht länger, in die Geister- und Dämonenwelt der mystisch-magischen Periode verwickelt zu sein. Es saugt gewissermaßen das ganze Potential an Magie in sich selbst auf, indem es alle Wirklichkeit leugnet, die es nicht selbst intellektuell in Besitz genommen hat. Die mit *Descartes, Galilei* und *Leibniz* einsetzende stürmische, auf die Mathematik gestützte Naturerforschung steht von Anfang an unter dem Druck der Angst, alle Ursachen erkennen zu müssen, um nicht doch am Ende von unbekannten Mächten überwältigt zu werden. Man muß die Umwelt restlos erkunden und sich ihrer bemächtigen, da kein elterlicher Beschützer mehr da ist, der Geborgenheit vermittelt. *Die Furcht, von Gott verlassen zu werden, verwandelt sich in die Sorge vor dem Verlust der absoluten Selbstgewißheit und der intellektuellen Beherrschung der Umwelt.* Die mit der Renaissance einsetzende und sich bis heute fortsetzende großartige Bewegung der naturwissenschaftlichen Entdeckungen und technischen Eroberungen entstammt jedenfalls psychologisch sehr ähnlichen Wurzeln wie die gehetzte, mißtrauische Neugierhaltung und die tyrannische Herrschsucht jener unbeschützten Kinder, die nicht mehr schlafen und nicht mehr passiv sein können. Die nur noch einer Welt trauen, die sie selbst durch Berechnen und Machen in der Hand haben – oder zumindest in der Hand zu haben glauben.

Der lange Zeit als großartige Selbstbefreiung gepriesene Schritt des mittelalterlichen Menschen in die Neuzeit war im Grunde eine neurotische Flucht aus narzißtischer Ohnmacht in die Illusion narzißtischer Allmacht. Der psychische Hintergrund unserer so imposant scheinenden neueren Zivilisation ist nichts anderes als ein von tiefen unbewältigten Ängsten genährter infantiler Größenwahn. Wie das Kind, das sich gewaltsam und illusionär selbst in eine allmächtige Elternfigur verwandelt, um seinen unverläßlichen Eltern nicht länger wehrlos ausgeliefert zu sein, trägt unsere Zivilisation seit damals zahlreiche Merkmale einer krampfhaften Selbstüberforderung. Der verunsicherten Beziehung zu Gott, die einen langen Prozeß schmerzhafter Auseinandersetzung erfordert hätte, hat man sich durch Identifizierung entzogen. Aber das durch diese Gleichsetzung erzeugte großartige Selbstbewußtsein ist stets trügerisch geblieben, und das auf die technische Naturbeherrschung fundierte Machtgefühl verleugnet seit je die tatsächliche infantile Abhängigkeit von eben dieser Natur, ohne deren Ressourcen ein Überleben der Menschheit undenkbar ist. Dies ist eben der Pferdefuß der neurotischen Überkompensation: Da die Ohnmachtsangst nur durch unkritische Selbstüberschätzung, die passive Auslieferung nur durch gewaltsame Überaktivität in Schach gehalten wird, hat sich eine verhängnisvolle Unfähigkeit fixiert, noch diejenigen natürlichen Abhängigkeiten zu registrieren und zu akzeptieren, welche die menschliche Existenz begrenzen. Aber es liegt eben im Wesen dieses unbewußten Ohnmacht-Allmacht-Komplexes, daß die Brüchigkeit des größenwahnsinnigen Selbstbildes so schwer durchschaut werden kann. Nachdem die Gewißheit der Geborgenheit in Gott entfallen ist und das Ich nur noch in seiner Selbstgewißheit und in der egozentrischen Naturbeherrschung Halt sucht, bleibt ihm nichts anderes übrig, als das illusionäre Moment dieser Selbstvergötterung zu verleugnen. Die spektakulären Entdeckungen der naturwissenschaftlichen Ursachenforschung stützen von Anfang an das Verleugnungssystem, weil sie ja, anders als die Rezepte der mittelalterlichen Magie, tatsächlich viele unheimliche Naturprozesse durchschaubar machen. Begeistert von der Tragfähigkeit der mathematischen Methode vermag man sich – mit *Descartes* – fortan zu suggerieren, die intellektuelle Gewißheit mache eine Selbsttäuschung unmöglich. Die mathematische Logik trüge nie. Wenn man der »raison«, der Vernunfterkenntnis folge, so erklärt *Malebranche*, einer der bedeutendsten französischen Philosophen in der unmittelbaren Nachfolge des *Descartes*, verfüge man über das unendliche und unabhängige Prinzip, an welches auch Gott gebunden sei:

»Car Dieu ne peut agir que selon cette raison, il dépend d'elle dans un sens; il faut qu'il la consulte et qu'il la suive.« (...) Die Verfügung über die »raison« garantiert dem Menschen, das ist die heimliche triumphale Folgerung, gottgleiche Unabhängigkeit und Macht.

Der seit dem Mittelalter versteckt erhalten gebliebene Aberglaube bedingt die Illusion, durch praktische Ausnutzung der mathematischen Naturgesetze die eigene Endlichkeit überwinden zu können. Damit hat sich die Überschätzung der kabbalistischen Zauber- und Beschwörungsformeln aus der Zeit des *Agrippa von Nettesheim* nur auf die moderne Mathematik verschoben. Das kontinuierliche Vordringen der mathematischen Naturerkenntnis und die damit verbundene Erweiterung technischer Macht werden immerfort gleichgesetzt mit einer allmählichen Annäherung an das Ziel, der Unendlichkeit habhaft zu werden und die Grenzen der menschlichen Existenz definitiv aufzuheben. Das undurchschaute magische Moment dieser phantastischen Illusion wird gegenwärtig eklatant durch die Tatsache deutlich, daß nur die allerwenigsten vernünftig auf die Tatsache reagieren können, daß derzeit gerade die exakte naturwissenschaftliche Forschung die Zwangsläufigkeit eines kollektiven Selbstzerstörungsprozesses prognostiziert, die mit einer automatischen Fortsetzung der bisherigen expansionistischen Naturbeherrschungsstrategie verbunden wäre. Die Menschen sind unfähig zu akzeptieren, daß eben die Mittel, die bislang unumstritten zur unaufhörlichen Erweiterung unserer Selbstsicherheit tauglich sein sollten, nun auf einmal ganz anders bewertet werden müssen. Es ist eine mit der hintergründigen neurotischen Dynamik verbundene Paradoxie, daß den so lange idealisierten quantitativen Methoden in dem Augenblick nicht mehr vertraut werden kann, in dem diese beweisen, daß der Anspruch einer immer vollständigeren naturwissenschaftlich-technischen Inbesitznahme der Natur gleichbedeutend mit Selbstvernichtung ist. Die Angst, sich die seit dem Mittelalter nur verdrängte infantile Abhängigkeitsposition einzugestehen, ist fatalerweise momentan immer noch viel größer als die Angst, mit einem objektiv selbstmörderischen Größenwahn unterzugehen. Das ist der Fluch dieses kollektiven

Komplexes, des Ohnmacht-Allmacht-Komplexes, den man auch zusammenfassend als »*Gotteskomplex*« bezeichnen kann.

Mircea Eliade
Heiliges und Profanes in der modernen Welt

... Der religiöse Mensch nimmt in der Welt eine spezifische Existenzweise auf sich, und diese spezifische Existenzweise bleibt bei aller Verschiedenheit der religionshistorischen Formen immer erkennbar. In welchem geschichtlichen Zusammenhang er auch steht, der *homo religiosus* glaubt immer an die Existenz einer absoluten Realität, an die Existenz des *Heiligen*, das diese unsere Welt transzendiert, sich aber in dieser Welt offenbart und sie dadurch heiligt und real macht. Er glaubt, daß das Leben heiligen Ursprungs ist und daß die menschliche Existenz alle ihre Möglichkeiten in dem Maß verwirklicht, als sie eine religiöse Existenz ist, d.h. teilhat an der Realität. Die Götter haben Mensch und Welt erschaffen, die kulturbringenden Heroen haben die Schöpfung vollendet, und die Geschichte all dieser göttlichen und halbgöttlichen Werke ist in den Mythen erhalten. Indem der Mensch die heilige Geschichte wieder gegenwärtig macht, indem er das Verhalten der Götter nachahmt, versetzt er sich in die Nähe der Götter, also ins Reale und Bedeutsame.

Was diese Weise des In-der-Welt-Seins von der Existenz eines areligiösen Menschen unterscheidet, ist leicht einzusehen. Vor allem: der areligiöse Mensch lehnt die Transzendenz ab, er akzeptiert die Relativität der ›Realität‹, ja, er kann sogar am Sinn der Existenz zweifeln. Auch die großen Kulturen der Vergangenheit kannten areligiöse Menschen, und es ist nicht ausgeschlossen, daß es solche Menschen schon auf archaischer Kulturebene gegeben hat, obwohl sich in den Quellen bis jetzt nichts darüber findet. Doch erst in der modernen europäischen Gesellschaft hat der areligiöse Mensch sich voll entfaltet. Der moderne areligiöse Mensch nimmt eine neue existentielle Situation, auf sich: er betrachtet sich nur als Subjekt und Agens der Geschichte, und er verweigert sich dem Transzendenten. Anders ausgedrückt, er akzeptiert keine Art von Menschlichkeit außerhalb der menschlichen Verfassung, wie sie sich in den verschiedenen geschichtlichen Situationen erkennen läßt. Der Mensch *macht sich* selbst, und er kann sich nur wirklich selbst machen in dem Maß, als er sich selbst und die Welt desakralisiert. Das Sakrale steht zwischen ihm und seiner Freiheit. Er kann nicht er selbst werden, ehe er

56

nicht vollends demystifiziert ist. Er kann nicht wirklich frei sein, ehe er den letzten Gott getötet hat.

Es ist hier nicht unsere Aufgabe, diese philosophische Einstellung zu diskutieren. Nur soviel sei festgestellt, daß der moderne areligiöse Mensch eine tragische Existenz auf sich nimmt und daß seine existentielle Wahl nicht ohne Größe ist. Aber dieser areligiöse Mensch ist aus dem *homo religiosus* hervorgegangen; er hat sich entwickelt aus Situationen, in denen seine Ahnen lebten. Er ist also eigentlich das Resultat dieses Desakralisierungs-Prozesses. Wie die ›Natur‹ das Produkt einer fortschreitenden Säkularisierung des göttlichen Kosmos darstellt, so ist der profane Mensch das Resultat einer Desakralisierung der menschlichen Existenz. Das aber besagt, daß der areligiöse Mensch sich aus der Opposition zu seinen Vorfahren gebildet hat, indem er danach strebte, sich aller Religiosität, aller übermenschlichen Bedeutung zu ›entleeren‹. Er ist er selbst in dem Maße, als er sich von dem ›Aberglauben‹ seiner Ahnen ›befreit‹ und ›gereinigt‹ hat. Mit anderen Worten, der profane Mensch bewahrt, ob er es will oder nicht, immer noch Spuren vom Verhalten des religiösen Menschen, nur sind diese Spuren ihrer religiösen Bedeutung entkleidet. Was er auch tut, er ist ein Erbe. Er kann seine Vergangenheit nicht endgültig auslöschen, denn er ist selber das Produkt dieser Vergangenheit. Er setzt sich aus einer Reihe von Verneinungen und Absagen zusammen, aber er ist immer noch verfolgt von den Realitäten, die er zurückgewiesen und verneint hat. Er wollte eine Welt für sich und hat deshalb die Welt, in der seine Vorfahren lebten, desakralisiert; doch um dies tun zu können, mußte er sich gegen das Verhalten seiner Vorfahren wenden, und er spürt, daß dieses Verhalten immer noch imstande ist, sich in der einen oder andern Form auf dem tiefsten Grund seines Seins wieder zu verwirklichen.

Doch, wie wir schon gesagt haben, ist der *gänzlich* areligiöse Mensch, selbst in den am stärksten desakralisierten modernen Gesellschaften, ein seltenes Phänomen. Die meisten ›religionslosen‹ Menschen verhalten sich immer noch religiös, wenn sie sich dessen auch nicht bewußt werden. Wir meinen hier nicht nur die Fülle von ›Aberglauben‹ und ›Tabus‹ des modernen Menschen, die alle religiös-magischer Struktur und Herkunft sind. Der moderne Mensch, der sich als areligiös empfindet und bezeichnet, verfügt noch über eine ganze verkappte Mythologie und viele abgesunkene Ritualismen. So haben, wie schon erwähnt, die Neujahrsvergnügungen oder Hauseinweihungen, obwohl sie verweltlicht sind, immer noch die Struktur eines Erneuerungsrituals. Dasselbe gilt für die Feste und Vergnügungen bei der Hochzeit oder bei der Geburt eines Kindes, beim Antritt einer neuen Arbeitsstelle oder bei einer Beförderung.

Man könnte ein ganzes Buch schreiben über die Mythen des modernen Menschen, über die getarnten Mythologien in den Schauspielen, die er bevorzugt, und in den Büchern, die er liest. Das Kino, diese ›Traumfabrik‹, macht sich zahllose mythische Motive zunutze: den Kampf zwischen dem Heros und dem Untier, die Kämpfe und Prüfungen der Initiation, exemplarische Gestalten und Bilder (das ›Mädchen‹, der ›Heros‹, die paradiesische Landschaft, die ›Hölle‹ usw.). Selbst die Lektüre hat eine mythologische Funktion: sie ersetzt nicht nur die Mythenerzählung in der archaischen Gesellschaft und die mündlich überlieferte Dichtung, die heute noch in den ländlichen Gemeinschaften Europas lebt, sondern sie bietet vor allem dem modernen Menschen die Möglichkeit ›aus der Zeit herauszutreten‹, ähnlich wie die Mythen es früher taten. Ob man mit einem Kriminalroman die Zeit ›totschlägt‹, oder in das zeitlich fremde Universum eines Romans eintritt, das Lesen trägt den modernen Menschen aus seiner persönlichen Zeit heraus, es fügt ihn anderen Rhythmen ein und läßt ihn in einer anderen ›Geschichte‹ leben.

Die überwiegende Mehrheit der ›Religionslosen‹ ist nicht wirklich frei von religiösen Verhaltensweisen, von Theologien und Mythologien. Diese Menschen sind manchmal begraben unter einem ganzen Wust religiös-magischer Vorstellungen, die jedoch bis zur Karikatur entstellt und deshalb schwer zu erkennen sind. Der Prozeß der Desakralisierung der menschlichen Existenz führte vielfach zu hybriden Formen von niederer Magie und Affenreligion. Wir meinen hier nicht die zahllosen ›Kleinreligionen‹, wie sie in jeder modernen Stadt wuchern, noch die pseudo-okkulten, neo-spiritualistischen oder quasi-hermetischen Kirchen, Sekten und Schulen, denn alle diese Phänomene gehören noch zur Sphäre der Religiosität. Wir meinen auch nicht die verschiedenen politischen Bewegungen und sozialen Prophetien, deren mythologische Struktur und religiöser Fanatismus leicht zu erkennen sind: man denke nur an die mythologische Struktur des Kommunismus und seinen eschatologischen (…) Gehalt. *Marx* hat eine der großen eschatologischen Mythen der asiatisch-mediterranen Welt wieder entdeckt und weiter geführt: die Erlöserrolle des Gerechten (des ›Auserwählten‹, ›Gesalbten‹, ›Unschuldigen‹, des ›Boten‹ – in unserer Zeit das Proletariat), dessen Leiden berufen sind, den ontologischen Zustand der Welt zu verändern. Die klassenlose Gesellschaft und das daraus resultierende Verschwinden der historischen Spannungen sind im Mythos vom Goldenen Zeitalter, das nach vielen Überlieferungen den Beginn

und das Ende der Geschichte kennzeichnet, bereits genau vorgezeichnet. *Marx* hat diesen ehrwürdigen Mythos um eine ganze
jüdisch-christliche messianische Ideologie vermehrt: man denke
nur an die prophetische und soteriologische Rolle, die er dem
Proletariat erteilt, und an den Endkampf zwischen dem Guten
und dem Bösen, den man ohne weiteres gleichsetzen kann mit
dem apokalyptischen Kampf zwischen *Christus* und dem Anti-
christ, aus dem der erstere siegreich hervorgeht. Bezeichnenderweise übernimmt *Marx* die jüdisch-christliche eschatologische
Hoffnung auf eine *absolutes Ende der Geschichte* und unterscheidet sich damit von den anderen historizistischen Philosophien
(z.B. *Croce* und *Ortega y Gasset*), für die die historischen Spannungen der menschlichen Verfassung konsubstantiell und deshalb nie ganz aufhebbar sind.

Aber nicht nur in den ›kleinen Religionen‹ und in der politischen Mystik finden sich verkappte und degenerierte religiöse
Verhaltensweisen: man erkennt sie auch in Bewegungen, die sich
frei heraus weltlich, ja, antireligiös nennen. So z.B. in der Nackt-
kultur oder in den Bewegungen für absolute sexuelle Freiheit,
Ideologien, in denen sich die Spuren des ›Heimwehs nach dem
Paradies‹ erkennen lassen, die Sehnsucht nach dem paradiesi-
schen Zustand, der vor dem Fall geherrscht hatte, als es noch keine Sünde gab und keinen Bruch zwischen den Wonnen des Fleisches und dem Gewissen.

Es ist auch interessant, zu sehen, wieviele Initiationsele-
mente noch fortleben in den Handlungen und Gesten des unreli-
giösen Menschen unserer Tage. Wir lassen natürlich die Situationen beiseite, in denen ein bestimmter Typ von Initiation degra-
diert weiterlebt, so z.B. den Krieg, vor allem die Einzelkämpfe
(besonders die der Flieger), in denen ›Prüfungen‹ vorkommen,
die den traditionellen kriegerischen Initiationen vergleichbar
sind, wenn sich auch heute die Kämpfer der tiefen Bedeutung
ihrer ›Prüfungen‹ nicht mehr bewußt werden und deshalb an
ihrer Initiationswirkung kaum mehr Anteil haben. Sogar spezifisch moderne Techniken wie die Psychoanalyse bewahren noch
das Initiations-›pattern‹. Der Patient wird aufgefordert, tief in sich
selbst hinabzusteigen, seine Vergangenheit wieder aufleben zu
lassen, seinen Traumata von neuem entgegenzutreten. Formal
gleicht dieses gefährliche Vorgehen dem Hinabsteigen in die
›Hölle‹ zu den Gespenstern und den Kämpfen mit den ›Untie-
ren‹, die bei der Initiation eine Rolle spielen. Wie der Initiierte
siegreich aus diesen Proben hervorgehen, wie er ›sterben‹ und
›auferstehen‹ mußte vor dem Eintritt in eine voll verantwortliche,
den geistigen Werten offene Existenz, so muß der analysierte

moderne Mensch seinem eigenen ›Unbewußten‹ die Stirn bieten, in dem Gespenster und Untiere umgehen, um dort psychische Gesundheit und Integrität und damit die Welt der kulturellen Werte zu finden.

Die Initiation ist so eng an die Seinsweise der menschlichen Existenz gebunden, daß in vielen Handlungen und Gesten des modernen Menschen sich immer noch Initiationsvorgänge wiederholen. Oft kehren im ›Lebenskampf‹, in den ›Prüfungen‹ und ›Schwierigkeiten‹ einer Berufung oder Karriere gewissermaßen Initiationsproben zurück: in den ›Schlägen‹, die er empfängt, in dem ›Leiden‹ und den moralischen oder gar physischen ›Foltern‹, die er durchmacht, ›prüft‹ der junge Mann sich selbst, erkennt er seine Möglichkeiten, wird er sich seiner Kraft bewußt und wird schließlich er selbst, geistig erwachsen und Schöpfer geworden (natürlich im Rahmen einer Spiritualität, wie die moderne Welt sie versteht). Denn jede menschliche Existenz entsteht durch eine Reihe von Prüfungen, durch das wiederholte Erlebnis von ›Tod‹ und ›Auferstehung‹. Aus diesem Grund ist, innerhalb des religiösen Horizontes, die Existenz gegründet auf die Initiation; ja man könnte beinah sagen, daß die menschliche Existenz in dem Maß, wie sie sich vollendet, selbst eine Initiation ist.

So ist die Mehrzahl der Religionslosen immer noch an Pseudoreligionen und abgesunkenen Mythologien beteiligt. Das wundert uns nicht, denn wir haben bereits gesehen, daß der profane Mensch der Abkömmling des *homo religiosus* und außerstande ist, seine eigene Geschichte zu anullieren, das Verhalten seiner religiösen Vorfahren, die ihn zu dem gemacht haben, was er ist, ganz und gar auszulöschen. Dies um so weniger, als seine Existenz zum großen Teil sich von Impulsen nährt, die aus der Tiefe seines Wesens kommen, aus jener Zone, die man das Unbewußte nennt. Ein reiner Vernunftmensch ist eine Abstraktion, die in der Wirklichkeit nirgends auftritt. Jedes menschliche Wesen setzt sich aus seiner bewußten Aktivität und aus seinem irrationalen Erlebnissen zusammen. Nun weisen Inhalt und Struktur des Unbewußten erstaunliche Ähnlichkeiten mit den Bildern und Gestalten der Mythologien auf. Wir wollen damit nicht sagen, daß die Mythologien das ›Produkt‹ des Unbewußten sind, denn die Seinsweise des Mythos ist es gerade, *daß er sich als Mythos offenbart*, also verkündet, *daß etwas sich auf exemplarische Weise offenbart hat.* Ein Mythos ist ebensowenig vom Unbewußten ›produziert‹ wie *Madame Bovary* das ›Produkt‹ eines Ehebruches ist.

Nein, die Inhalte und Strukturen des Unbewußten sind das Resultat unvordenklicher existentieller Situationen, insbesonde-

re kritischer Situationen, und aus diesem Grund ist dem Unbewußten eine religiöse Aura eigen. Denn jede existentielle Krise
stellt die Realität der Welt und die Anwesenheit des Menschen in
der Welt von neuem in Frage: die existentielle Krise ist also eigentlich eine ›religiöse‹Krise, denn auf archaischer Kulturebene
ist das *Sein* eins mit dem *Sakralen*. Wie wir gesehen haben, gründet das Erlebnis des Heiligen die Welt, und auch die elementarste
Religion ist in erster Linie eine Ontologie. Anders ausgedrückt:
insofern das Unbewußte das Ergebnis unzähliger existentieller
Erlebnisse ist, kann es gar nicht anders als den verschiedenen religiösen Universa gleichen. Denn die Religion ist die exemplarische Lösung nicht nur deshalb, weil sie unendlich oft wiederhol-
bar ist, sondern auch, weil ihr ein transzendentaler Ursprung zugeschrieben und sie folglich als eine Offenbarung aus einer
andern, übermenschlichen Welt empfangen wird. Die religiöse
Lösung hebt nicht nur die Krise auf, sondern macht zugleich die
Existenz›offen‹ für Werte, die nicht mehr zufallsbedingt oder pri-
vat sind; sie ermöglicht es also dem Menschen, die persönlichen
Situationen zu überschreiten und Zugang zur Welt des Geistes zu
finden.

Es ist nicht unsere Aufgabe, alle Konsequenzen, die sich
aus diesem Zusammenhang zwischen Gehalt und Strukturen des
Unbewußten und den Geltungen der Religion ergeben, hier auf-
zuführen. Wir sollten auf diesen Zusammenhang nur hinweisen,
um zu zeigen, daß auch der offenkundig areligiöse Mensch im
Grunde seines Wesens noch ein religiös orientiertes Verhalten
bewahrt. Doch die ›Privatmythologien‹ des modernen Menschen
– seine Träume und seine Träumereien – erheben sich nicht mehr
zum ontologischen Rang der Mythen, eben weil sie nicht vom
ganzen Menschen erlebt werden und deshalb eine private Situation nicht in eine exemplarische Situation umformen. Desgleichen fügen sich auch die Ängste, die Traum- und Phantasieerleb-
nisse des modernen Menschen, obwohl sie im formalen Sinn
›religiös‹ sind, nicht mehr wie beim *homo religiosus* in eine Weltanschauung ein und begründen keine Verhaltensweise. Ein Beispiel mag den Unterschied zwischen diesen beiden Kategorien
des Erlebens noch besser erklären. Das Unterbewußte liefert dem
modernen Menschen unaufhörlich zahllose Symbole, und jedes
Symbol hat eine bestimmte Botschaft zu übermitteln, eine bestimmte Mission zu erfüllen, die dazu dient, das seelische Gleichgewicht zu wahren oder wiederherzustellen. Das Symbol macht,
wie wir gesehen haben, nicht nur die Welt ›offen‹, es verschafft
dem religiösen Menschen auch Zugang zum Universellen. Mit
Hilfe des Symbols verläßt der Mensch seine private Situation und

›öffnet‹ sich dem Allgemeingültigen und Universellen. Die Symbole wecken das individuelle Erleben und verwandeln es in einen geistigen Akt, in ein metaphysisches Erfassen der Welt. Vor einem beliebigen Baum als Symbol des Weltbaums und Bild des kosmischen Lebens findet ein Mensch der vormodernen Gesellschaft den Zugang zur höchsten Geistigkeit, denn indem er das Symbol versteht, *vermag er das Universelle zu leben.* Die religiöse Schau der Welt und die ihr zugehörige Ideologie erlauben ihm, dieses individuelle Erlebnis auszuwerten, es zum Universellen hin zu ›öffnen‹. Das Bild des Baumes taucht auch in den Bilderwelten des modernen areligiösen Menschen noch häufiger auf: es ist eine Chiffre seines tieferen Lebens und des Dramas, das sich in seinem Unbewußten abspielt und von dem die Integrität seines seelisch-geistigen Lebens und damit seine Existenz abhängen. Doch solange das Symbol des Baumes nicht das ganze Bewußtsein des Menschen erweckt und dem Universellen ›öffnet‹, kann man nicht sagen, daß es seine Aufgabe ganz erfüllt. Es hat den Menschen nur zum Teil aus seiner individuellen Situation ›errettet‹, indem es ihm z.B. half, eine innere Krise zu überwinden, und ihm das vorübergehend bedrohte seelische Gleichgewicht wiedergab; es hat ihn nicht zur Geistigkeit erhoben, es hat ihm keine Struktur des Wirklichen enthüllt.

So empfängt der areligiöse Mensch der modernen Gesellschaften zwar immer noch Nahrung und Hilfe aus der Tätigkeit seines Unbewußten, aber die eigentlich religiöse Welt vermag er nicht mehr zu sehen und zu erleben. Das Unbewußte bietet ihm Lösungen für die Schwierigkeiten seiner eigenen Existenz und erfüllt in dieser Hinsicht die Funktion der Religion. Von einem bestimmten Gesichtspunkt aus ließe sich beinahe sagen, daß bei den modernen Menschen, die sich areligiös nennen, Religion und Mythologie sich im Dunkeln ihres Unbewußten ›okkultiert‹ haben – womit auch gesagt ist, daß solche Menschen tief in ihrem Innern die Möglichkeit haben, die religiöse Erfahrung des Lebens zurückzugewinnen. Vom christlichen Standpunkt aus könnte man sagen, die ›Nichtreligiosität‹ entspreche einem neuen ›Fall‹ des Menschen, der areligiöse Mensch habe die Fähigkeit zu einem bewußten Erleben der Religion und damit auch zu ihrem Verständnis und ihrer Anerkennung verloren, aber im tiefsten Grund seines Wesens bewahre er immer noch die Erinnerung daran, ebenso wie nach dem ersten ›Sündenfall‹ sein Ahne, der Urmensch, wiewohl geistig blind geworden, doch soviel Erkenntniskraft behielt, daß er die Spuren Gottes in der Welt noch finden konnte. Nach dem ersten ›Sündenfall‹ war die Religiosität auf die Ebene des gequälten Bewußtseins herabgesunken, nach dem zweiten sank sie noch tiefer, in den Abgrund des Unbewußten; nun ist sie ›das Vergessene‹.

Hier enden die Überlegungen des Religionshistorikers, und hier beginnt der Fragenkomplex, der den Philosophen, den Psychologen und den Theologen angeht.

II.
Der totgesagte Gott

Nicht, als ob wir glaubten, dass Gott existiert,
aber wir denken, dass die Frage nicht die seiner Existenz
ist; der Mensch muss sich selber wieder finden und sich
überzeugen, dass ihn nichts vor sich selber retten kann,
wäre es auch ein gültiger Beweis der Existenz Gottes.

Jean-Paul Sartre

Sigmund Freud
Die Zukunft einer Illusion

... Wie für die Menschheit im ganzen, so ist für den Einzelnen das Leben schwer zu ertragen. Ein Stück Entbehrung legt ihm die Kultur auf, an der er Teil hat, ein Maß Leiden bereiten ihm die anderen Menschen, entweder trotz der Kulturvorschriften oder infolge der Unvollkommenheit dieser Kultur. Dazu kommt, was ihm die unbezwungene Natur – er nennt es Schicksal – an Schädigung zufügt. Ein ständiger ängstlicher Erwartungszustand und eine schwere Kränkung des natürlichen Narzißmus sollte die Folge dieses Zustandes sein. Wie der Einzelne gegen die Schädigungen durch die Kultur und die Anderen reagiert, wissen wir bereits, er entwickelt ein entsprechendes Maß von Widerstand gegen die Einrichtungen dieser Kultur, von Kulturfeindschaft. Aber wie setzt er sich gegen die Übermächte der Natur, des Schicksals, zu Wehr, die ihm wie allen anderen drohen?

Die Kultur nimmt ihm diese Leistung ab, sie besorgt sie für alle in gleicher Weise, es ist auch bemerkenswert, daß so ziemlich alle Kulturen hierin das gleiche tun. Sie macht nicht etwa halt in der Erledigung ihrer Aufgabe, den Menschen gegen die Natur zu verteidigen, sie setzt sie nur mit anderen Mitteln fort. Die Aufgabe ist hier eine mehrfache, das schwer bedrohte Selbstgefühl des Menschen verlangt nach Trost, der Welt und dem Leben sollen ihre Schrecken genommen werden, nebenbei will auch die Wißbegierde der Menschen, die freilich von dem stärksten praktischen Interesse angetrieben wird, eine Antwort haben.

Mit dem ersten Schritt ist bereits sehr viel gewonnen. Und dieser ist, die Natur zu vermenschlichen. An die unpersönlichen Kräfte und Schicksale kann man nicht heran, sie bleiben ewig fremd. Aber wenn in den Elementen Leidenschaften toben wie in der eigenen Seele, wenn selbst der Tod nichts Spontanes ist, sondern die Gewalttat eines bösen Willens, wenn man überall in der Natur Wesen um sich hat, wie man sie aus der eigenen Gesellschaft kennt, dann atmet man auf, fühlt sich heimisch im Unheimlichen, kann seine sinnlose Angst psychisch bearbeiten. Man ist vielleicht noch wehrlos, aber nicht mehr hilflos gelähmt, man kann zum mindesten reagieren, ja vielleicht ist man nicht einmal wehrlos, man kann gegen diese gewalttätigen Übermenschen draußen dieselben Mittel in Anwendung bringen, deren man sich in seiner Gesellschaft bedient, kann versuchen, sie zu beschwören, beschwichtigen, bestechen, raubt ihnen durch solche Beeinflussung einen Teil ihrer Macht. Solch ein Ersatz einer

Naturwissenschaft durch Psychologie schafft nicht bloß sofortige Erleichterung, er zeigt auch den Weg zu einer weiteren Bewältigung der Situation.

Denn diese Situation ist nichts Neues, sie hat ein infantiles Vorbild, ist eigentlich nur die Fortsetzung des früheren, denn in solcher Hilflosigkeit hatte man sich schon einmal befunden, als kleines Kind einem Elternpaar gegenüber, das man Grund hatte zu fürchten, zumal den Vater, dessen Schutzes man aber auch sicher war gegen die Gefahren, die man damals kannte. So lag es nahe, die beiden Situationen einander anzugleichen. Auch kam wie im Traumleben der Wunsch dabei auf seine Rechnung. Eine Todesahnung befällt den Schlafenden, will ihn in das Grab versetzen, aber die Traumarbeit weiß die Bedingung auszuwählen, unter der auch dies gefürchtete Ereignis zur Wunscherfüllung wird; der Träumer sieht sich in einem alten Etruskergrab, in das er selig über die Befriedigung seiner archäologischen Interessen hinabgestiegen war. Ähnlich macht der Mensch die Naturkräfte nicht einfach zu Menschen, mit denen er wie mit seinesgleichen verkehren kann, das würde auch dem überwältigenden Eindruck nicht gerecht werden, den er von ihnen hat, sondern er gibt ihnen Vatercharakter, macht sie zu Göttern, folgt dabei nicht nur einem infantilen, sondern auch, wie ich versucht habe zu zeigen, einem phylogenetischen Vorbild.

Mit der Zeit werden die ersten Beobachtungen von Regel- und Gesetzmäßigkeit an den Naturerscheinungen gemacht, die Naturkräfte verlieren damit ihre menschlichen Züge. Aber die Hilflosigkeit der Menschen bleibt und damit ihre Vatersehnsucht und die Götter. Die Götter behalten ihre dreifache Aufgabe, die Schrecken der Natur zu bannen, mit der Grausamkeit des Schicksals, besonders wie es sich im Tode zeigt, zu versöhnen und für die Leiden und Entbehrungen zu entschädigen, die dem Menschen durch das kulturelle Zusammenleben auferlegt werden.

Aber allmählich verschiebt sich innerhalb dieser Leistungen der Akzent. Man merkt, daß die Naturerscheinungen sich nach inneren Notwendigkeiten von selbst abwickeln; gewiß sind die Götter die Herren der Natur, sie haben sie so eingerichtet und können sie nun sich selbst überlassen. Nur gelegentlich greifen sie in den sogenannten Wundern in ihren Lauf ein, wie um zu versichern, daß sie von ihrer ursprünglichen Machtsphäre nichts aufgegeben haben. Was die Austeilung der Schicksale betrifft, so bleibt eine unbehagliche Ahnung bestehen, daß der Rat- und Hilflosigkeit des Menschengeschlechts nicht abgeholfen werden kann. Hier versagen die Götter am ehesten; wenn sie selbst das Schicksal machen, so muß man ihren Ratschluß unerforschlich heißen; dem begabtesten Volk des Altertums dämmert die Einsicht, daß die *Moira* über den Göttern steht und daß die Götter selbst ihre Schicksale haben. Und je mehr die Natur selbständig wird, die Götter sich von ihr zurückziehen, desto ernsthafter drängen alle Erwartungen auf die dritte Leistung, die ihnen zugewiesen ist, desto mehr wird das Moralische ihre eigentliche Domäne. Göttliche Aufgabe wird es nun, die Mängel und Schäden der Kultur auszugleichen, die Leiden in acht zu nehmen, die die Menschen im Zusammenleben einander zufügen, über die Ausführung der Kulturvorschriften zu wachen, die die Menschen so schlecht befolgen. Den Kulturvorschriften selbst wird göttlicher Ursprung zugesprochen, sie werden über die menschliche Gesellschaft hinausgehoben, auf Natur und Weltgeschehen ausgedehnt.

So wird ein Schatz von Vorstellungen geschaffen, geboren aus dem Bedürfnis, die menschliche Hilflosigkeit erträglich zu machen, erbaut aus dem Material der Erinnerungen an die Hilflosigkeit der eigenen und der Kindheit des Menschengeschlechts. Es ist deutlich erkennbar, daß dieser Besitz den Menschen nach zwei Richtungen beschützt, gegen die Gefahren der Natur und des Schicksals und gegen die Schädigungen aus der menschlichen Gesellschaft selbt. Im Zusammenhang lautet es: das Leben in dieser Welt dient einem höheren Zweck, der zwar nicht leicht zu erraten ist, aber gewiß eine Vervollkommnung des menschlichen Wesens bedeutet. Wahrscheinlich soll das Geistige des Menschen, die Seele, die sich im Lauf der Zeiten so langsam und widerstrebend vom Körper getrennt hat, das Objekt dieser Erhebung und Erhöhung sein. Alles, was in dieser Welt vor sich geht, ist Ausführung der Absichten einer uns überlegenen Intelligenz, die, wenn auch auf schwer zu verfolgenden Wegen und Umwegen, schließlich alles zum Guten, d. h. für uns Erfreulichen, lenkt. Über jedem von uns wacht eine gütige, nur scheinbar gestrenge Vorsehung, die nicht zuläßt, daß wir zum Spielball der überstarken und schonungslosen Naturkräfte werden; der Tod selbst ist keine Vernichtung, keine Rückkehr zum anorganisch Leblosen, sondern der Anfang einer neuen Art von Existenz, die auf dem Wege der Höherentwicklung liegt. Und nach der anderen Seite gewendet, dieselben Sittengesetze, die unsere Kulturen aufgestellt haben, beherrschen auch alles Weltgeschehen, nur werden sie von einer höchsten richterlichen Instanz mit ungleich mehr Macht und Konsequenz behütet. Alles Gute findet endlich seinen Lohn, alles Böse seine Strafe, wenn nicht schon in dieser Form des Lebens, so in den späteren Existenzen, die nach dem Tod beginnen. Somit sind alle Schrecken, Leiden und Härten des Lebens zur Austilgung bestimmt; das Leben nach dem Tode, das unser irdisches Leben fortsetzt, wie das unsichtbare Stück des Spektrums dem sichtbaren angefügt ist, bringt all die Vollendung, die wir hier vielleicht vermißt haben. Und die überlegene Weisheit, die diesen Ablauf lenkt, die Allgüte, die sich in ihm äußert, die Gerechtigkeit, die sich in ihm durchsetzt, das sind die Eigenschaften der göttlichen Wesen, die auch uns und die Welt im ganzen geschaffen haben. Oder vielmehr des einen göttlichen Wesens, zu dem sich in unserer Kultur alle Götter der Vorzeiten verdichtet haben. Das Volk, dem zuerst solche Konzentrierung der göttlichen Eigenschaften gelang, war nicht wenig stolz auf diesen Fortschritt. Es hatte den väterlichen Kern, der von jeher hinter jeder Gottesgestalt verborgen war, freigelegt; im Grunde war es eine Rückkehr zu den historischen Anfängen der Gottesidee. Nun, da Gott ein Einziger war, konnten die Beziehungen zu ihm die Innigkeit und Intensität des kindlichen Verhältnisses zum Vater wiedergewinnen. Wenn man soviel für den Vater getan hatte, wollte man aber auch belohnt werden, zum mindesten das einziggeliebte Kind sein, das auserwählte Volk. Sehr viel später erhebt das fromme Amerika den Anspruch, ›*God's own country*‹ zu sein, und für eine der Formen, unter denen die Menschen die Gottheit verehren, trifft es auch zu.

Die religiösen Vorstellungen, die vorhin zusammengefaßt wurden, haben natürlich eine lange Entwicklung durchgemacht, sind von verschiedenen Kulturen in verschiedenen Phasen festgehalten worden. Ich habe eine einzelne solche Entwicklungsphase herausgegriffen, die etwa der Endgestaltung in unserer heutigen weißen, christlichen Kultur entspricht. Es ist leicht zu bemerken, daß nicht alle Stücke dieses Ganzen gleich gut zueinander stimmen, daß nicht alle dringenden Fragen beantwortet werden, daß der Widerspruch der täglichen Erfahrung nur mit Mühe abgewiesen werden kann. Aber so wie sie sind, werden diese Vorstellungen – die im weitesten Sinn religiösen – als der kostbarste Besitz der Kultur eingeschätzt, als das Wertvollste, was sie ihren Teilnehmern zu bieten hat, weit höher geschätzt als alle Künste, der Erde ihre Schätze zu entlocken, die Menschheit mit Nahrung zu versorgen oder ihren Krankheiten vorzubeugen usw. Die Menschen meinen, das Leben nicht ertragen zu können, wenn sie diesen Vorstellungen nicht den Wert beilegen, der für sie beansprucht wird. Und nun ist die Frage, was sind diese Vorstellungen im Lichte der Psychologie, woher beziehen sie ihre Hochschätzung und um schüchtern fortzusetzen: was ist ihr wirklicher Wert?

… Welches ist also die psychologische Bedeutung der religiösen Vorstellungen, als was können wir sie klassifizieren? Die

70

Frage ist zunächst gar nicht leicht zu beantworten. Nach Abweisung verschiedener Formulierungen wird man bei der einen stehen bleiben: Es sind Lehrsätze, Aussagen über Tatsachen und Verhältnisse der äußeren (oder inneren) Realität, die etwas mitteilen, was man selbst nicht gefunden hat und die beanspruchen, daß man ihnen Glauben schenkt. Da sie Auskunft geben über das für uns Wichtigste und Interessanteste im Leben, werden sie besonders hochgeschätzt. Wer nichts von ihnen weiß, ist sehr unwissend; wer sie in sein Wissen aufgenommen hat, darf sich für sehr bereichert halten ...

Alle solche Lehrsätze verlangen also Glauben für ihre Inhalte, aber nicht ohne ihren Anspruch zu begründen. Sie geben sich als das abgekürzte Resultat eines längeren, auf Beobachtung, gewiß auch Schlußfolgerung gegründeten Denkprozesses; wer die Absicht hat, diesen Prozeß selbst durchzumachen, anstatt sein Ergebnis anzunehmen, dem zeigen sie den Weg dazu. Es wird immer auch hinzugesetzt, woher man die Kenntnis hat, die der Lehrsatz verkündet, wo er nicht, wie bei geographischen Behauptungen, selbstverständlich ist. Zum Beispiel die Erde hat die Gestalt einer Kugel; als Beweise dafür werden angeführt der Foucaultsche Pendelversuch, das Verhalten des Horizonts, die Möglichkeit, die Erde zu umschiffen. Da es, wie alle Beteiligten einsehen, untunlich ist, alle Schulkinder auf Erdumseglungen zu schicken, bescheidet man sich damit, die Lehren der Schule auf ›Treu und Glauben‹ annehmen zu lassen, aber man weiß, der Weg zur persönlichen Überzeugung bleibt offen.

Versuchen wir die religiösen Lehrsätze mit demselben Maß zu messen. Wenn wir die Frage aufwerfen, worauf sich ihr Anspruch gründet, geglaubt zu werden, erhalten wir drei Antworten, die merkwürdig schlecht zusammenstimmen. Erstens, sie verdienen Glauben, weil schon unsere Väter sie geglaubt haben, zweitens besitzen wir Beweise, die uns aus eben dieser Vorzeit überliefert sind, und drittens ist es überhaupt verboten, die Frage nach dieser Beglaubigung aufzuwerfen. Dies Unterfangen wurde früher mit den allerhärtesten Strafen belegt und noch heute sieht es die Gesellschaft ungern, daß jemand es erneuert.

Dieser dritte Punkt muß unsere stärksten Bedenken wecken. Ein solches Verbot kann doch nur die eine Motivierung haben, daß die Gesellschaft die Unsicherheit des Anspruchs sehr wohl kennt, den sie für ihre religiösen Lehren erhebt. Wäre es anders, so würde sie gewiß jedem, der sich selbst eine Überzeugung schaffen will, das Material dazu bereitwilligst zur Verfügung stellen. Wir gehen darum mit einem nicht leicht zu beschwichtigenden Mißtrauen an die Prüfung der beiden anderen Beweisgründe. Wir sollen glauben, weil unsere Väter geglaubt haben. Aber diese unsere Ahnen waren weit unwissender als wir, sie haben an Dinge geglaubt, die wir heute unmöglich annehmen können. Die Möglichkeit regt sich, daß auch die religiösen Lehren von solcher Art sein könnten. Die Beweise, die sie uns hinterlassen haben, sind in Schriften niedergelegt, die selbst alle Charaktere der Unzuverlässigkeit an sich tragen. Sie sind widerspruchsvoll, überarbeitet, verfälscht; wo sie von tatsächlichen Beglaubigungen berichten, selbst unbeglaubigt. Es hilft nicht viel, wenn für ihren Wortlaut oder auch nur für ihren Inhalt die Herkunft von göttlicher Offenbarung behauptet wird, denn diese Behauptung ist bereits selbst ein Stück jener Lehren, die auf ihre Glaubwürdigkeit untersucht werden sollen, und kein Satz kann sich doch selbst beweisen.

So kommen wir zu dem sonderbaren Ergebnisse, daß gerade diejenigen Mitteilungen unseres Kulturbesitzes, die die größte Bedeutung für uns haben könnten, denen die Aufgabe zugeteilt ist, uns die Rätsel der Welt aufzuklären und uns mit den Leiden des Lebens zu versöhnen, daß gerade sie die allerschwächste Beglaubigung haben. Wir würden uns nicht entschließen können, eine für uns so gleichgiltige Tatsache anzunehmen, wie daß Walfische Junge gebären anstatt Eier abzulegen, wenn sie nicht besser erweisbar wäre.

Dieser Sachverhalt ist an sich ein sehr merkwürdiges psychologisches Problem. Auch möge niemand glauben, daß die vorstehenden Bemerkungen über die Unbeweisbarkeit der religiösen Lehren etwas Neues enthalten. Sie ist zu jeder Zeit verspürt worden, gewiß auch von den Urahnen, die solche Erbschaft hinterlassen haben. Wahrscheinlich haben viele von ihnen dieselben Zweifel genährt wie wir, es lastete aber ein zu starker Druck auf ihnen, als daß sie gewagt hätten, dieselben zu äußern. Und seither haben sich unzählige Menschen mit den nämlichen Zweifeln gequält, die sie unterdrücken wollten, weil sie sich für verpflichtet hielten zu glauben, sind viele glänzende Intellekte an diesem Konflikt gescheitert, haben viele Charaktere an den Kompromissen Schaden gelitten, in denen sie einen Ausweg suchten.

Wenn alle Beweise, die man für die Glaubwürdigkeit der religiösen Lehrsätze vorbringt, aus der Vergangenheit stammen, so liegt es nahe umzuschauen, ob nicht die besser zu beurteilende Gegenwart auch solche Beweise liefern kann. Wenn es gelänge, nur ein einzelnes Stück des religiösen Systems solcher Art dem Zweifel zu entziehen, so würde dadurch das Ganze außerordentlich an Glaubhaftigkeit gewinnen. Hier setzt die Tätigkeit der Spiritisten ein, die von der Fortdauer der individuellen Seele überzeugt sind und uns diesen einen Satz der religiösen Lehre zweifelsfrei demonstrieren wollen. Es gelingt ihnen leider nicht zu widerlegen, daß die Erscheinungen und Äußerungen ihrer Geister nur Produktionen ihrer eigenen Seelentätigkeit sind. Sie haben die Geister der größten Menschen, der hervorragendsten Denker zitiert, aber alle Äußerungen und Auskünfte, die sie von ihnen erhielten, waren so albern, so trostlos nichtssagend, daß man nichts anderes glaubwürdig finden kann als die Fähigkeit der Geister, sich dem Kreis von Menschen anzupassen, der sie heraufbeschört.

Man muß nun zweier Versuche gedenken, die den Eindruck krampfhafter Bemühung machen, dem Problem zu entgehen. Der eine, gewaltsamer Natur, ist alt, der andere subtil und modern. Der erstere ist das *Credo quia absurdum* des Kirchenvaters. Das will besagen, die religiösen Lehren sind den Ansprüchen der Vernunft entzogen, sie stehen über der Vernunft. Man muß ihre Wahrheit innerlich verspüren, braucht sie nicht zu begreifen. Allein dieses *Credo* ist nur als Selbstbekenntnis interessant, als Machtspruch ist es ohne Verbindlichkeit. Soll ich verpflichtet werden, jede Absurdität zu glauben? Und wenn nicht, warum gerade diese? Es gibt keine Instanz über der Vernunft. Wenn die Wahrheit der religiösen Lehren abhängig ist von einem inneren Erlebnis, das diese Wahrheit bezeugt, was macht man mit den vielen Menschen, die solch ein seltenes Erlebnis nicht haben? Man kann von allen Menschen verlangen, daß sie die Gabe der Vernunft anwenden, die sie besitzen, aber man kann nicht eine für alle giltige Verpflichtung auf ein Motiv aufbauen, das nur bei ganz wenigen existiert. Wenn der Eine aus einem ihn tief ergreifenden ekstatischen Zustand die unerschütterliche Überzeugung von der realen Wahrheit der religiösen Lehren gewonnen hat, was bedeutet das dem Anderen?

Der zweite Versuch ist der der Philosophie des ›Als ob‹. Er führt aus, daß es in unserer Denktätigkeit reichlich Annahmen gibt, deren Grundlosigkeit, ja deren Absurdität wir voll einsehen. Sie werden Fiktionen geheißen, aber aus mannigfachen praktischen Motiven müßten wir uns so benehmen, ›als ob‹ wir an diese Fiktionen glaubten. Dies treffe für die religiösen Lehren wegen ihrer unvergleichlichen Wichtigkeit für die Aufrechterhaltung der menschlichen Gesellschaft zu. (…) Diese Argumentation ist von dem *Credo quia absurdum* nicht weit entfernt. Aber ich meine die Forderung des ›Als ob‹ ist eine solche, wie sie nur ein Philosoph aufstellen kann. Der durch die Künste der Philosophie in seinem Denken nicht beeinflußte Mensch wird sie nie annehmen können, für ihn ist mit dem Zugeständnis der Absurdität, der Vernunftwidrigkeit, alles erledigt. Er kann nicht dazu verhalten werden, gerade in der Behandlung seiner wichtigsten Interessen auf die Sicherheiten zu verzichten, die er sonst für alle seine gewöhnlichen Tätigkeiten verlangt. Ich erinnere mich an eines meiner Kinder, das sich frühzeitig durch eine besondere Betonung der Sachlichkeit auszeichnete. Wenn den Kindern ein Märchen erzählt wurde, dem sie andächtig lauschten, kam er hinzu und fragte: Ist das eine wahre Geschichte? Nachdem man es verneint hatte, zog er mit einer geringschätzigen Miene ab. Es steht zu erwarten, daß sich die Menschen gegen die religiösen Märchen bald ähnlich benehmen werden, trotz der Fürsprache des ›Als ob‹.

Aber sie benehmen sich derzeit noch ganz anders und in vergangenen Zeiten haben die religiösen Vorstellungen trotz ihres unbestreitbaren Mangels an Beglaubigung den allerstärksten Einfluß auf die Menschheit geübt. Das ist ein neues psychologisches Problem. Man muß fragen, worin besteht die innere Kraft dieser Lehren, welchem Umstand verdanken sie ihre von der vernünfigen Anerkennung unabhängige Wirksamkeit?

Ich meine, wir haben die Antwort auf beide Fragen genügend vorbereitet. Sie ergibt sich, wenn wir die psychische Genese der religiösen Vorstellungen ins Auge fassen. Diese, die sich als Lehrsätze ausgeben, sind nicht Niederschläge der Erfahrung oder Endresultate des Denkens, es sind Illusionen, Erfüllungen der ältesten, stärksten, dringendsten Wünschen der Menschheit; das Geheimnis ihrer Stärke ist die Stärke dieser Wünsche. Wir wissen schon, der schreckende Eindruck der kindlichen Hilflosigkeit hat das Bedürfnis nach Schutz – Schutz durch Liebe – erweckt, dem der Vater abgeholfen hat, die Erkenntnis von der Fortdauer dieser Hilflosigkeit durchs ganze Leben hat das Festhalten an der Existenz eines – aber nun mächtigeren Vaters – verursacht. Durch das gütige Walten der göttlichen Vorsehung wird die Angst vor den Gefahren des Lebens beschwichtigt, die Einsetzung einer sittlichen Weltordnung versichert die Erfüllung der Gerechtigkeitsforderung, die innerhalb der menschlichen Kultur so oft unerfüllt geblieben ist, die Verlängerung der irdischen Existenz durch ein zukünftiges Leben stellt den örtlichen und zeitlichen Rahmen bei, in dem sich diese Wunscherfüllungen vollziehen sollen. Antworten auf Rätselfragen der menschlichen Wißbegierde, wie nach der Entstehung der Welt und der Beziehung zwischen Körperlichem und Seelischem werden unter den Voraussetzungen dieses Systems entwickelt; es bedeutet eine großartige Erleichterung für die Einzelpsyche, wenn die nie ganz überwundenen Konflikte der Kinderzeit aus dem Vaterkomplex ihr abgenommen und einer von allen angenommenen Lösung zugeführt werden.

Wenn ich sage, das alles sind Illusionen, muß ich die Bedeutung des Wortes abgrenzen. Eine Illusion ist nicht dasselbe wie ein Irrtum, sie ist auch nicht notwendig ein Irrtum. Die Meinung des Aristoteles, daß sich Ungeziefer aus Unrat entwickle, an der das unwissende Volk noch heute festhält, war ein Irrtum, ebenso die einer früheren ärztlichen Generation, daß die *Tabes dorsalis* die Folge von sexueller Ausschweifung sei. Es wäre mißbräuchlich, diese Irrtümer Illusionen zu heißen. Dagegen war es eine Illusion des Kolumbus, daß er einen neuen Seeweg nach Indien entdeckt habe. Der Anteil seines Wunsches an diesem Irrtum ist sehr deutlich. Als Illusion kann man die Behauptung gewisser Nationalisten bezeichnen, die Indogermanen seien die einzige kulturfähige Menschenrasse, oder den Glauben, den erst die Psychoanalyse zerstört hat, das Kind sei ein Wesen ohne Sexualität. Für die Illusion bleibt charakteristisch die Ableitung aus menschlichen Wünschen, sie nähert sich in dieser Hinsicht der psychiatrischen Wahnidee, aber sie scheidet sich, abgesehen von dem komplizierteren Aufbau der Wahnidee, auch von dieser. An der Wahnidee heben wir als wesentlich den Widerspruch gegen die Wirklichkeit hervor, die Illusion muß nicht notwendig falsch, d. h. unrealisierbar oder im Widerspruch mit der Realität sein. Ein Bürgermädchen kann sich z.B. die Illusion machen, daß ein Prinz kommen wird, um sie heimzuholen. Es ist möglich, einige Fälle dieser Art haben sich ereignet. Daß der Messias kommen und ein goldenes Zeitalter begründen wird, ist weit weniger wahrscheinlich; je nach der persönlichen Einstellung des Urteilenden wird er diesen Glauben als Illusion oder als Analogie einer Wahnidee klassifizieren. Beispiele von Illusionen, die sich bewahrheitet haben, sind sonst nicht leicht aufzufinden. Aber die Illusion der Alchimisten, alle Metalle in Gold verwandeln zu können, könnte eine solche sein. Der Wunsch, sehr viel Gold, soviel Gold als möglich zu haben, ist durch unsere heutige Einsicht in die Bedingungen des Reichtums sehr gedämpft, doch hält die Chemie eine Umwandlung der Metalle in Gold nicht mehr für unmöglich. Wir heißen also einen Glauben eine Illusion, wenn sich in seiner Motivierung die Wunscherfüllung vordrängt, und sehen dabei von seinem Verhältnis zur Wirklichkeit ab, ebenso wie die Illusion selbst auf ihre Beglaubigungen verzichtet.

Wenden wir uns nach dieser Orientierung wieder zu den religiösen Lehren, so dürfen wir wiederholend sagen: Sie sind sämtlich Illusionen, unbeweisbar, niemand darf gezwungen werden, sie für wahr zu halten, an sie zu glauben. Einige von ihnen sind so unwahrscheinlich, so sehr im Widerspruch zu allem, was wir mühselig über die Realität der Welt erfahren haben, daß man sie – mit entsprechender Berücksichtigung der psychologischen Unterschiede – den Wahnideen vergleichen kann. Über den Realitätswert der meisten von ihnen kann man nicht urteilen. So wie sie unbeweisbar sind, sind sie auch unwiderlegbar. Man weiß noch zu wenig, um ihnen kritisch näher zu rücken. Die Rätsel der Welt entschleiern sich unserer Forschung nur langsam, die Wissenschaft kann auf viele Fragen heute noch keine Antwort geben. Die wissenschaftliche Arbeit ist aber für uns der einzige Weg, der zur Kenntnis der Realität außer uns führen kann. Es ist wiederum nur Illusion, wenn man von der Intuition und der Selbstversenkung etwas erwartet; sie kann uns nichts geben als – schwer deutbare – Aufschlüsse über unser eigenes Seelenleben, niemals Auskunft über die Fragen, deren Beantwortung der religiösen Lehre so leicht wird. Die eigene Willkür in die Lücke eintreten zu lassen und nach persönlichem Ermessen dies oder jenes Stück des religiösen Systems für mehr oder weniger annehmbar zu erklären, wäre frevelhaft. Dafür sind diese Fragen zu bedeutungsvoll, man möchte sagen: zu heilig.

An dieser Stelle kann man auf den Einwand gefaßt sein: Also, wenn selbst die verbissenen Skeptiker zugeben, daß die Behauptungen der Religion nicht mit dem Verstand zu widerlegen sind, warum soll ich ihnen dann nicht glauben, da sie soviel für sich haben, die Tradition, die Übereinstimmung der Menschen und all das Tröstliche ihres Inhalts? Ja, warum nicht? So wie niemand zum Glauben gezwungen werden kann, so auch niemand zum Unglauben. Aber man gefalle sich nicht in der Selbsttäuschung, daß man mit solchen Begründungen die Wege des korrekten Denkens geht. Wenn die Verurteilung ›faule Ausrede‹ je am Platze war, so hier. Die Unwissenheit ist die Unwissenheit; kein Recht etwas zu glauben, leitet sich aus ihr ab. Kein vernünftiger Mensch wird sich in anderen Dingen so leichtsinnig benehmen und sich mit so armseligen Begründungen seiner Urteile, seiner Parteinahme, zufrieden geben, nur in den höchsten und heiligsten Dingen gestattet er sich das. In Wirklichkeit sind es nur Bemühungen, um sich oder anderen vorzuspiegeln, man halte noch an der Religion fest, während man sich längst von ihr abgelöst hat. Wenn es sich um Fragen der Religion handelt, machen sich die Menschen aller möglichen Unaufrichtigkeiten und intellektuellen Unarten schuldig. Philosophen überdehnen die Bedeutung von Worten, bis diese kaum etwas von ihrem ursprünglichen Sinn übrig behalten, sie heißen irgendeine verschwommene Abstraktion, die sie sich geschaffen haben, ›Gott‹, und sind

76

nun auch Deisten, Gottesgläubige, vor aller Welt, können sich selbst rühmen, einen höheren, reineren Gottesbegriff erkannt zu haben, obwohl ihr Gott nur mehr ein wesenloser Schatten ist und nicht mehr die machtvolle Persönlichkeit der religiösen Lehre. Kritiker beharren darauf, einen Menschen, der sich zum Gefühl der menschlichen Kleinheit und Ohnmacht vor dem Ganzen der Welt bekannt, für ›tief religiös‹ zu erklären, obwohl nicht dieses Gefühl das Wesen der Religiosität ausmacht, sondern erst der nächste Schritt, die Reaktion darauf, die gegen dies Gefühl eine Abhilfe sucht. Wer nicht weiter geht, wer sich demütig mit der geringfügigen Rolle des Menschen in der großen Welt bescheidet, der ist vielmehr irreligiös im wahrsten Sinne des Wortes.

Es liegt nicht im Plane dieser Untersuchung, zum Wahrheitswert der religiösen Lehren Stellung zu nehmen. Es genügt uns, sie in ihrer psychologischen Natur als Illusionen erkannt zu haben. Aber wir brauchen nicht zu verhehlen, daß die Aufdeckung auch unsere Einstellung zu der Frage, die vielen als die wichtigste erscheinen muß, mächtig beeinflußt. Wir wissen ungefähr, zu welchen Zeiten die religiösen Lehren geschaffen worden sind und von was für Menschen. Erfahren wir noch, aus welchen Motiven es geschah, so erfährt unser Standpunkt zum religiösen Problem eine merkliche Verschiebung. Wir sagen uns, es wäre ja sehr schön, wenn es einen Gott gäbe als Weltenschöpfer und gütige Vorsehung, eine sittliche Weltordnung und ein jenseitiges Leben, aber es ist doch sehr auffällig, daß dies alles so ist, wie wir es uns wünschen müssen. Und es wäre noch sonderbarer, daß unseren armen, unwissenden, unfreien Vorvätern die Lösung all dieser schwierigen Welträtsel geglückt sein sollte …

Jean-Paul Sartre
»Der Atheismus – ein grausames und langwieriges Unterfangen«

… Ich sah den Tod. Als ich fünf Jahre alt war, spähte er nach mir aus: am Abend trieb er sich auf dem Balkon herum, preßte seine Schnauze ans Fenster, ich sah ihn, wagte aber nichts zu sagen. Auf dem Quai Voltaire begegneten wir ihm einmal, er war eine große, alte, schwarzgekleidete und verrückte Dame, sie murmelte, als ich vorüberging: ›Dies Kind stecke ich mir in die Handtasche.‹ Ein anderes Mal nahm der Tod die Gestalt eines Kellers an. Wir waren in Arcachon; Karlundmami und meine Mutter besuchten Madame Dupont und ihren Sohn Gabriel, den Komponisten. Ich spielte im Garten der Villa und hatte Angst, denn man hatte mir gesagt, Gabriel sei krank und werde bald sterben. Ich spielte lustlos Hoppereiter und hopste um das Haus. Plötzlich bemerkte ich ein finsteres Loch: man hatte den Keller geöffnet; ich weiß nicht mehr so recht, welche Gewißheit des Schreckens und der Einsamkeit mich blendete. Ich machte kehrt, sang aus Leibeskräften und lief davon. Zu jener Zeit traf ich mich jede Nacht mit dem Tod in meinem Bett. Das vollzog sich nach strengen Regeln: ich mußte auf der linken Seite liegen, mit dem Gesicht zur Straße; zitternd erwartete ich ihn, er kam in der üblichen Form des Skeletts und mit einer Sichel; dann erhielt ich die Erlaubnis, mich auf die rechte Seite zu drehen, er ging davon, ich konnte ruhig schlafen.

Tagsüber erkannte ich ihn unter den verschiedenartigsten Verkleidungen. Wenn meine Mutter auf französisch den ›Erlkönig‹ sang, hielt ich mir die Ohren zu; nachdem ich bei La Fontaine die Geschichte vom ›Trunkenbold und seiner Frau‹ gelesen hatte, ließ ich sechs Monate verstreichen, ehe ich La Fontaines Fabeln wieder zur Hand nahm. Dem Tod, diesem Strolch, machte das nichts aus. Er verbarg sich in Mérimées ›Venus von Ille‹ und wartete, bis ich die Erzählung las, um mir an die Gurgel zu springen. Begräbnisse beunruhigten mich nicht, auch Gräber nicht. Damals erkrankte meine Großmutter Sartre und starb. Mit meiner Mutter kam ich nach Thiviers; ein Telegramm hatte uns gerufen, als die Großmutter noch lebte. Man hielt mich von dem Haus fern, wo das lange und unglückliche Dasein meiner Großmutter dem Ende entgegenging; Freunde der Familie kümmerten sich um mich, ich wohnte bei ihnen, man gab mir, um mich zu beschäftigen, irgendwelche Spiele, die gerade zur Hand waren, belehrenden Charakters und von trostloser Langeweile. Ich spielte, ich las, ich setzte meinen Eifer darein, ein Vorbild an Fassung darzustellen, aber ich empfand nichts. Auch nichts, als wir dem Sarg zum Friedhof folgten. Der Tod glänzte durch Abwesenheit: verscheiden ist nicht sterben, die Verwandlung der alten Frau in eine Grabplatte war mir nicht unangenehm; es vollzog sich eine Wandlung, ein Aufstieg im Sein, es war eigentlich so, als hätte ich mich in prunkvoller Weise in Monsieur Simonnot verwandelt. Aus diesem Grund habe ich von jeher die italienischen Friedhöfe geliebt und liebe sie noch. Dort ist der Grabstein in Bewegung, ist ein ganzer barocker Mensch, in den Stein ist ein Medaillon eingelassen und umrahmt eine Fotografie, die den Toten in seinem ersten Daseinszustand in Erinnerung ruft. Als ich sieben Jahre alt war, begegnete ich dem wirklichen Tod, dem mit dem Totenschädel, allenthalben, nur nicht auf den Friedhöfen. Was war er mir? Eine Person und eine Bedrohung. Die Person war verrückt, und mit der Bedrohung verhielt es sich folgendermaßen: überall konnten sich am hellichten Tag schattige Mäuler öffnen, bei strahlendem Sonnenschein, und nach mir schnappen. Es gab eine schauerliche Kehrseite der Dinge, man sah sie, wenn man den Verstand verlor, und sterben bedeutete, daß man den Wahnsinn bis zum Äußersten trieb und darin unterging. Ich lebte im Entsetzen, es war eine authentische Neurose. Suche ich nach der Ursache, so drängt sich dieser Gedanke auf: mir, dem verzogenen Kind, dem Geschenk der Vorsehung, war meine tiefe Nutzlosigkeit um so offensichtlicher, als ich das Familienritual beständig als gußeiserne Notwendigkeit vor Augen hatte. Ich fühlte mich überzählig, also galt es zu verschwinden. Ich war eine fade Körperlichkeit, die sich beständig im Zustand des Vergehens befand. Anders ausgedrückt: ich war verurteilt, und das Urteil konnte jeden Augenblick vollstreckt werden. Trotzdem wehrte ich mich aus Leibeskräften gegen den Tod; nicht etwa, weil mir meine Existenz teuer gewesen wäre, sondern im Gegenteil, weil mir an ihr nichts lag: je absurder ein Leben, um so weniger erträglich der Tod.

Gott hätte mich aus der Klemme gezogen: ich wäre ein signiertes Meisterwerk geworden; in der Gewißheit, meinen Part im Weltkonzert zu spielen, hätte ich geduldig gewartet, daß Er mir seine Absichten und meine Notwendigkeit enthülle. Ich ahnte die Religion voraus, ich erhoffte sie, da sie die Rettung war. Hätte man sie mir verweigert, ich hätte sie selbst erfunden. Man verweigerte sie mir nicht: im katholischen Glauben erzogen, erfuhr ich, der Allmächtige habe mich zu seinem Ruhm erschaffen. Das war mehr, als ich zu träumen gewagt hatte. In der Folge aber erkannte ich in dem gesellschaftsfähigen Gott, den man mir beibrachte, nicht denjenigen, den meine Seele erwartete. Ich brauchte einen Weltschöpfer, man gab mir einen Obersten Chef; die beiden bildeten eine Einheit, aber das wußte ich nicht; lustlos diente ich dem pharisäischen Idol, und die offizielle Lehre nahm mir die Lust, meinen eigenen Glauben zu suchen. Welches Glück! Vertrauen und Trostlosigkeit hatten aus meiner Seele ein Musterland gemacht für die Himmelssaat: ohne dieses Mißverständnis wäre ich Mönch geworden.

Aber meine Familie war von der langsamen Bewegung der Entchristlichung erfaßt worden, die ihren Ursprung in der hohen Bourgeoisie des Voltaire-Zeitalters hatte und ein Jahrhundert brauchte, um alle Schichten der Gesellschaft zu erfassen. Ohne diesen allgemeinen Schwächezustand des Glaubens hätte das katholische Provinzfräulein Louise Guillemin viel mehr Umstände gemacht, ehe sie einen Lutheraner heiratete. Natürlich war bei uns jedermann religiös: aus Taktgefühl. Sieben oder acht Jahre nach dem Kulturkampf unter dem Ministerium Combes sah man in dem zur Schau getragenen Unglauben den Ausdruck einer heftigen, ungezügelten Leidenschaft. Ein Atheist war ein Sonderling, ein Wilgewordener, den man nicht zum Abendessen einlud, weil man fürchten mußte, er werde dabei aus der Rolle fallen, ein Fanatiker mit ungezählten Tabuvorstellungen, der sich das Recht versagte, in der Kirche niederzuknien, seine Tochter kirchlich zu verheiraten und dabei Tränen der Rührung zu vergießen, der es sich in den Kopf gesetzt hatte, die Wahrheit seiner Doktrin durch die Reinheit seiner Sitten zu untermauern, der in einer Weise gegen sich und das eigene Glück wütete, daß er sich der Möglichkeit beraubte, getröstet zu sterben, ein Gottesnarr also, der allenthalben Seine Abwesenheit feststellte und unablässig Seinen Namen aussprach, kurzum: ein Herr mit religiösen Überzeugungen. Der Gläubige hatte keine religiösen Überzeugungen. Zweitausend Jahre lang hatten die christlichen Gewißheiten Zeit gehabt, sich zu erweisen, sie waren jedermanns Eigentum, man erwartete von ihnen, daß sie im Blick eines Priesters, im Halbdunkel einer Kirche aufleuchteten, um die Seelen zu erhellen, aber niemand empfand das Bedürfnis, sie für seine eigene Rechnung von neuem zu übernehmen; sie waren Gemeingut. Die gute Gesellschaft glaubte an Gott, sprach aber nicht darüber. Wie tolerant erschien die Religion! Wie war sie doch bequem. Ein Christ konnte der Messe fernbleiben und seine Kinder kirchlich trauen lassen, er konnte sich über religiöse Propaganda lustig machen und beim Hochzeitsmarsch aus ›Lohengrin‹ Tränen vergießen; er brauchte weder ein vorbildliches Leben zu führen noch in Verzweiflung zu sterben, er konnte sogar auf die Sterbesakramente verzichten. In unserem Milieu, in meiner Familie war der Glaube nur ein Prunkname für die süße französische Freiheit; man hatte mich gleich allen anderen getauft, um meine Unabhängigkeit zu bewahren: beim Verzicht auf die Taufe hätte man befürchtet, meine Seele zu vergewaltigen. Als eingeschriebener Katholik dagegen war ich frei, war ich normal. Man sagte: »Später soll er tun, was er will.« Damals hielt man es für schwieriger, den Glauben zu erwerben, als ihn zu verlieren. …

Beim Anhören [der] Erzählungen meines Großvaters tat meine Großmutter, als sei sie entrüstet, nannte ihren Mann einen »Ungläubigen« und »spitznäsigen Calvinisten«, gab ihm einen Klaps auf die Finger, allein ihr nachsichtiges Lächeln bestärkte mich in meiner Ablehnung; sie glaubte an nichts; nur ihre Skepsis verhinderte, daß sie eine Atheistin wurde. Meine Mutter hütete sich wohl, dazwischenzutreten. Sie hatte »ihren Gott für sich allein« und verlangte bloß von ihm, daß er sie heimlich tröstete. In abgeschwächter Form setzte sich die Debatte in meinem Kopf fort. Ein anderes Ich, mein dunkler Bruder, bestritt ziemlich matt alle Glaubensartikel. Ich war Katholik und Protestant; vereinigte den kritischen Geist mit dem Geist der Unterwerfung. Im Grunde fand ich dies alles schrecklich langweilig: ich gelangte zum Unglauben nicht durch den Konflikt der Dogmen, sondern durch die Gleichgültigkeit meiner Großeltern. Trotzdem war ich religiös: ich kniete jeden Tag mit gefalteten Händen auf dem Bett und sprach mein Gebet, dachte aber immer seltener an den lieben Gott. Meine Mutter brachte mich donnerstags in das Institut des Abbé Dibildos. Mit anderen Kindern, die ich nicht kannte, nahm ich dort am Religionsunterricht teil. Mein Großvater hatte so gut gearbeitet, daß ich alle katholischen Priester für sonderbare Tiere hielt; sie waren zwar die Diener *meines* Glaubens, waren mir aber fremder als die protestantischen Pfarrer, wegen ihrer Kleidung und wegen des Zölibats. …

Ich selbst hatte nichts gegen die Priester; wenn sie mit mir sprachen, sahen sie liebevoll aus, vergeistigt, hatten den Ausdruck staunender Güte, den Blick ins Unendliche, den ich ganz besonders bei Madame Picard und anderen alten, musikalischen Freundinnen meiner Mutter schätzte; es war mein Großvater, der die Priester durch mich verabscheute. Er hatte zwar zuerst die Idee gehabt, mich seinem Freund, dem Abbé, anzuvertrauen, aber er betrachtete voller Unruhe den kleinen Katholiken, der jeden Donnerstagabend aus der Religionsschule nach Hause kam, versuchte in meinen Augen die Fortschritte des Papismus zu entdecken und machte sich ausgiebig über mich lustig. Diese zweideutige Lage dauerte nur sechs Monate. Eines Tages lieferte ich dem Religionslehrer einen Aufsatz über die Passion Jesu Christi ab. Der Aufsatz hatte bei uns zu Hause Entzücken erregt, und meine Mutter hatte ihn eigenhändig abgeschrieben. Er wurde nur mit der Silbermedaille ausgezeichnet. Diese Enttäuschung tauchte mich tief in den Unglauben. Krankheit und Ferien verhinderten dann, daß ich zum Abbé Dibildos zurückkehrte. Nach den Ferien erklärte ich, überhaupt nicht wieder hingehen zu wollen. Einige Jahre lang verkehrte ich dann noch offiziell mit dem Allmächtigen; auf den privaten Umgang mit ihm hatte ich verzichtet. Ein einziges Mal hatte ich das Gefühl, es gäbe Ihn. Ich hatte mit Streichhölzern gespielt und einen kleinen Teppich versengt; ich war im Begriff, meine Untat zu vertuschen, als plötzlich Gott mich sah. Ich fühlte Seinen Blick im Innern meines Kopfes und auf meinen Händen; ich drehte mich im Badezimmer bald hierhin, bald dorthin, grauenhaft sichtbar, eine lebende Zielscheibe. Mich rettete meine Wut; ich wurde furchtbar böse wegen dieser dreisten Taktlosigkeit, ich fluchte, ich gebrauchte alle Flüche meines Großvaters. Gott sah mich seitdem nie wieder an.

Ich erzähle hier die Geschichte einer mißglückten Berufung. Ich brauchte Gott, man gab ihn mir, ich empfing ihn, ohne zu begreifen, daß ich ihn suchte. Da er in meinem Herzen keine Wurzeln schlug, vegetierte er einige Zeit in mir und starb dann. Spricht man mir heute von Ihm, so sage ich amüsiert und ohne Bedauern wie ein altgewordener Frauenjäger, der eine ehemals schöne Frau trifft: »Vor fünfzig Jahren hätte ohne das Mißverständnis, ohne jenen Irrtum, ohne den Zufall, der uns auseinanderbrachte, etwas zwischen uns sein können.« ...

So hat es mit mir angefangen. Ich floh, äußere Kräfte modellierten meine Flucht und machten mich. Hinter einer überholten Kulturauffassung erschien die Religion und diente als Modell. Sie war kindlich, daher einem Kind sehr nahe. Man brachte mir die Biblische Geschichte bei, das Evangelium und den Katechismus, ohne mir die Mittel zu geben, daran zu glauben; das Resultat war eine Unordnung, die sich als meine mir eigentümliche Ordnung entpuppte. Das ging nicht ohne Falten und beträchtliche Abänderungen; das Sakrale wurde aus dem Katholizismus weggenommen und in die Belletristik versetzt, und es erschien der Mann der Feder als *Ersatz* jenes Christen, der ich nicht sein konnte. Sein einziges Bestreben war das Heil, sein Erdenleben diente nur dazu, daß er sich die postume Glückseligkeit durch würdig ertragene Prüfungen verdiente. Der Tod wurde zu einem Übergangsritus reduziert, und die irdische Unsterblichkeit präsentierte sich als Ersatz des ewigen Lebens. Um mich in der Sicherheit zu wiegen, daß die Menschengattung mir Dauer verleihen werde, wurde in meinem Kopf ein Abkommen geschlossen, daß die Menschheit nicht enden werde. Wenn ich in die Menschheit hineinstarb, wurde ich geboren und wurde ich unendlich, aber wenn man vor mir die Hypothese erörterte, daß eine Weltkatastrophe eines Tages unseren Planeten zerstören könnte, sei es auch in fünfzigtausend Jahren, faßte mich tiefer Schrecken; noch heute, wo ich ernüchtert bin, vermag ich nicht ohne Furcht an das Erkalten der Sonne zu denken. Daß meine Artgenossen mich am Tag nach meiner Beerdigung vergessen werden, macht mir nichts aus; so lange sie leben, werde ich in ihnen umgehen, ungreifbar, unbenannt, anwesend in einem jeden, so wie in mir Milliarden toter Menschen anwesend sind, die ich nicht kenne und die ich doch vor der Vernichtung bewahre. Aber wenn die Menschheit verschwindet, dann hat sie ihre Toten wirklich getötet.

Der Mythos war ganz einfach, und ich verdaute ihn mühelos. Ich war gleichzeitig Protestant und Katholik, und meine doppelte Religionszugehörigkeit hielt mich davon ab, an die Heiligen zu glauben, an die Muttergottes und schließlich an Gott, solange man sie mit diesen Namen benannte. Aber eine ungeheure Kollektivkraft war in mich eingedrungen, hatte sich in meinem Herzen eingerichtet und war dort auf der Wacht: das war der Glaube der anderen. Es genügte, den üblichen Gegenstand des Glaubens umzutaufen und oberflächlich zu verändern. Der Glaube der anderen entdeckte seinen Gegenstand unter den Verkleidungen, die mich täuschten, stürzte sich auf ihn, umkrallte ihn. Ich glaubte mich der Literatur zu weihen, während ich in Wahrheit in einen Orden eingetreten war. Die Gewißheit des demütigsten unter den gläubigen Menschen wurde in mir zur stolzen Evidenz meiner Prädestination. Prädestiniert sein, warum nicht? Ist nicht jeder Christ ein Erwählter? So wuchs ich als Unkraut auf dem Humus der Katholizität. Meine Wurzeln sogen ihm die Säfte ab, damit ich gedeihen konnte. Von hier stammt jene luzide Verblendung, an der ich dreißig Jahre gelitten habe. Im Jahr 1917 wartete ich eines Morgens in La Rochelle auf Mitschüler, die mich ins Gymnasium begleiten sollten; sie verspäteten sich, so daß ich bald zu meiner Zerstreuung nichts mehr zu erfinden vermochte und beschloß, an den Allmächtigen zu denken. Augenblicklich machte er sich in den Azur davon und verschwand ohne irgendeine Erklärung: er existiert nicht, sagte ich, höflich erstaunt, zu mir selbst, und hielt die Angelegenheit für abgetan. In gewisser Weise war sie es auch, denn seither habe ich niemals die leiseste Versuchung gespürt, ihn von neuem zu beschwören. Aber der Andere blieb, der Unsichtbare, der Heilige Geist, der meinen Auftrag garantierte und mein Leben durch große, anonyme und geheiligte Kräfte regierte. Von dem da konnte ich mich um so schwerer frei machen, als er sich im hinteren Winkel meines Kopfes eingerichtet hatte mit Hilfe von eingeschmuggelten Begriffen, deren ich mich bediente, um mich zu verstehen, meine Lage zu bestimmen und mich zu rechtfertigen. Wenn ich schrieb, so hieß das lange Zeit, daß ich den Tod und die maskierte Religion darum bat, mein Leben dem Zufall zu entreißen. Ich war ein Mann der Kirche; als Militant wollte ich mich durch die Werke retten; als Mystiker bemühte ich mich darum, das Schweigen des Seins durch ein lästiges Geräusch von Wörtern zu enthüllen, wobei ich vor allem die Dinge mit ihren Namen verwechselte. Das ist: Glauben. Ich hatte den Grauen Star; solange die Blindheit anhielt, glaubte ich, aus der Patsche zu sein. Im Alter von dreißig Jahren gelang mir der schöne Streich, daß ich – in aller Aufrichtigkeit, wie man mir glauben darf – in meinem Buch ›Der Ekel‹ über die ungerechtfertigte und trübe Existenz meiner Mitmenschen schrieb, meine eigene

Existenz jedoch aus dem Spiel ließ. Ich *war* Roquentin, ich zeigte an ihm ohne Gefälligkeit das Muster meines Lebens; zu gleicher Zeit war ich aber auch *ich*, der Erwählte, der Chronist der Hölle, war ich das Fotomikroskop aus Glas und Stahl, das auf mein eigenes zähflüssiges Protoplasma gerichtet war. Später setzte ich heiter auseinander, der Mensch sei unmöglich; ich selbst war unmöglich, unterschied mich von den anderen nur durch den Auftrag, von dieser Unmöglichkeit Zeugnis abzulegen, wodurch sie sich sogleich in meine geheimste Möglichkeit verwandelte, in den Gegenstand meiner Mission, ins Sprungbrett meines Ruhms. Ich war ein Gefangener der Evidenzen, aber ich sah sie nicht; ich sah die Welt mit ihrer Hilfe: ich war verfälscht bis auf die Knochen und verblendet; so schrieb ich heiter über das Unglück unseres Daseins. Als Dogmatiker zweifelte ich an allem, außer daran, erwählt und zweifelsfrei zu sein; mit der anderen Hand baute ich wieder auf, was ich mit der einen zerstört hatte, und hielt die Unruhe für die Garantie meiner Sicherheit. Ich war glücklich.

Ich habe mich geändert. Später werde ich erzählen, durch welche Säuren die deformierenden Klarheiten zerfressen wurden, die mich umgeben hatten, wann und auf welche Weise ich die Gewaltsamkeit erlernte und meine Häßlichkeit entdeckte – sie war lange Zeit mein negatives Prinzip, die Kalkgrube, worin sich das Wunderkind auflöste –, wodurch ich dazu gebracht wurde, systematisch gegen mich selbst zu denken: so stark, daß mir ein Gedanke um so einleuchtender erschien, je mehr er mir mißfiel. Die Illusion der Rückschau ist zerbröckelt; Märtyrertum, Heil, Unsterblichkeit, alles fällt in sich zusammen, das Gebäude sinkt in Trümmer, ich habe den Heiligen Geist im Keller geschnappt und ausgetrieben; der Atheismus ist ein grausames und langwieriges Unterfangen; ich glaube ihn bis zum Ende betrieben zu haben. Ich sehe klar, bin ernüchtert, kenne meine wirklichen Aufgaben, verdiene sicherlich einen Preis für Bürgertugend; seit ungefähr zehn Jahren bin ich ein Mann, der geheilt aus einem langen, bitteren und süßen Wahn erwacht und der sich nicht darüber beruhigen kann und der auch nicht ohne Heiterkeit an seine einstigen Irrtümer zu denken vermag und der nichts mehr mit seinem Leben anzufangen weiß. Wieder bin ich, wie damals mit sieben Jahren, der Reisende ohne Fahrkarte: der Schaffner ist in mein Abteil gekommen und schaut mich an, weniger streng als einst. Er möchte am liebsten wieder hinausgehen, damit ich meine Reise in Frieden beenden kann; ich soll ihm nur eine annehmbare Entschuldigung sagen, ganz gleich welche, dann ist er zufrieden. Unglücklicherweise finde ich keine und habe übrigens auch keine Lust, eine zu suchen. So bleiben wir miteinander im Abteil, voller Unbehagen, bis zur Station Dijon, wo mich wie ich genau weiß, niemand erwartet ...

Albert Camus
Die Söhne Kains

Die metaphysische Revolte im eigentlichen Sinne erscheint in der Geschichte der Ideen in folgerichtiger Form erst am Ende des 18. Jahrhunderts. Die Neuzeit beginnt dann mit dem großen Lärm einstürzender Mauern. Und von diesem Zeitpunkt an bilden die Folgen der Revolte eine ununterbrochene Kette, und man übertreibt nicht, wenn man annimmt, daß sie die Geschichte unserer Zeit gestaltet haben. Soll das heißen, daß die metaphysische Revolte vor diesem Zeitpunkt keinen Sinn gehabt hätte? Ihre Urformen liegen in recht weiter Ferne, denn unsere Zeit nennt sich gern die prometheische. Aber ist sie das wirklich?

Die ersten Theogonien zeigen uns Prometheus am Ende der Welt an eine Säule gekettet, ein ewiger Märtyrer, ohne Gnade für alle Zeit, der es ablehnt, darum zu bitten. Äschylos erhöht noch die Gestalt des Helden, macht ihn in die Zukunft schauend [»kein Unglück wird über mich kommen, das ich nicht vorausgesehen hätte«], läßt ihn seinen Haß auf alle Götter hinausschreien, versenkt ihn in »ein stürmisches Meer verhängnisvoller Verzweiflung«, stellt ihn dar, wie er am Schluß trotz Blitz und Donner ausruft: »O seht die Ungerechtigkeit, die ich ertrage!«

Man kann also nicht sagen, daß die Alten die metaphysische Revolte nicht gekannt hätten. Sie haben – lange vor Satan – ein schmerzenreiches und edles Bild des Rebellen aufgerichtet und haben uns den größten Mythos der revoltierenden Intelligenz geschenkt. Das unerschöpfliche griechische Genie, das einen so großen Teil seiner Mythen der Zustimmung zum Willen der Götter und der Bescheidenheit gewidmet hat, hat es doch verstanden, die Urform des Aufstandes zu schaffen. Unstreitig leben noch prometheische Züge in der Geschichte der Revolte, die wir durchleben: der Kampf gegen den Tod [»Ich habe die Menschen befreit von der Besessenheit durch den Tod«], der Messianismus [»Ich habe ihnen die unbedingten Hoffnungen eingepflanzt«], die Philanthropie [»Feind des Zeus ... weil er die Menschen zu sehr geliebt hat«].

Aber man darf nicht vergessen, daß der dritte Teil der Trilogie des Äschylos, »Prometheus bringt das Feuer«, die Herrschaft des begnadigten Rebellen ankündigte. Die Griechen vergiften nichts. Auch bei äußerster Kühnheit des Gedankens bleiben sie jener Mäßigung treu, die sie unter die Götter versetzt hatten. Ihr Rebell erhebt sich nicht gegen die ganze Schöpfung, sondern gegen Zeus, der immer nur einer der Götter ist und dessen Tage gezählt sind. Prometheus selbst ist ein Halbgott. Es handelt sich um eine besondere Abrechnung zwischen beiden, um einen Streit über das Gute, nicht um einen weltweiten Kampf zwischen Gut und Böse.

Denn wenn die Alten auch an das Schicksal glaubten, so glaubten sie doch zunächst einmal an die Natur, an der sie teil hatten. Sich gegen die Natur auflehnen, läuft darauf hinaus, sich gegen sich selbst auflehnen. Das hieße, mit dem Kopf gegen die Wand anrennen. Die einzig folgerichtige Auflehnung ist dann der Selbstmord. Das Schicksal selbst ist bei den Griechen eine blinde Macht, die ertragen wird, wie man Naturkräfte erträgt. Für einen Griechen ist es der Gipfel der Maßlosigkeit, Meereswogen peitschen zu lassen, das ist eine barbarische Verrücktheit. Ohne Zweifel schildert der Grieche auch die Maßlosigkeit, da sie ja existiert, aber er verweist sie auf ihren Platz, jenseits einer Grenze. Die Herausforderung der Götter durch Achilles nach dem Tode des Patroklus, die Verwünschungen der tragischen Helden, die ihr Schicksal verfluchen, ziehen nicht die völlige Verdammung nach sich. Ödipus weiß, daß er nicht unschuldig ist. Er ist schuldig wider Willen, auch er hat teil am Schicksal. Er beklagt sich, aber er sagt nichts, was sich nicht wieder gut machen ließe. Sogar wenn Antigone sich auflehnt, so geschieht es im Namen der Tradition, damit ihre Brüder Ruhe finden im Grabe und damit die Riten beachtet werden. In gewissem Sinne handelt es sich bei ihr um eine reaktionäre Auflehnung. Die griechische Art der Reflexion, dieser Gedanke mit zwei Gesichtern, läßt auch hinter ihren verzweifelsten Melodien fast immer als Motiv-Umkehrung die ewigen Worte des Ödipus folgen, der, blind und elend, anerkennt, daß alles gut ist. Das Ja ist mit dem Nein im Gleichgewicht. Auch wenn Platon in Kallikles den vulgären Typus eines Nietzscheanhängers vorausentwirft, auch wenn dieser ausruft: »Wenn aber, mein' ich, ein Mann ersteht, der die genügende natürliche Kraft dazu hat, ... dann entflieht er, tritt unser Buchstabenwerk, unsere Hypnose, Suggestion und die sämtlichen naturwidrigen Gesetze und Bräuche mit Füßen, unser bisheriger Sklave tritt auf einmal vor uns hin und erweist sich als unser Herr«, (...) – auch dann spricht er, indem er das Gesetz verwirft, das Wort Natur aus.

Denn die metaphysische Revolte setzt ein vereinfachtes Bild der Schöpfung voraus, wie es die Griechen nicht haben konnten. Für sie gab es nicht auf der einen Seite die Götter und auf der anderen die Menschen, sondern Rangstufen führten von den

Menschen zu den Göttern. Die Vorstellung von einer der Schuldlosigkeit gegenüberstehenden Schuldhaftigkeit, die Schau einer
vom Kampf zwischen Gut und Böse ganz erfüllten Geschichte
war ihnen fremd. In ihrem Universum gab es mehr Fehler als Verbrechen, und das einzige endgültige Verbrechen war die Maßlosigkeit. In der völlig historisierten Welt, die die unsere zu werden
droht, gibt es keine Fehler mehr, sondern nur noch Verbrechen,
deren erstes die Mäßigung ist. So erklärt sich die seltsame Mischung aus Wildheit und Nachsicht, die man im griechischen
Mythos verspürt. Die Griechen haben aus dem Gedanken niemals – und das setzt uns ihnen gegenüber herab – ein verschanztes
Lager gemacht. Die Revolte kann man sich schließlich nur als
gegen jemanden gerichtet vorstellen. Der Begriff eines persönlichen Gottes, der der Schöpfer aller Dinge und folglich der für
alles Verantwortliche ist, gibt allein dem menschlichen Protest
seinen Sinn. So kann man ohne Paradoxie sagen, daß die Geschichte der Revolte im Abendland untrennbar ist von der des
Christentums. Man muß nämlich die letzten Augenblicke des
antiken Denkens abwarten, um sehen zu können, wie die Revolte
anfängt, ihre Sprache zu finden, und zwar bei den Denkern der
Übergangszeit, und bei niemand tiefer schürfend als bei Epikur
und Lukrez.

Die schreckliche Traurigkeit Epikurs ergibt bereits einen
neuen Ton. Ohne Zweifel erwächst sie aus einer Angst vor dem
Tode, die auch dem griechischen Geiste nicht fremd ist. Aber der
Akzent des Pathetischen, den diese Angst erhält, ist hier das Auf-
schlußreiche. »Man kann sich gegen jede Art von Dingen sichern;
aber was den Tod betrifft, so sind und bleiben wir die Bewohner
einer geschleiften Festung.« Lukrez sagt noch genauer: »Die Substanz dieser weiten Welt ist dem Tod und dem Untergang vorbehalten.« Wozu also die Genüsse des Lebens verschieben? »Mit
Warten, sagt Epikur, zehren wir unser Leben auf, und wir werden
alle in Kummer sterben.« Man muß also genießen. Aber was für
ein sonderbares Genießen ist das! Es besteht darin, die Fenster
der Festung zuzumauern, Vorräte an Brot und Wasser anzulegen,
sich still zu verhalten in der Dunkelheit. Da der Tod uns bedroht,
muß bewiesen werden, daß er nichts ist. Wie Epiktet und Mark
Aurel, vertreibt auch Epikur den Tod aus dem Sein. »Der Tod
geht uns nichts an, denn was aufgelöst ist, ist unfähig zu empfinden, und was nicht empfunden wird, ist für uns nichts.« Ist es das
Nichts? Nein, denn alles in der Welt ist Materie und sterben bedeutet nur, zum Urstoff zurückkehren. Der Stein ist das Seiende.
Die eigentümliche Wollust, von der Epikur spricht, hat ihren Sitz
vor allem in der Abwesenheit von Schmerz; sie ist das Glück der

Steine. Um in einer wundervollen Bewegung, die wir bei unseren großen Klassikern wiederfinden werden, dem Schicksal zu entgehen, tötet Epikur die Empfindsamkeit; und zuerst den ersten Ruf der Empfindsamkeit, der die Hoffnung ist. Was der griechische Philosoph von den Göttern sagt, hört sich nicht anders an. Alles Unglück kommt von der Hoffnung, die die Menschen aus der Stille der Festung herauslockt und sie auf die Wälle schickt in Erwartung des Heils. Diese unvernünfigen Bewegungen haben keinen anderen Erfolg, als die sorgfältig verbundenen Wunden wieder aufzureißen. Deshalb leugnet Epikur nicht die Götter, er rückt sie bloß in die Ferne, aber in eine so ungeheure, daß die Seele keinen anderen Ausweg findet, als sich von neuem einzumauern. »Das glückselige und unsterbliche Wesen hat nichts zu tun und schafft Arbeit für niemanden.« Lukrez drückt es noch stärker aus: »Unbestreitbar genießen die Götter, ihrer Natur zufolge, die Unsterblichkeit inmitten des tiefsten Friedens, fremd unseren Geschäften, von denen sie sich völlig gelöst haben.« Vergessen wir also die Götter, denken wir niemals an sie, und »weder eure Gedanken bei Tage noch eure Träume bei Nacht werden euch Unruhe verursachen«.

Wir werden später dieses ewige Thema der Revolte, aber mit wichtigen neuen Nuancen, wiederfinden. Ein Gott, der weder belohnt noch züchtigt, ein tauber Gott ist alles, was die religiöse Einbildungskraft der Revoltierenden hervorbringen kann. Während Vigny die Schweigsamkeit der Gottheit verwünscht, ist Epikur der Meinung, daß, da man nun einmal sterben muß, das Stillschweigen den Menschen besser auf sein Schicksal vorbereitet, als Worte der Götter. Das lange Bemühen dieses seltsamen Geistes erschöpft sich darin, um den Menschen herum Mauern zu errichten, die Festung instand zu setzen und ohne Gnade den ununterdrückbaren Schrei der menschlichen Hoffnung zu ersticken. Nach Vollendung dieses strategischen Rückzugs, aber erst dann stimmt Epikur, wie ein Gott inmitten der Menschen, das Siegeslied an mit einem Gesange, der den defensiven Charakter seiner Revolte gut erkennen läßt. »Ich habe deine Anschläge vereitelt, o Schicksal, ich habe alle Wege verrammelt, auf denen du mich erreichen konntest. Wir lassen uns weder von dir, noch von einer anderen bösen Macht besiegen. Und wenn die Stunde der unvermeidlichen Abreise schlägt, wird unsere Verachtung für die, die sich vergeblich an das Dasein anklammern, die schönen Worte finden: Ach, wie würdig haben wir gelebt!«

Als Einziger in seiner Epoche führt Lukrez diese Logik noch bedeutend weiter und läßt sie in moderne Forderungen einmünden. Im Grunde genommen fügt er Epikur nichts hinzu.

Auch er verwirft jedes Erklärungsprinzip, das sich nicht in den Sinn des Ganzen einfügt. Das Atom ist nur der letzte Zufluchtsort, wo das an seine Urstoffe zurückgegebene Lebewesen in einer Art von tauber und blinder Unsterblichkeit existieren wird, von unsterblichem Tod, der für Lukrez – wie für Epikur – das einzig mögliche Glück darstellt. Er muß indessen zugeben, daß die Atome sich nicht von allein zusammenballen, und so nimmt er [um nicht ein höheres Gesetz und schließlich das Schicksal, das er leugnen will, bejahen zu müssen] eine zufällige Bewegung an, das Clinamen, demzufolge die Atome aufeinandertreffen und sich aneinanderhängen. Wir bemerken, daß schon hier das große Problem der Neuzeit gestellt wird, wo die Intelligenz entdeckt, daß den Menschen seinem Schicksal zu entziehen, darauf hinausläuft, ihn dem Zufall auszuliefern. Deshalb bemüht sie sich, ihm ein Schicksal wiederum zu verleihen, diesmal ein historisches. Für Lukrez ist das nichts. Sein Haß gegen das Schicksal und den Tod begnügt sich mit dieser betrunkenen Erde, wo die Atome das Seiende aus Zufall bilden, und wo das Seiende aus Zufall in Atome zerfällt. Aber sein Vokabular legt Zeugnis ab von einer neuen Empfindsamkeit. Die vermauerte Festung wird zum verschanzten Lager. *Moenia mundi,* die Schutzwehr der Welt, ist eins der Schlüsselwörter zur Rhetorik des Lukrez. Gewiß, die große Angelegenheit in diesem Lager ist es, die Hoffnung zum Schweigen zu bringen. Aber der methodische Verzicht Epikurs wandelt sich hier in eine bebende Askese, die sich bisweilen mit Verwünschungen bekrönt. Die Frömmigkeit ist für Lukrez zwar »die Kraft, alles mit einem Geiste betrachten zu können, den nichts verwirrt«. Aber dieser Geist zittert doch vor Wut über die Ungerechtigkeit, die dem Menschen angetan wird. Unter dem Druck der Entrüstung spielen neue Begriffe von Verbrechen, Schuldlosigkeit, Schuldhaftigkeit und Strafe in dem großen Gedicht über die Natur der Dinge ihre Rolle. Dort ist die Rede von dem »ersten Verbrechen der Religion«, von Iphigenie und ihrer abgewürgten Schuldlosigkeit, von jener Haltung der Götter, die » sich oft an die Seite der Schuldigen stellen und durch ein unverdientes Strafgericht die Unschuldigen des Lebens berauben«. Wenn Lukrez die Furcht vor den Strafen der anderen Welt verspottet, so tut er das nicht, wie Epikur, in der Bewegung einer defensiven Revolte, sondern aus einer aggressiven Argumentation heraus: warum sollte das Böse bestraft werden, da wir doch oft genug sehen, daß das Gute nicht belohnt wird?

In der Epopöe des Lukrez wird Epikur der herrliche Rebell, der er nicht war. »Während vor aller Augen die Menschheit ein verächtliches Leben auf der Erde dahinschleppte, zermalmt unter dem Gewicht einer Religion, deren Gesicht sich von der Höhe der himmlischen Regionen herab zeigte, bedrohend die Sterblichen mit seinem gräßlichen Anblick, wagte als erster ein Grieche, ein Mann, seine sterblichen Augen gegen sie zu erheben und gegen sie sich aufzubäumen ... Und dadurch ist die Religion nun umgestürzt und unter die Füße getreten worden, und uns, uns hebt der Sieg bis in die Himmel.« Man spürt den Unterschied zwischen dieser neuen Lästerung und der antiken Verwünschung. Die griechischen Helden konnten wünschen, Götter zu werden, aber nur neben den bereits vorhandenen Göttern. Es handelte sich also um eine Rangerhöhung. Bei Lukrez hingegen schreitet der Mensch zur Revolution. Er leugnet die unwürdigen und verbrecherischen Götter und setzt sich selbst an ihre Stelle. Er verläßt das befestigte Lager und beginnt, im Namen des Schmerzes der Menschen, mit den ersten Angriffen gegen die Gottheit. Im antiken Universum ist der Mord unerklärbar und unsühnbar. Schon bei Lukrez ist die Mordtat des Menschen nur eine Antwort auf das Morden der Götter. Und nicht zufällig endet das Gedicht des Lukrez mit dem erstaunlichen Bilde göttlicher Heiligtümer, die vollgestopft sind mit anklagenden Pestleichen.

Diese neue Sprache kann nicht verstanden werden ohne den Begriff eines persönlichen Gottes, der sich in der Empfindsamkeit der Zeitgenossen von Epikur und in der des Lukrez langsam zu formen beginnt. Von einem persönlichen Gott kann die Revolte persönlich Rechenschaft fordern. Sobald er zur Herrschaft gelangt ist, richtet sie sich auf in wildester Entschlossenheit und spricht das definitive Nein aus. In Kain fällt die erste Revolte mit dem ersten Verbrechen zusammen. Die Geschichte der Revolte, so wie wir sie heute erleben, ist viel mehr die der Kinder Kains als die der Schüler des Prometheus. In diesem Sinne ist es vor allem der Gott des Alten Testaments, der die revoltierenden Energien in Bewegung setzt. Andererseits hat man sich dem Gotte Abrahams, Isaaks und Jakobs zu unterwerfen, wenn man, wie Pascal, die Bahn der sich auflehnenden Intelligenz durchlaufen hat. Die Seele, die am ärgsten zweifelt, lechzt nach dem radikalsten Jansenismus.

Von diesem Gesichtspunkt aus kann das Neue Testament als der Versuch betrachtet werden, im voraus allen Kains der Welt zu antworten, dabei das Antlitz Gottes milder zu machen und einen Vermittler zwischen ihm und dem Menschen entstehen zu lassen. Christus ist gekommen, zwei Hauptprobleme, das des Übels und das des Todes, zu lösen, die gerade die Probleme der Revoltierenden sind. Seine Lösung bestand zunächst darin, beides auf sich zu nehmen. Der Gottmensch leidet auch, mit Geduld. Weder das Übel noch der Tod können ihm fernerhin vollkommen zugeschrieben werden, denn er ist zerrissen und stirbt. Die Nacht von Golgatha ist für die Geschichte der Menschen nur insofern von Wichtigkeit, als in dieser Finsternis die Gottheit sich ihrer traditionellen Privilegien ostentativ entledigte und die Todesangst einschließlich der Verzweiflung bis zum Ende durchlebte. So hat man sich das *Lama asabthani* und den schrecklichen Zweifel Christi während der Agonie zu erklären. Die Agonie wäre leicht, wenn sie gestützt würde von der ewigen Hoffnung. Damit der Gott ein Mensch sei, muß er verzweifeln.

Die Gnosis, die eine Frucht griechisch-christlicher Zusammenarbeit ist, hat – als Reaktion gegen die jüdische Denkweise – während zweier Jahrhunderte versucht, diese Bewegung zu beschleunigen. Man kennt die Vielzahl der z.B. von Valentin erdachten Vermittler. Aber die Emanationen spielen in dieser metaphysischen Kirmes dieselbe Rolle wie die vermittelnden Wahrheiten im Hellenismus. Sie zielen darauf ab, die Absurdheit eines Tête-à-têtes zwischen dem elenden Menschen und dem unversöhnlichen Gotte zu vermindern. Das ist insbesondere die Rolle des zweiten, grausamen und kriegerischen Gottes bei Marcion. Dieser Demiurg hat die endliche Welt und den Tod geschaffen. Wir müssen ihn hassen und gleichzeitig seine Schöpfung mittels der Askese leugnen, bis wir sie dank sexueller Enthaltsamkeit vernichtet haben. Es handelt sich also um eine stolze, revoltierende Askese. Freilich leitet Marcion die Revolte nach einem niederen Gott hin ab, bloß um den höheren Gott um so mehr rühmen zu können. Von ihren griechischen Ursprüngen her bleibt die Gnosis versöhnlich und ist bestrebt, das jüdische Erbe im Christentum aufgehen zu lassen. Von vornherein wollte sie auch den Augustinismus vermeiden, insofern dieser einer jeden Revolte die Argumente lieferte. So haben z.B. für Basilides die Märtyrer gesündigt, Christus auch, denn sie leiden ja. Eine seltsame Idee, die aber darauf abzielt, dem Leid das Ungerechte zu nehmen. An die Stelle des allmächtigen und willkürlichen Gnadenaktes wollten die Gnostiker weiter nichts als den griechischen Begriff der Mystagogia setzen, der dem Menschen alle Chancen beläßt. Die Menge von Sekten bei den Gnostikern der zweiten Generation gibt in der Tat der vielfältigen und verbissenen Bemühung des griechischen Denkens Ausdruck, die christliche Welt leichter zugänglich zu machen und eine Revolte, die der Hellenismus als das schlimmste aller Übel betrachtete, ihrer Vernunftgründe zu berauben. Aber die Kirche hat diese Bemühungen verdammt und hat, indem sie dies tat, die Zahl der Revolten vervielfacht.

Im Verlauf vieler Jahrhunderte ist das Geschlecht Kains zu

immer größeren Triumphen aufgestiegen, und dadurch – so kann man sagen – ist dem Gotte des Alten Testaments ein unverhofftes Glück zuteil geworden. Paradoxerweise rufen die Lästerer den alten eifersüchtigen Gott ins Leben zurück, den das Christentum vom Schauplatz der Geschichte vertreiben wollte. Eins ihrer größten Wagnisse war es, Christus selbst in ihr Feldlager aufzunehmen, indem sie seine Geschichte auf dem Kreuzeshügel und bei dem bitteren Schrei, der seinem Todeskampf voranging, anhielten. Auf diese Weise wurde das unversöhnliche Gesicht eines hassenden Gottes festgehalten, das besser zu einer Schöpfung paßte, wie die Revoltierenden sie verstanden. Bis Dostojewskij und Nietzsche wendet sich der Revoltierende immer nur an eine grausame und launenhafte Gottheit, die ohne überzeugendes Motiv das Opfer Abels dem Opfer Kains vorzog und so den ersten Mord provozierte. Dostojewskij und Nietzsche, der eine in seiner Vorstellung, der andere faktisch, haben beide den Umkreis des revoltierenden Denkens über alle Grenzen hinaus erweitert und haben Rechenschaft sogar vom Gott der Liebe verlangt. Nietzsche hält Gott für tot in der Seele seiner Zeitgenossen. Wie sein Vorgänger Stirner attackiert er dann das Trugbild Gottes, das als Moral verkleidet im Geiste seines Jahrhunderts bestehen bleibt. Aber bis zu Dostojewskij und Nietzsche beschränken sich die Freidenker z.B. darauf, die Realität der Geschichte Christi [»diesen abgeschmackten Roman«, nach Sade] zu leugnen und, sogar in ihren Verneinungen, die Tradition eines furchtbaren Gottes aufrecht zu erhalten.

Solange das Abendland christlich war, waren dagegen die Evangelien die Dolmetscher zwischen Himmel und Erde. Jedem einsamen Schrei eines Revoltierenden wurde das Bild des allergrößten Schmerzes entgegengehalten. Da Christus dies, und noch dazu freiwillig gelitten hatte, war kein Leid mehr ungerecht, war jeder Schmerz notwendig. In gewissem Sinne erklären sich die bittere Erkenntnis des Christentums und sein berechtigter Pessimismus in bezug auf das Menschenherz dadurch, daß eine verallgemeinerte Ungerechtigkeit den Menschen ebenso zufriedenstellt wie eine vollkommene Gerechtigkeit. Nur das Opfer eines schuldlosen Gottes konnte die lange und von allen vollzogene Peinigung der Schuldlosigkeit rechtfertigen. Nur das Leid Gottes, und zwar das allererbärmlichste, konnte den Todeskampf der Menschen erleichtern. Wenn zwischen Himmel und Erde alles und ohne Ausnahme dem Schmerz ausgeliefert ist, dann ist ein – seltsames – Glück möglich.

Aber von dem Zeitpunkt an, an welchem das Christentum seine triumphale Epoche abschloß und sich der Kritik der Vernunft ausgesetzt sah, ist genau in dem Maße, in dem die Gottheit Christi verleugnet wurde, der Schmerz wieder das Los der Menschen geworden. Der betrogene Christus ist nur ein Schuldloser mehr, den die Vertreter des Gottes Abrahams in öffentlicher Schaustellung hingerichtet haben. Der Abgrund, der den Herrn von den Sklaven trennt, öffnet sich von neuem, und die Revolte brüllt wieder vor dem vermauerten Angesicht eines eifersüchtigen Gottes. Die Denker und die freidenkerischen Künstler haben diese neue Trennung vorbereitet, indem sie, mit der üblichen Vorsicht, die Moral und die Göttlichkeit Christi angriffen. Das Universum eines Callot schildert recht gut diese Welt halluzinierender Bettler, deren zunächst verstecktes Hohnlächeln schließlich, bei dem Don Juan Molières, bis zum Himmel hinaufsteigt. Während der beiden Jahrhunderte, in denen die gleichzeitig revolutionären und profanierenden Umstürze vorbereitet wurden, insbesondere seit dem Ende des 18. Jahrhunderts, bestand die ganze Bemühung der Freidenker darin, aus Christus einen Schuldlosen zu machen oder einen albernen Tropf, um ihn an die Welt der Menschen zu binden und mit dem zu verbinden, was die Menschen an Edlem oder Lächerlichem besitzen. So ist dann das Terrain freigemacht für die große Offensive gegen einen feindlichen Himmel.

Jacques Monod
Das Reich und die Finsternis

... Ich spreche hier nicht von der Bevölkerungsexplosion, von der Zerstörung der Natur oder gar von den Megatonnen-Bomben, sondern von einem sehr viel tieferen und ernsteren Übel, einer geistigen Not. Sie entstand durch die entscheidende Wende in der Entwicklung des Geistes und verschärft sich unaufhörlich. Die erstaunliche Entfaltung der Erkenntnis seit dreihundert Jahren zwingt den Menschen heute, die seit Zehntausenden von Jahren tief verwurzelte Vorstellung, die er sich von sich selbst und seinem Verhältnis zur Welt gemacht hat, einschneidend zu revidieren.

Indessen erwächst uns all dies – die geistige Not wie die Gewalt der Megatonnen – aus einem einfachen Gedanken: Die Natur ist objektiv, und wahre Erkenntnis kann nur aus der systematischen Gegenüberstellung von Logik und Erfahrung stammen. Es ist heute schwerlich zu fassen, warum dieser so einfache und klare Gedanke erst hunderttausend Jahre nach dem Hervortreten des *homo sapiens* in aller Deutlichkeit im Reich der Ideen hat auftauchen können; man kann kaum verstehen, warum so hoch entwickelte Kulturen wie die chinesische diesen Gedanken nicht gekannt haben und ihn erst vom Westen lernen mußten; noch ist es begreiflich, warum es im Abendland von Thales und Pythagoras bis zu Galilei, Descartes und Bacon fast 2500 Jahre hat dauern müssen, bis dieser Gedanke, der bis dahin nur in der Anwendung der mechanischen Künste enthalten war, endlich hervortrat.

Für einen Biologen ist es verlockend, die Evolution der Ideen mit der Evolution der belebten Natur zu vergleichen. Wenn auch das Reich des Abstrakten viel weiter noch über die belebte Natur hinausgeht, als diese die unbelebte Welt überschreitet, so haben doch die Ideen einige der Eigenschaften von Organismen behalten. Wie diese wollen sie ihre Struktur fortpflanzen und vermehren, wie diese können sie ihren Inhalt vermischen, rekombinieren und wieder abtrennen, wie diese haben sie schließlich eine Evolution, und in dieser Evolution spielt die Selektion ohne jeden Zweifel eine große Rolle. Ich gehe nicht so weit, von einer Selektionstheorie der Ideen zu sprechen. Aber man kann mindestens versuchen, einige der Hauptfaktoren zu bestimmen, die dabei eine Rolle spielen. Diese Selektion muß notwendig auf zwei Ebenen vor sich gehen: auf der Ebene des Geistes und auf der Ebene der Wirkung.

Der Wirkungsgrad einer Idee hängt von der Verhaltensänderung ab, die sie beim Einzelnen oder bei der Gruppe herbeiführt, wenn diese die Idee annehmen. Wenn eine Idee von einer Gruppe von Menschen angenommen wird und ihr mehr Zusammenhalt, mehr Zielstrebigkeit und mehr Selbstvertrauen vermittelt, dann verleiht sie ihr damit auch eine gesteigerte Expansionskraft, wodurch dann andererseits die Verbreitung der Idee gesichert wird. Der Verbreitungsgrad der Idee steht in keiner notwendigen Beziehung zu dem Anteil objektiver Wahrheit, den sie enthalten mag. Die verstärkte Macht, die für eine Gesellschaft in einer religiösen Ideologie liegt, hängt nicht eigentlich von deren Struktur ab, sondern davon, daß diese Struktur angenommen worden ist, daß sie sich durchsetzt. Deshalb läßt sich auch das Durchsetzungsvermögen einer solchen Idee nur schwer von ihrer Wirkungskraft trennen.

Das eigentliche Durchsetzungsvermögen einer Idee ist sehr viel schwieriger festzustellen. Sagen wir so, daß es von den geistigen Strukturen abhängt, auf die eine Idee trifft, und damit auch von den Ideen, die diese Kultur zuvor schon gefördert hat; es hängt aber sicher ebenso von gewissen angeborenen Strukturen ab, die zu identifizieren uns im übrigen ziemlich schwerfällt. Aber

es ist deutlich zu erkennen, daß jene Ideen das größte Durchsetzungsvermögen haben, die den Menschen dadurch *erklären*, daß
sie ihm seinen Platz in einem notwendigen Schicksalsablauf zu-
weisen, wo seine Angst sich löst.

Einige hunderttausend Jahre lang stimmte das Schicksal eines
Menschen mit dem Los seiner Horde, seines Stammes überein,
außerhalb dessen er nicht überleben konnte. Der Stamm konnte
nur überleben und sich verteidigen durch seinen Zusammenhalt.
Deshalb hatten die Gesetze, mit deren Hilfe die Geschlossenheit
des Stammes organisiert und garantiert wurde, eine so ungeheure
Gewalt über die einzelnen. Vielleicht konnte der Mensch die
Gesetze manchmal übertreten, aber sicher hätte niemand daran
gedacht, sie in Frage zu stellen. Bei der immensen Bedeutung, die
derartige Sozialstrukturen für die Selektion notwendig annehmen
mußten und die sie während so langer Zeiträume innehatten,
kommt man schwerlich um den Gedanken herum, daß sie die
genetische Evolution der angeborenen Kategorien des menschlichen Gehirns beeinflußt haben müssen. Durch diese Evolution
mußte nicht nur die Bereitschaft gesteigert werden, das Stammes-
gesetz zu akzeptieren; sie mußten auch das *Bedürfnis* wecken, es
durch eine mythische Erklärung zu begründen und ihm dadurch
Herrschaftsgewalt zu verleihen. Wir sind die Nachfahren dieser
Menschen. Von ihnen haben wir zweifellos das Bedürfnis nach
einer Erklärung geerbt – jene Angst, die uns zwingt, den Sinn des
Daseins zu erforschen. Diese Angst ist die Schöpferin aller
Mythen, aller Religionen, aller Philosophien und selbst der Wissenschaft.
    Was mich angeht, so zweifle ich kaum daran, daß dieses
gebieterische Bedürfnis angeboren ist, daß es irgendwo in der
Sprache des genetischen Code verzeichnet steht und sich spontan
entwickelt. Außerhalb der menschlichen Gattung findet man nirgendwo im Tierreich sehr hoch differenzierte Sozialorganisatio-
nen, es sei denn bei bestimmten Insekten: den Ameisen, den Ter-
miten und den Bienen. Die Stabilität der Institutionen hängt bei
den sozial lebenden Insekten fast überhaupt nicht von einem kulturellen Erbe, völlig dagegen von der genetischen Überlieferung
ab. Das soziale Verhalten ist gänzlich angeboren und automatisch.
    Beim Menschen sind die gesellschaftlichen Institutionen
rein kulturbedingt und werden niemals eine derartige Stabilität
erreichen können. Wer wollte das übrigens auch wünschen? Die
Erfindung der Mythen und Religionen und die Errichtung gewal-
tiger philosophischer Systeme waren der Preis, um den der

Mensch als soziales Lebewesen hat überleben können, ohne sich einem reinen Automatismus zu unterwerfen. Aber das bloß kulturelle Erbe allein war nicht sicher und nicht stark genug, um die sozialen Strukturen abzustützen. Es brauchte eine genetische Unterlage, damit daraus die Nahrung wurde, die der Geist benötigt. Wäre es nicht so, wie wollte man erklären, daß die Religion bei unserer gesamten Art den Gesellschaftsstrukturen zugrunde liegt? Wie wollte man im übrigen erklären, daß in der unermeßlichen Vielfalt der Mythen, Religionen und philosophischen Lehren stets die gleiche Grund-»Form« wiederkehrt?

Es ist unschwer zu sehen, daß alle die »Erklärungen«, die das Gesetz begründen und die Angst beschwichtigen sollen, »Geschichten« oder genauer: Ontogenien, Entwicklungsgeschichten sind. Die ersten Mythen beziehen sich fast alle auf mehr oder weniger göttliche Helden, mit deren großer Tat die Entstehung der Gruppe erklärt und ihre Sozialstruktur auf unantastbare Traditionen gegründet wird: denn man arbeitet die Geschichte nicht um. Die großen Religionen haben die gleiche Form; sie besteht in der Lebensgeschichte eines begnadeten Propheten, der, wenn er nicht selber der Begründer aller Dinge ist, für diesen spricht und die Geschichte wie die Bestimmung der Menschen verkündet. Von allen großen Religionen ist die jüdisch-christliche in ihrem historischen Aufbau sicherlich die »primitivste«; sie knüpft, bevor sie durch einen göttlichen Propheten bereichert wird, direkt an die Heldentat eine Beduinenstammes an. Der Buddhismus ist dagegen viel differenzierter und knüpft in seiner ursprünglichen Gestalt ausschließlich an das Karma an, das transzendentale Gesetz, das das Schicksal des Einzelnen regiert. Er ist mehr eine Geschichte der Seelen als eine Geschichte der Menschen.

Von Platon bis Hegel und Marx bieten die großen philosophischen Systeme alle eine gesellschaftliche Ontogenese, die zugleich explikativer und normativer Natur ist. Bei Platon ist es freilich eine Entstehungsgeschichte im umgekehrten Sinne; er sieht in der Geschichte nur einen allmählichen Verfall der idealen Formen, und in der »Republik« will er schließlich eine Maschine in Gang setzen, mit der sich die Zeit zurückdrehen läßt.

Für Marx wie für Hegel läuft die Geschichte nach einem immanenten, notwendigen und positiven Plan ab. Daß die marxistische Ideologie einen so ungeheuren Einfluß auf die Geister hat, ist nicht allein darauf zurückzuführen, daß sie das Versprechen einer Befreiung des Menschen enthält, sondern auch und sicherlich vor allem darauf, daß sie eine Ontogenese enthält, daß sie eine vollständige und detaillierte Erklärung der vergangenen, gegenwärtigen und zukünftigen Geschichte gibt. Beschränkt auf die menschliche Geschichte und selbst mit den Sicherheiten der »Wissenschaft« ausstaffiert, blieb der historische Materialismus etwas Bruchstückhaftes. Es mußte der dialektische Materialismus hinzutreten, der seinerseits die umfassende Erklärung liefert, die der Geist benötigt: Die Geschichte des Menschen und die des Kosmos sind darin vereint, als gehorchten sie beide den gleichen ewigen Gesetzen.

Wenn es stimmt, daß das Bedürfnis nach einer umfassenden Erklärung angeboren ist und daß das Fehlen einer solchen Erklärung eine Ursache tiefer Angst ist; wenn die Angst nur durch eine Erklärung beschwichtigt werden kann, die in Gestalt einer umfassenden Geschichte die Bedeutung des Menschen aufzeigt, indem sie ihm einen notwendigen Platz in den Plänen der Natur zuweist; wenn die »Erklärung«, um den Eindruck einer wirkliche, bedeutsamen und beruhigenden Erklärung zu machen, aus der langen animistischen (…) Tradition hervorgehen muß – dann ist es begreiflich, daß so viele Tausende von Jahren vergehen mußten, bis die Idee der objektiven Erkenntnis als der *einzigen* Quelle authentischer Wahrheit im Reich der Ideen erschien.

Diese strenge und nüchterne Idee, die keine Erklärung bietet, sondern einen asketischen Verzicht auf jede weitere geistige Nahrung fordert, konnte die angeborene Angst nicht beruhigen; im Gegenteil – sie steigerte die Angst aufs höchste. Sie wollte eine hunderttausendjährige, ganz dem menschlichen Wesen assimilierte Tradition mit einem Schlage auslöschen; sie hob den Alten animistischen Bund des Menschen mit der Natur auf und hinterließ anstelle dieser unersetzlichen Verbindung nur ein ängstliches Suchen in einer eisigen, verlorenen Welt. Wie konnte eine solche Idee, für die nichts als eine puritanische Anmaßung zu sprechen schien, akzeptiert werden? Sie ist nicht akzeptiert worden, bis heute noch nicht. Wenn sie sich trotzdem durchgesetzt hat, dann allein aufgrund ihrer erstaunlichen Leistungsfähigkeit.

In drei Jahrhunderten hat die durch das Objektivitätspostulat begründete Wissenschaft ihren Platz in der Gesellschaft erobert: in der Praxis wohlgemerkt, aber nicht im Geiste der Menschen. Die moderne Gesellschaft ist auf der Grundlage der Wissenschaft errichtet; ihr verdankt sie ihren Reichtum, ihre Macht und die Gewißheit, daß dem Menschen morgen, so er will, noch viel größere Reichtümer und Möglichkeiten zur Verfügung stehen können. So wie eine grundlegende »Entscheidung« in der biologischen Evolution einer Art die Zukunft ihrer gesamten Nachkommenschaft festlegen kann, hat aber die ursprünglich unbewußte Entscheidung für eine wissenschaftliche *Praxis* die Entwicklung der Kultur ebenfalls in eine Einbahnstraße gelenkt. Der »wissenschaftliche« Fortschrittsglaube des 19. Jahrhunderts meinte, diese Bahn müsse unfehlbar zu einer wunderbaren Entfaltung der Menschheit führen; wir sehen heute, wie eine finsterer Abgrund sich vor uns auftut.

Die Gesellschaft der Neuzeit hat die Reichtümer und Möglichkeiten akzeptiert, welche die Wissenschaft ihr eröffnete. Doch die wichtigste Botschaft der Wissenschaft hat sie nicht akzeptiert, sie hat sie kaum wahrgenommen: daß eine neue und ausschließliche Quelle der Wahrheit bestimmt worden ist; daß die Grundlagen der Ethik einer totalen Revision bedürfen; daß mit der animistischen Tradition radikal gebrochen werden muß; daß der »Alte Bund« definitiv aufzugeben und ein neuer Bund zu schmieden ist. Unsere Gesellschaft ist mit allen Möglichkeiten ausgerüstet, die die Wissenschaft ihr gibt, sie genießt alle Reichtümer, die ihr die Wissenschaft schenkt, aber sie versucht noch, Wertsysteme zu praktizieren und zu lehren, die schon an der Wurzel durch eben diese Wissenschaft zerstört sind.

Vor unserer Gesellschaft hat keine andere eine ähnliche Zerrissenheit erlebt. In den primitiven wie in den klassischen Kulturen fielen die Quellen der Erkenntnis und der Wertvorstellungen in der animistischen Überlieferung zusammen. Zum erstenmal in der Geschichte soll eine Zivilisation entstehen, die auf den überlieferten Animismus als Quelle der Erkenntnis, als Ursprung der *Wahrheit* verzichtet, aber in der Begründung ihrer Wertvorstellungen hoffnungslos an ihn gebunden bleibt. Die »liberalen« Gesellschaften des Westens verkünden als Grundlage ihrer Moral nach außen immer noch eine abstoßende Mischung aus jüdisch-christlicher Religiosität, »wissenschaftlicher« Fortschrittsgläubigkeit, »natürlichen« Menschenrechten und utilitaristischem Pragmatismus. Die marxistischen Gesellschaften bekennen sich noch immer zur materialistischen und dialektischen Religion der Geschichte. Ihre moralische Verfassung ist anscheinend solider als jene der liberalen Gesellschaften, aber auch verletzlicher – vielleicht gerade wegen der Strenge, die bisher ihre Stärke ausgemacht hat. Ungeachtet dessen lassen sich alle diese im Animismus verwurzelten Systeme nicht mit der objektiven Erkenntnis und der Wahrheit vereinbaren; sie stehen der Wissenschaft gleichgültig und schließlich sogar *feindselig* gegenüber: sie wollen sich die Wissenschaft zunutze machen, aber sie wollen sie nicht respektieren und ihr dienen. So groß ist die Kluft und so offenkundig die Lüge, daß es das Gewissen eines jeden Menschen quält und zerreißt, der über einige Kultur und Intelligenz verfügt und von jener moralischen Angst nicht losgelassen wird, die die Ursache allen Schaffens ist. Das trifft alle jene, die für die Entwicklung der Gesellschaft und der Kultur Verantwortung tragen oder tragen werden.

Die geistige Not der Moderne – das ist die Lüge, die dem moralischen und gesellschaftlichen Dasein zugrunde liegt. Dieses mehr oder weniger undeutlich diagnostizierte Leiden ruft das Gefühl von Furcht, wenn nicht gar Haß hervor – auf jeden Fall ein Gefühl der Entfremdung, das heute so viele Menschen angesichts der wissenschaftlichen Zivilisation empfinden. Die Aversion kommt offen zumeist gegenüber den technischen Nebenprodukten der Wissenschaft zum Ausdruck: der Bombe, der Zerstörung der Natur und der bedrohlichen Bevölkerungsentwicklung. Es läßt sich natürlich leicht erwidern, daß die Technik nicht die Wissenschaft ist und daß im übrigen die Nutzung der Atomenergie bald für das Überleben der Menschheit unerläßlich sein wird; daß die Zerstörung der Natur nicht zu viel, sondern eine unzulängliche Technik verrät; daß die Bevölkerungsexplosion darauf zurückgeht, daß jedes Jahr Millionen Kinder vom Tode gerettet werden: sollte man sie wieder sterben lassen?

Was ist das für eine oberflächliche Rede, die die Anzeichen mit den tieferen Ursachen des Übels verwechselt. Die Absage richtet sich deutlich gegen die wichtigste Botschaft der Wissenschaft. Man fürchtet sich vor dem Sakrileg, vor dem Anschlag auf die Wertvorstellungen. Diese Furcht ist völlig gerechtfertigt. Es ist schon richtig, daß die Wissenschaft die Wertvorstellungen antastet. Nicht direkt zwar, denn sie gibt keine Urteile über sie ab und *soll* sie auch ignorieren; aber sie zerstört alle mythischen oder philosophischen Ontogenien, auf denen für die animistische Tradition – von den australischen Ureinwohnern bis zu den materialistischen Dialektikern – die Werte, die Moral, die Pflichten, Rechte und Verbote beruhen sollten.

Wenn er diese Botschaft in ihrer vollen Bedeutung aufnimmt, dann muß der Mensch endlich aus seinem tausendjährigen Traum erwachen und seine totale Verlassenheit, seine radikale Fremdheit erkennen. Er weiß nun, daß er seinen Platz wie ein Zigeuner am Rande des Universums hat, das für seine Musik taub ist und gleichgültig gegen seine Hoffnungen, Leiden oder Verbrechen.

Aber wer bestimmt denn, was ein Verbrechen ist? Wer benennt das Gute und das Böse? In allen überlieferten Systemen gingen die Ethik und die Wertvorstellungen über die Verstandeskraft des Menschen hinaus. Er war nicht Herr über die Werte: Sie waren ihm aufgezwungen, und er war ihnen unterworfen. Nun weiß er, daß sie allein seine Sache sind, und macht er sie sich schließlich untertan, dann scheinen sie sich in der gleichgültigen Leere des Universums aufzulösen. Darum wendet der moderne Mensch sich von der Wissenschaft ab oder vielmehr gegen sie; er kann jetzt ihre schreckliche Zerstörungskraft ermessen, die sich nicht nur gegen den Leib, sondern gerade gegen den Geist richtet.

... Wenn es – wie ich glaube – wahr ist, daß die Angst vor der Verlassenheit und das Bedürfnis nach einer zwingenden, umfassenden Erklärung angeboren sind und daß dieses aus der Tiefe der Zeiten überkommene Erbe ein nicht nur kulturelles, sondern mit Sicherheit ein genetisches Erbe ist – ist es denkbar, daß diese nüchterne, abstrakte und hochmütige Ethik die Angst beschwichtigen und das Bedürfnis stillen kann? Ich weiß es nicht; vielleicht ist es schließlich doch nicht völlig ausgeschlossen. Vielleicht hat der Mensch mehr noch als das nach einer »Erklärung«, welche die Ethik der Erkenntnis nicht vermitteln kann, das Bedürfnis, über sich selbst hinauszugehen, das Bedürfnis nach Transzendenz? Die Wirkung des großen Traumes vom Sozialismus, der noch immer in den Herzen der Menschen lebendig ist, scheint das klar zu beweisen. Kein Wertsystem kann von sich sagen, eine wirkliche Ethik darzustellen, wenn es nicht zumindest ein Ideal enthält, das über den Einzelnen so weit hinausgeht, daß seine Aufopferung für das Ideal im Notfall gerechtfertigt ist.

Die Ethik der Erkenntnis kann vielleicht, gerade weil sie ein so hohes Ziel verfolgt, dieses Bedürfnis nach Transzendenz befriedigen. Sie legt einen überragenden Wert fest und gibt dem Menschen auf, nicht sich seiner zu bedienen, sondern ihm von nun an durch eine freie und bewußte Entscheidung dienstbar zu sein. Die Ethik der Erkenntnis ist indessen auch ein Humanismus, denn sie achtet im Menschen den Schöpfer und Bewahrer dieser Transzendenz.

In einem Sinne ist die Ethik der Erkenntnis gleichermaßen eine »Erkenntnis der Ethik«, der Antriebe und Leidenschaften, der Bedürfnisse und Grenzen des biologischen Wesens Mensch. Sie kann in ihm das nicht so sehr absurde, aber doch sonderbare und gerade aufgrund seiner Sonderbarkeit einmalige Tier erkennen; ein Wesen, das gleichzeitig zwei Herrschaften unterworfen ist: dem Reich der belebten Natur und dem Reich der Ideen; ein Wesen, das sich zugleich gepeinigt und bereichert sieht durch jenen Zwiespalt, der sich in Kunst und Dichtung und in der menschlichen Liebe ausdrückt.

Die animistischen Systeme haben im Gegensatz dazu alle mehr oder weniger den biologischen Menschen nicht zur Kennt-

100

nis nehmen wollen, sie haben ihn dahin bringen wollen, gewisse Merkmale, die seiner tierischen Beschaffenheit innewohnen, mit Schrecken und Abscheu an sich wahrzunehmen. Die Ethik der Erkenntnis dagegen ermutigt den Menschen, dieses Erbe zu achten und auf sich zu nehmen, es aber auch, wenn es sein muß, zu beherrschen. Was die höchsten menschlichen Eigenschaften angeht: den Mut, die Nächstenliebe, die Großmut und den schöpferischen Ehrgeiz, so gibt die Ethik der Erkenntnis zu, daß sie sozio-biologischen Ursprungs sind, sie bestätigt aber auch ihren überragenden Wert im Dienste des von ihr festgelegten Ideals.

Die Ethik der Erkenntnis ist schließlich in meinen Augen die zugleich rationale und bewußt idealistische Haltung, auf der allein ein wirklicher Sozialismus begründet werden könnte. Dieser große Traum des 19. Jahrhunderts lebt in den Herzen der Jugend noch immer mit schmerzlicher Heftigkeit fort – schmerzlich deshalb, weil dieses Ideal so oft verraten worden ist, und wegen der Verbrechen, die in seinem Namen begangen wurden. Es ist tragisch, doch es war vielleicht unvermeidlich, daß diese großartige Bestrebung ihren philosophischen Ausdruck nur in Gestalt einer animistischen Ideologie gefunden hat. Man erkennt leicht, daß die »geschichtlichen« Prophezeiungen, die sich auf den dialektischen Materialismus stützen, von Anfang an mit den Gefahren behaftet waren, die dann schließlich auch eingetreten sind. Der historische Materialismus beruht vielleicht in noch stärkerem Maße als die anderen animistischen Lehren auf einer totalen Verwirrung von Wert- und Erkenntniskategorien. Gerade aufgrund dieser Verwirrung kann er dann in seiner Rede, die jeder Authentizität entbehrt, proklamieren, er habe die historischen Gesetze »wissenschaftlich« festgestellt und der Mensch könne ihnen nur noch gehorchen, wolle er nicht ins Wesenlose fallen.

Auf diese kindliche, wenn nicht sogar tödliche Illusion muß ein für allemal verzichtet werden. Wie kann ein wahrer Sozialismus jemals auf einer ihrem Wesen nach unwahrhaftigen Ideologie errichtet werden – einer Karikatur der Wissenschaft, auf die sie sich nach der aufrichtigen Meinung ihrer Anhänger zu stützen vorgibt? Der Sozialismus hat nur dann eine Hoffnung, wenn er die Ideologie, die ihn seit mehr als einem Jahrhundert beherrscht, statt sie zu »revidieren«, total aufgibt.

Wo sonst soll man die Quelle der Wahrheit und die moralische Inspiration eines wirklich *wissenschaftlichen* sozialistischen Humanismus finden, wenn nicht bei den Quellen der Wissenschaft selbst – in der Ethik, welche die Erkenntnis dadurch begründet, daß sie sie in freier Entscheidung zum höchsten Wert, zum Maß und Garanten aller übrigen Werte macht? Diese Ethik begründet die moralische Verantwortlichkeit auf der Freiheit jener grundsätzlichen Entscheidung. Allein die Ethik der Erkenntnis wird, wenn man sie als Basis der gesellschaftlichen und politischen Institutionen und damit als den Maßstab ihrer Wahrheit und ihrer Geltung akzeptiert, zum Sozialismus führen können. Die von dieser Ethik verlangten Institutionen sind der Verteidigung, Erweiterung und Entfaltung des transzendenten Reiches der Ideen, der Erkenntnis und der Schöpfung gewidmet. Dieses Reich ist im Menschen, und hier würde er, von materiellen Zwängen wie auch von der Knechtschaft der animistischen Lüge immer mehr befreit, endlich sein wahres Leben entfalten können; er würde von Institutionen geschützt, die in ihm den Untertan und zugleich den Schöpfer des Reiches sähen und die ihm in seinem einmaligen, unwiederbringlichen Wesen dienen müßten.

Das ist vielleicht eine Utopie, aber es ist kein unzusammenhängender Traum. Diese Vorstellung drängt sich allein durch die Stärke ihrer logischen Geschlossenheit auf; sie ist die Schlußfolgerung, zu der die Suche nach dem Wahren unausweichlich führt. Der Alte Bund ist zerbrochen; der Mensch weiß endlich, daß er in der teilnahmslosen Unermeßlichkeit des Universums allein ist, aus dem er zufällig hervortrat. Nicht nur sein Los, auch seine Pflicht steht nirgendwo geschrieben. Es ist an ihm, zwischen dem Reich und der Finsternis zu wählen.

Ernst Bloch
Ein Numinoses,
auch im religiösen Humanum

Es gibt ein frommes Gefühl, wonach mehreres nicht geheuer ist. Das kann blind machen, aber es kann auch um die Ecke sehen lassen, wo anderes, ungewohntes Leben umgehen mag. Auch der Nicht-Fromme setzt, wenn er kein Plattkopf ist, nicht sein gewohntes Sein und Sehen als Maß der Dinge, die sind und nicht sind. Gar religiöses Gefühl steht schlechthin gegen das freche, selbst gegen jenes gemütlich-liberale, das sich an sich selbst erbaut und noch sein Jenseits als recht verständig und umgänglich denkt. »Ach, wie so gar nichts sind die Menschen«, meint dagegen die Bibel und ist durchaus nicht menschenfeindlich. »Meine Wege sind nicht eure Wege, meine Gedanken sind nicht eure Gedanken«, sagt der Bibelgott und ist hierbei durchaus nicht als Dämon dargestellt. Dieses Entlegene, ja eben dieses Grauen der

Schwelle gehört zu jeder religiösen Beziehung, oder sie ist keine. Rudolf Otto hat von hier aus und, wohlverstanden, nur in diesem einen Bezug recht, wenn er das »Ganz Andere« als Zeichen des religiösen Gegenstands angibt und das »Schauernd-Numinose« als Aura des Heiligen. Der frühere Karl Barth hat von hier aus und, wieder wohlverstanden, nur als dieses Antidoton recht, wenn er den hanebüchen-illiberalen Satz verficht: »Göttliches spricht ein beständiges Nein in die Welt.« Wenn er lehrt: »Die Wirklichkeit der Religion ist das Entsetzen des Menschen vor sich selbst«, und: »Unendlichkeit, die wir Menschen uns allenfalls zu erdenken vermögen, ist gemessen an unserer Endlichkeit und also selbst nur unendliche – Endlichkeit« (Der Römerbrief, 1940, S. 252, S. 286). Das als Gott Geglaubte wird hier zwar als völlig unvermittelbarer Despotismus von menschlicher Teilnehmung (»Föderaltheologie«) ferngehalten, aber um diesen grotesken Preis wird auch das – Humanum, das Cur Deus homo, vor der Trivialität geschützt, in das es ein allzu umgänglicher Liberalismus gebracht hat. Die Kirche, sagt Barth, hat Gott fort und fort an den Menschen verraten, das ist an die Anschläge und Denkbewegungen undurchbrochener, unüberstiegener Kreatur; so ruft Barth *Deus absconditus* dagegen auf, als welcher mit dem Gott-Despoten nun doch nicht zusammenfällt. Religion, zuhöchst als christliche, gibt vielmehr aufgewühlte Subjektivität und ihren Anteil am Kultobjekt; Barths extremheteronomes Credo freilich sieht aus, als wolle er den Menschensohn als Mittler, also als Christentum selber aus dem Christentum entfernen. Aber trotz dieser ahumanen Groteske, einer, die schließlich auch einen Molochpriester nicht verhindert, ja darin bestätigt hätte, einer zu sein, trotz dieses Mißbrauchs des Tertullianischen und ursprünglich gar nicht dunkelmännischen oder durchaus irrationalistischen Credo quia absurdum enthält Barths Theologie eine bedeutende Mahnung. Denn sie verteidigt fanatisch ein Ehrfürchtiges und eine Sphäre, die gerade im Subjektbezug der Religion so leicht verlorengehen, bis zum faden Psychologismus oder zum Moralin-Ersatz des Bildungsphilisters hinab. Das illiberale Element der Tabu-Theologie kann und muß – nach mächtiger, ihres Humanum mächtiger Entgiftung – zum religiösen oder meta-religiösen Humanismus herübergezogen werden: nicht damit dieser irrational, sondern gerade umgekehrt, damit er nicht dumm werde. Nur am Deus absconditus ist das *Problem* gehalten, was es mit dem legitimen Mysterium *Homo absconditus* auf sich habe. Was die Gemeinde in ihrer letzthin angemessene Sphäre, in einer nicht-psychologisierten, nicht säkularisierten, an Reich enthalte. So wahr es ist, daß das sogenannte Mysterium tremendum zur Ideonlogie autoritärer Reaktion tauglich sein kann und zu ihrer niederträchtigen Irratio, so sicher bildet die Unübertragbarkeit immanent-gewohnter Kategorien ein erstes Kriterium der religiösen Schicht. Wie wenig reaktionäre Irratio mit diesem Kriterium verbunden zu sein braucht, geht allein schon daraus hervor, daß es auf Dunkelmännerei und auch auf despotischen Theismus keineswegs begrenzt ist, im Gegenteil. Daher sagt der zuverlässig rationale Pantheist Spinoza: »Ferner, um auch von Verstand und Willen, welche man Gott gewöhnlich zuschreibt, hier etwas zu sagen, so muß, wenn Verstand und Wille zu Gottes ewigem Wesen gehören, unter beiden Eigenschaften gewiß etwas ganz anderes verstanden werden, als was man gewöhnlich darunter versteht; denn Verstand und Wille, welche das Wesen Gottes ausmachten, müßten von unserem Verstand und Willen völlig verschieden sein (a nostro intellectu et voluntate toto coelo differre deberent) und könnten nur im Namen sich gleich sein, nicht anders nämlich, als der Hund, das himmlische Sternbild, und der Hund, das bellende Tier, sich gleich sind« (Eth. I, Lehrsatz 17, Anm.). Und entscheidend bleibt: *das Ganz Andere gilt auch für die schließlichen Human-Projektionen aus Religion.* Das Ganz Andere gibt auch allem, was unter Vergottung des Menschen ersehnt worden ist, erst die angemessene Abmessung der Tiefe. Das Ganz Andere gibt der Hybris des Prometheus jenen wirklichen Himmelssturm, welcher das Prometheische von der Flachheit bloßer Individualität unterscheidet und von der dürftigen Vermenschlichung des Tabu. Das Ganz Andere dringt mit seinem Abgrund in die Hybris Thomas Münzers und macht sie zur Mystik, zur aufbegehrenden, Reich erbenden: »Wie uns denn allen in der Ankunft des Glaubens muß widerfahren, daß wir fleischlichen Menschen sollen Götter werden, durch die Menschwerdung Christi, und also mit ihm Gottes Schüler sein, von ihm gelehrt und vergottet sein.« So enthält dies Numinose im regnum humanum selber statt der entmannenden Kapitulation vor einer schlechthin heteronomen Erhabenheit und ihrem Oben, das als eines gilt, weil der Mensch nicht darin vorkommt, umgekehrt jenes selber ganz andere Ganz Andere, das nicht groß, nicht überwältigend genug von dem, was des Menschen ist, denken kann. Wonach solch mächtiges Überraschen, wenn es in die religiös bezeichneten Inhalte, die es freihalten, eindringt, dieses nicht als das Erdrückende, sondern konträr als das – Wunderbare herankommen läßt. Unübertragbarkeit immanent-gewohnter Kategorien auf die religiöse Sphäre, gerade dieser Sprung macht sich als höchste Menschen-Utopie kenntlich, wenn Paulus sagt: »Das kein Auge gesehen hat und kein Ohr gehört hat und in keines Menschen Herz gekommen ist, das hat Gott denen bereitet, die ihn lieben« (I. Kor. 2, 9). Das Wunderbare als das Ganz Andere in Ansehung der religiösen Objektwelt ist hier deutlich das *eigenste Freuden-Mysterium*, triumphierend im religiösen, das ist sich noch selber zum Ganz Anderen sprengenden Hoffnungsinhalt des Menschen. Und das Christentum hat zwischen der religiösen Subjektwelt und dem Tabu der bisherigen religiösen Objektseite die Vermittlung pointiert, welche hier Reich genannt wird, das Reich Gottes. Aber damit geht der Subjektseite erst recht ein Ganz Anderes in ihrem Objekt auf, nämlich das Geheimnis der Raumhaftigkeit ums höchste Objekt: die religiöse Subjektseite wird nun auch noch mit diesem versehen, als mit dem Mysterium des Reichs. Gott wird zum Reich Gottes, und das Reich Gottes enthält keinen Gott mehr, das ist: diese religiöse Heteronomie und ihre verdinglichte Hypostase lösen sich völlig in der Theologie der Gemeinde auf, aber als einer, die selbst *über die Schwelle der bisherigen Kreatur, ihrer Anthropologie und Soziologie getreten ist.* Deshalb hat gerade die Religion, die das Reich Gottes mitten unter den Menschen proklamierte (vgl. Luk. 17, 21), das Ganz Andere am entscheidendsten gegen den alten Adam und die alte Gewordenheit gehalten: hier als Wiedergeburt, dort als neuen Himmel und neue Erde, als Verklärung der Natur. Es ist dieser Grenzinhalt des Wunderbaren, also total Gelösten, welcher noch die beste menschliche Gesellschaft zum Mittel eines Endzwecks macht, zum Endzweck des total Gelösten, das religiös im Reich gedacht worden ist. Und dessen Unerreichtheit sich auch in der besten Gesellschaft kenntlich macht: als unaufgehobene Hinfälligkeit der Kreatur, unaufgehobene Unvermitteltheit der umgebenden Natur; – infolgedessen auch gegen allen partialen Optimismus mehrerer, aus dem *Totum der Utopie* herausgefallener Sozialutopien steht. Gewiß, das Wunschbild in sämtlichen Religionen, und wie stark erst in denen der messianischen Heraufbringung von Heimat, ist Wohnlichkeit im Dasein, aber eine solche, die das Dasein nicht in seinen bereits übersichtlichen und gleichsam lokalpatriotischen Zweckreihen begrenzt sein läßt. So daß sich Religion, *im ständigen Finalbezug zum letzten Sprung und utopischen Totum* mit allen ihren Ethisierungen und glatteren Rationalisierungen nicht erschöpft, sich selbst bei ihrem stärksten Ethisierer, bei Konfuzius, mit Moralität und Übersichtlichkeit nicht erschöpft. Wunschinhalt der Religion bleibt Wohnlichkeit im *Geheimnis* des Daseins, als einem mit dem Menschen vermittelten und seinem tiefsten Wunsch, bis zur Wunsch-Ruhe, zugeneigten. *Und je weiter gerade das Subjekt mit seinen Religions-Stiftern ins Objekt-Mysterium eines als höchstes Außen oder höchstes*

Oben gedachten Gottes eindringt und es überwältigt, desto mächti-
ger wird Mensch in Erdhimmel oder Himmelserde mit Ehrfurcht der
Tiefe und Unendlichkeit geladen. Der wachsenden Humanisie-
rung der Religion entspricht so keinerlei Entspannung ihrer
Schauer, sondern konträr: das Humanum gewinnt nun das Mysterium eines Göttlichen, eines Vergottbaren hinzu und gewinnt
es als Zukunftsbildung des Reichs, aber als des rechten. Ja diese
Projektion gebrauchte und gebraucht sogar das Erhabene eines
Außen und Oben, wie es vor allem in Ägypten und Babylon bezeichnet worden war, trotz der buchstäblich heillosen Herren-
Ideologie astralmythischer Überwölbung und Statik als Erziehung zum menschhaltigen Universum und seiner Tiefe. Mehr:
die das Humanum einbeziehende und mit ihm kulminierende
Ehrfurcht braucht noch das im Sterndienst einmals besonders
hoch erfahrene, an der Größe der Natur erfahrene Numinosum
als Korrektiv, um die religiöse Gegenständlichkeit seiner selbst zu
bewahren, das ist eben, um vom Menschen nicht groß und nicht
geheimnisvoll genug zu denken. So gehört überall diese Verfrem-
dung zur Religion, auch als einer utopisch gesehenen, als einer
ganz ohne Obskurantismus gesehenen. Ihr Obskurum – »Der
Herr hat geredet, er wolle im Dunkel wohnen« (I. Kön. 8, 12) – ist
nicht eines des Aberglaubens, der zu wenig Wissen ans Schicksal
gesetzt hat, sondern eines des Wissen-Gewissens, das sich von
Nicht-Geheurem in der Tiefe dauernd umgeben sieht und es
nicht anders aufgelöst, nicht anders vermittelt hofft als zum –
Wunderbaren. Der Phöbus post nubila, in dem vor allem der messianische Glaube sein kämpfendes Licht und sein wahrhaft rot-
brünstiges hatte, ist keinerlei bereits vorhandene Konsonanz und
überhaupt keine, die schlechterdings die Wolken vernichtet hätte;
sie hat ihnen nur das Heimatlose genommen. Solches Wissen-
Gewissen als das angegebene Erbsubstrat der Religion, das ist als
das Eingedenken dessen, *Hoffnung in Totalität* zu sein, erfaßt zugleich das Wesen der Welt in ungeheurer Schwebe, zu einem
Ungeheuerlichen hin, von dem die Hoffnung glaubt, die aktive
Hoffnung betreibt, daß es ein gutes sei. Des Sinns, daß Religion
die Sphäre bezeichnet, wo die Furcht des Menschen – vor dem
Nicht-Geheuren in ihm selbst und im Weltwesen – aus tiefer
Nähe, tiefer Ferne zurückhallen kann als Ehrfurcht.

Dies vorausgesetzt, drang frommes Gefühl stets in sein
Oben ein. Der Mensch will bei den Mächten dabei sein, an die er
glaubt, und wenn er sich ihnen noch so unterworfen fühlt. Wie
erst dann, wenn er sich ihnen, als aus verwandtem Stoff, vermittelt
fühlt, griechisch, sodann vor allem, im geheimeren Ebenbild,
jüdisch-christlich. Die Glaubensstifter setzen sich selber wach-

send in ihr Ganz Anderes ein, schlagen es wachsend zum Geheimnis eines menschlichen oder mit Menschen vermittelten Inhalts. Dazu wirkt die Kraft dieser freien, der Ruf dieser andächtigen *Eindringung*, das: »Ich lasse Dich nicht, Du segnest mich denn« (I. Mos. 32, 27). Wie oft hat in dieser Eindringung der Mensch erkannt, daß er besser ist als seine Götter; wie mächtig sprang daraus – nicht selbstgefällige Hausbackenheit, der emanzipierte Philister statt Prometheus, sondern gerade das Stiftertum eines neuen *Mysteriums*. Und das Entscheidende: auch in den weitesten astralmythischen Gesichten, in Verfremdungen, die fast völlig zu apologetischen Entfremdungen geworden waren und zu Ideologien eines despotisch-statischen Oben, hat doch am utopischen Ende, und so herauspointierbar, auch noch ein unbekannt Menschliches gesprochen, vorgesprochen, es selber und das Unbekannte in und vor ihm. Numen, Numinosum, Mysterium, gar Nein zur vorhandenen Welt sind nie ein anderes als das *geheime Humanum* selber. Wohlverstanden: das geheime, das sich noch verborgene, das durch den Sprung des Ganz Anderen vom bekannten und seiner immanent-gewohnten Umwelt verschiedene. Die nie erschienenen Inhalte im Abgrund des Existierens erhalten im religiösen Ineffabile das Zeichen, daß sie nicht vergessen und nicht zugeschütttet werden. Sie erhalten, dezidiert in der Bibel, die allemal offen gehaltene Hoffnung, daß ihnen eine Zeit wie ein Raum der Adäquatheit utopisch zugeordnet ist, gedacht als Reich. Und sowenig wie das religiöse Selbst sich mit dem kreatürlich vorhandenen Menschen deckt und sowenig wie religiöse Geborgenheit mit dem selbstgefälligen Einspinnen des Positivismus in den empirischen Lebensinhalt zusammenfällt: sowenig fällt der religiöse Reichsgedanke, seinem intendierten Umfang und Inhalt nach, selbst mit irgendeinem der Sozialutopie ganz zusammen …

Die religiöse Reichsintention als solche *involviert Atheismus, endlich begriffenen*. Sofern dieser ja nicht nur den Aberglauben vertreibt, um an dessen Stelle ein ebenso dürftiges Negativum zu setzen, wie der Aberglaube ein windiges Positivum war. Sondern sofern Atheismus das unter Gott, das heißt unter einem *Ens perfectissimum* Gedachte aus dem Anfang und aus dem Prozeß der Welt entfernt und es statt eines Faktums zu dem bestimmt, was es einzig sein kann: zum höchsten utopischen Problem, zu dem des Endes. Die Stelle, die in den einzelnen Religionen durch das unter Gott Gedachte besetzt, durch das zu Gott Hypostasierte scheinreal ausgefüllt worden ist, ist nach Wegfall ihrer scheinrealen Ausfüllung nicht selber weggefallen. Denn sie erhält sich allemal als Projektionsort an der Spitze utopisch-radikaler Intention; und das metaphysische Korrelat zu dieser Projektion bleibt das Verborgene, das noch Undefiniert-Undefinitive, das real Mögliche im Geheimnis-Sinn. Die durch den ehemaligen Gott bezeichnete Stelle ist so nicht selber ein Nichts; das wäre sie erst, wenn Atheismus Nihilismus wäre, und zwar nicht bloß einer der theoretischen Hoffnungslosigkeit, sondern der universal-materiellen Vernichtung jedes möglichen Ziel- und Vollkommenheitsinhalts. Der Materialismus, als Erklärung der Welt aus sich selbst, hat nur als mechanischer auch noch die Stelle der früheren Gott-Hypostase am Rand ausgelassen; aber er hat auch Leben, Bewußtsein, Prozeß, Umschlag von Quantität in Qualität, Novum, Dialektik insgesamt ausgelassen ... Und der echte Materialismus, der dialektische, hebt eben die Transzendenz und Realität jeder Gott-Hypostase auf, ohne aber das mit einem Ens perfectissimum Intendierte aus den letzten Qualitätsinhalten des Prozesses, aus der Realutopie eines Reichs der Freiheit zu entfernen. Ein Vollziehbares, kraft des Prozesses Erwartbares ist im dialektischen Materialismus durchaus nicht verneint: vielmehr ist seine Stelle gehalten und offengehalten wie nirgends. Das macht: das Reich, selbst in säkularisierter Form, wie erst in utopisch-totaler, *bleibt als messianischer Front-Raum auch ohne allen Theismus,* ja es bleibt, wie von Prometheus bis zum Messiasglauben jede »Anthropologisierung des Himmels« wachsend gezeigt hat, *überhaupt nur ohne Theismus.* Wo der große Weltherr, hat die Freiheit keinen Raum, auch nicht die Freiheit – der Kinder Gottes und nicht die Reichsfigur, die als mystisch-demokratische in der chiliastischen Hoffnung stand. Utopie des Reichs vernichtet die Fiktion eines Schöpfergotts und die Hypostase eines Himmelsgotts, doch eben nicht den End-Raum, worin Ens perfectissimum den Abgrund seiner noch unvereitelten Latenz hat. Dasein Gottes, ja Gott überhaupt als eigene Wesenheit ist Aberglaube; Glaube ist einzig der an ein messianisches Reich Gottes – ohne Gott. Atheismus ist folglich so wenig der Feind religiöser Utopie, daß er deren Voraussetzung bildet: *ohne Atheismus hat Messianismus keinen Platz.* Religion ist Aberglaube, wo sie nicht das ist, was sie ihrem gültigen Intentionsinhalt nach in ihren historischen Erscheinungen wachsend bedeuten konnte: unbedingteste Utopie, Utopie des Unbedingten. Nicht-Vorhandensein, Nicht-Gewordenheit ist die reelle Grundbestimmung des Ens perfectissimum, und wäre es geworden, so wäre es kein von seinem Reich verschiedenes, als Gott hypostasiertes. Die Hypostase Gott in den Religionen, die sie setzen (der Taoismus, gar Buddhismus setzen sie nicht), ist im Sinn eines Weltschöpfers oder auch Weltregierers einzig Unwissenschaft, ja Anti-Wissenschaft, und sie ist für einen

Glaubenssinn, der sich für zu gut oder auch zu tief hält, um zurückgebliebenes wissenschaftliches Bewußtsein, gar Vitzliputzli-Nonsens darzubieten, allerhöchstens die mythologisierte Statthalterschaft einer Hoffnung wie Allerheiligen aller – ohne Herrn ...

III.
Annäherungen

Je mehr man sich Gott nähert, um so mehr ist
man allein. Das ist die Unendlichkeit der Einsamkeit.

Léon Bloy

1. Denken und Glauben

José Ortega y Gasset
Glauben und Denken

... Wenn wir versuchen, uns ein Bild von den Ideen eines Menschen oder einer Epoche zu machen, pflegen wir zwei grundverschiedene Dinge miteinander zu vermengen: seine Glaubensgewißheiten und seine Vorstellungen oder »Gedanken«. In Wirklichkeit dürfen nur diese letzteren »Ideen« genannt werden.

Die Glaubensgewißheiten bilden das Fundament unseres Lebens, den Schauplatz, auf dem es sich abspielt. Denn sie stellen uns vor das, was für uns die Wirklichkeit selbst ist. Unser ganzes Verhalten, einschließlich des intellektuellen, hängt davon ab, wie das System unserer echten Glaubensgewißheiten beschaffen ist. In ihnen »leben wir, in ihnen bewegen wir uns und sind«. Und gerade darum pflegen wir kein ausgesprochenes Bewußtsein von ihnen zu haben, wir denken sie nicht, sie wirken vielmehr verborgen und einbezogen in alles, was wir bewußt tun und denken. Wenn wir wahrhaft an etwas glauben, haben wir nicht die »Idee« dieser Sache, sondern »rechnen einfach mit ihr«.

Die Ideen dagegen, das heißt die Vorstellungen, die wir von den Dingen haben, seien es eigene oder entlehnte, besitzen in unserem Leben keinen Wirklichkeitswert. Sie wirken in ihm genau wie unsere Gedanken und nur als solche. Das bedeutet, daß unser ganzes »intellektuelles Leben« unserem wirklichen und echten Leben nachgeordnet ist und in ihm nur eine virtuelle, imaginäre Dimension darstellt. Man wird fragen, was dann die Wahrheit der Ideen, der Theorien bedeutet. Ich antworte: Die Wahrheit oder Falschheit einer Idee ist eine »innerpolitische« Angelegenheit innerhalb der eingebildeten Welt unserer Ideen. Eine Idee ist für uns wahr, wenn sie der Idee entspricht, die wir von der Wirklichkeit haben. Aber *unsere Idee* von der Wirklichkeit ist nicht unsere *Wirklichkeit*. Diese besteht aus all dem, womit wir im Leben tatsächlich rechnen. Nun denn: von den meisten Dingen, mit denen wir tatsächlich rechnen, haben wir nicht die geringste Idee, und wenn wir sie haben – vermöge einer besonderen Anstrengung des Nachdenkens über uns selbst –, so macht das keinen Unterschied, weil sie nicht als Idee Wirklichkeit für uns ist, sondern im Gegenteil nur in dem Maße Wirklichkeit ist, in dem sie für uns nicht nur Idee, sondern eine vor allem Denken vorhandene Glaubensgewißheit ist.

113

Vielleicht gäbe es für unser Zeitalter nichts Wichtigeres, als Klarheit darüber zu erlangen, welche Rolle und welche Stellung im menschlichen Leben allem Intellektuellem zukommt. Es gibt Zeitalter, die durch eine besondere in ihnen herrschende Beklemmung gekennzeichnet sind. Zu diesen gehört auch das unsrige. Aber jedes dieser Zeitalter ängstigt sich ein wenig anders und aus verschiedenem Grunde. Die große Beklemmung von heute erhält ihre Nahrung letztlich daraus, daß der Mensch nach mehreren Jahrhunderten üppigster und mit größter Aufmerksamkeit verfolgter geistiger Produktion auf einmal nicht mehr weiß, was er mit den Ideen anfangen soll. Er ahnt wohl, daß er sie mißverstanden hat, daß ihre Rolle im Leben eine ganz andere ist, als sie ihnen in den letzten Jahrhunderten zugeschrieben wurde, aber was ihre wahre Aufgabe ist, weiß er noch nicht.

Darum ist es von besonderer Wichtigkeit, daß wir vor allem lernen, das »intellektuelle Leben« – das offenbar kein eigentliches Leben ist – reinlich zu scheiden von dem lebendigen, dem wirklichen Leben, von dem, was wir sind. Haben wir das getan und richtig getan, wird der Augenblick gekommen sein, um die beiden weiteren Fragen zu stellen: In welcher Wechselbeziehung wirken die Ideen und die Glaubensgewißheiten? Woher kommen, wie bilden sich die Glaubensgewißheiten?

In einem früheren Abschnitt sagte ich, daß es irreführend wirken muß, wenn man die Bezeichnung »Ideen« unterschiedslos den Glaubensgewißheiten und den Einfällen gab. Nun füge ich hinzu, daß es gleich schädlich wirken muß, wenn man von Glaubensgewißheiten, Überzeugungen usw. spricht und es sich nur um Ideen handelt. Es ist in der Tat zweideutig, von »glauben« zu reden, wenn irgendeine Gedankenverbindung in unserem Geist Zustimmung hervorruft. Nehmen wir den extremen Fall, den des wissenschaftlichen Denkens, eines Denkens also, das sich auf Evidenzen gründet. Nun, auch in diesem Fall kann man nicht ernstlich von Glaubensgewißheiten sprechen. Das Evidente, so evident es auch sei, ist für uns keine Wirklichkeit, wir glauben nicht daran. Unser Geist muß zwar seine Wahrheit anerkennen; seine Zustimmung ist aber automatisch, mechanisch. Aber, wohlverstanden, diese Zustimmung, diese Anerkennung der Wahrheit bedeutet nur, daß, wenn wir über den Fall nachdenken, wir keinen andern und von der Evidenz abweichenden Gedanken mehr zulassen werden. Aber … siehe da: Die Zustimmung des Verstandes setzt als Bedingung voraus, daß wir beginnen, über den Fall nachzudenken, daß wir denken *wollen*. Das genügt, um die wesenhafte Unwirklichkeit unseres ganzen »intellektuellen Lebens« an den Tag zu bringen. Unsere Zustimmung zu einem

114

Gedanken mag, ich wiederhole es, unumgänglich sein; aber da es in unserer Hand liegt, ihn zu denken oder auch nicht zu denken, verwandelt sich diese so unumgängliche Zustimmung, die sich uns als höchst gebieterische Wirklichkeit aufdrängt, in etwas von unserem Willen Abhängiges und hört damit *ipso facto* auf, Wirklichkeit für uns zu sein. Denn Wirklichkeit ist gerade das, womit wir rechnen müssen, ob wir wollen oder nicht. Wirklichkeit ist der Gegenwille, das, was wir nicht selbst setzen, sondern im Gegenteil das, worauf wir stoßen.

Darüber hinaus hat der Mensch ein klares Bewußtsein davon, daß sein Verstand sich nur mit fragwürdigen Dingen befaßt, daß die Wahrheit der Ideen sich aus dieser ihrer Fragwürdigkeit ernährt. Darum liegt diese Wahrheit in dem Beweis, den wir uns bemühen von ihr zu geben. Die Idee braucht die Kritik wie die Lunge den Sauerstoff. Sie hält und befestigt sich, indem sie sich auf andere Ideen stützt, die ihrerseits auf wieder anderen beruhen und so ein Ganzes oder ein System bilden. Sie errichten also eine Welt neben der wirklichen Welt, eine ausschließlich aus Ideen gebildete Welt, von der der Mensch weiß, daß er sie erschaffen hat und für die er verantwortlich ist. So daß die Verläßlichkeit der zuverlässigsten Idee sich auf den Grad verringert, in dem sie den Zusammenhang mit allen übrigen Ideen aufrechterhält und erträgt. Nichts weniger, aber auch nichts mehr. Man kann eben den Feingehalt einer Idee nicht wie den einer Münze untersuchen, indem man sie gegen die Wirklichkeit wie gegen einen Probierstein streicht. Die höchste Wahrheit ist die des Evidenten, aber der Wert der Evidenz selbst ist seinerseits bloße Theorie, Idee und geistige Kombination.

Zwischen uns und unseren Ideen liegt also immer eine unüberbrückbare Distanz: die zwischen dem Wirklichen und dem Eingebildeten. Dagegen sind wir mit unseren Glaubensgewißheiten untrennbar verbunden. Darum können wir auch sagen, daß wir sie *sind*. Gegenüber unseren Gedanken genießen wir einen mehr oder weniger großen Spielraum von Unabhängigkeit. So groß auch ihr Einfluß auf unser Leben sein mag, so können wir sie doch immer wieder ausschalten und uns von unseren Theorien frei machen. Ja, noch mehr: in Wirklichkeit erfordert es von uns immer eine besondere Anstrengung, uns so zu verhalten, wie wir denken, das heißt, dieses Denken vollständig ernst zu nehmen. Das offenbart, daß wir nicht wirklich daran glauben, daß wir es als ein ausgesprochenes Wagnis empfinden, uns auf unsere Ideen so weit zu verlassen, daß wir ihnen unser Verhalten ausliefern, indem wir sie behandeln, als ob sie Glaubensgewißheiten wären. Wir würden sonst nicht das konsequente »Seinen-Ideengetreu«-Leben als besonders heldenhaft preisen.

115

Indessen kann nicht geleugnet werden, daß wir unser Verhalten normalerweise nach vielen »wissenschaftlichen Wahrheiten« richten. Ohne es als heldenhaft zu betrachten, lassen wir uns impfen, führen wir Handlungen aus und wenden Werkzeuge an, die uns im Grunde gefährlich erscheinen und deren Sicherheit nur durch die Sicherheit der Wissenschaft selbst verbürgt ist. Die Erklärung hierfür ist sehr einfach und kann übrigens dazu dienen, dem Leser einige Schwierigkeiten aufzuhellen, die ihm schon seit dem Beginn dieser Untersuchung aufgestoßen sein werden. Wir brauchen uns nur zu vergegenwärtigen, daß eine der wichtigsten unter den Glaubensgewißheiten des modernen Menschen sein Glaube an die »Vernunft«, an die Intelligenz ist. Die Veränderungen, die dieser Glaube in den letzten Jahren erfahren hat, wollen wir jetzt nicht näher untersuchen. Seien sie, wie sie wollen, unbestreitbar ist jedenfalls, daß dieser Glaube im wesentlichen noch weiter besteht, das heißt, daß der Mensch fortfährt, mit der Wirksamkeit seines Verstandes als mit einer der Wirklichkeiten zu rechnen, die es gibt und die sein Leben ausmachen. Wenn wir den Fall aber in aller Gemütsruhe betrachten, so werden wir bemerken, daß der Glaube an die menschliche Intelligenz etwas anderes ist als der Glaube an bestimmte Ideen, die diese Intelligenz hervorbringt. An keine dieser Ideen glauben wir unmittelbar. Dieser Glaube richtet sich auf das Faktum Intelligenz in seiner Allgemeinheit, und dieser Glaube ist keine Idee *über* die Intelligenz. Man vergleiche nur die Sicherheit dieses Glaubens an die Intelligenz mit der unklaren Idee, die fast alle Menschen von der Intelligenz haben. Da diese übrigens ihre Vorstellungen unaufhörlich korrigiert und der Wahrheit von gestern die von heute überordnet, müßte die dauernde Veränderung der Theorien den Verlust unseres Glaubens an die Intelligenz nach sich ziehen, wenn dieser Glaube darin bestünde, daß er unmittelbar an die Ideen glaubte. Nun, gerade das Gegenteil geschieht. Unser Glaube an die Vernunft hat die skandalösesten Wandlungen ihrer Theorien, samt den tiefgehenden Veränderungen der Theorien über die Vernunft selbst, unerschüttert überstanden. Diese letzteren haben zweifellos die Formen dieses Glaubens beeinflußt, aber der Glaube selbst wirkte unter der einen oder andern Form unbeirrt weiter.

Hier haben wir ein ausgezeichnetes Beispiel dafür, was den Historiker vor allem andern interessieren wird, wenn die Geschichtsschreibung sich in Wahrheit entschließt, Wissenschaft, die Wissenschaft vom Menschen zu werden. Statt sich darauf zu beschränken, die Geschichte der Ideen über die Vernunft von Descartes bis zur Gegenwart aufzuzeichnen, das heißt ihre zeitliche Aufeinanderfolge festzustellen, wird er es sich angelegen sein lassen, mit aller Genauigkeit zu erforschen, von welcher Art der Glaube an die Vernunft war, der in jeder Epoche tatsächlich wirksam war, und welches seine Konsequenzen für das Leben waren. Denn es ist klar, daß die Schlußfolgerung für das Drama, aus dem Leben besteht, eine andere ist, wenn sie von dem Glauben ausgeht, daß ein allmächtiger und gütiger Gott existiert, als wenn sie auf dem gegenteiligen Glauben beruht. Und ebenso, wenn auch vielleicht in geringerem Maße, ist das Leben dessen, der an die unbegrenzte Fähigkeit der Vernunft glaubt, die Wirklichkeit zu entdecken, wie man das gegen Ende des 17. Jahrhunderts in Frankreich glaubte, anders als das Leben dessen, der wie die Positivisten um 1860 glaubt, die Vernunft sei ihrem Wesen nach ein relative Erkenntnis.

Eine solche Untersuchung würde uns gestatten, mit aller Deutlichkeit die Wandlungen zu erkennen, die unser Glaube an die Vernunft während der letzten zwanzig Jahre durchgemacht hat, und das wiederum würde ein überraschendes Licht auf fast alle die sonderbaren Dinge werfen, die sich in unserer Zeit abspielen.

Aber im Augenblick geht es mir nur darum, dem Leser vor Augen zu führen, welcher Art unsere Beziehung zu den *Ideen*, zu der intellektuellen Welt ist. Diese Beziehung ist kein Glaube: die Inhalte unserer Gedanken und Theorien sind für uns keine Wirklichkeit, sondern nur ... Ideen.

Der Leser wird nicht recht verstehen, was etwas für uns ist, wenn es nur eine Idee und keine Wirklichkeit für uns ist, wenn ich ihm nicht nahelege, sich einmal die Haltung zu vergegenwärtigen, die er »Phantasien« und »Einbildungen« gegenüber einnimmt. Aber die Welt der Phantasie, der Einbildung ist doch die Poesie! Gewiß, ich schrecke davor keineswegs zurück: im Gegenteil, gerade dahin wollte ich kommen. Um uns klarzumachen, was die Ideen für uns sind, welche Rolle sie im Leben spielen, müssen wir den herzhaften Entschluß fassen, die Wissenschaft viel näher an die Poesie heranzurücken, als man das bisher gewagt hat. Ich möchte sogar sagen – wenn man mich nach meinen bisherigen Ausführungen richtig verstehen will –, daß die Wissenschaft der Poesie viel näher steht als der Wirklichkeit, daß ihre Funktion im Organismus des Lebens sehr derjenigen der Poesie gleicht. Mit einem Roman verglichen, erscheint die Wissenschaft zweifellos als die Wirklichkeit selber. Aber im Vergleich mit der echten Wirklichkeit zeigt es sich, daß die Wissenschaft viel vom Roman, von der Phantasie, von der geistigen Konstruktion, vom Phantasiegebilde hat.

Der Zweifel und der Glaube –
Das »Meer von Zweifeln« – Der Ort der Ideen

Der Mensch ist im Grunde gläubig, oder was das gleiche ist: die tiefste Schicht unseres Lebens, die alle übrigen stützt und trägt, ist aus Glaubensgewißheiten gebildet.* Diese sind also die feste Erde, auf der wir uns abmühen. (Nebenbei sei bemerkt, daß diese Metapher selbst ihren Ursprung in einer der elementarsten Glaubensgewißheiten hat, die wir besitzen und ohne die wir vielleicht nicht leben könnten: die Glaubensgewißheit, daß die Erde fest ist, trotz den Erdbeben, die manchmal an ihrer Oberfläche auftreten. Man stelle sich vor, daß diese Glaubensgewißheit aus dem einen oder andern Grunde einmal verschwände. Die radikale Wandlung, die dieses Verschwinden in der Gestaltung des menschlichen Lebens hervorrufen würde, in ihren Hauptzügen zu beschreiben, wäre eine ausgezeichnete Übung zur Einführung in das historische Denken.)

Aber in dieser Grundschicht unserer Glaubensgewißheiten tun sich da und dort, wie Bodenluken, ungeheure Hohlräume des Zweifels auf. Der Augenblick ist günstig, um auszusprechen, daß der Zweifel, der wirkliche Zweifel, der nicht einfach methodischer oder intellektueller Herkunft ist, eine Form des Glaubens darstellt und der nämlichen Schicht in der Architektur des Lebens angehört. Auch im Zweifel *lebt* man. Nur hat in diesem Fall das Leben einen beängstigenden Charakter. Im Zweifel lebt man wie in einem Abgrund, das heißt im Zustand des Fallens. Er ist daher die Verneinung der Festigkeit. Wir spüren plötzlich, daß unter unseren Füßen die feste Erde nachgibt, und wir scheinen zu fallen, ins Bodenlose zu fallen, ohne uns dagegen wehren, ohne etwas tun zu können, um uns festzuhalten, um zu leben. Es ist wie der Tod im Leben, wie die Teilnahme an der Vernichtung unseres eigenen Daseins. Trotz alledem bewahrt der Zweifel aus seiner Verwandtschaft mit der Glaubensgewißheit den Charakter, etwas zu sein, in dem man lebt, das heißt etwas, das wir nicht selbst schaffen oder festsetzen. Er ist keine Idee, die wir denken oder auch nicht denken, vertreten, kritisieren oder genauer präzisieren könnten, sondern wir sind auf eine absolute Art in ihm selbst. Man halte es für kein Paradoxon, aber es fällt mir sehr schwer, zu beschreiben, was der echte Zweifel ist, wenn ich nicht sage, daß wir an unseren Zweifel glauben. Wäre das nicht so, zweifelten wir an unserem Zweifel, so wäre das nicht weiter schlimm. Das

---

* Wir lassen dabei die Frage unberührt, ob unter dieser tiefsten Schicht nicht noch etwas anderes ist, ein metaphysischer Grund, den nicht einmal unsere Glaubensgewißheiten erreichen.

Furchtbare ist aber, daß er in unserem Leben genau dasselbe bewirkt wie die Glaubensgewißheit und daß er der gleichen Schicht angehört wie diese. Der Unterschied zwischen dem Glauben und dem Zweifel besteht also nicht im »glauben«. Der Zweifel ist kein »nicht glauben« gegenüber dem »glauben«, noch ist er ein »nein glauben« gegenüber einem »ja glauben«. Der Unterschied liegt in dem, was man glaubt. Der Glaube glaubt, daß Gott existiert oder daß Gott nicht existiert. Er versetzt uns also in eine »positive« oder »negative«, jedenfalls aber unzweideutige Wirklichkeit, und darum fühlen wir uns in ihm auf festem Boden.

Was uns im Wege steht, die Rolle des Zweifels in unserm Leben richtig zu verstehen, ist die Annahme, daß er uns nicht vor eine Wirklichkeit stelle. Und dieser Irrtum rührt wiederum davon her, daß man nicht erkannt hat, wieviel der Zweifel mit dem Glauben gemein hat. Es wäre viel bequemer, wenn es genügte, an etwas zu zweifeln, um es vor uns als Wirklichkeit verschwinden zu lassen. Das ist aber nicht der Fall, der Zweifel wirft uns vielmehr vor das Zweifelhafte, vor eine Wirklichkeit, die ebensosehr Wirklichkeit ist wie die auf die Glaubensgewißheit gegründete, nur ist sie zweideutig, zwitterhaft, unsicher, und wir wissen nicht, wie wir uns ihr gegenüber verhalten und was wir tun sollen. Kurz: der Zweifel heißt leben im Unsicheren als solchem, er ist das Leben im Augenblick des Erdbebens, eines ununterbrochenen und unaufhörlichen Erdbebens.

Über diesen Punkt, wie über so viele andere des menschlichen Lebens, gibt uns die volkstümliche Sprache besseren Aufschluß als das wissenschaftliche Denken. Die Denker haben, so unglaublich es klingt, diese Grundwirklichkeit stets unbeachtet gelassen und ihr den Rücken gekehrt. Der einfache Mann dagegen, der kein Denker ist, aber auf das Entscheidende besser achtet, hat seine eigene Existenz mit scharfem Blick ins Auge gefaßt und hat das Ergebnis des Geschauten in seiner ihm geläufigen Sprache niedergelegt. Wir vergessen zu leicht, daß in der Sprache bereits eine Art von Weltanschauung zum Ausdruck kommt. Wenn wir sie als Mittel zur Wiedergabe komplizierter ideologischer Zusammenhänge verwenden, nehmen wir die ursprüngliche Ideologie nicht ernst, die aus ihr spricht und die sie darstellt. Wenn wir dagegen zufällig einmal nicht genau auf das achten, was wir mittels der stehenden Wendungen der Sprache sagen wollen, sondern auf das horchen, was sie uns selbst sagen, so überrascht uns ihre Schärfe, ihr scharfsinniges Erfassen der Wirklichkeit.

Alle volkstümlichen Wendungen, die sich mit dem Zweifel befassen, bringen zum Ausdruck, daß der Mensch sich in ihm wie in einem unbeständigen, unfesten Element untergetaucht fühlt. Das Zweifelhafte empfindet er wie eine fließende Wirklichkeit, in der er sich nicht halten kann und darum untergeht. Daher der Ausdruck: »sich in einem Meer von Zweifeln befinden«. Das ist das Gegenbild zu dem Element der Glaubensgewißheiten: die feste Erde. Und im gleichen Bilde bleibend, spricht man vom Zweifel wie von einem Hin- und Herschwanken und einem Wogen der Wellen. Offenbar wird die Welt des Zweifels als eine Meereslandschaft empfunden und flößt dem Menschen Vorstellungen und Empfindungen eines Schiffbruchs ein. Der als ein Hin- und Herschwanken beschriebene Zweifel läßt uns aber auch erkennen, bis zu welchem Grade er Glaube ist. Er ist es so sehr, daß er aus einer Art Überschwängerung des Glaubens besteht. Wir zweifeln, weil wir uns in zwei widersprechenden Glaubensgewißheiten befinden, die gegeneinander andrängen, uns von der einen zur anderen werfen und uns den Boden unter den Füßen verlieren lassen. Die »Zweiheit« kommt ganz klar zum Ausdruck in dem »Zwei« des Zweifels.

Wenn der Mensch fühlt, wie er in diese Abgründe stürzt, die sich in dem festen Grunde seiner Glaubensgewißheiten auftun, setzt er sich energisch zur Wehr. Er bemüht sich, aus dem Zweifel herauszukommen; aber wie? Das Charakteristische am Zweifelhaften ist ja gerade, daß wir ihm gegenüber nicht wissen, was wir tun sollen. Was werden wir also tun, wenn das, was uns geschieht, genau das ist, daß wir nicht wissen, was wir tun sollen, weil die Welt – versteht sich, ein Teil von ihr – sich als zweideutig darstellt? In dieser Lage übt der Mensch eine seltsame Tätigkeit aus, die fast keine zu sein scheint; er beginnt zu denken. Über eine Sache nachzudenken, ist das geringste, was wir mit ihr tun können. Wir brauchen sie nicht zu berühren, wir brauchen uns dazu kaum zu bewegen. Wenn alles um uns her versagt, bleibt uns trotzdem noch diese Möglichkeit, über das, was uns fehlt, nachzudenken. Der Verstand ist das nächstliegende Werkzeug, mit dem der Mensch rechnen kann. Er ist ihm stets zur Hand. Solange er *glaubt*, pflegt er ihn nicht zu gebrauchen, weil das Denken eine mühsame Anstrengung ist. Aber wenn er in Zweifel gerät, greift er nach ihm wie nach einem Rettungsring.

Georg Simmel
Beiträge zur Erkenntnistheorie
der Religion

Die fromm-gläubige Stimmung hegt oft den unklaren Begriff von Religion, als habe diese die Existenz Gottes oder die objektive Realität der Heilstatsachen unmittelbar in oder an sich. Man braucht die Gültigkeit der religiösen Behauptungen, die Inspiration ihrer Gründer, die Wirklichkeit ihrer Gegenstände und des Verkehrs mit Gott keineswegs in Abrede zu stellen und muß dennoch daran festhalten, daß Religion als solche ein Vorgang im menschlichen Bewußtsein und weiter nichts ist.

Zugegeben, daß ein Verhältnis zwischen Gott und der einzelnen Seele besteht, so ist uns doch nur die in der letzteren belegene Seite desselben gegeben. Religion ist nicht dieses Verhältnis als ein Ganzes gedacht, als die Einheit, welche seine Elemente zusammenschließt. Wenn etwa das Vertragsverhältnis des Alten Testamentes oder das Kindschaftsverhältnis des Neuen oder ein mystisches Verschmelzen zwischen Gott und Mensch vorliegt, so ist dies eine einheitliche, aus zwei Beziehungsrichtungen zusammengesetzte Tatsache, ein metaphysisches Geschehen, das wohl Religion begründet oder einschließt, aber doch nicht die Religion *ist* – so wenig wie die Rechtlichkeit, als Form des individuellen Handelns, mit dem Recht, als einer objektiven Einungsart zwischen Menschen zusammenfällt. Religion ist vielmehr nur das subjektive Verhalten des Menschen, durch welches er eine Seite jenes Beziehungsganzen bildet, oder vielleicht die subjektive Reaktion auf die Wirklichkeit desselben; sie ist durchaus ein menschliches Fühlen, Glauben, Handeln oder wie man sonst die Funktion einreihen mag, die unsern Anteil an dem Verhältnis zwischen Gott und uns ausmacht oder ausdrückt und die uns nur als ein Zustand oder Ereignis in unsrer Seele gegeben ist.

Um zu einer wissenschaftlichen Analyse des religiösen Wesens zu kommen, muß man von diesem Selbstverständlichen und doch so oft unklar Bleibenden ausgehen: die Tatsache, daß ein Gott die Welt geschaffen hat und lenkt, daß er mit Lohn und Strafe Gerechtigkeit übt, daß von ihm Erlösung und Heiligung ausgeht – das ist nicht Religion, wenn es auch der Inhalt ist, den wir religiös fühlen, behandeln, glauben. Wie wir die objektive Welt, die den Inhalt des Denkprozesses bildet, von diesem Prozesse selbst zu unterscheiden haben, so den religiösen Inhalt, in seinem objektiven Bestande und Gültigkeit, von der Religion als subjektiv-menschlichem Prozesse.

Diese Scheidung ermöglicht die Einreihung der Religiosität unter einen weitausgreifenden erkenntnistheoretischen Gesichtspunkt. Die großen Kategorien unseres inneren Lebens: das Sein wie das Sollen, die Möglichkeit wie die Notwendigkeit, das Wollen wie das Fürchten, bilden eine Reihe, durch welche die Sachgehalte des Bewußtseins, die logisch fixierbaren, begrifflichen Bedeutungen der Dinge, hindurchpassieren; man kann sie mit den verschiedenen Aggregatzuständen vergleichen, welche ein und derselbe chemische Stoff anzunehmen vermag, oder mit der Vielheit musikalischer Instrumente, auf denen ein und dieselbe Melodie, jedesmals aber mit einer besonderen Klangfarbe, gespielt werden kann. Vielleicht sind es nur verschiedene begleitende Gefühle, die uns den gleichen sachlichen Inhalt bald als seiend, bald als nichtseiend, bald als gesollt, bald als erhofft anzeigen, oder richtiger: die es *bedeuten*, daß er bald das eine, bald das andere ist. Je nach ihrer Gesamtlage antwortet unsere Seele auf denselben Vorstellungsinhalt mit einem ganz verschiedenen Verhalten und rückt ihn eben damit in ganz verschiedene Bedeutungen für uns.

Es scheint mir nun, daß die Religiosität zu diesen grundlegenden formalen Kategorien gehört und so mit dem ihr eigenen Ton gewisse Vorstellungsinhalte ausstattet, welche aber in anderen Fällen auch die Anwendung anderer Kategorien auf sich gestatten. Jene oben erwähnten Tatsachen: Gott und sein Verhältnis zur Welt, Offenbarung, Sünde und Erlösung, können unter dem bloßen Gesichtspunkte des Seins betrachtet werden, als metaphysische Tatsachen größerer oder geringerer Beweisbarkeit; sie können unter die Kategorie des Zweifels geraten, jenes eigentümlichen inneren Oszillationszustandes, der aus dem Sein und dem Nicht-Sein eine neue spezifische Auffassungsform der Dinge bildet; gewisse von ihnen können unter die Kategorie des Sollens treten, so daß sie sozusagen als sittliche Anforderungen erscheinen, denen die Ordnung der Dinge und unserer Seele zu genügen hat.

Und so nun, ohne daß ihr Inhalt sich im geringsten ändert, können sie religiöse Form besitzen – eine vielleicht ganz einheitliche Art ihres Für-uns-Seins, eine einheitliche Stimmung der Seele, die jenen Inhalten eine spezifische Bedeutsamkeit und Art des Daseins und Geltens leiht, die wir aber psychologisch nur als Komplex verschiedenartiger Gefühlsbestandteile beschreiben können: als Hingabe des Ich und gleichzeitiges Sich-Zurückempfangen, als demütige Bescheidenheit und leidenschaftliches Begehren, als Zusammenschmelzen mit dem höchsten Prinzip und Entferntsein von ihm, als sinnliche Unmittelbarkeit und unsinnliche Abstraktion unseres Vorstellens seiner. Daß alle diese als einander widersprechend erscheinen, macht nur wahrscheinlich, daß das religiöse Phänomen nicht aus ihnen als einzelnen zusammengesetzt, sondern daß es eine innere Einheit sui generis ist, deren nachträgliche Konstruktion nur durch gegenseitig sich einschränkende psychologische Gegensatzpaare geschehen kann.

Wie im Äußerlich-Praktischen derselbe Gegenstand durch eine Reihe von Interessenprovinzen zirkulieren kann, deren jede ihn mit einer besonderen Wichtigkeit, einer besonderen Reaktion unserer Willenszentren auf ihn ausstattet – so werden jene transzendenten Begriffe bald von einem inneren Spannungszustand getragen, der ihre theoretische Bedeutung nach Sein oder Nicht-Sein ausmacht, bald von einem, den wir etwa dichterisch nennen können, indem er, ganz jenseits der Realitätsfrage, nur die so erreichte Harmonie des Weltbildes formal-ästhetisch genießt, bald von dem spezifisch religiösen, der vielleicht den erstgenannten voraussetzt, ihn vielleicht auch erst begründet, keinesfalls aber mit ihm zusammenfällt; er stellt vielmehr eine eigene und unverwechselbare Tonart dar, in der unsere Seele die Melodie jener Inhalte spielt.

Mit dieser Betrachtungsweise wird folgendes für die Theorie der Religion gewonnen. Erstens wird die Religiosität als eine einheitliche und fundamentale Verfassung der Seele erkannt, so daß die Bedeutsamkeit und Geltungsart, welche sie den von ihn ergriffenen Inhalten mitteilt, in derselben Reihe steht wie die Kategorien des Seins, des Sollens, des Wollens usw. von Inhalten: dadurch bekommt die von ihr geschaffene Welt eine Selbständigkeit, die nun nicht mehr immer auf die Legitimation seitens der Welten jener Kategorien zu warten braucht, sondern diesen koordiniert ist. Diese Kategorien verhalten sich zueinander, wie cogitatio und extensio bei Spinoza: jede drückt in der ihr eigenen Sprache das gesamte Sein aus, und eben deshalb kann keine in die andere übergreifen. Ist Religiosität eine von ihnen, ist sie wirklich das gesamte Sein, von einem besonderen Standpunkt aus gesehen, so lehnt sie nicht nur jede Prüfung an den Weltbildern der Wirklichkeit oder des Wollens usw. ab, sondern auch jede innere, sachliche Gemeinschaft und Verwebung mit diesen, so sehr alle diese im Leben des Individuums sich in »Gemengelage« darbieten mögen.

Zweitens hat die so vollbrachte begriffliche Lösung der Religiosität als solcher von ihrem mehr oder minder dogmatischen Einzelinhalt vielerlei wesentliche Konsequenzen. Wenn die Religiosität eine Vergegenwärtigungsart bestimmter begrifflicher Inhalte ist, so wird begreiflich, daß bei allem Wechsel oder

Entwicklung der letzteren die Innigkeit und subjektive Bedeutung der religiösen Stimmung selbst ganz die gleiche bleiben kann, gerade wie alle einander fremden oder widersprechenden Inhalte des Seins doch das eigentümliche Realitätsgefühl, das wir als ihr Sein objektivieren, in gleicher Art und Stärke besitzen, und wie alle sich bekämpfenden Moralvorschriften die Form, die sie eben zu moralischen macht: das Sollen, miteinander teilen.

Ferner folgt aus eben diesem Umstand, daß weder die religiöse Stimmung irgendeinen bestimmten Inhalt logisch notwendig macht, noch daß ein solcher in sich allein die logische Notwendigkeit, zur Religion zu werden, besitzt. Auch aus dem Gefühl oder Begriff des Seins läßt sich kein konkreter Einzelinhalt herauspressen; erst wenn dieser aus anderweitigen Quellen geflossen ist, kann er, eine bestimmte Gefühlsbeteiligung erwerbend, sich in die Form des Seins kleiden, und ebensowenig ist ihm der Anspruch auf diese an und für sich anzusehen.

All die alten Irrtümer, die aus dem Begriff Gottes seine Existenz logisch ableiten oder aus der Tatsache des Seins die Notwendigkeit eines Gottes deduzieren wollten, finden ihr Gegenbild in den dogmatischen Versuchen, die immer nur einen Inhalt der Religiosität als legitim anerkennen wollen, sei es, daß die religiöse Stimmung für sie nun in diesen einen münden kann, ohne sich in innere Widersprüche zu verwickeln, sei es, daß sie für diesen einen, den ihnen das theoretische Weltbild ergibt, auch die spezifisch religiösen Reaktion meinen logisch erzwingen zu können. Von alledem befreit die Erkenntnis des Religiösen als einer formalen Grundkategorie, die freilich ebenso eines Inhaltes bedarf, wie das Sein es tut, aber ebenso wie dieses die Biegsamkeit ihres Charakters als Form in der Weite der Inhalte zeigt, die sie in gleicher Weise tragen kann.

Endlich erlöst diese Auffassung das religiöse Empfinden von der ausschließlich Bindung an transzendente Gegenstände. Es gibt eine Unzahl von Gefühlsbeziehungen zu sehr irdischen Objekten, Menschen wie Dingen, die man nur als religiös bezeichnen kann. Wie sich der ästhetisch angelegte Mensch oft zu dem anschaulich Schönen verhält, der Arbeiter zu seiner sich emporringenden Klasse oder der adelsstolze Feudale zu seinem Stand; die pietätvolle Seele zu Traditionen und tradierten Gegenständen; der Patriot zu seinem Vaterland oder der Enthusiast zu den Ideen von Freiheit, Brüderlichkeit, Gerechtigkeit – alle diese Verhältnisse haben, bei der unendlichen Verschiedenheit ihres Inhalts, einen psychologischen Ton gemeinsam, den man als religiös bezeichnen muß, da man ihn in jenes eigentümliche Ineinander von Erstreben und Genießen, Geben und Nehmen, Demut

124

und Erhöhung, Verschmelzung und Distanzierung analysieren und dennoch in seiner spezifischen Einheit nicht daraus zusammensetzen kann.

Ich bin überzeugt, daß man die Religion in ihrem engeren, transzendenten Sinne erst verstehen wird, wenn man sie als die Zuspitzung, Sublimierung, Verabsolutierung dieser Ansätze, dieser gemischten und niederen Verwirklichungen ihres Prinzips entwickelt haben wird. Selbstverständlich wird dadurch in keiner Weise die sachliche Bedeutung ihrer selbst bzw. ihrer Inhalte präjudiziert, die vielmehr eine von ihrem historisch-psychologischen Zustandekommen völlig unabhängige Gültigkeit und Prüfungsanspruch besitzt. Auch ist dieser Versuch, die religiöse Form auch an irdischen Inhalten aufzusuchen und weit jenseits der eigentlichen Religion ihre Ansätze zu finden, durchaus nicht euphemeristischer Natur und ganz ohne Zusammenhang mit den Bemühungen, Religion in allerhand Allzumenschlichkeiten aufzulösen. Denn es handelt sich nicht um ein Herabziehen der Religion, sondern umgekehrt um eine Erhebung gewisser irdischer Beziehungen und Gefühle in ihre Sphäre. Eben diese Erscheinungen bilden nur rudimentäre, weniger reine Erfüllungen des Grundprinzips, das am vollendetsten und ungemischtesten in der Religion lebendig wird. Möglich aber ist dies Verfahren, das sie aus ihrer unbegreiflichen Isolierung erlöst, ohne damit doch ihrer Würde das geringste zu vergeben, durch die Erkenntnis der Religiosität als einer fundamentalen, aber eben deshalb rein formalen Kategorie, die ebenso wie die anderen, mehr oder weniger apriorischen Grundformen unsres inneren Wesens, den ganzen Reichtum der Wirklichkeit als ihren Inhalt aufnehmen kann ...

Karl Jaspers
Die Unmöglichkeit, Gott zu erkennen, und die Unumgänglichkeit, ihn zu denken

... Die Frage ist: Kann der Abgrund zwischen dem Menschen und der Transzendenz in Formen des Denkens übersprungen werden? Die Antwort ist: Obgleich die von jenen Denkern in der Chiffer Gott gemeinte absolute Transzendenz ihr gegenständliches Erkanntwerden zum Erlöschen bringt, gibt die Einsicht in die Unmöglichkeit der Erkenntnis der Transzendenz das Recht zu den Versuchen, den Sinn der Chiffern von ihr zu rechtfertigen und damit die Gestalt dieser Chiffern den Kriterien der philosophischen Wahrheit zu unterwerfen.

(I)   Der Abgrund zwischen Endlichkeit und Unendlichkeit
Sage ich: Gott ist das Unendliche, so denke ich Gott in einem Begriff, der zugleich eine Vorstellung und Denkbarkeit Gottes ausschließt. Denn weil jede Vorstellung endlich ist, ist von dem, was über alles Endliche hinaus ist, keine Vorstellung möglich.

Der alte Satz lautet: Zwischen dem Unendlichen und Endlichen ist kein Verhältnis. Die Versuche, die Unendlichkeit Gottes als Unendlichkeit zugänglich zu machen, müssen vergeblich sein. Sie sind aber in dieser Vergeblichkeit nicht nichtig, etwa auf den Wegen der mathematischen Unendlichkeit (a), der unendlichen Möglichkeit (b), der Unendlichkeit der Welt (c).

(a)   Die Unendlichkeit wird durch Begriffe des Unendlichen dem mathematischen Operieren zugänglich. Aber über jede Bestimmbarkeit des mathematischen Unendlichen hinaus liegt das unbestimmbare Unendliche. Dieses erst ist das Unendliche der Gottheit. Die Mathematik wird des Unendlichen, das man ihr Grundproblem genannt hat, bei aller Vertiefung des Gedankens, und trotz der Entdeckung der operativen Möglichkeiten durch sie, keineswegs im ganzen Herr.

Die Unendlichkeit als vollendete Unendlichkeit erweist sich stets wieder als Undenkbarkeit. Denn alle denkbare Unendlichkeit wird wieder überschritten durch die Bewegung ins Unendliche. Die Aufgabe des Fortgangs ins Unendliche schließt sich nicht ab in der endgültig erreichten absoluten Unendlichkeit selber.

(b)   Wenn die Unendlichkeit nicht als vollendete, sondern als unendliche Möglichkeit gedacht wird, so scheint Gott in seiner Unendlichkeit das unendliche Vermögen, die Unerschöpfbarkeit des Werdens und Schaffenkönnens, zu sein.

Die Großartigkeit dieser Vorstellung täuscht, wenn mit ihr die Transzendenz getroffen werden soll. Die Vorstellung des Aristoteles, der die unendliche Möglichkeit in der der Materie dachte, ist umgekehrt zu der unendlichen Möglichkeit Gottes.

Aber die Transzendenz soll als die vollendete Unendlichkeit gedacht werden, in deren Undenkbarkeit die unendliche Wirklichkeit und unendliche Möglichkeit koinzidieren. Die ewige Vollendung der absoluten Transzendenz umgreift das unendliche Werden der Bewegung dieser Welt, die Schöpfung und die unendliche Möglichkeit von Weltschöpfungen, und auch die wunderliche Chiffer eines werdenden Gottes.

(c)   Die Unendlichkeit der Welt, als vollendete weder erfahrbar noch denkbar, scheint als unendliche Möglichkeit denkbar. Alles Reale ist endlich. Was immer wir als Gegenstand finde n, ob die Zahl der Sandkörner am Strand (die Sandzahl), oder die Zahl der Sterne, oder die Zahl der Atome, mag die Zahl auch noch so groß, nur mit Hilfe mathematischer Zeichen aufschreibbar sein, mag sie praktisch unendlich groß sein, sofern kein Mensch sie in seinem Leben abzählen könnte, auch wenn er ständig zählen würde, sie ist doch endlich. Wird nun für die Erscheinungen der Welt in der unendlichen Zeit die unendliche Möglichkeit gedacht, so ist dieser unbestimmte Gedanke die Aussage des Offenseins in die Zukunft. Er ergreift keine Wirklichkeit. Die Möglichkeit des unendlichen Weltwerdens Gott zu nennen, läßt ihn in einen Weltgedanken zusammenschrumpfen, die Transzendenz verlieren.

Wird die Unendlichkeit der Welt aber als wirklich vollendet gedacht, so gerät man in Widersprüche (in die Kantischen Antinomien, die sich je nach Lage der wissenschaftlichen Erkenntnis in abgewandelten Formen wiederherstellen). Sie entspringen der Situation, daß wir die Welt als Ganzes nie zum Gegenstand haben, sondern nur in der Welt ins Unendliche forschen können. Wird die Unendlichkeit der Transzendenz in bestimmten Kategorien ausgesagt, dann wird die Transzendenz verschleiert in mathematischer Spekulation, in unendlicher Möglichkeit eines werdenden Gottes, in dem widerspruchsvollen Gedanken einer vollendeten unendlichen Welt.

Das Scheitern jedes bestimmten Gedankens von Unendlichkeit zur Erfassung der Unendlichkeit der Transzendenz, ist aber ein Weg, dieser nur um so klarer gewiß zu werden. Das Denken selber verwehrt aus existentiellen Antrieben sein Sichverlaufen in Sackgassen, wenn es der Transzendenz sich vergewissern möchte. Die partikular richtigen, im ganzen falschen Gedanken sind nicht nichtig, weil in ihrer Überwindung erst hell wird, was sonst bewußtlos und hinfällig bleibt.

(2) Das Wiederaufheben der Chiffern
(die negative Theologie)
Nicht nur als Unendlichkeit, vielmehr in keiner Kategorie ist die Transzendenz angemessen zu denken. Nennen wir die Transzendenz Gott, so gilt, wie für die Beziehung von Endlichkeit zur Unendlichkeit, der Satz: zwischen Gott und Mensch, zwischen Gott und Welt als Gegenständen und Denkbarkeiten gibt es kein Verhältnis, wenn wir auch sagen, der Mensch stehe als Existenz in bezug auf Transzendenz.

Wenn kein Verhältnis, so war die Meinung, bestehe doch eine Art von Verhältnis, die Analogie, zwischen Gott und Welt und die nächste zwischen Gott und Mensch, und zwar durch das Geschaffensein selber. Was ist, kann als Gleichnis, Abbild, Ana-

127

logie zu deuten versucht werden, der Reichtum Gottes im Reichtum der Welt sich spiegeln. Wenn die mathematisch gedachten Unendlichkeiten, die unendlich gedachte Welt als Wirklichkeit oder Möglichkeit auch nicht die Unendlichkeit Gottes sind, so ist doch die Endlosigkeit der Welt Abbild der Unendlichkeit Gottes (Cusanus), die endlose Zeit Abbild der Ewigkeit (Plato).

Und doch bleiben Gott und Welt, Gott und Mensch einander ganz unähnlich. Jede Objektivierung Gottes in einem Gedachten läßt Gott selbst dem Denken entschwinden. Wie immer von Gott gesprochen wird, die frommen Denker überfällt das Unangemessene darin. Aber sie werfen nicht alle Gottesgedanken einfach fort. Sie bewahren sie im Wissen des Nichtwissenkönnens. Dieses wird selber eine Form des Gottesgedankens in der sogenannten negativen Theologie.

Augustin: Der große christliche Denker begreift es grundsätzlich. »Alles kann von Gott gesagt werden, und nichts wird angemessen von Gott gesagt.« Daher ist noch am ehesten das Allgemeinste wahr im Sprechen von Gott: er ist das höchste Sein, das Sein, über dem, außer dem und ohne das nichts ist. Daß Gott das Sein ist, besagt alles und besagt zugleich nichts, weil es völlig bestimmungslos bleibt. »Gott ist unaussagbar, leichter sagt man von ihm, was er nicht ist, als, was er ist.« »Wenn du begreifst, so ist es nicht Gott.«

Die Form des Sagens wird daher für Augustin das Sagen, das sich selber aufhebt. Wenn Gott gedacht werden soll, muß er in Kategorien gedacht werden, weil wir nur in Kategorien denken können. Wenn daher Gott, der in keiner Kategorie steht, in Kategorien gedacht wird, muß sogleich paradox das Kategoriale rückgängig gemacht werden. Daher sagt Augustin: »Wir erkennen Gott, wenn wir können, als gut ohne die Qualität der Güte, als groß ohne die Quantität, als Schöpfer ohne Bedürfnis nach einem Geschaffenen, als über allem thronend ohne örtliche Lage, als überall ganz seiend ohne örtliche Bestimmtheit, als ewig ohne Zeit, als Schöpfer der veränderlichen Dinge ohne Veränderung seiner selbst.«

Thomas: Der große ordnende Denker, der möglichst alle Gedanken von Gott aufgenommen, sie in ganzer Fülle entwickelt hat, hat auch die negative Theologie sich zu eigen gemacht: Zwar läßt sich von Gott unendlich viel aussagen, sofern ihm von allem Geschaffenen etwas zukommt wegen der Herkunft vom Schöpfer, aber wieder nichts aussagen wegen der Unähnlichkeit des Geschaffenen mit dem Schöpfer. Daher muß, was von Gott positiv gesagt sein könnte, wieder negiert werden: Gott ist kein Körper, keine Materie, kein Lebewesen, aber auch: kein Geist, keine

128

Person. Er hat ein Leben, das kein Leben ist, einen Zorn, der kein Zorn ist, Barmherzigkeit und Liebe, die nicht Barmherzigkeit und Liebe sind. Daher das Hin und Her der bejahenden und verneinenden Aussagen.

Insbesondere ist in Gott nicht zu unterscheiden das Allgemeine der Kategorie von der Wirklichkeit, die unter sie fällt. In ihm ist eins und untrennbar essentia (allgemeines Wesen) und existentia (einmalige Wirklichkeit). Weder geht seinem Wesen seine Existenz vorher noch seine Existenz seinem Wesen. Gott ist keine Gattung und ist keine Art, kein Allgemeines und kein Individuum, sondern alles in einem, das Einzig-Allgemeine. Er ist deitas und deus. Er ist Individuum nicht im Unterschied von anderen, sondern das eine Individuum, das nichts außer sich hat, darum nicht mehr eigentlich Individuum. Er ist das Individuum als die konkreteste Fülle, aber diese als Wirklichkeit des Allgemeinen.

Man kann von Gott sprechen, wie man will, und muß doch immer verfehlen, was in keine Bestimmung eingeht und durch alle Bestimmungen erst mittelst ihrer Verneinung getroffen wird. Darum sagt Thomas: »Was Gott selbst sei, bleibt uns immer verborgen. Und dies ist die höchste Erkenntnis, die wir in diesem Leben von ihm haben können, daß wir erkennen, Gott sei über allem, was wir von ihm denken.«

(3)   Zusammenfall des Entgegengesetzten
      (coincidentia oppositorum): Cusanus
(a)   Cusanus denkt zunächst wie die negative Theologie: Zum Unaussprechlichen der Gottheit verhält sich die Entfaltung in Bildern und Gedanken wie das Endliche zum Unendlichen. Wenn die Entfaltung nicht als Bild gemeint ist, sondern als Gott selber, dann entsteht der Götzendienst. Denn Götzendienst ist es, wenn man dem Bilde erweist, was nur der Wahrheit zukommt. Daher sind die negativen Aussagen unerläßlich. Während alle affirmativen Aussagen von Gott unangemessen sind, sind erst die negativen wahr. Ohne sie würde Gott als Geschöpf verehrt.

Damit aber ist Cusanus nicht zufrieden. Er findet in unserem Denken selber eine Form des Transzendierens. Unser endliches Denken ist gebunden an Gegensätze. Wenn es denken soll, was über allen Gegensätzen ist, dann scheitert es an den Gegensätzen. Aber durch dieses methodisch vollzogene Scheitern wird die Transzendenz getroffen. Eine logische Sprache dringt, sich selbst preisgebend, über das Logische hinaus. Unermüdlich durchdenkt er den Grundsatz: weil Gott jenseits aller Gegensätze steht, koinzidieren die Gegensätze in Gott. Die bloße Verneinung des Endlichen und aller endlichen Aussagen von Gott, die negative Theologie, läßt das Gedachte nur fallen. Die Einsicht in das Wesen des menschlichen Denkens und der Gegenstände menschlicher Denkbarkeit als gespalten in Gegensätze erlaubt den denkenden Aufschwung zu Gott in den Gestalten der Undenkbarkeit, der coincidentia oppositorum.

Der Grundsatz ist einfach: Gott ist, was er ist, ohne allen Gegensatz. Weil er unendlich, ohne Schranken ist, ist er die Einheit der Gegensätze. Von ihm muß alles bejaht und alles verneint werden. Er ist alles und zugleich nichts von allem. Keine Bestimmung kommt ihm zu, die ihn zu einem Etwas machte, dadurch zu einem Besonderen und Beschränkten. Dieser Grundsatz wird durchgespielt durch die Kategorien, vermittelst derer von Gott gesprochen wird.

(b) Zum Beispiel: Wird Gott gesucht mit der Frage, ob er sei oder nicht sei, dann wird er nicht gefunden. »Die beste Antwort auf die Frage, ob Gott sei, ist daher, daß er weder ist noch nicht ist, und daß er nicht-ist und nicht ist. Doch ist auch sie noch Mutmaßung, da die aller-präziseste Antwort für Verstand und Vernunft unerreichbar ist.«

Die Einheit ist der Vielheit entgegengesetzt. Diese Einheit kommt Gott nicht zu. Gottes Einheit müßte eine solche sein, der keine Vielheit entgegengesetzt werden kann. Mag auch die Einheit ein mehr entsprechender Name des Größten sein als die Vielheit, sie steht dennoch von dem wahren Namen des Größten unendlich weit ab.

Gott ist alles ohne Anderssein (alteritas), ist das »non aliud«. In den Dingen der Welt ist Einheit mit Andersheit verbunden, daher die Endlichkeit. Gott ist jene absolute Einheit ohne Andersheit. Gott ist das Nichtanderssein, dem weder das Andere noch das Nichts entgegensteht, da er auch dem Nichts vorhergeht, und es definiert. Er, der dem Werdenkönnen vorhergeht, kann nicht anders werden. Was immer man an Gott ausweisen möchte, Gott ist nicht Dieses, denn Dieses kann ein Anderes werden, Gott aber nicht.

In Gott ist auch kein Gegensatz von Können und Sein (Möglichkeit und Wirklichkeit). Beide sind in ihm eins, das possest (das Könnensein). Er ist, was er sein kann. Er ist das unendliche Seinkönnen, aber so, daß Möglichkeit und Wirklichkeit dasselbe sind. Er ist frei von der Möglichkeit, anders zu werden, als er ist. Alles kann anders werden, nur Gott nicht. Er ist das »Könnensein«, weil er alles wirklich ist, was er sein kann.

Gott ist das Größte und das Kleinste. Er muß das Größte sein, denn er umfaßt alles, und das Kleinste, denn er ist in allem. Die Unendlichkeit Gottes: Sie steht nicht dem Endlichen als das Andere gegenüber, dann wäre sie selber endlich. »Du bist, o Gott, das Ende deiner selbst, weil du bist, was du hast. Du bist somit das unendliche Ende, weil das Ende deiner selbst. Du wirst nicht durch ein anderes Ende begrenzt, sondern durch dich selbst.« Er hat also nicht die bloße Abwesenheit des Endes in der Endlosigkeit, sondern vollendet. Aber er ist vollendet als Unendlichkeit, die alle Endlichkeit in sich schließt, statt sich gegenüber zu haben.

(c)   Wenn die Wahrheit der Aussagen von Gott in der Aussage von Koinzidenzen der Gegensätze liegt, dann geht das Sprechen von Gott vor sich um den Preis, selber stets eine Undenkbarkeit (im Sinne des Verstandesdenkens) zu enthalten.

Cusanus aber sagt, daß trotz Verneinung aller Bestimmungen (in der negativen Theologie) und trotz Scheiterns der Bestimmtheit in der coincidentia oppositorum der menschliche Geist von der absoluten Einheit des unendlichen Gottes gerade dadurch »die präziseste Gewißheit hat, so daß er ganz in ihr und durch sie tätig ist.«

(d)   Im Denken auf Gott hin gewinnen die Kategorien für die menschliche Vernunft eine eigentümliche Qualität: Keine Frage nach Gott kann der Geist aufwerfen, ohne das schon vorauszusetzen, was er fragt: Die Frage, ob die Einheit sei, setzt ihr Sein voraus – was sie sei, ihr Wesen – warum sie sei, den Grund – zu welchem Ziele, das Ziel von allem. Was also bei allem zweifelnden Fragen immer schon vorausgesetzt wird, muß das Gewisseste sein.

Daher muß auf jede mögliche Frage über Gott allererst geantwortet werden: Die Frage ist ungemäß, denn die Frage setzt voraus, daß in bezug auf das Gefragte sich nur der eine der Gegensätze bewahrheiten lasse. Das aber ist bei Gott nicht der Fall.

(e)   Des Cusanus Denken bescheidet sich, indem er den einen Grundgedanken in großartiger Einfachheit in der reichen Entfaltung vollzieht. Er ergrübelt nicht die Gottheit in jener absoluten Transzendenz, verzichtet auf den Bilderreichtum der spekulativen Mystik, die sich dort ansiedeln möchte. Seine Bilder stehen unter der Bedingung, daß keine Verletzung des Abstands von Mensch und Gott erfolgt, daß keine Zwischenglieder und Vermittlungen sich einschleichen, daß ein Erkennen der Gottheit selbst außer in dem einen präzisierten Denken des Undenkbaren nicht versucht wird.

Die Reinheit, Nüchternheit und Einfachheit des Cusanischen Denkens geht den Weg durch die Welt unter spekulativ erhellendem Himmel. Es vollzieht keine polemische Abwehr der mystischen unio, die ihn der Welt entziehen würde, aber es ist faktisch unbereit für sie. Auch ist es nicht bereit zum Eindenken in die Natur Gottes, als ob dort Fuß zu fassen wäre, zur direkten Überspringung des Abstandes zwischen Endlichem und Unendlichem. Nur eines ermöglicht den indirekten Sprung dorthin: das formale Transzendieren in der Reinheit der Begriffe, die in der coincidentia oppositorum ihre Bestimmungen aufheben.

Cusanus denkt dorthin, wo alle Denkbarkeit, Bestimmbarkeit, Vorstellbarkeit aufhört, wo das ist, was eigentlich ist und zugleich nichts ist ...

... Der Abgrund zwischen Existenz und Transzendenz, zwischen Mensch und Gott ist für es unüberschreitbar, während doch alles philosophische Denken zur Transzendenz hin denkt und von ihr geführt wird. In den erstaunlichen Sätzen, die der Mystiker (übereinstimmend in allen Kulturen) spricht, ist gemeint das Einssein von Ich und Gott, in dem sowohl Ich wie Gott verschwunden sind. Der Mensch, der als er selbst in einer Welt lebt, ist nicht mehr da. In der mystischen unio, der Einheit von Gott und Mensch, in der weder von Gott noch vom Menschen die Rede sein kann, sind Gott und Mensch im Unzugänglichen verweht. Sobald wir aber als Menschen wieder da sind und miteinander reden, ist die Transzendenz das schlechthin Andere, das aber auch in der Kategorie des »Anderen« nicht getroffen wird, sondern allein durch Chiffern eine Sprache gewinnt.

Max Scheler
»Der werdende Mensch und der werdende Gott«

Es ist Aufgabe einer Philosophischen Anthropologie, genau zu zeigen, wie aus der Grundstruktur des Menschseins ... alle spezifischen Monopole, Leistungen und Werke des Menschen hervorgehen: so Sprache, Gewissen, Werkzeug, Waffe, Ideen von Recht und Unrecht, Staat, Führung, die darstellenden Funktionen der Künste, Mythos, Religion, Wissenschaft, Geschichtlichkeit und Gesellschaftlichkeit. Darauf kann hier nicht eingegangen werden. Wohl aber soll noch der Blick gelenkt sein auf die Folgerungen, die sich aus dem Gesagtem für das *metaphysische Verhältnis des Menschen zum Grunde der Dinge* ergeben.

Es ist eine der schönsten Früchte des sukzessiven Aufbaus der menschlichen Natur aus den ihr untergeordnete Daseinsstufen, wie er hier zu geben versucht wurde, daß man zeigen kann, mit welch innerer Notwendigkeit der Mensch in *demselben* Augenblicke, in dem er durch Welt- und Selbstbewußtsein und durch Vergegenständlichung auch seiner eigenen psychophysischen Natur – den spezifischen Grundmerkmalen des Geistes – »Mensch« geworden ist, auch die formalste *Idee eines überweltlichen unendlichen und absoluten Seins* erfassen muß. Hat sich der Mensch – das gehört ja zu seinem Wesen, ist der Akt der Menschwerdung selbst – einmal aus der gesamten Natur her*aus*gestellt und sie zu seinem »Gegenstande« gemacht, so muß er sich gleichsam erschauernd umwenden und fragen: »Wo stehe ich denn selbst? Was ist denn mein Standort?« Er kann nicht eigentlich mehr sagen: »Ich bin ein Teil der Welt, bin von ihr umschlossen« – denn das aktuale Sein seines Geistes und seiner Person ist sogar den *Formen* des Seins dieser »Welt« in Raum und Zeit *überlegen*.

So schaut er gleichsam bei dieser Umwendung hinein ins Nichts: er entdeckt in diesem Blicke gleichsam die *Möglichkeit* des *»absoluten Nichts«* – und dies treibt ihn weiter zu der Frage: »Warum ist *überhaupt* eine Welt, warum und wieso bin ›ich‹ überhaupt«? (…)

Man erfasse die strenge *Wesensnotwendigkeit dieses Zusammenhangs*, der zwischen dem Welt-, dem Selbst- und dem formalen Gottesbewußtsein des Menschen besteht – wobei »Gott« hier nur als ein mit dem Prädikat »heilig« versehenes »Sein durch sich selbst« erfaßt wird, das tausendfältige bunteste Ausfüllungen annehmen kann. Die *Sphäre* aber eines absoluten Seins überhaupt, gleichgültig, ob sie dem Erleben oder Erkennen zugänglich ist oder nicht, gehört ebenso konstitutiv zum *Wesen* des Menschen wie sein Selbstbewußtsein und sein Weltbewußtsein. Was Wilhelm v. Humboldt von der Sprache gesagt hat, daß der Mensch sie darum nicht habe »erfinden« können, da der Mensch nur *durch* die Sprache Mensch *ist*, das gilt mit genau derselben Strenge für die formale Seinssphäre eines alle endlichen Erfahrungsinhalte und das zentrale Sein des Menschen selbst überragenden, schlechthin in sich selbständigen Seins von Ehrfurcht gebietender Heiligkeit. Versteht man unter den Worten »Ursprung der Religion« und »Ursprung der Metaphysik« nicht nur die Erfüllung dieser Sphäre mit bestimmten Annahmen und Glaubensgedanken, sondern den Ursprung *dieser Sphäre selbst*, so fiele also dieser ihr Ursprung mit der Menschwerdung selbst vollständig in eins zusammen.

Der Mensch muß den eigenartigen Zufall, die Kontingenz der Tatsache, »daß *überhaupt Welt ist und nicht vielmehr nicht ist*« und »*daß er selbst ist* und *nicht vielmehr nicht ist* (…)«, mit anschaulicher Notwendigkeit in demselben Augenblicke entdekken, wo er sich überhaupt der Welt und seiner selbst bewußt geworden ist. Daher ist es ein vollständiger Irrtum, das »Ich bin«

(Descartes) oder das »Die Welt ist« (Thomas von Aquin) dem allgemeinen Satz »*Es gibt absolutes Sein*« vorhergehen zu lassen und die Sphäre des Absoluten allererst durch Schlußfolgerung aus jenen Seinsarten erreichen zu wollen. *Welt-, Selbst- und Gottesbewußtsein* bilden eine unzerreißbare *Struktureinheit* – genau so wie Transzendenz des Gegenstandes und Selbstbewußtsein in eben dem selben Akte, der »dritten Reflexio«, entspringen. Im selben Augenblicke, da jenes »Nein, Nein« zur konkreten Wirklichkeit der Umwelt eintrat, in welchem sich das geistige aktuale Sein und seine ideellen Gegenstände konstituierten; genau in dem selben Augenblicke, da das weltoffene Verhalten und die nie ruhende Sucht entstand, grenzenlos in die entdeckte Weltsphäre vorzudringen und sich bei keiner Gegebenheit zu beruhigen; genau im selben Augenblicke, da der werdende Mensch die Methoden alles ihm vorhergehenden tierischen Lebens, der Umwelt angepaßt zu werden oder ihr sich anzupassen, zerbrach und die *umgekehrte* Richtung einschlug: die Anpassung der entdeckten Welt *an sich* und sein organisch stabil gewordenes Leben; in genau dem selben Augenblicke, da sich der »Mensch« aus der »Natur« herausstellte und sie zum Gegenstand seiner Herrschaft und des neuen Kunst- und Zeichenprinzips machte, – *in ebendemselben Augenblicke* mußte der Mensch auch sein Zentrum irgendwie *außerhalb* und jenseits der Welt verankern. Konnte er sich doch nicht mehr als einfachen »Teil« oder als einfaches »Glied« der Welt erfassen, über die er sich so kühn gestellt hatte!

Nach dieser Entdeckung der Weltkontingenz und des seltsamen Zufalls seines nun *weltexzentrisch* gewordenen Seinskernes war dem Menschen noch ein doppeltes Verhalten möglich: Er konnte sich darüber *verwundern* (θαυμαξειν) und seinen erkennenden Geist in Bewegung setzen, das Absolute *zu erfassen* und *sich in es einzugliedern* – das ist der Ursprung der *Metaphysik* jeder Art; sehr spät erst in der Geschichte ist sie aufgetreten und nur bei wenigen Völkern. Er konnte aber auch aus dem unbezwinglichen *Drang nach Bergung* – nicht nur seines Einzel–Seins, sondern zuvörderst seiner ganzen Gruppe – auf Grund und mit Hilfe des ungeheuren Phantasieüberschusses, der von vornherein im Gegensatz zum Tiere in ihm angelegt ist, diese Seinssphäre mit beliebigen Gestalten bevölkern, um sich in deren Macht durch Kult und Ritus hineinzubergen, um etwas von Schutz und Hilfe »hinter sich« zu bekommen, da er im Grundakt seiner Naturentfremdung und -vergegenständlichung – und dem gleichzeitigen Werden seines Selbstseins und Selbstbewußtseins – ins pure Nichts zu fallen schien. Die Überwindung dieses Nihilismus in der Form solcher Bergungen, Stützungen ist das, was wir *Religion* nennen.

Sie ist primär Gruppen- und Volksreligion. Sie ward erst später, gemeinsam mit dem Ursprung des Staates, »Stifterreligion (...)«. So sicher, wie die Welt primär als *Widerstand* für unser praktisches Dasein im Leben gegeben ist, früher denn als *Gegenstand* der Erkenntnis, eben so sicher mußten auch alle diese Gedanken- und Vorstellungsgebilde über die neuentdeckte Sphäre, die dem Menschen Kraft leihen, sich in der Welt zu behaupten – solche Hilfe leistet der Menschheit primär der »Mythos«, später die sich aus ihm herausschälende »Religion« –, geschichtlich *vorhergehen* allen vornehmlich auf Wahrheit ausgerichteten Erkenntnissen (oder Versuchen zu solchen) von der Art der Metaphysik.

Nehmen wir ein paar Haupttypen der religiösen Ideen, die sich der Mensch von dem Verhältnis zwischen sich und einem obersten Grund-Sein der Dinge gebildet hat, und beschränken wir uns dabei auf die Stufe des abendländisch-kleinasiatischen Monotheismus. Da finden wir Vorstellungen wie die, daß der Mensch einen »Bund« mit Gott schloß, nachdem Gott ein Volk bestimmter Art zu dem seinigen erkoren hatte. (Älteres Judentum.) Oder: Der Mensch erscheint je nach der Struktur der Gesellschaft als »Sklave Gottes«, der mit List und niedriger Prostration sich vor ihm niederwirft, ihn durch Bitten und Drohungen oder mit magischen Mitteln zu bewegen suchend. In etwas höherer Form erscheint er sich als der »getreue Knecht« des obersten souveränen »Herrn«. Die hächste und reinste Vorstellung, die in den Grenzen des Monotheismus möglich ist, erreicht die Idee der »Kindschaft« aller Menschen im Verhältnis zu Gott-»Vater«, vermittelt durch den wesensgleichen »Sohn«, der den Menschen Gott in seinem inneren Wesen verkündigt und selber mit göttlicher Autorität ihnen gewisse Glaubensmeinungen und Gebote vorschreibt. Alle Ideen solcher Art müssen wir für unsere philosophische Betrachtung des Verhältnisses des Menschen zum obersten Grunde zurückweisen; müssen es schon darum, weil wir die theistische Voraussetzung leugnen: einen geistigen, in seiner Geistigkeit allmächtigen persönlichen Gott. Für uns liegt das *Grundverhältnis des Menschen zum Weltgrund* darin, daß dieser Grund sich im Menschen – der als solcher sowohl als Geist – wie als Lebewesen nur je ein Teilzentrum des Geistes und Dranges des »Durch-sich-Seienden« ist – ich sage: sich im Menschen selbst unmittelbar *erfaßt und verwirklicht*.

Es ist der alte Gedanke Spinozas, Hegels und vieler anderer: Das Urseiende wird sich im Menschen seiner selbst inne in demselben Akte, in dem der Mensch sich in ihm gegründet schaut. Wir müssen nur diesen bisher viel zu einseitig intellektualistisch vertretenen Gedanken dahin umgestalten, daß dieses Sich-gegründet-*Wissen* erst eine *Folge* ist der *aktiven Einsetzung unseres Seinszentrums* für die ideale Forderung der Deitas und des Versuches, sie zu vollstrecken und *in* dieser Vollstreckung den aus dem Urgrunde *werdenden* »Gott« als die *steigende Durchdringung von Geist und Drang allererst mitzuerzeugen.*

Der Ort dieser Selbstverwirklichung, sagen wir: gleichsam jener Selbstvergottung, die das Durch-sich-seiende-Sein sucht und um deren Werden willen es die Welt als eine »Geschichte« in Kauf nahm – *das eben ist der Mensch,* das menschliche Selbst und das menschliche Herz. Sie sind der einzige Ort der Gottwerdung, der uns zugänglich ist – *aber ein wahrer Teil diese transzendenten Prozesses selbst.* Denn obzwar *alle* Dinge im Sinne einer kontinuierlichen Kreation in jeder Sekunde aus dem Durch-sich-seienden-Sein hervorgehen aus der funktionellen Einheit des Zusammenspiels von Drang und Geist, so dind doch erst im Menschen und seinem Selbst diese beiden – uns erkennbaren – Attribute des Ens per se lebendig aufeinander bezogen. Der Mensch ist ihr Treffpunkt, und in ihm wird der Logos, »nach« welchem die Welt gebildet ist, *mit*vollziehbarer Akt. Von vornherein also ist nach unserer Anschauung Mensch- und Gottwerdung gegenseitig aufeinander angewiesen. So wenig der Mensch zu seiner Bestimmung gelangen kann, ohne sich als Glied jener beiden Attribute des obersten Seins und dieses Seins sich selbst einwohnend zu wissen, so wenig das Ens a se ohne Mitwirkung des Menschen.

Geist und Drang, die beiden Attribute des Seins, sie sind, abgesehen von ihrer erst werdenden gegenseitigen Durchdringung – als Ziel –, auch in sich nicht fertig: sie *wachsen an sich selbst* eben in diesen ihren Manifestationen in der Geschichte des menschlichen Geistes *und* in der Evolution des Lebens der Welt.

Man wird mir sagen und man hat mir in der Tat gesagt, es sei dem Menschen nicht möglich, einen unfertigen Gott, einen werdenden Gott zu ertragen. Meine Antwort darauf ist, daß Metaphysik keine Versicherungsanstalt ist für schwache, stützungsbedürftige Menschen. Sie setzt bereits einen kräftigen, hochgemuten Sinn im Menschen voraus. Darum ist es auch wohlverständlich, daß der Mensch erst im Laufe seiner Entwicklung und seiner Selbsterkenntnis zu jenem Bewußtsein seines Mitkämpfertums, seines Miterwirkens der Gottheit kommt. Das Bedürfnis der Bergung und der Stützung auf eine außermenschliche und außerweltliche Allmacht, die mit Güte und Weisheit identisch gesetzt wird, ist zu groß, als daß es in Zeiten der Unmündigkeit nicht alle Dämme des Sinnes und der Besinnung durchbrochen hätte. Wir setzen an die Stelle jener halb kindlich, halb schwächlich distanzierenden Beziehung des Menschen zur Gottheit, wie sie in den *objekti-*

vierenden und darum ausweichenden Beziehungen der Kontemplation, der Anbetung, des Bittgebetes gegeben sind, den elementaren *Akt des persönlichen Einsatzes* des Menschen für die Gottheit, die *Selbstindentifizierung* mit ihrer geistigen Aktrichtung in jedem Sinne. Das letzte wirkliche »Sein« des Durch-sich-Seienden ist nicht gegenstandsfähig – so wenig wie das Sein einer Fremdperson. Man kann an seinem Leben und seiner geistigen Aktualität teilhaben *nur durch Mitvollzug*, nur durch den *Akt des Einsatzes* und der tätigen Identifizierung. Zur Stützung des Menschen, zur bloßen Ergänzung seiner Schwächen und Bedürfnisse, die es immer wieder zu einem »Gegenstande« machen wollen, ist das absolute Sein nicht da.

Wohl aber gibt es auch für uns eine »Stützung«: es ist die Stützung auf das gesamte Werk der Wertverwirklichung der bisherigen Weltgeschichte, so weit es das Werden der »Gottheit« zu einem »Gotte« bereits gefördert hat. Nur suche man in letzter Linie nie theoretische Gewißheiten, die diesem Selbsteinsatz vorhergehen sollen. *Erst im Einsatz der Person selbst ist die Möglichkeit eröffnet, um das Sein des Durch-sich-Seienden auch zu »wissen«.*

Hans Jonas
Sein und Sollen

Unsere Frage ist: Soll der Mensch sein? Um sie richtig zu stellen, müssen wir erst die Frage beantworten, was es heißt, von irgend etwas zu sagen, daß es sein solle. Und dies führt natürlich zurück auf die Frage, ob überhaupt etwas – anstatt nichts – sein *soll.*

1.   Das Seinsollen von Etwas

Der Unterschied zwischen den beiden letztgenannten Fragen ist nicht gering. Die erste, bezüglich des Seinsollens von dem oder jenem, läßt sich relativ im Vergleich der Alternativen beantworten, die sich innerhalb des gegebenen Seins stellen: da etwas zu sein hat, dann besser dieses als das, also soll es sein. Die zweite Frage, wo die Alternative nicht ein anderes Sein, sondern das Nichtsein schlechthin ist, läßt sich nur absolut beantworten, zum Beispiel daß Sein an sich »gut« ist, denn mit dem Nichts ist kein Vergleich nach Graden möglich: also »soll« Dasein überhaupt im Vorzug vor seinem kontradiktorischen (nicht »konträren«) Gegensatz sein.

Der Unterschied für die Ethik in der Beantwortung der einen oder der anderen Frage läßt sich leicht am Beispiel der Eingangsfrage bezüglich des Menschen zeigen. Ein Zustand des Menschen kann für besser als ein anderer befunden werden und damit ein Soll für die Wahl darstellen; aber beiden gegenüber kann das Nichtsein des Menschen gewählt werden, das gewiß frei ist von allen Einwänden, denen beide Alternativen der vorigen Wahl ausgesetzt sind (das heißt, als in sich selbst vollkommen, ist das Nichtsein frei von allen Unvollkommenheiten, die jeder positiven Wählbarkeit anhaften) – ich sage, es kann das Nichtsein statt aller Alternativen des Seins gewählt werden, *wenn nicht* ein absoluter Vorrang des Seins vor dem Nichts anerkannt ist. Also ist die Beantwortung der allgemeineren Frage von wirklicher Bedeutung für die Ethik.

2. Vorzug des Seins
    vor dem Nichts und das Individuum

Die Anerkennung jenes Vorranges und damit eines *Sollens* zugunsten des Seins besagt natürlich ethisch nicht, daß der Einzelne unter allen Umständen für *sein* Weiterleben gegen einen möglichen oder sicheren Tod entscheiden, das heißt, sich an sein Leben klammern soll. Die Dahingabe des eigenen Lebens für die Rettung Anderer, für das Vaterland, für eine Sache der Menschheit ist eine Option für das Sein, nicht für das Nichtsein. Auch der überlegte Freitod zur Bewahrung der eigenen Menschenwürde vor äußerster Erniedrigung (wie der stoische Selbstmord, der immer *auch* eine »öffentliche« Tat ist) geschieht letztlich wegen des Überlebens von Menschenwürde überhaupt. In beiden Fällen gilt, daß »das Leben nicht der Güter höchstes« ist. Sogar das Recht der individuellen Verzweiflung zur Wahl der Selbstauslöschung, ethisch zwar anfechtbar, aber vom Mitleid bewilligt, negiert nicht das Primat des Seins als solches: es ist ein Zugeständnis an die Schwäche im Einzelfall, als Ausnahme von der universalen Regel. Dagegen die Wählbarkeit eines Unterganges der Menschheit tangiert die Frage des Seinsollens »des Menschen«, und diese führt notwendig auf die Frage zurück, ob überhaupt etwas anstatt nichts sein soll.

3. Sinn der Leibnizischen Frage »warum ist etwas und nicht nichts?«

Dieses ist nun aber auch der einzig vertretbare Sinn der anderweitig so müßig erscheinenden Leibnizischen Grundfrage der Metaphysik, warum schlechthin »etwas und nicht nichts« *ist.* Denn das hier erfragte *Warum* kann ja nicht die vorhergehende Ursache meinen, die selber schon zum Seienden gehört, die also nur innerhalb desselben, aber nicht ohne Widersinn hinsichtlich der Gesamtheit des Seienden oder der Tatsache des Seins überhaupt erfragt werden kann. Diesen logischen Tatbestand ändert auch die Schöpfungslehre nicht, die zwar für die Welt als ganze die Antwort in der verursachenden göttlichen Tat hat, aber mit eben dieser doch wieder die Frage, nämlich für das Dasein Gottes selber, neu entstehen läßt. Hierauf gibt bekanntlich die rationale Gotteslehre die Antwort der *causa sui,* der Selbstverursachung. Aber der Begriff ist, um das Mindeste zu sagen, logisch fragwürdig; und das glühende Bekenntnis des Glaubens »Du bist von Ewigkeit zu Ewigkeit Gott« legt viel eher Zeugnis für die letzthinnige logische Kontingenz eines immer wieder Bejahung heischenden *factum brutum* als für eine unvereinbare Denknotwendigkeit ab. Dies können wir auf sich beruhen lassen. Denn selbst mit der Annahme eines Schöpfers, sei sie nun notwendig oder willkürlich, erhebt sich hinsichtlich der Welt, mit der doch unser Anliegen eigentlich zu tun hat, wieder die Frage, »warum« er sich geschaffen habe; und da ist die religiöse Antwort nicht etwa die kausale, daß die Macht des Könnens einfach von selbst die Tat zur Folge hatte (was die ganze Reihe zur roher Tatsächlichkeit verurteilen würde), sondern er sie *gewollt* habe, und zwar als etwas »Gutes« (siehe zum Beispiel Genesis und Platon's Timaeus). Dann müssen wir aber sagen, daß dies Gutbefinden Sache des göttlichen Urteils und nicht blinden Wollens war, das heißt, daß er sie wollte, weil ihre Existenz gut ist, nicht daß diese gut ist, weil er sie wollte (obwohl letzteres die bestürzende Ansicht des Duns Scotus war). So sehr nun der Fromme geneigt ist, dem geglaubten göttlichen Urteil schon aus Frömmigkeit und nicht erst aus Einsicht beizupflichten, so muß es sich grundsätzlich doch auch unabhängig gewinnen lassen (*fides quaerens intellectum*). Mit anderen Worten, die Frage des Seinsollens einer Welt läßt sich *trennen* von jeder These bezüglich ihrer Urheberschaft, eben mit der Annahme, daß auch für einen göttlichen Schöpfer ein solches Seinsollen gemäß dem Begriff des Guten der Grund für sein Schaffen war: er wollte sie, weil er fand, daß sie sein sollte. Ja, es läßt sich behaupten, daß die Wahrnehmung von Wert in der Welt einer der Beweggründe dafür ist, auf einen göttlichen Urheber zu schließen (früher sogar einer der Gottes-»Beweise«), und nicht umgekehrt die Vorwegsetzung des Urhebers der Grund, seiner Schöpfung Wert zuzuerkennen.

Unser Argument ist also nicht, daß die Metaphysik erst mit dem Schwund des Glaubens eine Aufgabe übernehmen mußte, die vorher die Theologie schon auf ihre Weise versehen konnte, sondern daß diese Aufgabe schon immer die ihre war, und ihre allein – unter den Bedingungen des Glaubens so gut wie des Unglaubens, deren Alternative die *Natur* der Aufgabe gar nicht berührt. Lernen kann die Metaphysik von der Theologie nur eine vordem unbekannte Radikalität des Fragens, wie denn ein Satz wie der Leibnizische in antiker Philosophie unmöglich gewesen wäre...

Henri Bergson
Die dynamische Religion

... Schon in der Mystik, die bei der Ekstase, das heißt bei der Kontemplation stehenblieb, war ein gewisses Handeln vorgebildet. Man fühlte, kaum daß man vom Himmel wieder auf die Erde herabgestiegen war, das Bedürfnis, hinzugehen und die Menschen zu lehren. Man mußte aller Welt kundtun, daß die mit den Augen des Leibes wahrgenommene Welt allerdings wirklich ist, daß es aber noch etwas anderes gebe, und daß dieses Etwas nicht nur möglich oder wahrscheinlich ist, wie die Schlußfolgerung einer Überlegung, sondern so gewiß wie eine Erfahrung: einer hat gesehen, einer hat gefühlt, einer weiß. Doch war das nur eine Anwandlung von Aposteltum. Das Unternehmen war ja entmutigend: wie soll man die Überzeugung, die man aus einer Erfahrung hat, durch Reden verbreiten? und wie vor allem soll man das Unaussprechbare aussprechen? Aber diese Fragen stellen sich dem großen Mystiker nicht einmal. Er hat die Wahrheit aus ihrer Quelle in sich hineinfließen gefühlt als eine treibende Kraft. Er kann sich so wenig hindern sie zu verbreiten, wie die Sonne es unterlassen kann, Licht zu verstreuen. Nur wird er sie nicht mehr durch bloße Reden verbreiten.

Denn die Liebe, die ihn verzehrt, ist nicht mehr einfach die Liebe eines Menschen zu Gott, es ist die Liebe Gottes zu allen Menschen. Durch Gott hindurch, in Gott, liebt er die ganze Menschheit mit einer göttlichen Liebe. Das ist nicht die Brüderlichkeit, die die Philosophen im Namen der Vernunft empfohlen haben, indem sie davon ausgingen, daß alle Menschen ursprünglich an ein und demselben Vernunftwesen teilhatten: vor einem so edlen Ideal wird man sich mit Ehrfurcht neigen; man wird sich bemühen, es zu verwirklichen, wenn es nicht zu unbequem ist für das Individuum und die Gesellschaft; aber man wird ihm nicht mit Leidenschaft anhängen. Oder aber es wird deshalb geschehen, weil man in irgendeinem Winkel unserer Kultur das berauschende Parfüm eingeatmet hat, das die Mystik dort zurückließ. Hätten wohl die Philosophen selber das der landläufigen Erfahrung so wenig entsprechende Prinzip von dem gleichen Anteil aller Menschen an einer höheren Wesenheit mit einer solchen Sicherheit aufgestellt, wenn es nicht Mystiker gegeben hätte, die die ganze Menschheit mit einer einzigen unteilbaren Liebe umfaßten? Es handelt sich hier nicht um die Brüderlichkeit, deren Idee man konstruiert hat, um ein Ideal daraus zu machen. Und es handelt sich ebensowenig um die Intensivierung einer eingeborenen Sympathie des Menschen für den Menschen. Man könnte sich übrigens fragen, ob solch ein Instinkt jemals anderswo existiert hat, als in der Einbildung der Philosophen, wo er aus Gründen der Symmetrie entstanden ist. Da Familie, Vaterland, Menschheit als immer größere Kreise erscheinen, hat man gedacht, daß der Mensch die Menschheit ebenso natürlich lieben müßte, wie man sein Vaterland und seine Familie liebt – während in Wirklichkeit die Gruppierungen in Familien und Gesellschaften die einzigen von der Natur gewollten sind, die einzigen, denen Instinkte entsprechen, und die sozialen Instinkte die Gesellschaften eher dazu führen würden, sich gegenseitig zu bekämpfen, als sich zu vereinen, um sich wirklich als Menschheit zu konstituieren. Höchstens könnte das Familien- und Gesellschaftsgefühl gelegentlich überfließen und sich jenseits seiner natürlichen Grenzen betätigen, als Luxus oder als Spiel; es würde aber niemals sehr weit gehen. Ganz etwas anderes ist die mystische Liebe zur Menschheit. Sie setzt nicht einen Instinkt fort, sie stammt nicht aus einer Idee. Sie ist weder etwas Empfindungsmäßiges noch etwas Rationales. Sie ist implizite beides, und ist doch viel mehr. Denn eine solche Liebe steht an der Wurzel von Empfindung und Verstand, wie aller Dinge überhaupt. Da sie mit der Liebe Gottes zu seinem Werk zusammenfällt, der Liebe, die alles gemacht hat, würde sie dem, der sie zu befragen wüßte, das Geheimnis der Schöpfung ausliefern. Sie ist noch mehr metaphysischer als ethischer Wesensart. Sie würde mit Gottes Hilfe die Erschaffung der menschlichen Art vollenden und aus der Menschheit das machen, was sie sofort gewesen wäre, hätte sie sich ohne die Hilfe des Menschen selbst endgültig konstituieren können. Oder – um Worte zu gebrauchen, die, wie wir sehen werden, in anderer Sprache dasselbe sagen –: ihre Richtung ist die des Lebensschwunges selbst; sie ist dieser Schwung selbst, der in seiner Ganzheit bevorzugten Menschen übermittelt wurde; diese möchten ihn dann der ganzen Menschheit verleihen und, das Unmögliche möglich machend, jenes erschaffene Etwas, das eine Spezies doch ist, in eine schöpferische Kraft verwandeln, oder das in eine Bewegung verwandeln, was der Definition nach ein Innehalten ist.

… Mystik und Christentum bedingen einander ins Unendliche. Doch muß wohl ein Anfang dagewesen sein. In der Tat steht am Ursprung des Christentums Christus. Von dem Standpunkt aus, auf den wir uns stellen, und von dem aus alle Menschen als göttlich erscheinen, ist es ziemlich belanglos, ob Christus sich einen Menschen nennt oder nicht. Diejenigen, die so weit gegangen sind, die Existenz Jesu zu leugnen, können nicht hindern, daß in den Evangelien die Bergpredigt steht, mit anderen göttlichen Worten. Man kann ihren Autor nennen wie man will, man kann aber nicht behaupten, daß sie keinen Autor hätten. Wir brauchen uns also hier diese Fragen nicht zu stellen. Wir möchten nur sagen, wenn die großen Mystiker so sind, wie wir sie beschrieben haben, dann erweisen sie sich als ursprüngliche aber unvollkommene Nachahmer und Fortsetzer dessen, was der Christus der Evangelien in Vollkommenheit war …

Wenn die Mystik wirklich das ist, was wir oben gesagt haben, muß sie auch das Mittel darbieten, an das Problem der Existenz und der Natur Gottes gewissermaßen experimentell heranzugehen. Wir sehen übrigens nicht, wie die Philosophie es auf andre Weise angreifen könnte. Ganz allgemein glauben wir, daß ein existierendes Objekt ein solches ist, das wahrgenommen wird oder wahrgenommen werden könnte. Es ist also in einer wirklichen oder möglichen Erfahrung gegeben. Es steht jedem frei, die Idee eines Gegenstandes oder eines Wesens zu konstruieren, wie der Geometer eine geometrische Figur konstruiert; aber allein die Erfahrung wird feststellen, daß es tatsächlich außerhalb der so konstruierten Idee existiert. Wird man sagen, daß eben darin die ganze Frage liegt, und daß es sich gerade darum handelt, zu wissen, ob sich ein gewisses Wesen nicht von allen andern dadurch unterscheidet, daß es unserer Erfahrung unzugänglich ist und doch ebenso real ist wie jene andern Wesen? Ich will es einen Augenblick zugeben, obgleich mir eine Behauptung dieser Art und die Überlegungen, die man daran knüpft, eine grundlegende Illusion zu enthalten scheinen. Aber es bleibt dann noch festzustellen, daß das so definierte, so bewiesene Wesen wirklich Gott ist. Will man anführen, er sei es per definitionem und es stehe einem frei, den Worten, die man definiert, den Sinn zu geben, den man ihnen geben will? Auch das gebe ich zu, aber wenn man einem Wort einen Sinn gibt, der grundverschieden ist von der Bedeutung, die es gewöhnlich hat, so gebraucht man es für einen neuen Gegenstand; die Argumentierung betrifft dann nicht mehr den alten Gegenstand; es ist daher ausgemacht, daß man von einer andern Sache spricht ...

Bemerken wir zunächst, daß die Mystiker das beiseite lassen, was wir die »falschen Probleme« nannten. Man wird vielleicht sagen, das sie sich überhaupt keine Probleme stellen, weder richtige noch falsche, und man wird damit recht haben. Trotzdem aber ist es sicher, daß sie uns implizite die Antwort auf Fragen bringen, mit denen der Philosoph sich beschäftigen muß, und daß Schwierigkeiten, vor denen die Philosophie zu unrecht Halt macht, von ihnen implizite als nichtexistent gedacht werden. Wir haben früher gezeigt, daß ein Teil der Metaphysik, bewußt oder unbewußt, um die Frage kreist, warum etwas existiere: warum gibt es die Materie, oder warum die Geister, oder warum Gott, warum nicht lieber gar nichts? Aber diese Frage setzt voraus, daß die Wirklichkeit Leere ausfülle, daß es unter dem Sein das Nichtsein gebe, daß de jure nichts vorhanden sei und man daher erklären müsse, weshalb de facto doch etwas da ist. Diese Voraussetzung aber ist eine reine Illusion, denn die Vorstellung des absoluten Nichts hat genau so viel Sinn wie die Vorstellung eines runden Vierecks. Da das Nicht-Vorhandensein der einen Sache immer das Vorhandensein einer andern bedeutet – die wir zu ignorieren vorziehen, weil sie nicht die ist, die uns interessiert oder die wir erwarteten – so ist jede Ausschaltung immer nur eine Vertauschung, also ein Denkprozeß, der zwei Seiten hat, von dem man aber, auf Grund einer Übereinkunft, nur die eine Seite betrachtet: die Idee, alles zu beseitigen, ist also, sich selbst zerstörend, gar nicht zu konzipieren; es ist eine Pseudo-Idee, eine Fata morgana von einer Vorstellung. Aber diese Illusion ist aus Gründen, die wir früher dargelegt haben, natürlich; sie hat ihren Ursprung in der Tiefe des Begriffsvermögens. Sie beschwört Fragen herauf, die der Haupt-Ursprung der metaphysischen Angst sind. Ein Mystiker aber wird der Meinung sein, daß diese Fragen überhaupt nicht gestellt werden können: diese Täuschungen der inneren Optik, die auf der Struktur der menschlichen Intelligenz beruhen, verblassen und verschwinden, je mehr man sich über den menschlichen Standpunkt hinaufschwingt. Aus ähnlichen Gründen wird sich der Mystiker ebensowenig über die Schwierigkeiten beunruhigen, die die Philosophie um die »metaphysischen« Attribute der Gottheit angehäuft hat; er kann keine Bestimmungen brauchen, die nur Negationen sind und nur negativ ausdrückbar sind; er glaubt zu sehen, was Gott ist – er hat keine Vision von dem, was Gott nicht ist. Also die Natur Gottes, unmittelbar erfaßt in ihrem Positiven, ich meine in dem für die Augen der Seele Wahrnehmbaren, das wird der Philosoph von dem Mystiker erfragen müssen ...

Carl Friedrich von Weizsäcker
Bergpredigt, Altes Testament und
modernes Bewußtsein*

Sie fragen mich, ob ich die Bibel lese, und was mir diese Lektüre bedeutet.

Ich glaube, ich sollte zuerst sagen, daß mir als Kind, ich war etwa elf Jahre alt, die Bibel zu etwas sehr Wichtigem geworden ist. Ich hatte ein kleines Neues Testament geschenkt bekommen und habe angefangen darin zu lesen. So bin ich an die Bergpredigt geraten. Ich wuchs in einer liberalen, aber christlich-frommen Familie auf und glaubte also, daß, was in diesem Text steht, wahr ist. Und das hat mich dann ungeheuer erschreckt. Denn ich mußte die Folgerung ziehen: wenn das, was da steht, wahr ist, dann ist mein Leben falsch. Dann ist das Leben, das in meiner Umwelt geführt wird, auch falsch. Woran in unserer Welt soll ich mich dann orientieren?

Darf ich von einer eher spaßhaften Seite her beginnen? Ich war ein sehr sprechlustiger Bub, und da stand nun: Deine Rede sei Ja, Ja, Nein, Nein, und was darüber ist, das ist vom Übel. Ich verstand gar nicht, daß sich dieser Passus auf das Schwören bezog, und dachte nur: Um Gottes willen, wie kann ich rechtfertigen, daß ich so viel rede? In Wirklichkeit heißt diese Stelle ja wohl: Du sollst nicht eine feierliche Form wählen, wenn du die Wahrheit sagen willst, und sonst darfst du lügen; sondern das Wahrheitsgebot gilt jeden Augenblick im Alltag. Dann, wenn es hieß: Euch ist gesagt, ihr sollt nicht ehebrechen, aber wer ein Weib ansieht, ihrer zu begehren, der hat schon in seinem Herzen mit ihr die Ehe gebrochen – das habe ich damals nicht kapiert. Aber ich konnte sehr gut begreifen, daß da stand: »Euch ist gesagt, du sollst nicht töten. Ich aber sage euch, wer seinem Bruder zürnt, der ist selbst schon des Gerichts schuldig.«

* Frei gesprochener Beitrag zu einer Sendereihe des Süddeutschen Rundfunks 1974 ...

144

Als ich ein Kind war, war Krieg. Meine erste Erinnerung ist, daß die Männer im Krieg sind. Es war ein paar Jahre nach dem Ersten Weltkrieg, als ich die Bergpredigt las. Damals sollte ich einmal einen Aufsatz über meine Berufswahl schreiben. Ich schrieb darin: »Es gibt sehr viele Berufe, die ich wählen könnte; am liebsten würde ich Astronom. Es gibt aber auch einige Berufe, die ich nicht ergreifen möchte. Ich möchte zum Beispiel nicht Soldat werden, denn ich möchte niemanden töten.« Meine Mutter, die aus einer Offiziersfamilie stammt, las das und war darüber sehr erschüttert. Sie versuchte mir klarzumachen, daß man doch als Soldat sein Vaterland verteidigt – man sagte ja damals noch Vaterland – und das heißt, seine Mitmenschen rettet. Ich kam in einen großen Konflikt, denn ich hatte kein Bedürfnis, Streit zu haben mit meiner Mutter, aber da stand es doch. Ich habe damals bis zu Tränen verteidigt, daß man den Kriegsdienst verweigern müsse. Nun, das war eine kindliche Reaktion auf einen Text. Aber der Text übersteigt ja das, was jeder leisten kann. Wenn ich ihn heute als über Sechzigjähriger lese, geht es mir ganz genau so. Weder damals noch jemals in der Zwischenzeit noch heute habe ich die Ausflucht wählen können, der Text sei nicht wahr. Dieser Text ist offensichtlich wahr.

So bin ich an die Bibel gekommen, und das genügt eigentlich als Antwort. Ich könnte jetzt schon aufhören zu reden. Aber vielleicht sollte ich mehr sagen. Man wird ja auch älter, man wird aufgeklärt und rational und überlegt sich vieles dabei. Ich erinnere mich sehr gut, wie ich als Fünfzehnjähriger plötzlich entdeckte – und das erschütterte mich sehr – daß ich an meinen Kinderglauben nicht mehr gebunden war. Ich habe mich seitdem gewundert, daß es Intellektuelle gibt, die dieses Erlebnis nicht durchgemacht haben, für die die Freiheit vom Kinderglauben nicht konstitutiv geworden ist.

Ich wurde vom Kinderglauben nicht dadurch gelöst, daß ich Naturwissenschaftler war. Freilich war ich das. Aber daß das Weltbild der Bibel nicht dasselbe ist wie das der modernen Naturwissenschaft, und die Wundererzählungen und dergleichen, das hat mich alles nicht sehr gestört. Wenn ich es an den Wundern erläutern soll: Da wird eine Wunderheilung berichtet, und dann lerne ich, daß es psychosomatische Medizin gibt. Das könnte doch so zugegangen sein, daß ein ungewöhnlicher Mensch eine ungewöhnliche Heilung vollbracht hat. Warum soll das überhaupt der Naturwissenschaft widersprechen? Außerdem weiß ich doch: es gibt die Psychologie der Zeugenaussage, und dieses Wunder ist lang weitererzählt worden; wie mag das wirklich gewesen sein? Ich hatte insbesondere das Gefühl, es sei nicht besonders fromm, zu meinen, Gott sei nur dort wirksam, wo er die Naturgesetze durchbricht. Ich fand, wenn man fromm ist, dann glaubt man, daß er in den Naturgesetzen schon wirkt.

Das also war nicht mein Problem, hingegen kam das Problem aus dem geisteswissenschaftlichen, dem historistischen Argument: Ich bin in der lutherischen Kirche getauft und aufgewachsen. Ich hatte katholische Freunde. Das Faktum, daß ich zufällig Lutheraner bin, ist doch überhaupt kein Argument dafür, daß die Katholiken unrecht haben. Ich bin als Christ getauft, als Christ aufgezogen. Das Faktum, daß ich, weil ich in Europa geboren bin, Christ bin, besagt nicht das geringste darüber, daß das Christentum eher rechthabe als der Buddhismus oder als der Hinduismus, von dem ich erst später etwas zu verstehen begann. Ich bin in einer religiösen Tradition aufgewachsen. Das heißt: solange ich an Autoritäten gebunden bin, weil es die Autoritäten sind, in deren Schatten ich zufällig aufgewachsen bin, hat das mit der Wahrheitsfrage nichts zu tun. Ich habe also die Wahrheitsfrage gestellt. Ich konnte, ich durfte nur noch das glauben, was ich selbst erfahren hatte. Zum Erfahren gehört auch, daß ich, wenn ich den Text der Bergpredigt las und mich fragte: »Kannst du meinen, das sei nicht wahr?«, antworten mußte: »Nein, das kann ich nicht meinen.«

Ich habe zuerst geschildert, wie ich als Kind reagiert habe, wie eben Kinder, die in einer religiösen Tradition aufgewachsen sind, zunächst reagieren. Da war die Bibel das Wort Gottes, und sie war wahr, weil sie das Wort Gottes war. Dann war ich ein moderner Mensch und hatte Naturwissenschaft und Geschichte gelernt, und nun sah ich, daß viele Sachen in der Bibel stehen, die faktisch gar nicht stimmen. Auf einmal war ich von diesen gar nicht mehr betroffen, außer eben bei so durchschlagend wahren Texten wie der Bergpredigt. Und dann, als längst Erwachsener, lernte ich auch die anderen Texte mit modernen Augen des Verständnisses lesen. Im Alten Testament ist eine unendliche Fülle von Geschichten erzählt. Was bedeuten die? Hier danke ich nun der alttestamentlichen Wissenschaft. Persönlich habe ich Kontakt gehabt mit Gerhard von Rad, mit Walter Zimmerli in Göttingen. Ich habe auch die Interpretation des Alten Testaments durch einen Mann wie Martin Buber kennengelernt. Aber zunächst danke ich der soliden philologischen Wissenschaft, die dieses alte Buch aufschließt als eine Quelle wie andere Quellen auch. Da tut sich eine Entdeckung auf. Ich bin nichts mehr zu glauben verpflichtet. Ich stelle fest: da ist 900 Jahre vor Christus etwas geschrieben worden über Ereignisse, die damals schon 100 Jahre zurücklagen, das ist eine Quelle, die man mit aller Vorsicht der

Quellenkritik betrachten muß. Aber die erzählten Ereignisse, das sind ja großartige Ereignisse.

Ich habe z.B. von den Theologen gelernt, die Bücher Samuel zu lesen. Das sind im wesentlichen die Geschichten über David, ehe er König war, als er jung war, und die Geschichte über den König David, als er alt war und seine verschiedenen Söhne von seinen verschiedenen Frauen darum intrigierten, wer sein Nachfolger werden würde. Ich kann jedem, der das, was ich jetzt sage, hört, nur raten, seine Bibel zur Hand zu nehmen und diese Bücher zu lesen. Wenn man theologischer Laie ist, ist es am besten, noch eine kommentierte Ausgabe zur Hand zu nehmen, z.B. aus der Reihe »Altes Testament Deutsch«, damit man ein paar Erläuterungen bekommt; sonst stößt man sich vielleicht daran, daß plötzlich ein Mirakel erzählt wird, oder daß ein schwacher Text mitten zwischen starken Texten steht. Ich gestehe, ich kann auch heute die Geschichte im Grunde nicht ohne Tränen lesen, wie der alte König David den von ihm geliebten Sohn im Krieg bekämpfen muß, weil er nach seiner Krone getrachtet hat, und dann befiehlt, man solle den Knaben Absalom schonen, und er wird umgebracht aus Staatsräson.

So menschlich wie das erzählt ist – ich glaube es gibt überhaupt keine besseren Erzähler in der Weltliteratur. Gerhard von Rad hat zudem einmal in einer sehr schönen Besprechung über den Josephsroman von Thomas Mann geschrieben: Gewiß, das ist ein großes Buch, das von Thomas Mann. Es stellt auf wunderbare Weise für moderne Menschen die vergangene Welt des Mythos dar. Es unterscheidet sich aber von seinem Vorbild, der Josephs-Erzählung, der Josephsnovelle aus dem Buche Genesis, dadurch, daß diese biblische Josephs-Erzählung allerdings radikal unmythisch ist. Diese alte Erzählung ist gleichsam vollmodernes Bewußtsein. Was heißt hier modernes Bewußtsein? Wenigstens, daß in der alten Erzählung nichts geschieht, weil der Mythos das so fordert, sondern weil Menschen so handeln, wie Menschen eben handeln.

Dann gibt es im Alten Testament die prophetischen Schriften. Da gibt es den Propheten Amos, der als Bauer vom Feld kommt in die Zentrale der religiösen Begehungen, nach Bethel. Er sagt der Festversammlung dort verwirrende Sprüche. Zuerst ruft er die Strafe Gottes auf alle ihre Nachbarvölker herab für das Unrecht, das sie getan haben und tun, und zum Schluß ruft er die größte und eigentliche Strafe herab auf sein eigenes Volk. Denn Gott will von euch nicht Opfer, er will, daß ihr den Armen helft. Das ist gewiß eine ferne Kultur, das können uns die Gelehrten deutlich machen. Aber zugleich ist es genau in unserer Zeit. Uns geht es an.

So habe ich die Bibel lesen gelernt, endlich freigeworden von dem, wovon die heutige jüngere Generation vielleicht von selber frei ist, von dem Ballast der traditionellen Autorität dieses Buches. Dann habe ich von meinen alttestamentlichen Freunden auch gelernt, daß die Schöpfungsgeschichte der Bibel eine Antwort auf babylonische Weltentstehungsmythen ist, und daß sie eigentlich ein Vorklang der Rationalität ist, ein Vorklang des Erkennens der großartigen Ordnung der Welt. Deshalb die sechs Schöpfungstage: alles ist gezählt und hat seinen Platz. Die Tiere sind »je nach ihren Arten« von Gott gemacht. Darüber könnte man viel sagen, das lasse ich heute beiseite.

Ich bin dann einmal, nach dem Zweiten Weltkrieg, in Amerika mit einer Menschengruppe zusammengetroffen, die mir einen tiefen Eindruck gemacht hat. Das waren die Quäker. Ich bin selber kein Quäker geworden; vielleicht ist das Hinüberwechseln von einer Stelle zur andern nicht das, was von uns verlangt ist. Aber sie haben mir einen tiefen Eindruck gemacht. Hier lernte ich zum erstenmal eine Gruppe von Menschen kennen, die an die Bergpredigt glaubt. Die Kirche glaubt die Bergpredigt ja normalerweise nicht, sondern sie erklärt sie weg. Bei diesen Leuten zeigte sich, daß man so leben kann, mindestens wie man die Bergpredigt versteht. Mein Freund Douglas Steere, Professor an der Quäker-Universität in Haverford, sagte mit leiser Stimme – denn so etwas kann man nicht laut verkünden – er zitierte einen Spruch, ich weiß nicht woher er stammt: Ein Christ ist drei Dinge, ich will es zuerst englisch sagen: he is three things, he is immensely happy, he is absolutely fearless, and he is always in trouble; grenzenlos glücklich, absolut furchtlos, und immer in Schwierigkeiten. Ich habe sofort gesehen, wie das Glück ausstrahlt, das es bedeutet, das was man glaubt, auch zu tun.

Die Quäker haben natürlich die Welt nicht gerettet. Sie werden den nächsten Krieg nicht verhindern, und die Leute, die ihn durch Militärmacht verhindern wollen, werden ihn nicht nur nicht verhindern, sondern sie werden ihn führen. Und das Problem, wie man denn die Ordnung in der Welt menschlich machen kann, ist allein mit dem Gehorsam gegen die Texte und gegen die innere Stimme, den die Quäker haben, noch nicht gelöst. Hier ist eine rationale Arbeit und eine politische Organisation nötig, und die modernen Quäker wissen das gut. Das ist ein weites Feld, davon spreche ich heute nicht.

Ich möchte aber auf dem Überlegungsstand, den ich jetzt anzudeuten versucht habe, noch einmal auf den Inhalt der Bergpredigt zurückkommen. Daß sie immer wieder Menschen so getroffen hat, wie eben auch die Quäker von ihr getroffen worden das ist historisch wahr. Aber was bedeutet das, wenn man es mit einem modernen Bewußtsein auseinandernimmt? Ich kann einem modernen Menschen im allgemeinen nicht ohne weiteres die Texte vorlegen und sagen: hör zu, das ist wahr. Leichter sage ich: sieh zu, das hat einmal jemand gesagt. Freilich kann ich zu den Hindus oder zu den Buddhisten gehen und ihnen diese Texte zeigen. Dann sagen sie: »Ja, das wissen wir, das ist wahr, das lehren wir auch.« Da ist nichts, was die schreckliche Vorstellung der christlichen Kirche stützt, sie sei im Alleinbesitz der Wahrheit. Im Gegenteil, dieser Text macht die Stärke des Christentums in der ganzen Welt aus, weil diejenigen, die davon überhaupt berührt werden können, wissen: hier ist auch Wahrheit, und diese Wahrheit ist nicht zu leugnen. Aber was bedeutet diese Wahrheit? Wahrscheinlich kann ich von einem wirklichen Buddhisten, einem wirklichen Hindu, wohl auch von einem wirklichen Moslem leichter das Zugeständnis erhalten, daß hier Wahrheit ist; aber was bedeutet diese Wahrheit für das moderne, aufgeklärte Bewußtsein?

Man kann versuchen, in der Bergpredigt drei »Schichten« zu unterscheiden. Die erste ist die Allgemeingültigkeit der Ethik, der kategorische Imperativ. Die zweite ist, daß die Ethik in der Gesinnung liegt, und nicht im äußeren Handeln. Die dritte ist der Indikativ der Seligpreisungen, im Unterschied zum Imperativ der Gebote.

Das Erste: die goldene Regel. »Was du nicht willst, daß man dir tu'«, so sagen wir im Knittelvers, »das füg auch keinem andern zu!« Das steht in der Bergpredigt. Es steht nicht nur in der Bergpredigt, sondern in einer langen Reihe von klassischen ethischen und religiösen Texten, und das ist es, was niemand leugnen kann. Geheimnisvollerweise bringt man nicht zustande, das ehrlich zu leugnen. Man handelt zwar immer dagegen, aber man kann, wenn man es einmal mit dem Herzen gehört hat, nicht mehr ehrlich sagen es sei nicht wahr. Dies ist in der Bergpredigt dann allerdings radikalisiert: »Wenn dir einer einen Streich gibt auf die rechte Backe, so biete ihm auch die linke.« Das tun wir natürlich noch viel weniger. Und die Frage ist, ob das eigentlich nötig ist. Darauf komme ich gleich zurück.

Die allgemeine Ethik, die Ethik des allgemeinen Gebots, das allen Menschen so zu handeln befiehlt, wie sie selbst behandelt sein wollen, diese Ethik ist auch ohne Religion, außerhalb des religiösen Zusammenhangs, sehr wohl denkbar. Ihre größte Formulierung, die mir bekannt geworden ist, stammt von Kant: »Handle so, daß die Maxime deines Handelns jederzeit Prinzip einer allgemeinen Gesetzgebung werden könne«. Da ist nicht dieses oder jenes Gebot gefordert, sondern gefordert ist, daß das Gebot ein Gebot soll sein können, das heißt, daß man es an jeden richten kann. Das ist eine rationale, eine vernünftige Durchüberlegung der Bedingungen der Existenz der Gesellschaft. Eine menschliche Gesellschaft kann existieren, wenn ihre Glieder so handeln. Handeln sie nicht so, so müssen sie unlösbare Konflikte erzeugen. Und da in der Geschichte meist nicht so gehandelt wird, ist die Geschichte eine Kette unlösbarer Konflikte. Und man kann sehen, daß die Konflikte nicht nötig wären. Das ist alles schlichte Vernunft. In der Bergpredigt ist es nicht mit solch rationaler Argumentation gesagt, aber weil es so ist, so glaube ich, kann man sich ihr nicht entziehen.

Das Zweite: die Gesinnung. Fangen wir mit den überzogen scheinenden Beispielen an. Warum das mit der rechten und der linken Backe? Muß das sein? Das ist nun zunächst nicht so einfach eine Ethik der Selbsterniedrigung. Man könnte ebensogut sagen, es sei eine Ethik des Stolzes: wenn du mich so treffen willst, triff mich auch auf der anderen Backe; so triffst du mich nicht. Aber das ist noch äußerlich. Das Wesentliche läßt sich an den Beispielen ablesen, die ich eingangs zitiert habe. Du sollst nicht töten. Das ist längst gesagt und ist ein Teil der allgemeinen Ethik, denn willst du, daß man dich tötet? Aber du sollst nicht nur nicht töten, du sollst nicht töten wollen. Du sollst nicht in dir den Impuls zulassen, der, wenn du ihm folgtest, töten würde. Das ist nun genauso unwidersprechlich. Kant hat das wiederum wunderbar gesagt: Es gibt nichts in der Welt, was ohne jede Einschränkung gut genannt werden kann, als allein ein guter Wille. Der gute Wille ist gefordert. Auch dieser Forderung kann man sich nicht entziehen, und ich glaube, alle Feststellungen, es sei nicht gefordert, denn es stehe nicht in unserer Macht, sind Heuchelei.

Das Dritte: die Seligpreisungen. Es scheint zunächst nicht, daß diese Ethik zur Seligkeit führe. Der Kern der Sache ist mit ihr allein noch nicht erreicht. Lese ich diese Ethik in ihrer unwidersprechlichen Strenge, so kann ich ja nur an mir verzweifeln. Ich muß feststellen, daß ich nicht vollziehe, was ich doch anerkenne. Friede in der Gesellschaft ist nur möglich gemäß dem äußeren Imperativ. Reifung der Persönlichkeit ist nur möglich, wo die Person den inneren Imperativ, den Imperativ der Gesinnung für sich als gültig anerkennt. Aber wie führt dies zur Reifung? Das Freiwerden von den Folgen meiner Fehler – auch das Freiwerden von den Folgen der Traumata, die mir andere angetan haben – diese Befreiung geschieht, wenn sie überhaupt geschieht, nur wenn ich meine Fehler als meine Fehler anerkenne und mich eben damit von ihnen unterscheide, sie als Schuld auf mich nehme. Die Befreiung beginnt mit dem Anerkenntnis: ich könnte anders und daß ich nicht anders gehandelt habe liegt an mir. Wenn ich das nicht zu bekennen vermag, dann bleibt der Fehler mit seinen unvermeidlichen Konsequenzen an mir haften. Dann bin ich mit dem Fehler identifiziert und trage die unweigerlichen Folgen. Ich glaube, der gesamte Konflikt der Menschen mit sich selbst, den sie dann immer nach außen projizieren, und der macht, daß sie voller Aggressionen gegenüber Dritten sind, daß sie die Gesellschaft und ich weiß nicht wen sonst beschuldigen, dieser Konflikt beruht darauf, daß man an irgendeiner Stelle eine offensichtliche Schuld nicht auf sich genommen hat. Aber wenn ich sie auf mich nehme, muß ich dann nicht verzweifeln?

Darauf ist die Antwort das, was am ersten Anfang der Bergpredigt steht, das sind die Seligpreisungen im Indikativ. Da wird nicht gesagt: »du sollst«, da wird auch nicht gesagt: »du kannst, denn du sollst«, was nur als beleidigend empfunden werden kann, sondern da wird gesagt: »Selig bist du, wenn du den Frieden machst, dann wirst du ein Sohn Gottes heißen. Selig bist du, wenn du verlangst, wenn du bettelst nach dem Geist. Dies dein Verlangen wird erfüllt werden.« Eigentlich muß es sogar nicht im Futurum gesagt werden, sondern im Präsens. Denn in dem Augenblick, in dem es uns erfüllt wird, entdecken wir, daß es immer erfüllt war und wir es nur nicht gesehen haben.

Die Erfahrung, die in diesem Indikativ ausgesprochen wird, ist der eigentliche Kern. Sie ist das, was macht, daß – wenn ich geläufige und doch mißverständliche Begriffe gebrauchen darf – wovon hier die Rede ist, nicht Moral ist, sondern Religion. Es gibt ja einen tiefen Gegensatz zwischen reiner Moral und Religion. Die Moral, die den Trost dieses Indikativs der Seligkeit nicht hat, muß fordern bis zum Unmenschlichen, oder sie belügt sich selbst. Nur der, der das Geschenk bekommt, den andern und sich lieben zu können, kann eigentlich die moralische Forderung an eine Stelle setzen, wo sie lebendig macht und nicht tötet. Der rein Moralische kann ja sich nicht lieben, er haßt ja sich, gerade weil er an sich gebunden bleibt, und deshalb muß er von den Anderen das Unerfüllbare verlangen, denn er kann nun auch sie nicht lieben. Das scheint mir in der Bergpredigt gewußt. Das ist es, was meine Hindu-Freunde oder meine buddhistischen Freunde anspricht, so daß sie sagen: Jesus war ein Wissender. Er war eine Inkarnation des Göttlichen. Wie hätte er so sprechen können, wenn er das nicht gewußt hätte. An dieser Stelle kann ich kein Bedürfnis haben, diese Freunde noch zum Christentum zu bekehren. Wozu sollte das dienen?

151

Alan W. Watts
Das Zeitalter der Angst

... Der moderne Wissenschaftler ist nicht etwa so naiv, Gott
zu leugnen, weil dieser sich nicht mit einem Teleskop finden, oder
die Seele sich nicht durch ein Skalpell freilegen läßt. Er hat lediglich festgestellt, daß die Idee eines Gottes von der Logik her unnö-
tig ist. Er zweifelt sogar, daß sie irgendeine Bedeutung habe. Er
will nichts auf andere als rein logische Weise erklärt haben.

Er argumentiert, daß die Behauptung, alles Geschehen
unterliege der Vorsehung und der Kontrolle Gottes, tatsächlich
nicht mehr bedeute, als wenn man nichts sagt. Zu behaupten, daß
alles von Gott erschaffen und regiert sei, hieße nichts anderes als
zu sagen: »Alles liegt bei ihm«, was wiederum gar nichts bedeutet.
Diese Meinung hilft uns nicht, irgendwelche beweisbaren Vor-
hersagen machen zu können und ist daher vom wissenschaftlichen Standpunkt aus von keinerlei Wert. Wissenschaftler mögen
in dieser Hinsicht Recht oder Unrecht haben. Es ist nicht unsere
Aufgabe, diesen Punkt zu diskutieren. Wir müssen nur feststellen, daß solcher Skeptizismus von ungeheurem Einfluß und ton-
angebend für die Stimmung des Zeitalters ist.

Was die Wissenschaft alles in allem sagt, ist dies: Wir wissen
nicht – und aller Wahrscheinlichkeit nach können wir auch nie
wissen – ob Gott existiert oder nicht. Nichts was wir wissen, läßt
darauf schließen, daß Er existiert, und alle Argumente, die behaupten, Seine Existenz beweisen zu können, erweisen sich ohne
logischen Rückhalt. Tatsächlich läßt sich aber auch nicht beweisen, daß es Gott nicht gibt, doch die Last dieses Beweises liegt bei
denen, die solche Behauptungen aufstellen. Wenn du an Gott
glaubst – so sagt der Wissenschaftler – so mußt du das gänzlich
gefühlsmäßig, ohne logische oder tatsächliche Grundlage tun.
Praktisch gesprochen ist dieses Atheismus; theoretisch ist es einfach Agnostizismus.

Denn wissenschaftliche Ehrlichkeit bedingt vor allem, daß
du nichts zu wissen vorgibst, was du nicht weißt, und das Wesen
wissenschaftlicher Lehre fordert, daß du keine Hypothesen
anwendest, die nicht nachgeprüft werden können.

Die unmittelbaren Resultate sind zutiefst beunruhigend
und deprimierend gewesen. Denn dem Menschen scheint es
unmöglich zu sein, ohne einen Mythos zu leben, ohne den Glauben, daß Gewohnheit und Plagerei, Furcht und Schmerzen dieses
Leben nicht irgendeine Bedeutung und ein Ziel in der Zukunft
haben. Sofort tauchen neue Mythen auf – politische und wirtschaftliche Mythen mit verschwenderischen Versprechungen auf

152

die beste aller Zukünfte in diesem Dasein. Diese Mythen üben bei dem einzelnen gewisse Wirkung dadurch aus, daß er zum Teil einer gewaltigen sozialen Kraftanstrengung wird, in welcher er etwas von seiner eigenen inneren Leere und Verlassenheit vergißt. Jedoch verrät gerade die Heftigkeit solcher politischer Religionen die unter ihnen schlummernde Angst. Sie gleichen einer Herde Menschen, die dicht zusammengedrängt einander zurufen, um sich im Dunkeln Mut zu machen.

Sobald der Verdacht entsteht, daß eine Religion Mythos sei, ist ihre Macht vergangen. Es mag für den Menschen nötig sein, einen Mythos zu haben, aber er kann sich nicht bewußt einen solchen verschreiben, wie er sich eine Tablette für sein Kopfweh verordnet. Ein Mythos kann nur wirken, wenn er als Wahrheit angesehen wird; Menschen können sich nicht lange bewußt und absichtlich zum Narren halten.

Selbst die besten neuzeitlichen Apostel der Religion scheinen diese Tatsache zu übersehen. Denn ihre stärksten Argumente für irgendeine Art Rückkehr zur Orthodoxie sind diejenigen, die soziale und moralische Vorzüge des Glaubens an Gott aufzeigen. Jedoch beweist dieses nicht, daß Gott eine Wirklichkeit ist. Es beweist bestenfalls, daß an Gott glauben nützlich ist. »Und gäbe es keinen Gott, man müßte ihn erfinden.« Vielleicht. Wenn aber die Masse irgendeinen Verdacht hat, daß Er nicht existiert, ist die Erfindung vergeblich.

Aus diesem Grunde hat die derzeitige Rückkehr mancher intellektueller Kreise zur Orthodoxie in vielen Fällen einen recht hohlen Klang. So vieles ist dabei mehr ein Glauben an den Glauben, als ein Glaube an Gott. Der Kontrast zwischen den unsicheren neurotischen, gelehrten »Modernen« und der ruhigen Würde, dem inneren Frieden des Gläubigen vom alten Schlage, läßt einen den letzteren beneiden.

Jedoch ist es eine ernste Fehlanwendung der Psychologie, das Vorliegen oder Fehlen einer Neurose zum Prüfstein der Wahrheit zu machen und anzunehmen, daß, wenn eines Menschen Philosophie ihn neurotisch macht, diese Philosophie falsch sein müsse. »Die meisten Atheisten und Agnostiker sind neurotisch, während die meisten einfachen Katholiken glücklich sind und in Frieden mit sich selbst. Daher sind die Ansichten der Ersten falsch und die Letzten richtig.«

Selbst wenn diese Beobachtung richtig wäre, ist doch die Folgerung daraus falsch. Das ist, wie wenn du sagen würdest: »Du sagst, es brennt im Erdgeschoß. Du bist bestürzt darüber. Aber da du bestürzt bist, ist offenbar gar kein Feuer vorhanden.« Der Agnostiker, der Skeptiker ist neurotisch, jedoch bedingt das nicht, daß seine Philosophie falsch ist; es schließt nur die Aufdeckung von Tatsachen ein, denen er sich nicht anzupassen vermag. Der Intellektuelle, der der Neurose zu entgehen versucht, indem er vor den Tatsachen flieht, handelt nur nach dem Prinzip: »Wo Unwissenheit selig macht, wäre es Torheit, weise sein zu wollen.«

Wenn Glaube an Ewiges unmöglich wird, und es nur den kleinen Ersatz von Glauben an den Glauben gibt, suchen Menschen ihr Glück in den Freuden der Zeit. Wie sehr sie auch immer versuchen mögen, es tief in ihrem Hirn zu begraben, so sind sie sich doch immer bewußt, daß diese Freuden sowohl ungewiß wie kurz sind. Das zeitigt zwei Ergebnisse: auf der einen Seite hat man Angst, man könnte etwas versäumen, so daß der Geist gierig und nervös von einem Vergnügen zum anderen flattert, ohne in einem davon Ruhe und Befriedigung zu finden. Auf der anderen Seite gibt die fruchtlose Mühe, dauernd nach einem zukünftigen Heil in einem Morgen, das niemals kommt, zu jagen, in einer Welt, in der alles zerfällt, dem Menschen die Haltung des: »Was hat es denn überhaupt für einen Zweck?«

Als Folge davon ist unsere Zeit eine der Fruchtlosigkeit, der Angst, der Aufregung und der Neigung zu »Betäubung«. Irgendwie müssen wir zu erhaschen versuchen, was wir nur können, solange wir es können, und die Erkenntnis betäuben, daß alles nichtig und sinnlos ist. Diese Betäubung nennen wir dann unseren hohen Lebensstandard, eine gewaltsame und vielfältige Anregung der Sinne, die sie fortschreitend immer weniger empfindsam macht, so daß sie eines stets noch stärkeren Anreizes bedürfen.

Wir dürsten nach Ablenkung – nach Anblicken, Tönen, Aufregungen und Nervenkitzeln – nach einem Panorama, in das möglichst viel von all dem in kürzester Zeit hineingezwängt werden soll.

Um diesen »Standard« aufrechtzuerhalten, sind die meisten von uns bereit, ein Leben hinzunehmen, das vorwiegend darin besteht, mit langweiligen Betätigungen genügend Mittel zu erwerben, um in der Zwischenzeit hektischen und teuren Vergnügungen nachzugehen, die vorübergehende Erleichterung der Langeweile mit sich bringen. Die Unterbrechungen hält man für das richtige Leben, für den eigentlichen Zweck, dem das notwendige Übel der Arbeit dient. Oder wir bilden uns ein, daß eine Arbeit durch die Errichtung einer Familie ihre Rechtfertigung findet, die dann ihrerseits auf der gleichen Linie fortfährt, um eine weitere Familie zu errichten…und dies ad infinitum.

Das ist keine Karikatur. Es ist die nackte Wirklichkeit von Millionen Leben, so allgemein, daß wir uns kaum mit Einzelhei-

154

ten zu befassen brauchen, außer die Angst und Hoffnungslosigkeit derer festzustellen, die sich damit abfinden müssen, weil sie nichts anderes zu tun wissen.

Aber was *sollen* wir tun? Es scheint zwei Lösungen zu geben. Erstens auf diesem oder jenem Wege einen neuen Mythos zu entdecken oder überzeugend einen alten wiederzuerwecken. Wenn die Wissenschaft nicht beweisen kann, daß es keinen Gott gibt, so können wir versuchen, auf die bloße Chance hin, daß es ihn schließlich doch gibt, zu leben und zu handeln. In einem solchen Spiel scheint man nicht verlieren zu können; denn wenn am Ende der Tod steht, werden wir nie erfahren, daß wir verloren haben. Doch offenbar wird dieses nie zu einem lebendigen Vertrauen führen, denn es ist in Wirklichkeit kaum mehr, als wenn man sagt: »Da die ganze Sache sowieso nutzlos ist, wollen wir tun, als ob sie es nicht wäre!« Die zweite Lösung wäre, zu versuchen, grimmig der nackten Wirklichkeit ins Auge zu sehen, als ob das Leben »ein Märchen sei, von einem Irren erzählt« und daraus das Bestmögliche zu machen, und uns dabei auf unserer Reise vom Nichts zum Nichts von Wissenschaft und Technik, so gut sie es können, helfen zu lassen.

Doch sind dies nicht die einzigen Lösungen. Wir können damit anfangen, den Agnostizismus der kritischen Wissenschaft anzunehmen. Wir können ehrlich zugeben, daß wir keinerlei wissenschaftliche Grundlagen haben, an Gott, Unsterblichkeit oder an irgend etwas Absolutes zu glauben. Wir können ganz und gar Abstand nehmen von dem Versuch, zu glauben, das Leben einfach so nehmen, wie es ist und als nichts anderes. Doch gibt es bei diesem Ausgangspunkt noch einen anderen Kurs des Lebens, der weder Mythos noch Verzweiflung erfordert, jedoch eine totale Umwälzung in unserem normalen gewohnten Denken und Fühlen.

Das Ungewöhnliche dieser Umwälzung ist, daß sie die Wahrheit hinter den sogenannten Mythen von überlieferter Religion und Metaphysik enthüllt. Sie enthüllt nicht Glaubensanschauungen, sondern tatsächliche Realitäten, die – in unerwarteter Weise – den Ideen von Gott und ewigem Leben entsprechen. Es gibt Gründe, anzunehmen, daß eine Umwälzung dieser Art ursprüngliche Quelle einiger der großen religiösen Ideen war und zu diesen in Bezug steht, wie die Wirklichkeit zum Symbol und wie die Ursache zum Erfolg. Der allgemeine Irrtum üblicher Religionsausübung ist, das Symbol mit der Wirklichkeit zu verwechseln, auf den Finger zu sehen, der den Weg zeigt, und dann lieber behaglich an ihm zu lutschen, statt ihm zu folgen. Religiöse Ideen sind wie Worte – von wenig Nutzen und häufig irreführend, es sei denn, du kennst die greifbare Wirklichkeit, auf die sie sich beziehen. Das Wort »Wasser« ist ein nützliches Mittel der Verständigung unter denen, die Wasser kennen. Das gleiche gilt von dem Wort und der Idee, die »Gott« genannt wird.

Ich will hier nicht geheimnisvoll scheinen oder mich geheimen Wissens rühmen. Die Wirklichkeit, die übereinstimmt mit Gott und ewigem Leben, ist ehrlich, ohne Arg, einfach und für alle sichtbar. Jedoch verlangt dieses Sehen eine Korrektur des Denkens, genau wie zur Erlangung voller Sehkraft manchmal die Augen einer Korrektur bedürfen.

Die Entdeckung dieser Wirklichkeit wird durch Glauben mehr gehindert als gefördert, gleichgültig, ob es Glaube an Gott oder Atheismus ist. Wir müssen hier klar zwischen Glauben und Vertrauen unterscheiden, weil nach allgemeiner Übung Glauben die Bedeutung eines geistigen Zustandes erlangt hat, der fast das Gegenteil von Vertrauen ist. Glauben – wie ich das Wort hier benutze – ist das Beharren darauf, daß die Wahrheit so ist, wie man sie »gern haben« möchte oder sie sich wünschen würde. Der Glaubende will sein Bewußtsein der Wahrheit unter der Bedingung erschließen, daß sie mit seinen vorgefaßten Ideen und Wünschen übereinstimmt. Hingegen ist Vertrauen eine vorbehaltlose Erschließung des Bewußtseins gegenüber der Wahrheit, wie immer auch diese aussehen mag. Vertrauen kennt keine Voreingenommenheit, es ist ein Sprung ins Unbekannte. Glaube klammert sich, Vertrauen aber läßt sich treiben. In diesem Sinne des Wortes ist Vertrauen die grundlegende Tugend der Wissenschaft und ebenso jeder Religion, die nicht Selbsttäuschung ist.

Die meisten von uns glauben, um sich sicher zu fühlen, um ihrem Leben Wert und Bedeutung zu geben. Glauben ist auf diese Weise zu einem Versuch geworden, sich an das Leben zu klammern, es zu fassen und für sich selbst zu behalten. Aber du kannst das Leben und seine Geheimnisse nicht verstehen, solange du es zu fassen suchst. Ja, du kannst es gar nicht ergreifen, ebensowenig wie du einen Fluß im Eimer davontragen kannst. Wenn du versuchst, fließendes Wasser in einem Eimer einzufangen, so zeigt das, daß du es nicht verstehst und daß du immer enttäuscht sein wirst, denn im Eimer fließt das Wasser nicht. Um fließendes Wasser zu haben, mußt du es loslassen, mußt du es fließen lassen. Dasselbe gilt für das Leben und für Gott.

Die gegenwärtige Periode menschlichen Denkens und menschlicher Geschichte ist ganz besonders reif für dieses »Loslassen«. Unser Denken ist hierauf vorbereitet gerade durch den Zusammenbruch der Glaubensanschauungen, in denen wir Sicherheit suchten. Von einem Gesichtspunkt aus, der erstaunlicherweise genau mit religiösen Traditionen übereinstimmt, ist dieses Verschwinden der alten Grundfesten und absoluten Begriffe kein Unglück, sondern eher ein Segen. Es zwingt uns nahezu, der Wirklichkeit offenen Gesichts gegenüberzutreten; Gott kannst du auch nur durch einen offenen Geist erkennen, ebenso wie du den Himmel nur durch eine klares Fenster sehen kannst. Du wirst den Himmel nicht sehen, wenn du das Glas mit blauer Farbe bemalt hast.

Jedoch sind »religiöse« Leute, die sich dagegen wehren, die Farbe vom Glas zu kratzen, die die wissenschaftliche Einstellung mit Furcht und Mißtrauen betrachten und Vertrauen mit dem Anklammern an gewisse Ideen verwechseln, von merkwürdiger Unkenntnis gegenüber den Gesetzen des geistigen Lebens, die sie in ihren eigenen Überlieferungen finden könnten. Sorgfältiges Studium vergleichender Religion und geistlicher Philosophie offenbart, daß ein Aufgeben des Glaubens, jedes Anklammern an ein eigenes zukünftiges Leben und jeder Versuch, dem Ende und dem Sterblichsein zu entrinnen, eine regelmäßige und normale Station auf dem Wege des Geistes ist. Ja, es ist tatsächlich ein solches »Grundprinzip« geistigen Lebens, daß es von Anbeginn an hätte klar sein müssen, und es erscheint nach allem überraschend, daß wissenschaftlich gebildete Theologen irgendeine andere Haltung gegenüber der kritischen wissenschaftlichen Philosophie einnehmen sollten, als die der Zusammenarbeit.

Gewiß ist es nichts Neues, daß das Heil nur durch den Tod Gottes in Menschengestalt kommt. Aber es war vielleicht nicht so leicht zu erkennen, daß die menschliche Gestalt Gottes nicht nur einfach die des überlieferten Christus ist, sondern auch die der Bilder, Ideen und des Glaubens an das Absolute, an welche sich die Menschen in ihrem Denken klammern. Hier findet sich der volle Sinn des Gebotes: »Du sollst dir kein Bildnis noch irgendein Gleichnis machen, des, das oben im Himmel ist... Du sollst keine Götter haben neben mir«. (2. Moses 20,4 u. 20,3).

Um die letzte Wahrheit des Lebens zu entdecken – das Absolute, das Ewige, Gott – mußt du aufhören, es in Form von Idolen greifen zu wollen. Solche Idole sind nicht nur die rohen Bilder, wie z. B. die geistige Vorstellung Gottes als eines alten Herrn auf goldenem Thron. Sie sind auch unsere Glaubensanschauungen, unsere wohlgehütete, vorgefaßte Meinung über die Wahrheit, die einem vorbehaltlosen Öffnen von Geist und Herz im Wege stehen. Abbilder sind dazu da, die Wahrheit auszudrücken, nicht aber, sie zu besitzen.

Das wurde in den großen Traditionen des Orients immer anerkannt, im Buddhismus, im Vedanta und Taoismus. Der

Grundsatz war den Christen nicht unbekannt, denn er lag in der ganzen Geschichte und Lehre von Christus eingeschlossen. Sein Leben war von Anbeginn ein völliges Hinnehmen und Umschließen der Unsicherheit. »Die Füchse haben Gruben, die Vögel haben Nester, aber der Menschensohn hat nichts, wo er sein Haupt hinlegen kann.«

Dieser Grundsatz trifft erst recht zu, wenn man Christus als göttlich im ganz orthodoxen Sinne betrachtet, – als die ausschließliche und einzigartige Inkarnation Gottes. Denn das Grundthema der Christuslegende ist, daß dieses personifizierte Bildnis von Gott zur Quelle des Lebens gerade in dem Augenblick seines Niederganges wird. Den Jüngern, die sich an seine Göttlichkeit in seiner menschlichen Gestalt zu klammern versuchten, erklärt er: »Wenn ein Samenkorn nicht in die Erde fällt und stirbt, so bleibt es allein. Aber wenn es stirbt, so wird es viele Früchte tragen.« In gleichem Sinne warnte er sie: »Es ist gut für euch, daß ich weggehe, denn wenn ich nicht weggehe, so kann der Heilige Geist nicht über euch kommen.«

Diese Worte sind mehr denn je auf Christen anwendbar und drücken genau die ganze Lage unserer Zeit aus. Denn wir haben nie den umwälzenden Sinn, der ihnen unterliegt, verstanden, – die unfaßliche Wahrheit, daß das, was die Religion die Schau Gottes nennt, dadurch gefunden wird, daß man jeden Glauben an die Vorstellung von Gott aufgibt. Nach dem gleichen Gesetz der Umkehr entdecken wir das »Unendliche« und »Absolute« nicht dadurch, daß wir uns bemühen, der endlichen und relativen Welt zu entfliehen, sondern daß wir ihre Begrenzungen voll und ganz hinnehmen. So paradox es scheinen mag, so finden wir gleicherweise das Leben nur sinnvoll, wenn wir gesehen haben, daß es ohne Zweck ist und kennen das Geheimnis des Weltalls nur, wenn wir überzeugt sind, daß wir überhaupt nichts darüber wissen. Dem gewöhnlichen Agnostiker, Relativitätsanhänger oder Materialisten gelingt es nicht, diesen Punkt zu erreichen, weil er seinen Gedankengang nicht konsequent bis zum Ende verfolgt, – einem Ende, das ihm die Überraschung seines Lebens bringen würde. Viel zu früh verläßt ihn Vertrauen, Aufgeschlossenheit gegenüber der Wirklichkeit, und sein Denken verhärtet sich zur Doktrin. Für die Entdeckung des Mysteriums, des Wunders aller Wunder, braucht es keinen Glauben, denn wir können nur an das glauben, was wir schon gekannt, vorausgesetzt und uns vorgestellt haben. *Dieses* aber liegt jenseits aller Vorstellung. Wir müssen nur unser geistiges Auge weit genug auftun und »die Wahrheit kommt ans Licht«.

2. Schöpfergott und Naturwissenschaft

Albert Einstein
Wie ich die Welt sehe

Wie merkwürdig ist die Situation von uns Erdenkindern! Für einen kurzen Besuch ist jeder da. Er weiß nicht wofür, aber manchmal glaubt er, es zu fühlen, Vom Standpunkt des täglichen Lebens ohne tiefere Reflexion weiß man aber: man ist da für die anderen Menschen – zunächst für diejenigen, von deren Lächeln und Wohlsein das eigene Glück völlig abhängig ist, dann aber auch für die vielen Ungekannten, mit deren Schicksal uns ein Band des Mitfühlens verknüpft. Jeden Tag denke ich unzählige Male daran, daß mein äußeres und inneres Leben auf der Arbeit der jetzigen und der schon verstorbenen Menschen beruht, daß ich mich anstrengen muß, um zu geben im gleichen Ausmaß, wie ich empfangen habe und noch empfange. Ich habe das Bedürfnis nach Genügsamkeit und habe oft das drückende Bewußtsein, mehr als nötig von der Arbeit meiner Mitmenschen zu beanspruchen. Die sozialen Klassenunterschiede empfinde ich nicht als gerechtfertigt und letzten Endes als auf Gewalt beruhend. Auch glaube ich, daß ein schlichtes und anspruchsloses äußeres Leben für jeden gut ist, für Körper und Geist.

An Freiheit des Menschen im philosophischen Sinne glaube ich keineswegs. Jeder handelt nicht nur unter äußerem Zwang, sondern auch gemäß innerer Notwendigkeit. Schopenhauers Spruch: »Ein Mensch kann zwar tun, was er will, aber nicht wollen, was er will« hat mich seit meiner Jugend lebendig erfüllt und ist mir beim Anblick und beim Erleiden der Härten des Lebens immer ein Trost gewesen und eine unerschöpfliche Quelle der Toleranz. Dieses Bewußtsein mildert in wohltuender Weise das leicht lähmend wirkende Verantwortungsgefühl und macht, daß wir uns selbst und die andern nicht gar zu ernst nehmen; es führt zu einer Lebensauffassung, die auch besonders dem Humor sein Recht läßt.

Nach dem Sinn oder Zweck des eigenen Daseins sowie des Daseins der Geschöpfe überhaupt zu fragen, ist mir von einem objektiven Standpunkt aus stets sinnlos erschienen. Und doch hat andererseits jeder Mensch gewisse Ideale, die ihm richtunggebend sind für das Streben und für das Urteilen. In diesem Sinn ist mir Behagen und Glück nie als Selbstzweck erschienen (ich nenne diese ethische Basis auch Ideal der Schweineherde). Meine

Ideale, die mir voranleuchteten und mich mit frohem Lebensmut immer wieder erfüllten, waren Güte, Schönheit und Wahrheit. Ohne das Gefühl von Übereinstimmung mit Gleichgesinnten, ohne die Beschäftigung mit dem Objektiven, dem ewig Unerreichbaren auf dem Gebiet der Kunst und des wissenschaftlichen Forschens wäre mir das Leben leer erschienen. Die banalen Ziele menschlichen Strebens: Besitz, äußerer Erfolg, Luxus erschienen mir seit meinen jungen Jahren verächtlich...

Das Schönste, was wir erleben können, ist das Geheimnisvolle. Es ist das Grundgefühl, das an der Wiege von wahrer Kunst und Wissenschaft steht. Wer es nicht kennt und sich nicht mehr wundern, nicht mehr staunen kann, der ist sozusagen tot und sein Auge erloschen. Das Erlebnis des Geheimnisvollen – wenn auch mit Furcht gemischt – hat auch die Religion gezeugt. Das Wissen um die Existenz des für uns Undurchdringlichen, der Manifestationen tiefster Vernunft und leuchtendster Schönheit, die unserer Vernunft nur in ihren primitivsten Formen zugänglich sind, dies Wissen und Fühlen macht wahre Religiosität aus; in diesem Sinn und nur in diesem gehöre ich zu den tief religiösen Menschen. Einen Gott, der die Objekte seines Schaffens belohnt und bestraft, der überhaupt einen Willen hat nach Art desjenigen, den wir an uns selbst erleben, kann ich mir nicht einbilden. Auch ein Individuum, das seinen körperlichen Tod überdauert, mag und kann ich mir nicht denken; mögen schwache Seelen aus Angst oder lächerlichem Egoismus solche Gedanken nähren. Mir genügt das Mysterium der Ewigkeit des Lebens und das Bewußtsein und die Ahnung von dem wunderbaren Bau des Seienden, sowie das ergebene Streben nach dem Begreifen eines noch so winzigen Teiles der in der Natur sich manifestierenden Vernunft...

Religion und Wissenschaft

Alles, was von den Menschen getan und erdacht wird, gilt der Befriedigung gefühlter Bedürfnisse sowie der Stillung von Schmerzen. Dies muß man sich immer vor Augen halten, wenn man geistige Bewegungen und ihre Entwicklung verstehen will. Denn Fühlen und Sehen sind der Motor alles menschlichen Strebens und Erzeugens, mag sich uns letzteres auch noch so erhaben darstellen. Welches sind nun die Gefühle und Bedürfnisse, welche die Menschen zu religiösem Denken und zum Glauben im weitesten Sinne gebracht haben? Wenn wir hierüber nachdenken, so sehen wir bald, daß an der Wiege des religiösen Denkens und

160

Erlebens die verschiedensten Gefühle stehen. Beim Primitiven ist es in erster Linie die Furcht, die religiöse Vorstellungen hervorruft. Furcht vor Hunger, wilden Tieren, Krankheit, Tod. Da auf dieser Stufe des Daseins die Einsicht in die kausalen Zusammenhänge gering zu sein pflegt, spiegelt uns der menschliche Geist selbst mehr oder minder analoge Wesen vor, von deren Wollen und Wirken die gefürchteten Erlebnisse abhängen. Man denkt nun, die Gesinnung jener Wesen sich günstig zu stimmen, indem man Handlungen begeht und Opfer bringt, welche nach dem von Geschlecht zu Geschlecht überlieferten Glauben jene Wesen besänftigen bzw. dem Menschen geneigt machen. Ich spreche in diesem Sinne von Furcht-Religion. Diese wird nicht erzeugt, aber doch wesentlich stabilisiert durch die Bildung einer besonderen Priesterkaste, welche sich als Mittlerin zwischen den gefürchteten Wesen und dem Volk ausgibt und hierauf eine Vormachtstellung gründet. Oft verbindet der auf andere Faktoren sich stützende Führer oder Herrscher bzw. eine privilegierte Klasse mit ihrer weltlichen Herrschaft zu deren Sicherung der priesterlichen Funktionen, oder es besteht eine Interessen-Gemeinschaft zwischen der politisch herrschenden Kaste und der Priesterkaste.

Eine zweite Quelle religiösen Gestaltens sind die sozialen Gefühle. Vater und Mutter, Führer größerer menschlicher Gemeinschaften sind sterblich und fehlbar. Die Sehnsucht nach Führung, Liebe und Stütze gibt den Anstoß zur Bildung des sozialen bzw. des moralischen Gottesbegriffes. Es ist der Gott der Vorsehung, der beschützt, bestimmt, belohnt und bestraft. Es ist der Gott, der je nach dem Horizont des Menschen das Leben des Stammes, der Menschheit, ja das Leben überhaupt liebt und fördert, der Tröster in Unglück und ungestillter Sehnsucht, der die Seelen der Verstorbenen bewahrt. Dies ist der soziale oder moralische Gottesbegriff.

In der Heiligen Schrift des jüdischen Volkes läßt sich die Entwicklung von der Furcht-Religion zur moralischen Religion schön beobachten. Ihre Fortsetzung hat sie im Neuen Testament gefunden. Die Religionen aller Kulturvölker, insbesondere auch der Völker des Orients, sind in der Hauptsache moralische Religionen. Die Entwicklung von der Furcht-Religion zur moralischen Religion bildet einen wichtigen Fortschritt im Leben der Völker. Man muß sich vor dem Vorurteil hüten, als seien die Religionen der Primitiven reine Furcht-Religionen, diejenigen der kultivierten Völker reine Moral-Religionen. Alle sind vielmehr Mischtypen, so jedoch, daß auf den höheren Stufen sozialen Lebens die Moral-Religion vorherrscht.

All diesen Typen gemeinsam ist der anthropomorphe Charakter der Gottesidee. Über diese Stufe religiösen Erlebens pflegen sich nur besonders reiche Individuen und besonders edle Gemeinschaften wesentlich zu erheben. Bei allen aber gibt es noch eine dritte Stufe religiösen Erlebens, wenn auch nur selten in reiner Ausprägung; ich will sie als kosmische Religiosität bezeichnen. Diese läßt sich demjenigen, der nichts davon besitzt, nur schwer deutlich machen, zumal ihr kein menschenartiger Gottesbegriff entspricht.

Das Individuum fühlt die Nichtigkeit menschlicher Wünsche und Ziele und die Erhabenheit und wunderbare Ordnung, welche sich in der Natur sowie in der Welt des Gedankens offenbart. Es empfindet das individuelle Dasein als eine Art Gefängnis und will die Gesamtheit des Seienden als ein Einheitliches und Sinnvolles erleben. Ansätze zur kosmischen Religiosität finden sich bereits auf früher Entwicklungsstufe, z. B. in manchen Psalmen Davids sowie bei einigen Propheten. Viel stärker ist die Komponente kosmischer Religiosität im Buddhismus, was uns besonders Schopenhauers wunderbare Schriften gelehrt haben.

Die religiösen Genies aller Zeiten waren durch diese kosmische Religiosität ausgezeichnet, die keine Dogmen und keinen Gott kennt, der nach dem Bild des Menschen gedacht wäre. Es kann daher auch keine Kirche geben, deren hauptsächlicher Lehrinhalt sich auf die kosmische Religiosität gründet. So kommt es, daß wir gerade unter den Häretikern aller Zeiten Menschen finden, die von dieser höchsten Religiosität erfüllt waren und ihren Zeitgenossen oft als Atheisten erschienen, manchmal auch als Heilige. Von diesem Gesichtspunkt aus betrachtet stehen Männer wie Demokrit, Franziskus von Assisi und Spinoza einander nahe.

Wie kann kosmische Religiosität von Mensch zu Mensch mitgeteilt werden, wenn sie doch zu keinem geformten Gottesbegriff und zu keiner Theologie führen kann? Es scheint mir, daß es die wichtigste Funktion der Kunst und der Wissenschaft ist, dies Gefühl unter den Empfänglichen zu erwecken und lebendig zu erhalten.

So kommen wir zu einer Auffassung von der Beziehung der Wissenschaft zur Religion, die recht verschieden ist von der üblichen. Man ist nämlich nach der historischen Betrachtung geneigt, Wissenschaft und Religion als unversöhnliche Antagonisten zu halten und zwar aus einem leicht verständlichen Grund. Wer von der kausalen Gesetzmäßigkeit allen Geschehens durchdrungen ist, für den ist die Idee eines Wesens, welches in den Gang des Weltgeschehens eingreift, ganz unmöglich – vorausgesetzt allerdings, daß er es mit der Hypothese der Kausalität wirklich ernst

162

nimmt. Die Furcht-Religion hat bei ihm keinen Platz, aber ebensowenig die soziale bzw. moralische Religion. Ein Gott, der belohnt und bestraft, ist für ihn schon darum undenkbar, weil der Mensch nach äußerer und innerer gesetzlicher Notwendigkeit handelt, vom Standpunkt Gottes aus also nicht verantwortlich wäre, so wenig wie ein lebloser Gegenstand für die von ihm ausgeführten Bewegungen. Man hat deshalb schon der Wissenschaft vorgeworfen, daß sie die Moral untergrabe, jedoch gewiß mit Unrecht. Das ethische Verhalten des Menschen ist wirksam auf Mitgefühl, Erziehung und soziale Bindung zu gründen und bedarf keiner religiösen Grundlage. Es stünde traurig um die Menschen, wenn sie durch Furcht vor Strafe und Hoffnung auf Belohnung nach dem Tode gebändigt werden müßten.

Es ist also verständlich, daß die Kirchen die Wissenschaft von jeher bekämpft und ihre Anhänger verfolgt haben. Andererseits aber behaupte ich, daß die kosmische Religiosität die stärkste und edelste Triebfeder wissenschaftlicher Forschung ist. Nur wer die ungeheuren Anstrengungen und vor allem die Hingabe ermessen kann, ohne welche bahnbrechende wissenschaftliche Gedankenschöpfungen nicht zustande kommen können, vermag die Stärke des Gefühls ermessen, aus dem allein solche dem unmittelbar praktischen Leben abgewandte Arbeit erwachsen kann. Welch ein tiefer Glaube an die Vernunft des Weltenbaues und welche Sehnsucht nach dem Begreifen, wenn auch nur eines geringen Abglanzes der in dieser Welt geoffenbarten Vernunft mußte in Kepler und Newton lebendig sein, daß sie den Mechnismus der Himmelsmechanik in der einsamen Arbeit vieler Jahre entwirren konnten! Wer die wissenschaftliche Forschung in der Hauptsache nur aus ihren praktischen Auswirkungen kennt, kommt leicht zu einer ganz unzutreffenden Auffassung vom Geisteszustand der Männer, welche – umgeben von skeptischen Zeitgenossen – Gleichgesinnten die Wege gewiesen haben, die über die Länder der Erde und über die Jahrhunderte verstreut waren. Nur wer sein Leben ähnlichen Zielen hingegeben hat, besitzt eine lebendige Vorstellung davon, was diese Menschen beseelt und ihnen die Kraft gegeben hat, trotz unzähliger Mißerfolge dem Ziel treu zu bleiben. Es ist die kosmische Religiosität, die solche Kräfte spendet. Ein Zeitgenosse hat nicht mit Unrecht gesagt, daß die ernsthaften Forscher in unserer im allgemeinen materialistisch eingestellten Zeit die einzigen tief religiösen Menschen seien.

Die Religiosität der Forschung

Sie werden schwerlich einen tiefer schürfenden wissenschaftlichen Geist finden, dem nicht eine eigentümliche Religiosität eigen ist. Diese Religiosität unterscheidet sich aber von derjenigen des naiven Menschen. Letzterem ist Gott ein Wesen, von dessen Sorgfalt man hofft, dessen Strafe man fürchtet – ein sublimiertes Gefühl von der Art der Beziehung des Kindes zum Vater – ein Wesen, zu dem man gewissermaßen in einer persönlichen Beziehung steht, so respektvoll dieses auch sein mag.

Der Forscher aber ist von der Kausalität alles Geschehens durchdrungen. Die Zukunft ist ihm nicht minder notwendig und bestimmt wie die Vergangenheit. Das Moralische ist ihm keine göttliche, sondern eine rein menschliche Angelegenheit. Seine Religiosität liegt im verzückten Staunen über die Harmonie der Naturgesetzlichkeit, in der sich eine so überlegene Vernunft offenbart, daß alles Sinnvolle menschlichen Denkens und Anordnens dagegen ein gänzlich nichtiger Abglanz ist. Dies Gefühl ist das Leitmotiv seines Lebens und Strebens, insoweit dieses sich über die Knechtschaft selbstischen Wünschens erheben kann. Unzweifelhaft ist dies Gefühl nahe verwandt demjenigen, das die religiös schöpferischen Naturen aller Zeiten erfüllt hat.

Viktor von Weizsäcker
Die Elemente und das Leben

… Ich konnte nicht gut anders, als diese Vorlesung als eine über Grund*fragen* der Naturphilosophie benennen; wir müssen uns wenigstens eine Zeitlang hier problematisch unterhalten. Es ist wohl nützlich, sich dies ganz klarzumachen. Warum fangen wir denn hier nicht ganz harmlos zu erzählen an, genau wie Moses erzählt:»Im Anfang schuf Gott Himmel und Erde«? Warum würden Sie es nicht mit derselben Unbefangenheit hinnehmen, mit der Sie sich erzählen lassen, daß am Oberarm der Musculus biceps und der triceps und der coracobrachialis liegen? Warum fangen Sie schon an zu mißtrauen, wenn man Ihnen von dem Verhältnis von Leib und Seele ebenso harmlos erzählt, warum schütteln Sie den Kopf, wenn jemand sagt: die Ursache der Krankheit ist die Sünde? Obwohl letzteres in der Wirklichkeit vorkommt, erklärt man doch zum mindesten, daß dergleichen nicht in die Wissenschaft gehört. Also was ist denn eigentlich Wissenschaft, was ist denn der Unterschied zwischen einem Bazillus und einer Sünde, wenn beides in der Wirklichkeit vorkommt und beides

164

Krankheit erzeugt? Sind wir nicht ganz unglaubliche Stümper, wenn wir auf derartige, ebenso einfache wie wichtige Fragen nicht sofort eine Antwort bereit haben, sondern vielmehr nichts wissen, als in dumpfes Brüten über ein »Problem« zu verfallen? Also Probleme, Probleme und wieder Probleme.

Nun, diese Art von Unbildung und Unfähigkeit geistigen Dingen gegenüber – und eine Sünde ist, wie wir sagen, ein geistiger Vorgang – ist in der Tat ein Geschenk jener durch Entgeistigung der Natur entstandenen Naturanschauung, welche das sinnlich-natürliche Sein von seiner geistigen Bedeutung gewaltsam und unheilbar abreißt. Es ist dies ein Erbstück des Vorgangs der Entgeistigung, die wir das letztemal betrachtet haben, des Zufalls in Natur und Geist. Sie erinnern sich der ersten Stunde und des Wortes: »Gott schied«. So ward unsere Welt eine Welt des Widerspruches. Die Wahrheit des Wortes bezeugte die zweite Stunde, den unvermeidlichen, notwendig gewordenen Widerspruch zwischen Natur und Geist.

Auch der Schöpfungsbericht hat dies ausgedrückt. Wir können nachtragen, daß auch er am zweiten Tage Himmel und Erde voneinander trennte. Er entspricht demnach dem, was wir Geist und Natur nannten. Es mag erwartet werden, daß jedenfalls seit Augustinus der Himmel in diesem geistig-überirdischen Sinne zum irdischen Diesseits, also unserer Natur, in Gegensatz gesetzt ist. Das Thema der letzten Stunde war jedenfalls auch das Thema des zweiten Schöpfungstages, und wenn wir uns heute dem dritten Tage zuwenden, so werden Sie sehen, wie er anfängt, uns aufzuklären, wie sich diese Entzweiung abspielen mußte.

Die Reiche des Himmels und der Erde, des Lichtes und der Finsternis, verharren noch völlig im Allgemeinen, keine Andeutung befriedigt den neugierigen Frager, *was* sie denn eigentlich seien. Kann sich jemand eine nur Licht und Finsternis, nur Himmel und Erde enthaltende Welt vorstellen, in der sonst nichts, kein irgendwie gestaltetes Wesen, und seien es auch nur Steine, Wolken oder Sterne, vorhanden sind? So ist hier im Prinzip vielleicht ein Etwas geschaffen, aber doch in einer menschlicher Vorstellungskraft völlig unzugänglichen, übermenschliches Abstraktionsvermögen heischenden Form.

Mit dem dritten Schöpfungstage ändert dies sich mit einem Schlage: er ist der Schöpfungstag der Dinge. Und mehr: der diesseitigen, sinnlich-konkreten Dinge, der uns vertrauten Natur. Das trockene und das nasse Element treten auseinander, es entsteht die feste Erde und das Meer, Gräser, Kräuter und Bäume. Zwei Urphänomene der Natur treten also hier in Erscheinung: zuerst die qualitativ verschiedenen Elemente und dann das organische

Leben. Jetzt also befinden wir uns mitten in der Natur, ihr eigentlicher Inhalt gewinnt jetzt greifbare Gestalt. Bevor wir aber das wichtige Verhältnis der zwei Sonderwerke des dritten Tages beleuchten, muß die Entstehung des Besonderen in der Natur allgemein erörtert werden. Denn die im Chaos-Problem allgemein gestellte Frage: Entstehung aus Nichts oder Entstehung aus Etwas? – diese Frage kehrt jetzt bei der Entstehung der Dinge tausendfach wieder. Wie entsteht die qualitative Besonderheit, abstrakt gesprochen: die Qualität? Der Berichterstatter sagt: »Gott schuf«. Der Grieche beginnt darüber zu denken, sich klarzumachen, daß dies »Er schuf« ein Gedanke ist; daß dieser Gedanke selbst ein Teil der Welt, ein innerweltlicher ist, ein Menschengedanke; daß der Mensch nicht Gott, daß er vielmehr selbst Natur ist. So wird sein Denken immanent, er wird selbst *natürlich;* er faßt jenes »Gott schuf« nicht mehr unmittelbar, sondern als Erkenntnis, problematisch, als Erklärung – und *seine Erklärung* muß daher die *natürliche* Erklärung sein.

So entsteht überhaupt zuerst das immanente Prinzip des Wissens, aus Wissen wird eine Funktion: die Wissenschaft. Dies ist in der Tat die erste Wurzel auch der modernen Naturerklärung. Und wie erklärt nun diese moderne Naturerklärung die qualitative Verschiedenheit der Dinge? Im Grunde sehr einfach: sie erklärt sie gar nicht, sondern sie leugnet sie. Sie trachtet, die Qualitäten aufzuheben, aufzulösen in qualitätfreie, in quantitative Differenzen, in Differentialgleichungen. Dies ist der große und geschichtliche Sinn der quantifizierenden Methode der Naturwissenschaften, dies das erste Resultat jener Entgottung und Entgeistigung der Natur, dies die Wurzel jenes berühmten Ausspruches Kants, daß die Wissenschaften nur soviel Wahrheit als Mathematik enthalten.

Mit der Vernichtung der qualitativen Mannigfaltigkeit scheint der gesamte geistige Ausdruck der Natur, das Reich der Farben und Töne, des Lebens und der Schönheit, des Sinnes und des Zweckes, aus ihr zu verschwinden. Die Qualitäten werden immer spärlicher, verblassen und verdünnen mehr und mehr. Doch dies alles geschieht wie im Traum, nur vermöge einer immer stärkeren Entfernung von dem damals gerade entscheidenden Ausgangspunkt: der sinnlichen Erlebtheit, der unmittelbaren Erfahrbarkeit der Gegenstände; die Welt der Elektronen und Quanten, der Strukturformeln und der Differentialgleichungen ist ja zunehmende Erlebnisferne, Sinnlichkeitsfremdheit. Und ferner: indem die quantifizierende Naturwissenschaft die qualitative Mannigfaltigkeit scheinbar überwindet, sie durch quantitative Beziehungen zu erklären immer mehr fortschreitet,

scheint sie völlig zu vergessen, was sie eigentlich »erklären«
möchte: nun, doch eben das *Qualitative* der Dinge. Dies scheint
also *doch* zu existieren? Bedürfte es sonst überhaupt der Erklärung? In seltsamer Einzelbewegung muß diese Wissenschaft gerade das zu Überwindende, die qualitative Vielheit der Dinge,
immer und immer wieder voraussetzen und anerkennen, um nur
etwas zu Überwindendes zu behalten. Denn ihr Wesen, das Wesen der physikalischen Erklärungen, liegt in diesem *Vorgang des
Überwindens,* nicht in den festen Resultaten. - In völligem Einklang damit steht die Tatsache, daß diese quantifizierenden, vereinfachenden Naturwissenschaft sich in Wirklichkeit, je mehr sie
fortschritten, gar nicht vereinfacht, sondern im Gegenteil eher
vervielfältigt und unaufhörlich kompliziert haben. Denn der Bewegung von der Mannigfaltigkeit zur einfachen Erklärungsformel
- der Weltformel schließlich, die Laplace gesucht hatte - stand
beständig eine Gegenbewegung des Wiederaufbaues der bunten
Welt der Dinge, der Analyse, der synthetische Gegenstrom entgegen. Nur so begreifen sie das Gefüge und Getriebe moderner
Naturforschung, nur so, als einen Prozeß der Überwindung und
zugleich Anerkennung der vielfachen Dinge, als einen Urwider-
spruch, als innere Dialektik der Wissenschaft, als ihren Kampf des
Geistes mit dem Geiste: des eigenen Geistes mit dem Geiste der
Natur. Darin liegt ein ewiges Nichtbegreifenkönnen gegenüber
der Natur; darum sprach der Erdgeist zu Faust: »Du gleichst dem
Geist, den du begreifst - nicht mir.«

Damit lenken wir wieder ein in den Ausgangspunkt: ein
letztes Begreifen des Ursprungs der Dinge ist verschlossen - gerade der in innerer Dialektik sich selbst umkreisenden Naturwissenschaft. Die flügge gewordene Vernunft aber wagt nicht, rund
heraus zu bekennen: »Gott schuf.« Sie sagt uns: »Mein Erkennen
ist begrenzt.« Aber was ist dies Bekenntnis zur Begrenztheit der
menschlichen Vernunft anderes als ein Bekenntnis des Unbegrenzten? Das eine ist ja nicht möglich ohne das andere. Und
wenn Hegel nachmals Kant vorgeworfen hat, er wolle schwim-
men lehren, ohne ins Wasser zu gehen, Grenzen setzen, ohne die
beiden Grenzländer zu kennen, so hat er die in der Bejahung der
Endlichkeit eingeschlossene Bejahung des Unendlichen bei Kant
unterschätzt, die eigene Kraft der Vernunft aber überschätzt und
dafür gebüßt.

Aber wenn Hegel in dem Zusammenbruch seiner Wissenschaft - den er nicht mehr erlebt hat - gebüßt hat, so hat er für
etwas Kantisches in ihr gebüßt. Denn das Diesseits, das Sinnlich-
Gegebene, das lehrte Kant kraft *eigener* Vernunft, kraft *eigenen*
Gewissens erkennen. So hatte er dies Ich der Vernunft - wenn

auch in Grenzen, so doch befreit. Ja, *nur* in diesem Ich waren noch die festen Maßstäbe und Normen auffindbar, an denen die Welt zu messen war. Kein Wunder, daß einmal noch nach ihm die so befreite Vernunft des Ichs den Flug gegen die Sonne unternimmt; mit geschmolzenen Flügeln stürzt sie wieder in die Tiefe, und was übrigbleibt, ist nur das schnatternde Räsonieren darüber, warum der Flug habe mißlingen müssen, die brave Weisheit, es sei besser, auf ebener Erde zu gehen: und das ist die Erkenntnistheorie. Und doch: der ursprüngliche Gottesgedanke ist auch in dieser Position noch enthalten, wenngleich nur latent, wie wir schon sahen: im Bekenntnis zur Begrenztheit liegt das Bekenntnis zum Grenzenlosen ungewollt versteckt; und hier kann er aufs neue hervorbrechen – um den Preis aber einer Auflösung des gesamten bisherigen Wissensbegriffs.

Wenn uns die Dinge nicht an sich, sondern nur als Erscheinungen faßbar sind, so ist im Grunde jede Dingerkenntnis aufgelöst. Es gibt in der Tat keine Dinge, so wie der Schöpfungsbericht sie sah. Und wenn das Wesen des Wissens nicht Ding- und Sach- und Wirklichkeitserkenntnis, sondern Überwinden dieses Mannigfaltigen ist, dann liegt der Sinn der Wissenschaft nicht mehr im Wissen, sondern im Überwinden, d. h. im Verneinen zum Zweck des Bejahens, in der Bejahung durch Verneinen. Und in dieser Funktion des Aufhebens und Auflösens der Dinge bejaht diese Wissenschaft unaufhörlich die Gottheit; denn nicht die Natur schuf, auch nicht die Vernunft schuf; sie beide, unfähig zum Schaffen, können nur verneinen und vermitteln – und *daß* sie nur dies können, das ist ja ihr einziges Ja, und daß sie es *tun,* das ist *ihr* Bekenntnis der Gottheit. So ist denn ein jedes naturwissenschaftliche Erklären ein Prozeß der Vernichtung, und in jeder Vernichtung eine Verneinung einer Diesseitigkeit, und in jeder solchen Verneinung eine Bejahung des Absoluten, Unendlichen, Unbegrenzten. Der Name Gottes lebt hier nur noch in den Negationen.

So vorbereitet, vermögen wir nun in bestimmter Form Stellung zu nehmen zum Schöpfungsinhalt des dritten Schöpfungstages. Er ist ein doppelter; in heutiger Sprache: die anorganische und die organische Natur. Von beiden nur ein Teil, denn die Gestirne und die Tierwelt bleiben den späteren Tagen vorbehalten. Wir beschränken uns zunächst wieder auf das Grundsätzliche an dieser Duplizität. Es liegt darin, *daß* eben diese beiden Reiche des Unlebendigen und Lebendigen getrennt auftreten. Und hier ist nicht die Geste des Scheidens gebraucht, sondern es folgen einfach nacheinander die Schaffung trockener Erde und Meer und alsdann von Gräsern, Kräutern und Bäumen, aber zuerst der anorganischen, dann erst der organischen Natur. Dies erscheint uns überaus einfach und natürlich, denn die Voraussetzung der besagten Gewächse ist die trockene Erde, diese ist, wie wir sagen, ihre Lebensbedingung. Höchst einfach anmutend und doch wieder von großer Bedeutung: denn hier zum ersten Male stoßen wir auf das innerweltliche, intranaturale Verhältnis des Bedingten zu seiner Bedingung – einen Begriff, der, wie alles Abstrakte, zwar nicht ausgesprochen, aber angewandt erscheint. Und die Art, wie er angewandt wird, wirft ein erstes Licht auf die Orientierung des Schöpfungsberichtes im Ganzen. Denn was hier aufblitzt, ist zum erstenmal eben die innerweltliche Funktion, an der nichts Göttliches erkennbar ist. Es ist eben einfach so; es bedarf dazu keines besonderen Schöpfungsaktes. Und so mögen wir hier die Geburt der natürlichen Wissenschaft, der ungöttlichen Naturerkenntnis erblicken. Unbewußt verfährt hier auch weiterhin der Bericht im Aufbau seiner Welt nach Art der Naturwissenschaft, indem er chronologisch verfahrend natürliche Voraussetzungen voranstellt: das Anorganische dem Organischen, die Pflanze dem Tier, das Tier dem Menschen und später die Natur der Geschichte. Es mischt so ein völlig neues Prinzip dem Schöpfungsprinzip bei: das Prinzip des natürlich-notwendigen Zusammenhanges der Dinge; zwar immer erzählend, nie erklärend, aber doch den Keim der Erklärung voll enthaltend. So klar ist dies, daß dies ganze historische Schema nur mit geringen Abweichungen dem Schema so mancher natürlichen Erd- und Schöpfungsgeschichte des 19. Jahrhunderts einfügbar ist.

Die eigentlich entfaltete Naturerklärung der heutigen Wissenschaft kann nunmehr definiert werden. Zwei ihr wesentliche Züge haben wir schon erkannt. Der eine liegt in der Negativität ihres Denkens, der andere in der quantifizierenden Überwindung der qualitativen Mannigfaltigkeit der Dinge. Beide hängen eng zusammen. Wir können nun ein Drittes hinzufügen: wir können jetzt die eigentümliche *Richtung* dieses Überwindungsvorganges angeben: er spielt sich nach dem Prinzip der natürlichen Bedingungen der Dinge ab. Erklären heißt nichts anderes als Zurückführen der Dinge auf ihre Bedingungen, Aufhebung und Auflösung in diese Bedingungen. So entstehen die Grundbegriffe der Kausalität, der Kraft, der Materie. Jede Naturerscheinung ist somit eine Zurückführung auf ein *Anderes* und damit die Zerstörung dessen, was erklärt wird: wir erklären das Leben durch den toten Mechanismus, die Bewegung der Kräfte, die chemischen Elemente durch Elektronen, und indem wir so diese bunte Welt der Dinge in nichts als Bewegung und nochmals Bewegung von Elektronen und nochmals Elektronen auflösen – indem wir das tun, uniformieren wir die Natur wieder zur einheitlich qualitätslosen Ursubstanz, zu einem Zufallsgewirr von Atomen; wir nähern uns wieder dem Chaos. In der Tat mündet so dieser Prozeß da ein, wo wir anfingen.

Und eindringlicher drängt sich jetzt die Frage auf: was wird aus jenen Qualitäten, aus den Dingen, wohin gehen sie, woher kommen sie? Wo bleibt das, was wir die Geistigkeit der Natur früher genannt haben? In der Tat ist dies die Frage, an der sich heute die Krise der Naturwissenschaften entwickelt. Sie werden sehen, daß dies eigentlich das aktuelle Problem der Naturphilosophie ist, und daß es einer der Gründe ist, aus denen heraus heute wieder Naturphilosophie erwächst. Zu seiner Lösung müssen wir aber noch weitere Kräfte heranziehen.

Wenn auch, wie mir scheint, diese Krise der Wissenschaft heute in hohem Maße brennend schon *ist,* so darf man doch nicht glauben, sie sei an sich *von heute.* Sondern so alt der Mechanismus, so alt der Materialismus, so alt die exakten Naturwissenschaften sind, so alt sind auch die Reaktionen, Gegenbewegungen, der Widerspruch gegen sie – durch Kritik und durch Besseres als Kritik, durch Tat. Es sind wohl in erster Linie künstlerische, sittliche, religiöse Empfindungen, welche sich aufbäumen gegen die trostlosen und sei es auch noch so unentrinnbaren Folgerungen der mechanischen Naturauffassung. Aber man braucht wohl doch gar nicht diese hochtönenden Worte von Sittlichkeit und Kunst und Religion. Es ist ja doch etwas so ganz Einfaches in uns, was sich sträubt; es lebt in uns das ganz natürliche Gefühl für irgendeine Einheit der Natur, eine Art von Menschlichkeit des Dinglichen, die sich ein gesunder Mensch nicht rauben lassen will. Diese Dinge um uns haben doch auch ihre Schicksale; und sei es auch nur ein Wölkchen, das an einem heißen Sommertage am blauen Himmel aufzieht und in phantastischen Formen in wenigen Minuten an der Sonne in nichts zerfließt – es war doch einmal da, war doch einmal ein Teil jener großen unendlichen Natur, die ohne es unvollständig wäre. So lehrt ja wohl auch das Gesetz von der Erhaltung der Substanz. Und so steckt in jedem Baume die Dryade und in jedem Felsblock ein Pan. Denn der Felsblock hat einmal seine individuelle, ihm originale Gestalt und repräsentiert zugleich das unendliche Naturgesetz, nicht mehr und nicht weniger, wie eine Zelle im Gehirn des Aristoteles es repräsentiert, d.h. vorstellt. Und diese Natur ist doch schön über die Maßen und ist doch lebendig und mächtig, gewalttätig, furchtbar, schöpft und schafft und gebiert und tötet, im Größten wie im Kleinsten. Und wer tausendmal sagt, daß alles nichts ist als ein Mückenschwarm von Atomen, dem antworten wir tausendmal, daß jede Mücke eines Mückenschwarmes ein wunderbares, voll

170

Geist und Sinn und Kraft steckendes Gebilde ist, das Liebe, Schmerzen und Tod erleidet, es weiß nicht wie.

Das also ist es, was man mit dem trockenen Wort des Pantheismus bezeichnet. Das ist die Gesinnung, die nicht sagt: Gott ist Geist, sondern sagt: die Natur hat Geist, ist Geist durch und durch. Das ist das Empfinden der Naturmythologien, das ja in allem das genaue Gegenteil jener von uns bisher betrachteten Natur der Naturwissenschaft erfaßt. Hier ist nichts hinter den Dingen, hier werden die Dinge nicht verneint, nein, bejaht; jedes Ding ist, was es ist: der Baum ein Baum, kein Mechanismus, der Mensch ein Mensch, keine Maschine. Hier wird nichts auf Mathematik reduziert, auf Begriffe abstrahiert, in Gesetzen generalisiert, sondern alles als Einheit des Zwecks, der Idee und des Sinnes verstanden. Darum war Goethe doch so glücklich, als er den Zwischenkiefer am menschlichen Kiefer entdeckte, weil sein Glaube an die Einheit des Bauplanes in der Natur gestärkt wurde, weil ihm irgendeine Harmonielosigkeit unerträglich schien; darum haßte er Newton am meisten, weil ihm die Farbenpracht der Welt verwandelt wurde in – Wellenlängen.

Diese Naturgesinnung ist heidnisch. Und wenn unsere Naturwissenschaft die Welt entgottet hat, so wird sie hier vergottet und vergöttert. Diese Vergötterung der Natur ist nicht Gleichsetzung der Natur mit Gott. Mitnichten ist das einzelne »Dieses« Gott selbst wie bei der Hostie, sondern im Gegenteil: gerade weil die diesseitigen Dinge bejaht werden, weil sie gerade wirklich sind und Gott nicht der Einzelne ist, sondern alles zusammen, der Inbegriff des Wirklichen, das Ens realissimum und generalissimum, eben darum ist er ebensowenig faßbar und erkennbar wie dieses Unermeßliche und Ganze der wirklichen Dinge. Gott ist hier über allem Einsehen, Erkennen und Verstehen; man kann von ihm nur sagen, er sei das All der Natur, sonst aber nichts, rein gar nichts. Denn wenn ich sage: er ist alles, so weiß ich von ihm im Grunde so viel und so wenig wie nichts, denn ich weiß nicht alles, weiß nicht, was das All ist. Dieser Skeptizismus der Möglichkeit, Gott zu erkennen, wird als negative Theologie bezeichnet, d. h. Hier wird von Gott schlechthin nichts erkannt, als daß er ist …

Werner Heisenberg
Naturwissenschaftliche und religiöse Wahrheit

… Wenn von den Anfängen der neuzeitlichen Naturwissenschaft gesprochen wird, über die Entdeckungen von Kopernikus, Galilei, Kepler, Newton, so wird meist gesagt, daß damals neben die Wahrheit der religiösen Offenbarung, die in der Bibel und in den Schriften der Kirchenväter niedergelegt sei und die das Denken des Mittelalters beherrscht habe, die Wirklichkeit der sinnlichen Erfahrung getreten sei, die von jedem nachgeprüft werden könne, der über seine gesunden fünf Sinne verfügt; die also schließlich bei hinreichender Sorgfalt nicht bezweifelt werden könne. Aber schon dieser erste Ansatz zur Beschreibung des neuen Denkens ist nur halb richtig; er vernachlässigt ganz entscheidende Züge, ohne die die Kraft dieses neuen Denkens nicht verstanden werden könnte. Es ist gewiß kein Zufall, daß der Anfang der neuzeitlichen Naturwissenschaft mit einer Abwendung von Aristoteles und einer Hinwendung zu Plato verbunden war. Schon im Altertum hat Aristoteles als Empiriker den Pythagoreern, und zu ihnen wird man Plato rechnen müssen, den Vorwurf gemacht, daß sie – ich zitiere einigermaßen wörtlich – nicht im Hinblick auf die Tatsachen nach Erklärungen und Theorien suchten, sondern im Hinblick auf gewisse Theorien und Lieblingsmeinungen an den Tatsachen zerrten und sich, man möchte sagen, als Mitordner des Weltalls aufspielten. In der Tat führte die neuere Naturwissenschaft in dem von Aristoteles kritisierten Sinne von der unmittelbaren Erfahrung weg. Denken wir an das Verständnis der Planetenbewegungen. Die unmittelbare Erfahrung lehrt, daß die Erde ruht und daß die Sonne sich um sie bewegt. Man könnte in moderner Verschärfung sogar sagen: das Wort »ruhen« ist durch die Aussage definiert, daß die Erde ruht und daß wir jeden Körper als ruhend bezeichnen, der sich relativ zur Erde nicht mehr bewegt. Wenn das Wort »ruhen« so verstanden wird – und es wird allgemein so verstanden –, so hatte Ptolemäus recht und Kopernikus unrecht. Nur wenn man über die Begriffe »Bewegung« und »Ruhe« reflektiert, wenn man verstanden hat, daß Bewegung eine Aussage über die Relation zwischen mindestens zwei Körpern ist, dann kann man das Verhältnis umkehren, kann die Sonne zum ruhenden Mittelpunkt des Planetensystems machen und damit ein viel einfacheres, einheitlicheres Bild des Planetensystems gewinnen, dessen erklärende Kraft später von Newton voll erkannt worden ist. Kopernikus hat also der unmittelbaren Erfahrung ein ganz neues Element zugefügt, das ich an

172

dieser Stelle als die »Einfachheit der Naturgesetze« bezeichnen will und das jedenfalls mit unmittelbarer Erfahrung nichts zu tun hat. Das gleiche läßt sich an den Fallgesetzen des Galilei erkennen. Die unmittelbare Erfahrung lehrt, daß leichte Körper langsamer fallen als schwere. Statt dessen behauptete Galilei, daß im luftleeren Raum alle Körper gleich schnell fallen und daß ihre Fallbewegung durch mathematisch formulierbare Gesetze, eben die Galileischen Fallgesetze, richtig beschrieben wird. Die Bewegung im luftleeren Raum ließ sich aber damals noch gar nicht beobachten. An die Stelle der unmittelbaren Erfahrung ist also eine Idealisierung der Erfahrung getreten, die sich als die richtige Idealisierung dadurch zu erkennen gibt, daß sie die mathematischen Strukturen in den Phänomenen sichtbar werden läßt. Man kann nicht daran zweifeln, daß in diesem frühen Stadium der neuzeitlichen Naturwissenschaft die neu entdeckte mathematische Gesetzmäßigkeit die eigentliche Grundlage für ihre Überzeugungskraft gewesen ist. Diese mathematischen Gesetze waren der sichtbare Ausdruck des göttlichen Willens, so lesen wir es bei Kepler, und Kepler bricht in Begeisterung darüber aus, daß er als erster hier die Schönheit der göttlichen Werke erkannt habe. Mit einer Abkehr von der Religion hatte das neue Denken also sicher nichts zu tun. Wenn die neuen Erkenntnisse auch den kirchlichen Lehrmeinungen an einigen Stellen widersprachen, so konnte das wenig bedeuten, wenn man das Wirken Gottes in der Natur so unmittelbar zu erleben vermochte.

Allerdings, der Gott, von dem hier geredet wird, ist ein ordnender Gott, einer, von dem wir nicht sogleich wissen, ob er identisch ist mit jenem, an den wir uns in unserer Not wenden, auf den wir unser Leben beziehen können. Man kann also vielleicht sagen, daß hier das Augenmerk ganz auf einen Teil des göttlichen Wirkens gerichtet wurde und daß damit die Gefahr entstand, daß der Blick auf das Ganze, auf den großen Zusammenhang verlorenginge. Aber gerade dies war auch wieder der Grund für die enorme Fruchtbarkeit der neuen Naturwissenschaft. Über den großen Zusammenhang war von den Philosophen und Theologen schon so viel gesprochen worden, darüber ließ sich nicht mehr viel Neues formulieren; die Scholastik hatte das Denken ermüdet. Aber die Einzelheiten des Naturgeschehens waren noch kaum erforscht. An dieser Arbeit konnten sich auch viele kleinere Geister beteiligen, und dazu kam, daß die Kenntnis der Einzelheiten praktischen Nutzen versprach. In einigen der wissenschaftlichen Gesellschaften, die damals entstanden, wurde es also geradezu zum Prinzip erhoben, daß man nur über die beobachteten Einzelheiten, aber nicht über den großen Zusammenhang reden solle. Die Tatsache, daß es sich dabei nicht um unmittelbare, sondern um idealisierte Erfahrung handelt, führte zur Entwicklung einer neuen Kunst des Experimentierens und Messens, mit der man den idealen Bedingungen nahezukommen suchte, und es stellte sich heraus, daß man sich über das Ergebnis der Experimente schließlich immer einigen kann. Das ist wohl nicht so selbstverständlich, wie es späteren Jahrhunderten erschienen ist; denn es setzt voraus, daß unter den gleichen Bedingungen immer wieder das gleiche geschieht. Man machte also die Erfahrung, daß dann, wenn man bestimmte Phänomene durch sorgfältig ausgewählte experimentelle Bedingungen präzisiert und von der Umwelt isoliert, die Gesetzmäßigkeiten der Phänomene rein in Erscheinung treten, daß die Phänomene durch eine eindeutige Kausalkette bestimmt sind. Das Vertrauen in den kausalen Ablauf der Ereignisse, die als objektiv und vom Beobachter unabhängig gedacht wurden, ist damit zu einem Grundpostulat der neuen Naturwissenschaft erhoben worden. Dieses Postulat hat sich … mehrere Jahrhunderte hindurch ausgezeichnet bewährt, und erst in unserer Zeit ist man durch die Erfahrungen an den Atomen auf die Grenzen hingewiesen worden, die auch diesem Vorgehen gesetzt sind. Aber selbst wenn man diese Erfahrungen einbezieht, hat man ein scheinbar unangreifbares Wahrheitskriterium gewonnen. Die Wiederholbarkeit der Experimente ermöglicht schließlich immer eine Einigung über das wahre Verhalten der Natur.

Mit dieser allgemeinen Richtung der neuen Naturwissenschaft ist auch schon ein charakteristischer Zug vorgezeichnet, der später oft besprochen worden ist, nämlich die Betonung des Quantitativen. Die Forderung nach präzisen experimentellen Bedingungen, exakten Messungen, nach einer genauen, eindeutigen Sprache und nach einer mathematischen Darstellung der idealisierten Phänomene hat das Gesicht dieser Naturwissenschaft bestimmt und ihr den Namen »exakte Naturwissenschaft« eingetragen. Dieser Name wird manchmal als Lob, manchmal als Tadel ausgesprochen. Als Lob, wenn die Zuverlässigkeit, die Genauigkeit, die Unangreifbarkeit ihrer Aussagen betont wird; als Tadel, wenn angedeutet werden soll, daß sie der unendlichen Fülle der qualitativ verschiedenen Erfahrungen nicht gerecht werden könne, daß sie zu eng sei. In unserer Zeit ist dieser Aspekt der Naturwissenschaft und der aus ihr entspringenden Technik noch viel schärfer hervorgetreten als früher. Man braucht nur an die extremen Anforderungen an Präzision zu denken, die eine Mondlandung erfordert, an das fast unvorstellbare Maß an Zuverlässigkeit und Genauigkeit, das hier demonstriert wird, um zu erkennen, auf einer wie festen Grundlage der Wahrheitsanspruch der neuzeitlichen Naturwissenschaft ruht.

Aber natürlich muß nun auch die Frage gestellt werden, wie wertvoll die Errungenschaften sind, die mit dieser Konzentration auf einen Teilaspekt, mit dieser Einengung auf einen speziellen Teil der Wirklichkeit gewonnen werden können. Sie wissen, daß unsere Zeit auf diese Frage eine zwiespältige Antwort gibt. Wir sprechen von der Ambivalenz der Wissenschaft. Wir haben erfahren, daß in den Teilen der Welt, in denen sich diese Verbindung von Wissenschaft und Technik durchgesetzt hat, das materielle Elend der armen Volksschichten weitgehend verschwunden ist, daß die moderne Medizin das Massensterben durch Seuchen verhindert, daß die Verkehrsmittel, die Nachrichtentechnik das Leben erleichtern. Andererseits kann die Wissenschaft dazu mißbraucht werden, Waffen schlimmster Zerstörungskraft zu entwickeln; das Überhandnehmen der Technik beeinträchtigt und bedroht unseren Lebensraum. Auch abgesehen von diesen unmittelbaren Gefahren verschieben sich die Wertmaßstäbe; das Augenmerk wird zu sehr auf den engen Bereich des materiellen Wohlstands gelenkt, und die anderen Lebensgrundlagen werden vernachlässigt. Selbst wenn Technik und Wissenschaft nur als Mittel zum Zweck eingesetzt werden könnten, so hängt das Ergebnis davon ab, ob die Ziele gut sind, für deren Erreichung sie benützt werden sollen. Die Entscheidung über die Ziele kann aber innerhalb von Naturwissenschaft und Technik gar nicht gefällt werden; sie wird, wenn wir nicht völlig in die Irre gehen wollen, an einer Stelle getroffen, wo der Blick auf den ganzen Menschen und auf seine ganze Wirklichkeit, nicht nur auf einen kleinen Ausschnitt gerichtet ist. Zu dieser ganzen Wirklichkeit gehört aber vieles, von dem bisher noch nicht die Rede war.

Da ist zunächst die Tatsache, daß der Mensch seine geistigen Kräfte nur in Relation zu einer menschlichen Gesellschaft entwickeln kann. Gerade die Fähigkeiten, die ihn vor allen anderen Lebewesen auszeichnen, das Übergreifen über das unmittelbar sinnlich Gegebene hinaus, das Erkennen weiter Zusammenhänge, sie beruhen darauf, daß er in eine Gemeinschaft von sprechenden und denkenden Wesen eingebettet ist. Die Geschichte lehrt, daß solche Gemeinschaften in ihrer Entwicklung nicht nur eine äußere, sondern auch eine geistige Gestalt erhalten haben, und in den geistigen Gestalten, von denen wir wissen, hat die Beziehung auf einen sinnvollen Zusammenhang des Ganzen, über das unmittelbar Sichtbare und Erlebbare hinaus, fast immer die entscheidende Rolle gespielt. Erst innerhalb dieser geistigen Form, der in der Gemeinschaft gültigen »Lehre«, gewinnt der

Mensch die Gesichtspunkte, nach denen er sein eigenes Tun auch dort ausrichten kann, wo es sich um mehr als nur ein Reagieren auf äußere Situationen handelt; die Frage nach den Werten wird erst hier entschieden. Aber nicht nur die Ethik, auch das ganze kulturelle Leben der Gemeinschaft wird von dieser geistigen Gestalt bestimmt. Erst in ihrem Kreis wird der enge Zusammenhang zwischen dem Guten, dem Schönen und dem Wahren sichtbar, erst hier kann von einem Sinn des Lebens für den Einzelnen gesprochen werden. Diese geistige Gestalt nennen wir die Religion der Gemeinschaft. Damit wird dem Wort Religion eine etwas allgemeinere Bedeutung zugeschrieben, als es sonst üblich ist. Es soll die geistigen Inhalte vieler Kulturkreise und verschiedener Zeiten umfassen, selbst dort, wo etwa der Gottesbegriff gar nicht vorkommt. Nur bei den gemeinschaftlichen Denkformen, die in den modernen totalitären Staatsgebilden angestrebt werden und in denen das Transzendente ganz ausgeklammert wird, könnte man zweifeln, ob der Begriff der Religion noch sinnvoll angewendet werden kann.

Wie stark das Gesicht einer menschlichen Gemeinschaft und das Leben des Einzelnen in ihr von der Religion geprägt wird, kann man kaum besser schildern, als Guardini es in seinem Buch über die Gestalten in Dostojewskijs Romanen getan hat. Das Leben dieser Gestalten ist vom Kampf um die religiöse Wahrheit in jedem Augenblick erfüllt, es ist gewissermaßen vom christlichen Geist durchtränkt, und so spielt es nicht einmal eine besonders wichtige Rolle, ob diese Menschen im Kampf um das Gute siegen oder unterliegen. Auch die größten Schurken unter ihnen wissen noch, was gut und was böse ist, sie messen ihr Tun an den Leitbildern, die das christliche Vertrauen ihnen gegeben hat. Hier gleitet auch der bekannte Einwand gegen die christliche Religion ab, daß die Menschen sich in der christlichen Welt genauso schrecklich aufgeführt hätten wie außerhalb. Das ist zwar leider wahr, aber die Menschen bewahren in ihr ein klares Unterscheidungsvermögen von gut und böse; und nur dort, wo dies noch vorhanden ist, bleibt die Hoffnung auf Besserung. Wo keine Leitbilder mehr den Weg bezeichnen, verschwindet mit der Wertskala auch der Sinn unseres Tuns und Leidens, und am Ende können nur Negation und Verzweiflung stehen. Die Religion ist also die Grundlage der Ethik, und die Ethik ist die Voraussetzung des Lebens. Denn wir müssen ja täglich Entscheidungen treffen, wir müssen die Werte wissen oder mindestens ahnen, nach denen wir unser Handeln ausrichten.

An dieser Stelle erkennt man auch den charakteristischen Unterschied zwischen den eigentlichen Religionen, in denen der geistige Bereich, die zentrale geistige Ordnung der Dinge eine entscheidende Rolle spielt, und den engeren Denkformen, besonders unserer Zeit, die sich nur auf die gerade erfahrbare Gestalt einer menschlichen Gemeinschaft beziehen. Solche Denkformen gibt es in den liberalen Demokratien des Westens ebenso wie in den totalitären Staatsgebilden des Ostens. Zwar wird auch hier eine Ethik formuliert, aber es wird von einer Norm des sittlichen Verhaltens gesprochen, und diese Norm wird aus einer Weltanschauung, d. h. aus dem Anschauen der unmittelbar sichtbaren, erfahrbaren Welt hergeleitet. Die eigentliche Religion aber spricht nicht von Normen, sondern von Leitbildern, nach denen wir unser Tun richten sollen und denen wir bestenfalls nahekommen können. Und diese Leitbilder entstammen nicht dem Anschauen der unmittelbar sichtbaren Welt, sondern dem Bereich der dahinter liegenden Strukturen, von dem Plato als dem Reich der Ideen gesprochen hat und über den in der Bibel der Satz steht: Gott ist Geist.

Die Religion ist aber nicht nur die Grundlage der Ethik, sie ist, und auch dies können wir von Guardini lernen, vor allem die Grundlage des Vertrauens. So wie wir als Kinder die Sprache lernen und die in ihr mögliche Verständigung als wichtigsten Bestandteil des Vertrauens zu den Menschen empfinden, so entsteht aus den Bildern und Gleichnissen der Religion, die ja auch eine Art dichterische Sprache darstellen, das Vertrauen in die Welt, in den Sinn unseres Daseins in ihr. Die Tatsache, daß es viele verschiedene Sprachen gibt, ist dabei gar kein Einwand, auch nicht der Umstand, daß wir scheinbar zufällig in einen bestimmten Sprachraum oder Religionsbereich hineingeboren sind und davon geprägt werden. Wichtig ist ja nur, daß wir in dieses Vertrauen zur Welt hineingeführt werden, und das kann in jeder Sprache geschehen. Für die Menschen aus dem russischen Volk zum Beispiel, die in Dostojewskijs Romanen auftreten und über die Guardini schreibt, ist das Wirken Gottes in der Welt ein stets wiederholtes unmittelbares Erlebnis, und so erneuert sich ihr Vertrauen immer wieder, auch wenn die äußere Not dem scheinbar unerbittlich im Wege steht.

Schließlich ist die Religion, wie ich schon sagte, von entscheidender Bedeutung für die Kunst. Wenn wir, so wie wir es getan haben, mit Religion einfach die geistige Gestalt bezeichnen, in die eine menschliche Gemeinschaft hineingewachsen ist, so ist es fast selbstverständlich, daß auch die Kunst ein Ausdruck der Religion sein muß. Ein Blick in die Geschichte der verschiedensten Kulturkreise lehrt, daß man in der Tat die geistige Gestalt einer früheren Zeit am unmittelbarsten aus den noch erhaltenen

Kunstwerken erschließen kann, selbst wenn man die religiöse Lehre, in der die geistige Gestalt formuliert worden ist, kaum mehr kennt.

Aber alles, was hier über die Religion gesagt wurde, ist Ihnen in diesem Kreis natürlich geläufig. Es ist nur wiederholt worden, um zu betonen, daß auch der Vertreter der Naturwissenschaft diese umfassende Bedeutung der Religion in der menschlichen Gemeinschaft erkennen muß, wenn er versuchen will, über das Verhältnis der religiösen und der naturwissenschaftlichen Wahrheit nachzudenken. Daß diese beiden Wahrheiten in Konflikt geraten sind, hat auf die europäische Geistesgeschichte seit dem 17. Jahrhundert einen entscheidenden Einfluß ausgeübt. Als Anfangspunkt des Konfliktes wird gewöhnlich der Prozeß der römischen Inquisition gegen Galilei im Jahr 1616 genannt, in dem es um die Lehre des Kopernikus ging... Von diesem Anfangspunkt muß nun etwas ausführlicher die Rede sein. Galilei hatte die Lehre des Kopernikus vertreten, nach der – im Gegensatz zu der damals allgemein herrschenden ptolemäischen Weltansicht – die Sonne im Mittelpunkt des Planetensystems ruht und die Erde um die Sonne kreist und sich in 24 Stunden um sich selber dreht. Galileis Schüler Castelli hatte den Satz aufgestellt: Die Theologen müßten nun zusehen, daß sie die Bibel in Übereinstimmung mit den festgestellten Tatsachen der Naturwissenschaft erklären. Eine solche Äußerung konnte als Angriff auf die Heilige Schrift angesehen werden, und die Dominikaner-Patres Caccini und Lorini brachten die Angelegenheit vor die römische Inquisition. Im Urteil vom 23. Februar 1616 wurden die beiden dem Kopernikus zugeschriebenen Sätze aus der Anklageschrift, nämlich erstens: »Die Sonne ist der Mittelpunkt der Welt und ist darum unbeweglich«, zweitens: »Die Erde ist nicht der Mittelpunkt der Welt und nicht unbeweglich, sondern sie bewegt sich täglich auch um sich selbst«, für philosophisch absurd und ketzerisch erklärt. Unter Zustimmung von Papst Paul V. wurde Kardinal Bellarmin beauftragt, Galilei zu ermahnen, die kopernikanische Lehre aufzugeben. Wenn er sich weigere, so solle der Kardinal ihm den Befehl geben, eine solche Meinung weder zu lehren noch zu verteidigen oder zu besprechen. Galilei hat sich diesem Befehl für eine Reihe von Jahren gefügt, glaubte aber, nachdem Urban VIII. den päpstlichen Stuhl bestiegen hatte, seine Forschungen auch offen fortsetzen zu können. Nach der Veröffentlichung der berühmten Streitschrift ›Dialogo‹ ihm Jahr 1632 kam es zum zweiten Prozeß, in dem Galilei der kopernikanischen Lehre in aller Form abschwören mußte. Die Einzelheiten des Prozesses brauchen uns heute nicht mehr zu interessieren, auch nicht die menschlichen Unzulänglichkeiten, die hier auf beiden Seiten eine Rolle gespielt haben. Wohl aber können und müssen wir nach den tieferen Gründen des Konfliktes fragen.

Zunächst ist es wichtig, sich klarzumachen, daß hier beide Seiten glauben mußten, im Recht zu sein. Die kirchliche Behörde und Galilei, beide waren in gleicher Weise überzeugt, daß hier hohe Werte in Gefahr waren und daß es ihre Pflicht sei, sie zu verteidigen. Galilei hatte erlebt, und davon hatte ich ja schon am Anfang gesprochen, daß bei sorgfältiger Beobachtung der Erscheinungen auf der Erde und am Himmel, beim Fallen der Steine ebenso wie bei den Bewegungen der Planeten, mathematische Gesetzmäßigkeiten zutage treten, die einen vorher nicht gekannten Grad von Einfachheit in den Erscheinungen sichtbar werden lassen. Er hatte eingesehen, daß von dieser Einfachheit eine neue Möglichkeit des Verständnisses ausgeht, daß wir mit unserem Denken hier Teilordnungen in der ewigen Ordnung der Welt der Erscheinungen nachvollziehen können. Die kopernikanische Deutung des Planetensystems war einfacher als die traditionelle ptolemäische; sie vermittelte eine neue Art des Verständnisses, und diesen neuen Einblick in die göttliche Ordnung wollte Galilei sich auf keinen Fall nehmen lassen. Die Kirche umgekehrt glaubte, daß man an dem Bild der Welt, das seit vielen Jahrhunderten zum christlichen Denken als selbstverständlich dazugehörte, nicht rütteln darf, wenn keine ganz zwingenden Gründe dafür vorliegen. Solche zwingenden Gründe aber konnten weder Kopernikus noch Galilei vorweisen. In der Tat war der erste Satz der kopernikanischen Lehre, um den es sich hier handelte, ganz sicher falsch. Auch die heutige Naturwissenschaft würde nicht sagen, daß die Sonne im Mittelpunkt der Welt steht und deshalb unbeweglich ist. Beim zweiten Satz, der von der Erde handelt, müßte man zunächst klären, was die Wörter »Ruhe« und »Bewegung« bedeuten. Wenn man ihnen eine absolute Bedeutung zuschreibt, wie es das naive Denken tut, so ist es einfach eine Definition, daß die Erde ruht, jedenfalls gebrauchen wir das Wort so und nicht anders. Wenn man eingesehen hat, daß die Begriffe keine absolute Bedeutung besitzen, daß sie sich auf die Relation zwischen zwei Körpern beziehen, so ist es willkürlich, ob man Sonne oder Erde als ruhend oder bewegt ansieht. Dann besteht erst recht kein Grund, das alte Weltbild zu ändern.

Man kann trotzdem vermuten, daß die Mitglieder des Inquisitionsgerichtes durchaus empfunden haben, welche Kraft hinter dem Begriff der Einfachheit steckt, der von Galilei hier bewußt oder unbewußt vertreten wurde und der in der philosophischen Ebene mit der Rückwendung von Aristoteles zu Plato zu tun hatte. Auch hatten die Richter offenbar den größten Respekt vor Galileis wissenschaftlicher Autorität; daher wollten sie ihn nicht an der Weiterführung seiner Forschungen hindern, wollten aber vermeiden, daß Unruhe und Unsicherheit in das traditionelle christliche Weltbild getragen würden, das in der Struktur der mittelalterlichen Gesellschaft eine so entscheidende Rolle gespielt hatte und immer noch spielte. Wissenschaftliche Ergebnisse sind ja häufig, besonders wenn sie neu sind, noch einem gewissen Wandel unterworfen; das endgültige Urteil kann meist erst nach einigen Jahrzehnten der Bewährung gefällt werden. Warum sollte Galilei nicht mit der Veröffentlichung warten? Man wird dem Inquisitionsgericht also zubilligen müssen, daß es sich beim ersten Prozeß um Ausgleich bemüht und eine vertretbare Entscheidung getroffen hat. Erst als Galilei acht Jahre später das Veröffentlichungsverbot übertreten hatte, konnten sich im zweiten Prozeß jene durchsetzen, denen Gewalt einfacher scheint als das Bemühen um Ausgleich, und daher erging das berüchtigte harte Urteil gegen Galilei, das der Kirche später so viel geschadet hat.

Welches Gewicht würden wir heute dem Argument beilegen, daß man nicht voreilig Unruhe und Unsicherheit in ein Weltbild tragen dürfe, das als Bestandteil der geistigen Struktur der Gesellschaft eine wichtige Rolle bei der Harmonisierung des Lebens in der Gemeinschaft spielt? Auf dieses Argument würden manche radikale Geister heute mit Hohn reagieren; sie würden darauf hinweisen, daß es sich dabei ja nur um die Erhaltung überalterter Machtstrukturen handelt, daß man also im Gegenteil dafür sorgen müsse, daß sich solche Strukturen der Gesellschaft so schnell wie möglich wandeln oder auflösen. Aber diesen radikalen Geistern muß man zu bedenken geben, daß sich der Konflikt zwischen den Naturwissenschaften und der herrschenden Weltanschauung auch noch in unserer Zeit abspielt, und zwar gerade in den totalitären Staatsgebilden, in denen der dialektische Materialismus als Grundlage des Denkens gewählt worden ist. So hat es die offizielle Sowjetphilosophie schwer gehabt, sich mit Relativitätstheorie und Quantentheorie abzufinden; insbesondere in den Fragen der Kosmologie sind die Meinungen dort hart aufeinandergeprallt. Im Jahr 1948 fand schließlich ein Kongreß über die ideologischen Fragen der Astronomie in Leningrad statt, der eine Klärung der strittigen Probleme durch Diskussion und Vereinbarungen herbeiführen sollte und der zum Ausgleich beigetragen hat.

Im Grunde handelt es sich hier, wie im Galilei-Prozeß, gar nicht um Sachfragen, sondern um den Konflikt zwischen der geistigen Gestalt einer Gesellschaft, die ihrem Wesen nach etwas Statisches sein muß, und den ständig sich erweiternden und erneuernden wissenschaftlichen Erfahrungen und Denkweisen, also einer dynamischen Struktur. Auch eine Gesellschaft, die aus großen revolutionären Umwälzungen hervorgegangen ist, strebt nach Konsolidierung, nach einer Fixierung des Gedankenguts, das die dauerhafte Grundlage der neuen Gemeinschaft bilden soll. Die völlige Unsicherheit über alle Maßstäbe wäre auf die Dauer unerträglich. Die Wissenschaft aber strebt nach Erweiterung. Selbst wenn die Naturwissenschaft oder irgendeine andere Wissenschaft zur Grundlage der Weltanschauung gemacht werden sollte – und im dialektischen Materialismus wird ähnliches versucht –, so könnte es ja immer nur die Wissenschaft der vergangenen Jahrzehnte oder Jahrhunderte sein, und mit der sprachlichen Fixierung wären wieder die Voraussetzungen für einen späteren Konflikt geschaffen. Daher scheint es besser, durch die Bilder und Gleichnisse für den großen Zusammenhang von vornherein deutlich zu machen, daß hier eine dichterische, eine für alle menschlichen Werte offene, von lebendigen Symbolen erfüllte, aber nicht eine naturwissenschaftliche Sprache gesprochen wird.

Trotz dieser generellen Schwierigkeiten muß noch einmal auf die Sachfragen im Prozeß gegen Galilei eingegangen werden. War es für die christliche Gemeinschaft wichtig, daß Kopernikus gewisse astronomische Beobachtungen anders deutete als Ptolemäus? Im Grunde konnte es für die christliche Lebensführung des Einzelnen doch völlig gleichgültig sein, ob es am Himmel kristallene Sphären gibt oder nicht, ob der Planet Jupiter von Monden umkreist wird, ob die Erde oder die Sonne im Mittelpunkt des Weltalls steht. Für ihn, den einzelnen Menschen, stand die Erde ja jedenfalls im Mittelpunkt, sie war sein Lebensraum. Aber so gleichgültig war es wohl doch wieder nicht. Noch zweihundert Jahre später hat Goethe mit Schrecken und Bewunderung von den Opfern gesprochen, die mit der Anerkennung der kopernikanischen Lehre gebracht werden müssen. Er hat sie nur ungern gebracht, obwohl er sich selbst von der Richtigkeit dieser Lehre überzeugt hatte. Vielleicht haben sich auch schon bei den Richtern der römischen Inquisition, bewußt oder unbewußt, Zweifel geregt, ob durch die Galileische Naturwissenschaft nicht eine gefährliche Änderung der Blickrichtung hervorgerufen werden . könnte. Zwar konnten wohl auch sie nicht leugnen, daß der Naturforscher, der, wie Galilei oder Kepler, mathematische Strukturen in den Erscheinungen entdeckt, damit Teilordnungen aus der göttlichen Ordnung der Welt sichtbar macht. Aber eben dieser Blick auf die blendenden Teile konnte vielleicht den Blick für das

Ganze trüben; er konnte bewirken, daß in dem Maß, in dem der Zusammenhang des Ganzen im Bewußtsein des Einzelnen verdeckt wird, auch der lebendige Zusammenhalt der menschlichen Gemeinschaft leidet, daß er vom Zerfall bedroht wird. Mit dem Ersatz der natürlichen Lebensbedingungen durch technisch zweckmäßige Abläufe geht auch eine Entfremdung zwischen dem Einzelnen und der Gemeinschaft einher, die bedrohliche Instabilitäten hervorbringt. Bertolt Brecht läßt in seinem Schauspiel ›Galilei‹ einen Mönch sagen: »Das Dekret gegen Kopernikus hat mir die Gefahren aufgedeckt, die ein allzu hemmungsloses Forschen für die Menschheit in sich birgt.« Ob dieses Motiv wirklich schon damals eine Rolle gespielt hat, wissen wir nicht; aber wir haben inzwischen gelernt, wie groß die Gefahren sind.

Wir haben noch mehr gelernt aus der Entwicklung der Naturwissenschaft in einer von der christlichen Religion geprägten europäischen Welt, und davon soll jetzt im letzten Teil meines Vortrages die Rede sein. Schon früher habe ich zu formulieren versucht, daß es sich bei den Bildern und Gleichnissen der Religion um eine Art Sprache handelt, die eine Verständigung ermöglicht über den hinter den Erscheinungen spürbaren Zusammenhang der Welt, ohne den wir keine Ethik und keine Wertskala gewinnen könnten. Diese Sprache ist im Prinzip ersetzbar wie jede Sprache; in anderen Teilen der Welt gibt und gab es andere Sprachen, die der gleichen Verständigung dienen. Aber wir sind in einen bestimmten Sprachraum hineingeboren. Diese Sprache ist der Sprache der Dichtung näher verwandt als jener der auf Präzision ausgerichteten Naturwissenschaft. Daher bedeuten die Wörter in beiden Sprachen oft etwas Verschiedenes. Der Himmel, von dem in der Bibel die Rede ist, hat wenig zu tun mit jenem Himmel, in den wir Flugzeuge oder Raketen aufsteigen lassen. Im astronomischen Universum ist die Erde nur ein winziges Staubkörnchen in einem der unzähligen Milchstraßensysteme, für uns aber ist sie die Mitte der Welt – sie ist wirklich die Mitte der Welt. Die Naturwissenschaft versucht, ihren Begriffen eine objektive Bedeutung zu geben. Die religiöse Sprache aber muß gerade die Spaltung der Welt in ihre objektive und ihre subjektive Seite vermeiden; denn wer könnte behaupten, daß die objektive Seite wirklicher wäre als die subjektive. Wir dürfen also die beiden Sprachen nicht durcheinanderbringen, wir müssen subtiler denken, als dies bisher üblich war.

Die Entwicklung der Naturwissenschaft in den letzten hundert Jahren hat überdies in ihrem eigenen Bereich dieses subtilere Denken erzwungen. Da wir nicht mehr die Welt der unmittelbaren Erfahrungen zum Gegenstand der Forschung gemacht haben, sondern eine Welt, in die wir nur mit den Mitteln moderner Technik eindringen können, reicht die Sprache des täglichen Lebens hier nicht mehr aus. Es gelingt uns zwar schließlich, diese Welt zu verstehen, indem wir ihre Ordnungsstrukturen in mathematischen Formeln darstellen; aber wenn wir über sie sprechen wollen, müssen wir uns mit Bildern und Gleichnissen begnügen, fast wie in der religiösen Sprache. Wir haben also gelernt, vorsichtiger mit der Sprache umzugehen, und haben eingesehen, daß scheinbare Widersprüche in der Unzulänglichkeit der Sprache begründet sein können. Die moderne Naturwissenschaft hat sehr umfassende Gesetzmäßigkeiten zutage gefördert, viel umfassendere als jene, mit denen Galilei und Kepler zu tun hatten. Aber dabei hat sich herausgestellt, daß mit der Weite der Zusammenhänge auch der Grad der Abstraktheit wächst und mit ihm auch die Schwierigkeit des Verständnisses. Selbst die Forderung der Objektivität, die lange Zeit als die Voraussetzung aller Naturwissenschaft gegolten hat, ist in der Atomphysik dadurch eingeschränkt worden, daß eine völlige Trennung des zu beobachtenden Phänomens vom Beobachter nicht mehr möglich ist. Wie steht es dann mit dem Gegensatz von naturwissenschaftlicher und religiöser Wahrheit?

Der Physiker Wolfgang Pauli hat in diesem Zusammenhang einmal von zwei Grenzvorstellungen gesprochen, die beide in der Geschichte des menschlichen Denkens außerordentlich fruchtbar geworden sind, denen aber doch keine echte Wirklichkeit entspricht. Das eine Extrem ist die Vorstellung einer objektiven Welt, die unabhängig von irgendwelchen beobachtenden Subjekten in Raum und Zeit gesetzmäßig abläuft; sie war das Leitbild der neuzeitlichen Naturwissenschaft. Das andere Extrem ist die Vorstellung eines Subjekts, das mystisch die Einheit der Welt erlebt und dem kein Objekt, keine objektive Welt mehr gegenübersteht; sie war das Leitbild der asiatischen Mystik. Irgendwo in der Mitte zwischen diesen beiden Grenzvorstellungen bewegt sich unser Denken; wir müssen die Spannung, die aus den Gegensätzen resultiert, aushalten.

Zu der Sorgfalt, mit der wir die beiden Sprachen, die religiöse und die naturwissenschaftliche, auseinanderhalten müssen, gehört auch, daß wir jede Schwächung ihres Inhalts durch ihre Vermengung vermeiden müssen. Die Richtigkeit bewährter naturwissenschaftlicher Ergebnisse kann vernünftigerweise nicht vom religiösen Denken in Zweifel gezogen werden, und umgekehrt dürfen die ethischen Forderungen, die aus dem Kern des religiösen Denkens stammen, nicht durch allzu rationale Argumente aus dem Bereich der Wissenschaft aufgeweicht werden.

Dabei besteht kein Zweifel darüber, daß durch die Erweiterung der technischen Möglichkeiten auch neue ethische Probleme aufgeworfen worden sind, die nicht leicht gelöst werden können. Ich erwähne als Beispiel die Frage nach der Verantwortung des Forschers für die praktische Anwendung seiner Forschungsergebnisse oder die noch schwierigere Frage aus dem Bereich der modernen Medizin, wie lange ein Arzt das Leben eines sterbenden Patienten verlängern soll oder darf. Das Nachdenken über solche Probleme hat nichts mit dem Aufweichen ethischer Prinzipien zu tun. Auch kann ich mir nicht vorstellen, daß solche Fragen mit pragmatischen Zweckmäßigkeitsüberlegungen allein beantwortet werden könnten. Vielmehr wird es nötig sein, sich auch hier auf den Zusammenhang des Ganzen zu besinnen: auf die in der Sprache der Religion ausgedrückte menschliche Grundhaltung, aus der die ethischen Prinzipien stammen...

Erich Fromm
Bildet die Psychoanalyse eine
Bedrohung der Religion?

... Die Religion spricht sowohl in ihren Lehren als in ihren Bräuchen eine andere Sprache als die unseres Alltagslebens, nämlich eine symbolische. Das Wesen derselben besteht darin, daß innere Erlebnisse gefühlsmäßiger oder gedanklicher Art ausgedrückt werden, als seien sie sinnliche Erfahrungen. Wir alle »sprechen« diese Sprache, sei es auch nur, während wir schlafen. Diese Sprache des Traumes ist keine andere als die, der wir in Mythen und im religiösen Denken begegnen. Wir finden sie in Mythen, die vor fünftausend Jahren entstanden sind, und ebenso in den Träumen unserer Zeitgenossen. Es ist die gleiche Sprache in Indien und China wie in New York und Paris (...) In Gesellschaftsgebilden, in denen die oberste Sorge das Verständnis innerer Erfahrungen war, wurde sie nicht nur gesprochen, sondern auch verstanden. In unserer Kultur besteht sie zwar noch im Traum, aber sie wird selten verstanden. Dieser Mangel hat seinen Grund hauptsächlich darin, daß man den Inhalt der symbolischen Sprache für wirkliche Begebenheiten in der Welt der Dinge hält anstatt für den bildhaften Ausdruck seelischer Vorgänge. Auf Grund dieses Mißverständnisses hat man Träume als sinnlose Erzeugnisse unserer Einbildungskraft angesehen und Mythen als kindische Vorstellungen von der Wirklichkeit aufgefaßt.

Es war Freud, der uns diese vergessene Sprache erschlossen hat. Mit seinen Bemühungen um Entzifferung der Traumsprache hat er den Weg zum Verständnis der Eigentümlichkeiten der symbolischen Sprache überhaupt eröffnet und ihre Struktur und Bedeutung aufgezeigt. Zugleich hat er dargetan, daß die Sprache religiöser Mythen ihrem Wesen nach von der des Traumes nicht verschieden, das heißt, daß sie der sinnvolle Ausdruck bedeutsamer Erlebnisse ist. Wenn es auch wahr ist, daß seine Traum- und Mythendeutungen infolge seiner Überbetonung der Bedeutung des Sexualtriebs zu eng sind, so bleibt darum nicht weniger wahr, daß er die Grundlagen für eine neues Verständnis der Symbole im Mythus, im Dogma und im Ritual geschaffen hat. Wohl führt dieses Verständnis der Symbolsprache noch nicht zur Religion zurück; es führt aber zu einer neuen Einschätzung der tiefen und bedeutungsvollen Weisheit, die in sinnbildlicher Sprache in der Religion niedergelegt ist.

Die bisherigen Betrachtungen zeigen, daß die Antwort auf die Frage, wodurch die Religion heute bedroht ist, davon abhängt, welchen spezifischen Aspekt der Religion wir im Auge haben. Das unausgesprochene Thema der vorangegangenen Kapitel bildet die Überzeugung, daß das religiöse Problem nicht in der Frage nach Gott, sondern in der Frage nach dem Menschen besteht; religiöse Formulierungen und Symbole bedeuten Versuche, gewissen Arten menschlicher Erlebnisse Ausdruck zu verleihen. Den Ausschlag gibt dabei der Charakter dieser Erlebnisse. Das Symbolsystem gibt uns nur den Schlüssel, mit dem wir die dahinter liegende menschliche Realität erschließen können. Leider hat sich seit den Tagen der Aufklärung das religiöse Gespräch um die Bejahung oder Verneinung eines Glaubens an Gott gedreht anstatt um die Bejahung oder Ablehnung gewisser menschlicher Haltungen. »Glaubt ihr an das Dasein Gottes?« ist zur entscheidenden Frage der Religionsanhänger geworden, während die Gegner der Kirche die Leugnung Gottes in den Mittelpunkt stellten. Es dürfte leicht einzusehen sein, daß viele unter denen, die sich zum Glauben an Gott bekennen, Götzenanbeter sind, und daß im Gegensatz dazu manche glühende »Atheisten«, die ihr Leben der Besserung des Loses der Menschheit und Taten der Brüderlichkeit und Liebe widmen, Glauben und eine tiefe religiöse Haltung bezeugt haben. Die Verlagerung des religiösen Gesprächs auf die Annahme oder Leugnung des Symbols Gott verhindert das Verständnis dafür, daß die religiöse Frage ein Problem des Menschen ist, und hemmt die Entwicklung einer menschlichen Haltung, die im humanitären Sinne religiös genannt werden darf.

Es sind mancherlei Versuche gemacht worden, das Symbol Gott beizubehalten und ihm einen andern Sinn zu geben, als die monotheistischen Religionen ihm traditionell zuschreiben. Eines der hervorragendsten Beispiele ist die Theologie Spinozas. Unter Gebrauch streng theologischer Terminologie gibt er eine Definition von Gott, die im Kern besagt, im Sinne der jüdisch-christlichen Überlieferung gebe es keinen Gott. Er war der spirituellen Atmosphäre, in der das Symbol Gott unentbehrlich war, noch zu nahe, um der Tatsache gewahr zu werden, daß er in der Ausdrucksweise seiner neuen Definition die Existenz Gottes verneinte.

In den Schriften einer Anzahl von Theologen und Philosophen des neunzehnten Jahrhunderts bis in unsere Zeit kann man gleichartige Versuche finden, das Wort Gott beizubehalten, ihm jedoch einen völlig andern Sinn zu geben, als es für die Propheten der Bibel oder die christlichen und jüdischen Theologen des Mittelalters hatte. Es bedarf keines Streites mit denen, die das Symbol Gott nicht entbehren wollen, wenngleich es fraglich ist, ob es nicht einen erzwungenen Versuch bedeutet, an einem Symbol festzuhalten, dessen Grundbedeutung wesentlich geschichtlich ist. Wie sich dies auch verhalten möge, eines ist sicher: Der wahre Konflikt spielt sich nicht ab zwischen Gottgläubigkeit und Atheismus, sondern zwischen einer humanitär-religiösen Haltung und einer andern, die dem Götzendienst gleichkommt, unabhängig davon, wie diese Haltung sich im bewußten Denken ausdrückt – oder verkleidet.

Sogar vom streng monotheistischen Standpunkt stellt der Gebrauch des Wortes Gott ein Problem. Die Bibel betont, der Mensch dürfe nicht versuchen, sich in irgendeiner Form ein Bildnis Gottes zu machen. Zweifellos bedeutet der eine Aspekt dieses Gebots, daß es ein Tabu ist, um die Ehrwürdigkeit Gottes zu wahren. Ein anderer Aspekt hingegen ist der Gedanke, daß Gott ein Symbol für alles darstellt, was im Menschen liegt und was dennoch der Mensch nicht ist; ein Symbol einer geistig-seelischen Realität, die in uns zu verwirklichen wir streben können, ohne daß wir vermöchten, sie zu beschreiben oder zu definieren. Gott gleicht dem Horizont, der unserm Blick die Grenzen setzt. Dem naiven Gemüt erscheint dieser als etwas Greifbares, und doch erweist er sich als Fata Morgana, wenn wir ihn fassen wollen. Wenn wir uns fortbewegen, bewegt sich auch der Horizont. Sobald wir auch nur einen kleinen Hügel erklimmen, hat sich unser Gesichtskreis ein wenig erweitert, aber er bleibt eine Begrenzung und wird niemals zu einem *Ding*, das man zu greifen vermag. Die Vorstellung, daß Gott nicht definiert werden kann, ist in der biblischen Erzählung von der Offenbarung Gottes an Moses deutlich ausgesprochen. Mit der Aufgabe betraut, zu den Kindern Israel zu sprechen und sie aus der Sklaverei in die Freiheit zu führen,

186

sprach Moses zu Gott: »Siehe, wenn ich zu den Kindern Israel komme und spreche zu ihnen: Der Gott eurer Väter hat mich zu euch gesandt, und sie mir sagen werden: Wie heißt sein Name?, was soll ich ihnen sagen? Gott sprach zu Mose: *Ich werde sein, der ich sein werde*. Also sollst du den Kindern Israel sagen: »*Ich werde sein* hat mich zu euch gesandt.« (...)

Der Sinn dieser Worte wird noch deutlicher, wenn wir uns enger an den hebräischen Text halten: »Ich bin der ich bin« (ehje asher ehje). Moses fragt Gott um seinen Namen, weil ein Name etwas ist, das man fassen und anbeten kann. Während der ganzen Geschichte vom Auszug der Kinder Israel hat Gott liebevolle Zugeständnisse an ihren zur Bilderverehrung neigenden Geisteszustand gemacht, und so auch jetzt wieder, indem er Moses seinen Namen nennt. Doch in diesem Namen steckt eine tiefsinnige Ironie. Er drückt weit eher lebendiges Sein und Werden aus als etwas Begrenztes, das man benennen kann wie ein Ding. Der Sinn des Textes würde genau wiedergegeben, wenn die Übersetzung lautete: »Mein Name ist *Namenlos*.«

In der Entwicklung der christlichen und jüdischen Theologie finden wir wiederholt Versuche, eine geläuterte Vorstellung von Gott zu gewinnen, indem man jede Spur einer Beschreibung oder Definition Gottes unterließ (Plotin, Maimonides). Wie es der große deutsche Mystiker, Meister Eckhart, ausgedrückt hat: »Das was man sagt, daß Gott sei, das ist er nicht; was man nicht von ihm sagt, hat mehr Wahrheit als das, was man sagt, daß er sei.« (...)

Denkt man den Monotheismus mit seinen logischen Konsequenzen wahrhaft zu Ende, so kann es keinen Streit über das Wesen Gottes geben. Kein Mensch kann behaupten, eine solche Kenntnis von Gott zu haben, daß er befugt wäre, kraft dessen seine Mitmenschen zu kritisieren oder zu verdammen oder zu behaupten, seine eigene Gottesvorstellung sei die einzig richtige. Die religiöse Intoleranz, die so charakteristisch ist für die westlichen Religionen und aus derartigen Ansprüchen stammt – und, psychologisch gesprochen, ihre Wurzel in einem Mangel an Glauben oder an Liebe hat –, hat einen verheerenden Einfluß auf die religiöse Entwicklung gehabt. Sie hat zu einer neuen Form von Götzendienst geführt. Ein Bildnis von Gott, nicht in Holz oder Stein, sondern in Worten, wird errichtet, und die Menschen beten dieses Heiligtum an. Jesaja verwirft diese Verzerrung des Monotheismus in folgenden Worten:

»Warum fasten wir, und du siehst es nicht an? Warum tun wir unserm Leibe wehe, und du willst es nicht wissen? Siehe, wenn ihr fastet, so übet ihr doch euern Willen und treibet alle eure Arbeiter.

Siehe, ihr fastet, daß ihr hadert und zanket und schlaget mit gottloser Faust. Wie ihr jetzt tut, fastet ihr nicht also, daß eure Stimme in der Höhe gehört würde.

Sollte das ein Fasten sein, das ich erwählen soll, daß ein Mensch seinem Leibe des Tages übel tue oder seinen Kopf hänge wie ein Schilf oder auf einem Sack und in der Asche liege? Wollt ihr das ein Fasten nennen und einen Tag, dem Herrn angenehm?

Das aber ist ein Fasten, das ich erwähle: Laß los, welche du mit Unrecht gebunden hast; laß ledig, welche dur beschwerst; gib frei, welche du bedrängst; reiß weg allerlei Last.

Brich dem Hungrigen dein Brot, und die, so im Elend sind, führe ins Haus; so du einen nackt siehst, so kleide ihn, und entzieh dich nicht von deinem Fleisch.

Alsdann wird dein Licht hervorbrechen wie die Morgenröte, und deine Besserung wird schnell wachsen, und deine Gerechtigkeit wird vor dir hergehen, und die Herrschaft des Herrn wird dich zu sich nehmen.« (…)

Das Alte Testament, insbesondere die Propheten, sie kümmerten sich ebensosehr um das Negative, den Kampf gegen die Götzendienerei, wie um das Positive, die Erkenntnis Gottes. – Bekümmert uns noch das Problem der Abgötterei? Erst wenn wir gewisse »primitive« Götzenbilder aus Holz oder Stein finden, fällt sie uns auf. Wir vergessen, daß das Wesen des Götzendienstes nicht in der Anbetung dieses oder jenes Götzenbildes liegt, sondern daß er eine bestimmte menschliche Haltung darstellt. Diese kann umschrieben werden als die Vergottung von Dingen, von bestimmten Aspekten der Welt, und als Unterwerfung des Menschen unter solche Dinge, im Gegensatz zu einer Haltung, mit der der Mensch sein Leben der Verwirklichung der höchsten Lebensideale, der Liebe und Vernunft, widmet und darum ringt, das zu werden, was er der Möglichkeit nach ist, ein Wesen, geschaffen zum Ebenbilde Gottes. Nicht Bildnisse aus Stein und Holz sind die Idole. Worte können Idole werden; Maschinen können Götzenbilder sein; Führer, der Staat, Macht und politische Gruppen können diese Rolle spielen. Die Wissenschaft oder die Meinung der Leute über uns können zu Götzen werden – und Gott ist für viele ein Idol geworden.

Wiewohl es dem Menschen nicht gegeben ist, gültige Aussagen über das Positive, über Gott zu machen, ist es ihm möglich, etwas Bestimmtes über das Negative, über die Idole, auszusagen. Ist es nicht an der Zeit, den Streit über Gott zu begraben und uns statt dessen zu vereinen, um die Formen des Götzendienstes in unserer Zeit zu demaskieren? Heute sind es nicht Baal und Astarte, welche die kostbarsten geistig-seelischen Güter des Menschen bedrohen; vielmehr sind sie in Gefahr durch Vergottung des Staates und der Macht in autoritären Ländern und in unserer Kultur durch Vergötzung der Maschine und des Erfolgs. Ob wir Religionsanhänger sind oder nicht, ob wir an die Notwendigkeit einer neuen Religion glauben oder an eine Religion des Verzichts auf Religion oder an den Fortbestand der jüdisch-christlichen Tradition – solange wir uns um das Wesen und nicht um die Schale bekümmern, um das Erlebnis und nicht um das Wort, um den Menschen und nicht um die Kirche, können wir uns zusammentun in fester Ablehnung allen Götzendienstes und in dieser Negation vielleicht einen stärkeren gemeinsamen Glauben finden als in irgendeiner bejahenden Aussage über Gott. Und gewiß werden wir mehr Demut und mehr Bruderliebe finden.

3. Gott in der Geschichte

Karl Kerényi
Theos: »Gott« – auf griechisch

Der jüdische Denker und Bibelübersetzer Franz Rosenzweig sagte: »Wir wissen von Gott nichts; aber das ist ein Nichtwissen von Gott.« Damit gab er die äußerste Situation an, in die jüdisches, christliches und nachchristliches *positives* Verhalten zu »Gott« in der *negativen* Richtung gelangen kann. Selbst eine negative Theologie bleibt, ja, sie bleibt auf eine reinere, beachtenswertere und die Untersuchung mehr herausfordernde Weise im Bannkreis »Gottes« als jede positive Theologie. Nicht anders verhält es sich, wenn die negative Richtung über diese Grenzsituation hinausgeht und zu einem negativen *Verhalten* zu »Gott« führt: zur Leugnung, Bekämpfung oder auch nur Nichtbeachtung, die – von Rosenzweigs Gesichtspunkt aus – immer noch »Gottes« Nichtbeachtung wäre.

Der Atheismus verhält sich in seinen heute historisch faßbaren zwei Formen nicht zu »Gott«, von dem nichts zu wissen ist und von dem eine negative Theologie an der Grenze der jüdisch-christlichen Entwicklung *spricht* oder eine entsprechende Mystik *schweigt,* sondern zu einem Gottesbild, das auf dieser Entwicklungslinie weit zurückliegt: zum »Gott«, der sich nicht bloß in einer Theologie, sondern in einer Theokratie, in Herrschen und Gesetzgebung, als der Befehlende und der Gesetzgeber auswirkt.

Man sieht schon, daß kein Schritt der Orientierung auf dem Gebiete, das wir betreten, möglich ist, ohne die Verwendung von Ableitungen des *griechischen* Wortes *theós* – wie Theologie, Theokratie, Atheismus. Und wir betreten diesen Boden von der heutigen Situation aus! Zu der gehört das Vordringen jener zwei Formen des Atheismus, die doch im Bannkreis des geleugneten, bekämpften und auf eine indirekte Weise *sehr* beachteten »Gottes« verbleiben, an ihn wie angenagelt sind. Die eine Form ist der Existentialismus Sartrescher Prägung, die andere der Marxismus. Wie verschieden auch sonst, gerade in *dem* Zug sind sie miteinander verwandt, den wir uns besonders vergegenwärtigen müssen, ehe wir uns der Frage zuwenden: Was ist das eigentlich: »Gott« – auf griechisch?

Sartre hielt seinen Existentialismus für einen Humanismus geradezu auf Grund einer Art negativer Theologie. Der Existenzialismus sei nichts anderes, sagt er in seiner Schrift »Ist der Existentialismus ein Humanismus?«, »als eine Bemühung, alle Folgerungen aus einer zusammenhängenden atheistischen Einstellung zu ziehen.« Darum sei der Existentialismus ein Humanismus, weil er den Menschen daran erinnert, daß es außer ihm keinen Gesetzgeber gibt und daß er in seiner Verlassenheit über sich selbst entscheidet. Seine These setzt mit der Verlassenheit des Menschen »Gott« in einer negativen Weise voraus, ja, gründet auf ihm, oder genauer auf einer theokratischen Vorstellung von »Gott«.

Dasselbe ist aber auch von dem in der Praxis durchaus absolutistisch auftretenden Marxismus zu sagen, zu dem der Anspruch des gesetzgebenden und dem Gesetz unbedingte Unterwürfigkeit fordernden »Gottes« als historische Voraussetzung gehört: ein theokratisches Denken in säkularisierter Form. Es ist besonders befremdend, daß ein Schriftsteller mit psychologischen Einsichten, wie Sartre, überhaupt nur solch einen »Gott« sich vorzustellen vermochte und nicht in Erwägung zog, daß dieser *sein* »Gott« war und blieb, auch nachdem er ihm die Existenz versagte. Sein Verhalten zu ihm ist – wie das der Marxisten auch – Rivalität, die den Atheismus aus diesem Grunde fordert.

So zeugen alle negativen Theologen – um von den positiven nicht zu reden –, ob sie nun glauben oder nicht glauben, Mystiker oder Atheisten sind, von einer Begrenztheit des Denkens und des Verhaltens – des positiven Verhaltens ebenso wie des negativen –, die der Humanist und der Religionshistoriker durchbrechen müssen, wenn sie sich einmal ernstlich und wissenschaftlich die Frage stellen wollen: Spricht man vom jüdisch, christlich oder nachchristlich, gläubig oder ungläubig gemeinten »Gott«, wenn man vom »Gott« der Griechen spricht? Ist dann nicht auch das »Göttliche«, das *theîon*, was die griechischen Philosophen so gern für *theós* sagen, nur eine Abschwächung des *ebenso* gemeinten »Gottes«? Gibt es einen Ausweg aus diesem Bannkreis, wenn schon unsere wissenschaftlich orientierenden Ausdrücke wie Theologie, Theokratie und Atheismus auf der ungeprüften Annahme beruhen, *theós* sei dasselbe wie »Gott« in der jüdisch-christlichen und der atheistischen Welt, soweit diese im Eindringen und Durchdringen begriffen ist? (…)

Der Ausweg kann nur mit Zweifeln an der Autorität des Wörterbuchs gesucht werden. Das Wörterbuch bietet Gleichsetzungen: *theós* gleich »Gott«. Dies mag als Arbeitshypothese dienen, zum vorläufigen Verständnis der Texte, in denen das Wort vorkommt. Jeder griechische Text gehört in den größeren Kontext der griechischen Welt. In dieser ist jedes griechische Wort tönend und beweglich beheimatet, während es im einzelnen Text unbeweglich, im Wörterbuch zu einem Fremden unter Fremden geworden ist. Auch die Griechen lebten in einem, religiöse und antireligiöse Menschen zusammenfassenden Bannkreis in bezug auf ihre Götter. Deren bildhafte Erscheinung in Literatur und Kunst macht die Mehrzahl *theoi* viel faßbarer als die Einzahl *theós* und daher auch die Übersetzung – »Götter« – für uns brauchbar, die wir »Götter« überhaupt aus jener Literatur und Kunst kennenlernten, während für die Einzahl die Frage offenbleibt, die noch schärfer als bisher gestellt werden muß: Wer oder was ist das eigentlich *theós*, von dem die Wörterbücher behaupten, es sei »Gott« auf griechisch?

Recht faßbar wird uns der Bannkreis, der hier das Denken und Verhalten der Griechen begrenzte, durch eine historische Begebenheit. Dikaiarchos, Admiral des fünften griechischen Herrschers von Ägypten mit dem Namen Ptolemaios (203–181 v. Chr.), führte einen Eroberungskrieg gegen die Kykladen, unter Verachtung des von den Göttern beschützten Völkerrechtes. Er bekannte sich zu seiner Feindschaft gegen Götter und Menschen, indem er überall auf den eroberten Inseln Altäre der *Asébeia*, der »Götterverachtung«, und der *Paranomía*, der »Außergesetzlichkeit«, errichtete. Das Wort *átheos*, das im Griechischen nicht nur einen subjektiven Inhalt hat – Leugnung der Götter –, sondern viel häufiger noch einen objektiven – Verlassenheit von den Göttern – wäre von ihm im ersten Sinn zu sagen. Dikaiarchos gab sogar *diesem* Denken und Verhalten einen kultischen Ausdruck.

Den Bannkreis des Kultes durchbrachen manchmal die Philosophen und setzten sich einem Prozeß wegen *asébeia* aus. Nicht alle taten dies und ihr positives Verhalten zum Kult war dennoch aufrichtig. Der Prozeß gegen Sokrates hatte eine fadenscheinige Begründung. Aristoteles ist unser Hauptzeuge dafür, wie einen großen und auch für die christliche Welt entscheidenden Philosophen jener Bannkreis band und daß er ungeachtet dieser Bindung einen Prozeß erhielt. Er führte einen Kult für die *Areté* ein, zu Ehren seines Freundes Hermias (...), der seine Tugendhaftigkeit – seine *areté* – mit dem Tode am Kreuz erwies. Aristoteles wurde wegen *asébeia* angeklagt. Doch selbst von Skeptikern und erklärten *átheoi* ist nicht anzunehmen – zumal nach der historischen Erfahrung mit den Atheisten von heute –, daß sie den weiteren Bannkreis verlassen hätten, in dem *theós* seinen griechischen Sinn besaß.

Wir müssen immerhin von einem weiteren Kreis reden als dem Bannkreis des griechischen Kultes, mindestens von einem so weiten, wie die griechische Welt. Es hat, in Anbetracht dessen, was ich von der Gebundenheit der Griechen an den Kult sagte, der Umstand ein außerordentliches Gewicht, daß *theós* kein im Kult gebrauchtes Wort ist. Ein sehr zuverlässiger Kenner, der den ganzen griechischen Sprachbestand überblickte, machte die einfache Feststellung, daß es in der altgriechischen Grammatik den Kasus des Anrufs, den Vokativ zu *theós* nicht gibt. Erst im Spätgriechischen, bei jüdischen und christlichen Schriftstellern, taucht die Form auf, die Kult und Gebet erfordern, der Vokativ. Selbst der Nominativ *theós* als Anrufung ist spät.

Der Linguist, dem wir diese Beobachtung verdanken, zog aus ihr keine Folgerungen in bezug auf die griechische Religion und noch weniger in Hinblick darauf, was denn *theós* sein mochte, wenn das Wort für den Kult unbrauchbar war? Im Vokativ ruft man griechisch die göttlichen Eigennamen aus. Nur diese kommen – jeweils einer oder mehrere von den »Göttern«, oder auch alle Götter in einem – für den Kult in Betracht, *theós* wurde nur auf diesem Weg – dem Weg der Vertretung durch die »Götter« – in den Bannkreis des Kultes eingefangen. Sonst blieb er außerhalb und bedeutet, wenn auch nicht eine Begrenzung des griechischen Denkens und Verhaltens, so doch eine sehr bestimmte Anfangssituation für diese, von der – wiederum nach unserer historischen Erfahrung in der jüdisch-christlichen und der atheistischen Welt – anzunehmen ist, daß sie in der griechischen Welt weiterwirkte.

Ein anderer Kenner des griechischen Sprachbestandes, ein großer Philologe, machte die zweite wichtige sprachliche Feststellung: *theós* ist ein Prädikatsbegriff. Es ist zwar auf griechisch möglich – und dies ist gerade nicht das Spezifisch-Griechische –, auch von *theós* etwas auszusagen. Beispielsweise, daß er *agathós*, gut, ist. An der Stelle, wo das Wort *theología*, in ähnlichem Sinne wie wir von Theologie reden, in der griechischen Literatur zum ersten Mal fällt, in Platons »Staat« (2. 379a), wird eben dies festgehalten, zutiefst vom Sprachgefühl der Dialogpartner, Sokrates und Adeimantos, heraus: Als Aussage von *theós* kommt ihm, prädikativ, *agathós* zu, und nicht etwa *kakós*, schlecht oder böse. Es scheint aber ursprünglich nichts von *theós* ausgesagt worden zu sein, sondern *theós* wurde von etwas ausgesagt. Dazu gehörte keine sprachliche Kühnheit. Ja, dies ist das Spezifisch-Griechische, von einem Ereignis zu sagen: »Es ist *theós*!«

Ich wiederhole zwei Beispiele: das eine nach Wilamowitz, das andere füge ich aus meinem Buch »Griechische Grundbegriffe« hinzu. Beide Beispiele stammen aus Zeiten, als die griechische Philosophie schon da war, doch keine der philosophischen Schulen als eigene Errungenschaft machte sie möglich, sondern die griechische Sprache. Helena ruft in der gleichnamigen Tragödie des Euripides aus: »O Götter! Denn es ist Gott, wenn man die Lieben erkennt.« Das Ereignis des Erkennens der Lieben ist *theós*. Ein anderes Beispiel ist uns lateinisch überliefert, bei Plinius dem Älteren, der, wie ich glaube, den Komödiendichter Menander übersetzt: *Deus est mortali iuvare mortalem* – »Es ist Gott dem Menschen, wenn man dem anderen hilft.« Beide Sätze könnten als eine besonders feine und späte Sublimierung des Inhaltes von *theós* erscheinen. Nicht der Inhalt, sondern die Form der beiden läßt indessen erst begreifen, warum *theós* keinen Vokativ haben kann: warum dies eine frühe, nicht erst eine später eingetretene Eigentümlichkeit der griechischen Sprache ist. Ein göttliches Ereignis wird wohl mit *Ecce deus! Theós!* – im Nominativ begrüßt, aber nicht angeredet im Vokativ.

Damit entkamen wir der autoritären Herrschaft des Wörterbuchs, in dem *theós* gleich »Gott« ist. Es muß hinzugesetzt werden: dynamisch und zeitlich, erst in der Mehrzahl als unsterblich, ewig dauernde, leicht lebende Wesen gemeint! Mit dem *ecce deus*, wie *theós* absolut gesetzt, als ein Satz für sich, lateinisch wiederzugeben ist, bricht etwas ein, wofür die griechische Philosophie das abgeleitete Wort *theion*, das »Göttliche«, hat, doch nicht ein »Göttliches«, was nur eine Abschwächung »Gottes« wäre! Es bricht *das göttliche Ereignis* ein: *theós* geschieht, zeitlich, in dieser Welt und ist ganz in diesem Geschehen. Verwischen wir die Sprachgrenze und damit die Grenze der verschiedenen Bannkreise, so heißt der Satz: *Gott geschieht.* Ob man damit heute etwas anfangen kann? Meine Erfahrung mit Theologen, aber auch mit anderen in bezug auf den Satz, ist nicht, daß er, als Unmögliches enthaltend, von allen zurückgewiesen worden wäre! ...

Hannah Arendt
Die Entdeckung des inneren Menschen

... Paulus wurde nicht nur deshalb der Gründer der christlichen Religion, weil ihm, wie er selbst sagt, »[an]vertraut war das Evangelium an die Heiden« (Galater 2, 7), sondern auch, weil er überall die »Auferstehung der Toten« predigte (Apostelgeschichte 24, 21). Für ihn steht – in scharfem und nicht zu übersehendem Unterschied zu den Evangelien – nicht Jesus von Nazareth mit seiner Lehre und seinen Taten im Mittelpunkt, sondern Christus, der Gekreuzigte und Auferstandene. Dem entspringt seine neue Lehre, die »den Juden ein Ärgernis und den Griechen eine Torheit« wurde (I. Korinther I, 23).

Die Sorge um das ewige Leben, die damals im römischen

194

Reiche allgemein verbreitet war, trennt das neue Zeitalter scharf von der Antike und wird zu dem Band, das die vielen neuen östlichen Kulte synkretistisch verbindet. Nicht, daß des Paulus Sorge um die individuelle Auferstehung jüdischen Ursprungs gewesen wäre; die Juden empfanden die Unsterblichkeit nur für das ganze Volk als notwendig und schrieben sie nur ihm zu. Der einzelne war damit zufrieden, in seinen Nachkommen weiterzuleben, und er war es auch zufrieden, alt und »lebenssatt« zu sterben. Und in der antiken Welt, der römischen wie der griechischen, strebte man nur nach *einer* Unsterblichkeit, der Unvergessenheit des großen Namens und der großen Tat und somit der Institutionen – der polis oder civitas –, die ein ununterbrochenes Gedächtnis gewährleisten konnten. (Wenn Paulus sagt: »Der Tod ist der Sünde Sold« (Römer 6, 23), so dachte er vielleicht an die Worte Ciceros, daß die Menschen zwar sterben müßten, daß aber die Gesellschaften (civitates) als ewig angelegt seien und nur infolge ihrer Sünden untergingen). Hinter den vielen neuen Glaubensformen stand zweifellos die gemeinsame Erfahrung einer absteigenden, womöglich einer sterbenden Welt; und die »frohe Botschaft« des Christentums sagte mit ihren eschatologischen Seiten ganz klar: Ihr, die ihr glaubtet, die Menschen stürben, die Welt aber sei ewig, braucht nur umzukehren zu dem Glauben, daß die Welt endet, ihr selbst aber das ewige Leben haben werdet. Dann freilich gewinnt die Frage der »Gerechtigkeit«, nämlich ob man dieses ewigen Lebens würdig sei, eine völlig neue, persönliche Bedeutung.

Die Beschäftigung mit der persönlichen, individuellen Unsterblichkeit erscheint auch in den Evangelien, die alle im letzten Drittel des I. Jahrhunderts entstanden. Jesus wird häufig gefragt: »Was muß ich tun, damit ich das ewige Leben ererbe?« (z.B. Lukas 10, 25), doch Jesus scheint nicht die Auferstehung gepredigt zu haben. Vielmehr sagte er, wenn die Menschen täten, was er sie heiße – »Gehet hin und tuet desgleichen« oder »Folget mir nach« –, dann »ist das Reich Gottes inwendig in euch« (Lukas 17, 21) oder »ist zu euch gekommen« (Matthäus 12, 28). Wenn die Menschen weiter in ihn drangen, so war seine Antwort immer dieselbe: Erfülle das Gesetz, wie du es kennst, *und* »verkaufe alles, was du hast, und gib's den Armen« (Lukas 18, 22). Der Stachel der Lehre Jesu liegt in diesem »und«, das das bekannte und anerkannte Gesetz auf die in ihm liegende Spitze trieb. Das muß er gemeint haben, wenn er sagte: »Ich bin nicht gekommen, [das Gesetz] aufzulösen, sondern [es] zu erfüllen« (Matthäus 5, 17). Also nicht »Liebe deinen Nächsten«, sondern »Liebet eure Feinde«; »Wer dich schlägt auf einen Backen, dem biete den anderen auch dar«; »Wer dir den Mantel nimmt, dem wehre nicht auch den Rock«. Kurz, nicht »Was du nicht willst, das man dir tu, das füg auch keinem andern zu«, sondern »Wie ihr wollt, daß euch die Leute tun sollen, also tut ihnen gleich auch ihr« (Lukas 6, 27–31) – gewiß die radikalste mögliche Form des »Liebe deinen Nächsten *wie dich selbst*«.

Paulus war sich gewiß der radikalen Wendung bewußt, die das alte Gebot der Gesetzeserfüllung in der Lehre Jesu von Nazareth genommen hatte. Und vielleicht ging ihm plötzlich auf, daß darin die einzige wahre Erfüllung des Gesetzes lag, worauf er erkannte, daß diese Erfüllung menschliche Kraft überstieg: sie führte zu einem Ich-will-aber-kann-*nicht*, obwohl Jesus selbst keinem seiner Jünger jemals gesagt zu haben scheint, er könne nicht tun, was er tun wolle. Doch schon bei Jesus gibt es ein neues Gewicht des inneren Lebens. Er wäre zwar nicht so weit gegangen wie Eckhart mehr als tausend Jahre später, der da sagte, der Wille zum Handeln genüge, um »das ewige Leben zu erwerben«, denn »vor Gott ist der Wille, nach meiner Fähigkeit zu handeln, und das Handeln dasselbe«. Doch wenn Jesus betont: »Du sollst dich nicht lassen gelüsten« – das einzige der zehn Gebote, das mit einem inneren Leben zu tun hat – so weist das in jene Richtung: »Wer ein Weib ansieht, ihrer zu begehren, der hat schon… die Ehe gebrochen in seinem Herzen« (Matthäus 5, 28). Ähnlich Eckhart: Wer den Willen zum Töten hat, ohne jemals einen Menschen zu töten, der hat keine geringere Sünde begangen, als wenn er die gesamte Menschheit getötet hätte. (…)

Noch größere Bedeutung hat vielleicht Jesu Predigt gegen die Scheinheiligkeit als die Sünde der Pharisäer, und seine Skepsis gegenüber der Erscheinung: »Was siehest du aber einen Splitter in deines Bruders Auge, und des Balkens in deinem Auge wirst du nicht gewahr?« (Lukas 6, 41). Und die Schriftgelehrten »wollen einhertreten in langen Kleidern und lassen sich gerne grüßen auf dem Markte« (Lukas 20, 46), ein Problem, das den Gesetzestreuen nicht unbekannt gewesen sein muß. Die Schwierigkeit ist die: was man auch Gutes tut, allein indem es anderen oder einem selbst erscheint, löst es Selbstzweifel aus (…). Jesus wußte das: »Laß deine linke Hand nicht wissen, was die rechte tut« (Matthäus 6, 3), das heißt: lebe in der Verborgenheit, auch vor dir selbst, und bemühe dich nicht, gut zu *sein* – »Niemand ist gut denn der einige Gott« (Lukas 18, 19). Doch diese liebenswerte Sorglosigkeit ließ sich nicht mehr durchhalten, als Gutes tun *und gut sein* die Voraussetzung für die Überwindung des Todes und die Gewinnung des ewigen Lebens geworden waren.

Wenn man also zu Paulus übergeht, so verlagert sich der Schwerpunkt völlig vom Tun zum Glauben, vom äußeren Men-

196

schen, der in einer Welt der Erscheinungen lebt (selbst eine Erscheinung unter Erscheinungen und daher dem Schein und der Täuschung unterworfen), auf eine Innerlichkeit, die sich definitionsgemäß nie eindeutig zeigt und nur von einem Gott geprüft werden kann, der ebenfalls nie eindeutig erscheint. Die Wege dieses Gottes sind verborgen. Für die Heiden war seine Haupteigenschaft die Unsichtbarkeit; für Paulus selbst aber war das Unergründlichste dies: »Die Sünde war wohl in der Welt [vor dem] Gesetz; aber wo kein Gesetz ist, da achtet man der Sünde nicht« (Römer 5, 13), und so ist dies durchaus möglich: »Die Heiden, die nicht haben nach der Gerechtigkeit getrachtet, haben die Gerechtigkeit erlangt ... Israel aber hat dem Gesetz der Gerechtigkeit nachgetrachtet, und hat das Gesetz der Gerechtigkeit nicht erreicht« (Römer 9, 30–31). Daß das Gesetz unerfüllbar sei, daß der Wille zu seiner Erfüllung einen anderen Willen wachrufe, den Willen zur Sünde, und daß der eine Wille nie ohne den anderen sei – davon handelt Paulus im Römerbrief.

Paulus spricht freilich nicht von zwei Willen, sondern von zwei Gesetzen – dem Gesetz des Geistes, das ihn Wohlgefallen haben läßt am Gesetz Gottes im »inwendigen Menschen«, und dem Gesetz seiner »Glieder«, das ihn tun heißt, was er in seinem Innersten selbst haßt (Römer 7, 22f.). Das Gesetz selbst wird verstanden als die Stimme eines Herrn, die Gehorsam fordert; das Du-sollst des Gesetzes verlangt und erwartet eine freiwillige Unterwerfung, ein zustimmendes Ich-will. Das alte Gesetz sagt: du sollst das und das tun; das neue Gesetz sagt: du sollst *wollen*. Der Wille wurde entdeckt aufgrund der Erfahrung eines Imperativs, der *freiwillige* Unterwerfung forderte, und in dieser Erfahrung lag eine wundersame Freiheit beschlossen, die keinem der antiken Völker – Griechen, Römern oder Juden – bewußt gewesen war, nämlich daß es im Menschen ein Vermögen gibt, durch das er, unabhängig von Notwendigkeit und Zwang, ja oder nein sagen kann, das tatsächlich Gegebene anerkennen oder ablehnen kann, auch sein eigenes Selbst und seine Existenz; und daß dieses Vermögen bestimmen kann, was er tun wird.

Doch dieses Vermögen ist etwas merkwürdig Paradoxes. Es wird durch einen Imperativ wachgerufen, der nicht nur sagt »Du sollst« – wie wenn der Geist zum Körper spricht und, wie Augustinus es später ausdrückte, der Körper sofort und gewissermaßen geist-los gehorcht –, sondern der sagt: »Du *sollst wollen*«, und das bedeutet bereits, daß ich, was immer ich letzten Endes tue, antworten kann: ich will, oder: ich will nicht. Das Gebot selbst, das Du-sollst, stellt mich vor die Wahl zwischen einem Ich-will und einem Ich-will-nicht, d. h., theologisch gesprochen, zwischen

Gehorsam und Ungehorsam. (Der Ungehorsam wurde bekanntlich später zur Todsünde par excellence und der Gehorsam, der Grundkern der christlichen Ethik, zur »Tugend aller Tugenden« (Eckhart), die sich übrigens im Unterschied zur Armut und Keuschheit schwerlich aus der Lehre und Predigt Jesu von Nazareth herleiten läßt.) Hätte der Wille nicht die Möglichkeit, nein zu sagen, so wäre er kein Wille mehr; und gäbe es nicht einen *Gegenwillen* in mir, der gerade durch das Gebot des Du-sollst wachgerufen wird, würde nicht, mit Paulus zu reden, »die Sünde in mir wohnen« (Römer 7, 20), so brauchte ich überhaupt keinen Willen.

… Der Wille, der da gespalten ist und auf der Stelle seinen eigenen Gegenwillen hervorbringt, bedarf der Versöhnung, muß wieder eins werden. Wie das Denken hat auch das Wollen das Eine in ein Zwei-in-einem gespalten, doch für das denkende Ich wäre eine »Versöhnung« der Spaltung das Schlimmste, was geschehen könnte; es würde dem Denken überhaupt ein Ende setzen. Nun, man möchte nur allzu gerne zu dem Schluß kommen, die göttliche Gnade, bei Paulus die Lösung für die Verderbtheit des Willens, setze den Willen faktisch außer Kraft, indem sie ihm durch ein Wunder seinen Gegenwillen nehme. Doch das ist nicht mehr eine Frage von Willensakten, denn um die Gnade kann man sich nicht bemühen; das Heil »liegt nicht an jemandes Wollen oder Laufen, sondern an Gottes Erbarmen«, und »so erbarmt er sich nun, welches er will, und verstockt, welchen er will« (Römer 9, 16 u. 18). Und genau wie »das Gebot kam« und die Sünde nicht nur erkennbar werden ließ, sondern »wieder lebendig« machte (Römer 7, 9), so ist die Gnade »viel mächtiger geworden«, »wo … die Sünde mächtig geworden ist« (Römer 5, 20) – felix culpa in der Tat, denn wie könnten die Menschen die Herrlichkeit kennen, wenn sie die Verderbtheit nicht kennten, wie wüßten sie, was der Tag ist, wenn es keine Nacht gäbe?

Kurz, der Wille ist nicht deshalb ohnmächtig, weil ihm etwas Äußeres Hindernisse in den Weg legen würde, sondern weil der Wille sich selbst behindert. Und wo er sich, wie in Jesus, nicht selbst behindert, da ist er noch nicht vorhanden. Für Paulus ist die Erklärung ziemlich einfach: der Konflikt besteht zwischen Fleisch und Geist, und der Übelstand ist der, daß der Mensch fleischlich wie auch geistig ist. Das Fleisch wird sterben, und so bedeutet das Leben nach dem Fleische sicheren Tod. Die Hauptaufgabe des Geistes ist nicht bloß, die Begierden zu beherrschen und das Fleisch zum Gehorsam zu bringen, sondern es absterben zu lassen – es zu »kreuzigen samt den Lüsten und Begierden« (Galater 5, 24), und das nun übersteigt die menschlichen Kräfte. Wir sahen, daß aus der Sicht des denkenden Ichs eine gewisse

Skepsis gegenüber dem Körper nur natürlich war. Die Fleischlichkeit des Menschen ist zwar nicht unbedingt die Quelle der Sünde, aber sie unterbricht die Denktätigkeit des Geistes und behindert sein stummes, geschwindes Zwiegespräch mit sich selbst, dessen »Süßigkeit« gerade in einer Spiritualität besteht, in die nichts Materielles hineinwirkt. Das ist weit entfernt von der aggressiven Leibfeindlichkeit des Paulus, die auch gar nichts mit Vorurteilen gegen das Fleisch zu tun hat, sondern aus dem Wesen des Willens selbst entspringt. Trotz seines geistigen Ursprungs wird sich der Wille seiner selbst nur dadurch bewußt, daß er Widerstand überwindet, und das »Fleisch« bei Paulus (später tritt es in Form der »Neigung« auf) wird zur Metapher für einen inneren Widerstand. So hat bereits in diesem stark vereinfachenden Rahmen die Entdeckung des Willens eine wahre Büchse der Pandora voll unbeantwortbarer Fragen geöffnet, die Paulus selbst keineswegs verkannte und die von da an jede streng christliche Philosophie in Absurditäten verwickeln sollte.

Paulus wußte, wie leicht man aus seiner Darstellung den Schluß ziehen konnte, man solle »in der Sünde beharren, auf daß die Gnade um so mächtiger werde« (Römer 6, 1) (»Wie wir gelästert werden, und wie etliche sprechen, daß wir sagen: ›Lasset uns Übles tun, auf daß Gutes daraus komme‹« – Römer 3, 8), wenn er auch schwerlich voraussah, welches Maß an Disziplin und Dogmenstrenge nötig sein würde, um die Kirche vor dem pecca fortiter zu bewahren. Er erkannte auch deutlich das größte Hindernis für eine christliche *Philosophie*: den offensichtlichen Widerspruch zwischen einem allwissenden, allmächtigen Gott und dem, was Augustinus später die »Monstrosität« des Willens nannte. Wie kann Gott diese menschliche Verderbtheit zulassen? Vor allem: wie kann er »beschuldigen«, wo doch keiner »seinem Willen widerstehen kann« (Römer 9, 19)? Paulus war römischer Bürger, er sprach und schrieb Koine-Griechisch und wußte offenbar über das römische Gesetz und das griechische Denken gut Bescheid. Doch der Gründer der christlichen Religion (wenn nicht der Kirche) blieb Jude, und dafür gibt es vielleicht keinen zwingenderen Beweis als seine Antwort auf die unbeantwortbaren Fragen, die sein neuer Glaube und die neuen Entdeckungen seiner eigenen Innerlichkeit aufgeworfen hatten.

Es ist fast Wort für Wort die Antwort Hiobs, der sich Gedanken über die unerforschlichen Wege des jüdischen Gottes machen mußte. Auch die Antwort des Paulus ist ganz einfach und völlig unphilosophisch: »Ja, lieber Mensch, wer bist du denn, daß du mit Gott rechten willst? Spricht auch ein Werk zu seinem Meister: warum machst du mich also? Hat nicht ein Töpfer Macht, aus *einem* Klumpen zu machen ein Gefäß zu Ehren und das andere zu Unehren? Derhalben, da Gott wollte ... kund tun seine Macht, hat er ... getragen die Gefäße des Zorns, die da zugerichtet sind zur Verdammnis; auf daß er kund täte den Reichtum seiner Herrlichkeit an den Gefäßen der Barmherzigkeit, die er bereitet hat zur Herrlichkeit« (Römer 9, 20–23; Hiob 10). Im gleichen Sinne hatte Gott alle Fragen, die Hiob an *Ihn* zu richten wagte, abgeschnitten und zu Hiob gesprochen: »Ich will dich fragen, lehre mich! Wo warest du, da ich die Erde gründete? ... Will mit dem Allmächtigen rechten der Haderer?« (Hiob 38, 2–3; 40, 2). Und darauf gibt es in der Tat nur die Antwort Hiobs: »Darum bekenne ich, daß ich habe unweise geredet, was mir zu hoch ist, und ich nicht verstehe« (Hiob 42, 3) ...

Max Weber
Stufen der Weltablehnung

Die »Welt kann, alles in allem, unter verschiedenen Gesichtspunkten mit religiösen Postulaten in Konflikt geraten. Immer ist der betreffende Gesichtspunkt zugleich der wichtigste inhaltliche Richtungspunkt für die Art des Strebens nach *Erlösung*.

Das bewußt als Inhalt einer Religiosität gepflegte Erlösungsbedürfnis ist stets und überall, nur in sehr verschieden stark festgehaltener Deutlichkeit des Zusammenhangs, entstanden als Konsequenz des Versuchs einer systematischen praktischen Rationalisierung der Realitäten des Lebens. Anders ausgedrückt: des Anspruchs, – der auf dieser Stufe zur spezifischen Voraussetzung aller Religion wird –, daß der Weltverlauf, wenigstens soweit er die Interessen der Menschen berührt, ein irgendwie *sinnvoller* Vorgang sei. Dieser Anspruch tauchte, wie wir sahen, naturgemäß zunächst als das landläufige Problem des ungerechten Leidens auf, also als das Postulat eines gerechten Ausgleichs für die ungleiche Verteilung des individuellen Glücks innerhalb der Welt. Er hatte die Tendenz, von da aus stufenweise zu einer immer weiteren Entwertung der Welt fortzuschreiten. Denn je intensiver das rationale Denken jenes Problem des gerechten vergeltenden Ausgleichs aufgriff, desto weniger konnte seine rein innerweltliche Lösung möglich und eine außerweltliche wahrscheinlich oder sinnvoll scheinen. Der Gang der Welt, so wie er tatsächlich ist, kümmerte sich, soweit der Augenschein reichte, um jenes Postulat wenig. Denn nicht nur die ethisch unmotivierte Ungleichheit der Verteilung von Glück und Leid, für die ein

200

Ausgleich denkbar schien, sondern schon die bloße Tatsache der Existenz des Leidens als solchen mußte ja irrational bleiben. Denn dessen universelle Verbreitung konnte nur durch das andere, irrationalere Problem der Herkunft der Sünde, – die nach der Lehre der Propheten und Priester das Leiden als Strafe oder Zuchtmittel erklären sollte, – erklärt werden. Eine zum Sündigen geschaffene Welt mußte aber ethisch noch unvollkommener erscheinen als eine zum Leiden verurteilte. Fest stand jedenfalls für das ethische Postulat die absolute Unvollkommenheit dieser Welt. Nur durch diese Unvollkommenheit schien sich ja auch ihre Vergänglichkeit sinnvoll zu rechtfertigen. Allein diese Rechtfertigung konnte geeignet erscheinen, die Welt noch weiter zu entwerten. Denn nicht nur das Wertlose, nicht einmal vornehmlich dies, zeigte sich als vergänglich. Daß aber Tod und Verfall die besten ebenso wie die schlechtesten Menschen und Dinge nivellierend ereilte, konnte als eine Entwertung gerade der höchsten innerweltlichen Güter als solcher erscheinen, sobald einmal die Vorstellung einer ewigen Dauer der Zeit, eines ewigen Gottes und einer ewigen Ordnung überhaupt konzipiert war. Wenn nun demgegenüber Werte, und gerade die am höchsten geschätzten, als »zeitlos« geltend verklärt und daher die Bedeutung ihrer Realisierung in der »Kultur« als von der zeitlichen Dauer der konkreten Realisierungserscheinung unabhängig hingestellt wurden, dann konnte sich die ethische Verwerfung der empirischen Welt wiederum weiter steigern. Denn nun konnte eine Gedankenreihe in den religiösen Horizont treten, welche von weit größerer Bedeutung was als Unvollkommenheit und Vergänglichkeit der Weltgüter im allgemeinen, weil sie geeignet war, gerade die üblicherweise höchstgestellten »Kulturgüter« unter Anklage zu bringen. Ihnen allen haftete ja die Todsünde einer unvermeidlichen spezifischen Schuldbelastetheit an. Sie zeigten sich an Geistes- oder Geschmacks-Charisma gebunden und ihre Pflege schien unvermeidlich Daseinsformen vorauszusetzen, welche der Brüderlichkeitsforderung zuwiderliefen und nur durch Selbsttäuschung sich ihr anpassen ließen. Bildungs- und Geschmackskultur-Schranken sind die innerlichsten und unübersteigbarsten aller ständischen Unterschiede. Religiöse Schuld konnte nun nicht nur als gelegentliches Akzidens, sondern als ein integrierender Bestandteil aller Kultur, alles Handeln in einer Kulturwelt und, schließlich, alles geformten Lebens überhaupt erscheinen. Gerade alles Höchste, was diese Welt an Gütern zu bieten hatte, schien dadurch mit der größten Schuld belastet. Die äußere Ordnung der sozialen Gemeinschaft, je mehr sie zur Kulturgemeinschaft des staatlichen Kosmos wurde, war offensichtlich überall nur mit bru-

taler, um Gerechtigkeit sich nur nominell und gelegentlich, jedenfalls nur soweit die eigene ratio es zuließ, kümmernder Gewalt
aufrechtzuerhalten, die aus sich unvermeidlich immer neue Ge-
walttaten nach außen und innen und überdies noch unaufrichtige
Vorwände für solche erzeugte, also: offene oder, was schlimmer
scheinen mußte: pharisäisch verhüllte Lieblosigkeit bedeutete.
Der versachlichte ökonomische Kosmos, also gerade die rational
höchste Form der für jede innerweltliche Kultur unentbehrlichen
materiellen Güterversorgung, war ein Gebilde, dem die Lieblosigkeit von der Wurzel aus anhaftete. Alle Arten des Handelns in
der geformten Welt schienen in die gleiche Schuld verstrickt. Verhüllte und sublimierte Brutalität, brüderlichkeitsfeindliche Idio-
synkrasie und illusionistische Verschiebung des gerechten Au-
genmaßes begleiteten unvermeidlich die Geschlechtsliebe, und
je machtvoller sie ihre Gewalt entfaltete, desto stärker und zugleich von den Beteiligten selbst unbemerkter oder auch: desto
pharisäisch verhüllter. Das rationale Erkennen, an welches ja die
ethische Religiosität selbst appelliert hatte, gestaltete, autonom
und innerweltlich seinen eigenen Normen folgend, einen Kosmos von Wahrheiten, welcher nicht nur mit den systematischen
Postulaten der rationalen religiösen Ethik: daß die Welt als Kosmos *ihren* Anforderungen genüge oder irgendeinen »Sinn« aufweise, gar nichts mehr zu schaffen hatte, diesen Anspruch vielmehr prinzipiell ablehnen mußte. Der Kosmos der Naturkausali-
tät und der postulierte Kosmos der ethischen Ausgleichskausali-
tät standen in unvereinbarem Gegensatz gegeneinander. Und
obwohl die Wissenschaft, die jenen Kosmos schuf, über ihre eigenen letzten Voraussetzungen sicheren Aufschluß nicht geben
zu können schien, trat sie im Namen der »intellektuellen Recht-
schaffenheit« mit dem Anspruch auf: die einzig mögliche Form
der denkenden Weltbetrachtung zu sein. Wie alle Kulturwerte, so
schuf dabei auch der Intellekt eine von allen persönlichen ethischen Qualitäten der Menschen unabhängige, also unbrüderliche
Aristokratie des rationalen Kulturbesitzes. Nun aber haftete diesem Kulturbesitz, und also: dem für den »innerweltlichen« Menschen Höchsten in dieser Welt, neben seiner ethischen Schuldbelastetheit auch etwas an, was ihn noch viel endgültiger entwerten mußte: die Sinnlosigkeit, wenn man ihn mit seinen eigenen
Maßstäben bewertete. Die Sinnlosigkeit der rein innerweltlichen
Selbstvervollkommnung zum Kulturmenschen, des letzten Wertes also, auf welchen die »Kultur« reduzierbar schien, folgte für
das religiöse Denken ja schon aus der – von eben jenem innerweltlichen Standpunkt aus gesehen – offenbaren Sinnlosigkeit des
Todes, welcher, gerade unter den Bedingungen der »Kultur«, der

Sinnlosigkeit des Lebens erst den endgültigen Akzent aufzuprägen schien. Der Bauer konnte »lebenssatt« sterben wie Abraham. Der feudale Grundherr und Kriegsheld auch. Denn beide erfüllten einen Kreislauf ihres Seins, über den sie nicht hinausgriffen. Sie konnten so in ihrer Art zu einer innerirdischen Vollendung gelangen, wie sie aus der naiven Eindeutigkeit ihrer Lebensinhalte folgte. Aber der nach Selbstvervollkommnung im Sinne der Aneignung oder Schaffung von »Kulturinhalten« strebende »gebildete« Mensch nicht. Er konnte zwar »lebensmüde«, aber nicht im Sinne der Vollendung eines Kreislaufs »lebenssatt« werden. Denn seine Perfektibilität ging ja prinzipiell ebenso ins Schrankenlose wie diejenige der Kulturgüter. Und je mehr sich die Kulturgüter und Selbstvervollkommnungsziele differenzierten und vervielfältigten, desto geringfügiger wurde der Bruchteil, den der Einzelne, passiv als Aufnehmender, aktiv als Mitschöpfer, im Laufe eines endlichen Lebens umspannen konnte. Desto weniger konnte also die Hineingespanntheit in diesen äußeren und inneren Kulturkosmos die Wahrscheinlichkeit bieten, daß ein Einzelner die Gesamtkultur, oder daß er das in irgendeinem Sinne »Wesentliche« an ihr, für welches es überdies keinen endgültigen Maßstab gab, in sich aufnehmen könne, und daß also die »Kultur« und das Streben nach ihr irgendeinen innerweltlichen Sinn für ihn haben könne. Gewiß bestand »Kultur« für den Einzelnen nicht im *Quantum* des von ihm an »Kulturgütern« Errafften, sondern in einer geformten *Auslese* daraus. Aber dafür, daß diese – für ihn – ein *sinnvolles* Ende gerade mit dem »zufälligen« Zeitpunkt seines Todes erreicht habe, bestand keine Gewähr. Und wenn er sich gar vornehm vom Leben abwendete: – »ich habe genug, es hat mir alles geboten (oder: versagt), was *mir* des Lebens wert war«, – so mußte diese stolze Haltung der Erlösungsreligion als ein blasphemisches Verschmähen der von Gott verordneten Lebenswege und Schicksale erscheinen: keine Erlösungsreligion *billigt* positiv den »Freitod«, den nur Philosophien verklärt haben. –

Alle »Kultur« erschien, so angesehen, als ein Heraustreten des Menschen aus dem organisch vorgezeichneten Kreislauf des natürlichen Lebens, und eben deshalb dazu verdammt, mit jedem Schritt weiter eine nur immer vernichtendere Sinnlosigkeit, der Dienst an den Kulturgütern aber, je mehr er zu einer heiligen Aufgabe, einem »Beruf« gemacht wurde, ein um so sinnloseres Hasten im Dienst wertloser und überdies in sich überall widerspruchsvoller und gegeneinander antagonistischer Ziele zu werden.

Als Stätte der Unvollkommenheit, der Ungerechtigkeit, des

Leidens, der Sünde, der Vergänglichkeit, der notwendig schuld-
belasteten, notwendig mit immer weiterer Entfaltung und Diffe-
renzierung immer sinnloser werdenden Kultur: in allen diesen
Instanzen mußte so die Welt, rein ethisch angesehen, dem religiösen Postulat eines göttlichen »Sinnes« ihrer Existenz gleich
brüchig und entwertet erscheinen. Auf diese Entwertung: eine
Folge des Konfliktes zwischen rationalem Anspruch und Wirklichkeit, rationaler Ethik und teils rationalen, teils irrationalen
Werten, der mit jeder Herauspräparierung der spezifischen Eigenart jeder in der Welt vorkommenden Sondersphäre immer
schroffer und unlösbarer hervorzutreten schien, reagierte das Bedürfnis nach »Erlösung« derart, daß, je systematischer das Denken über den »Sinn« der Welt, je rationalisierter diese selbst in
ihrer äußeren Organisation, je sublimierter das bewußte Erleben
ihrer irrationalen Inhalte wurde, desto unweltlicher, allem geformten Leben fremder, genau parallel damit, das zu werden
begann, was den spezifischen Inhalt des Religiösen ausmachte.
Und nicht etwa nur das theoretische Denken, welches die Welt
entzauberte, sondern gerade der Versuch der religiösen Ethik, sie
praktisch ethisch zu rationalisieren, führte in diese Bahn.

Und schließlich: die spezifisch intellektualistische, mystische Erlösungssuche gegenüber diesen Spannungen fiel auch
selbst der Weltherrschaft der Unbrüderlichkeit anheim. Einerseits war ja ihr Charisma *nicht* jedermann zugänglich. Sie war also,
dem Sinne nach, Aristokratismus höchster Potenz: religiöser
Heilsaristokratismus. Und inmitten einer rational zur Berufsar-
beit organisierten Kultur blieb für die Pflege der akosmistischen
Brüderlichkeit selbst – außerhalb der ökonomisch sorgenfreien
Schichten – kaum noch Platz: das Leben des Buddha, Jesus, Franziskus zu führen, scheint unter den technischen und sozialen Bedingungen rationaler Kultur rein äußerlich zum Mißerfolg verurteilt.

Karl Popper
»Geschichtliche Offenbarung als Gotteslästerung«

… gibt es wirklich keine *Universalgeschichte* im Sinne einer
konkreten Geschichte der Menschheit? Eine solche Geschichte
kann es nicht geben. Dies muß die Antwort jedes humanitär ge-
sinnten Menschen und insbesondere jedes Christen sein. Eine
konkrete Geschichte der Menschheit – wenn es sie gäbe – müßte
die Geschichte aller Menschen sein. Sie müßte die Geschichte

aller menschlichen Hoffnungen, Streitigkeiten und Leiden sein. Denn kein Mensch ist wichtiger als irgendein anderer. Diese konkrete Geschichte kann nun offenkundig nicht geschrieben werden. Wir müssen Abstraktionen machen, wir müssen vernachlässigen und auswählen. Aber damit kommen wir zu den vielen Geschichten; und unter ihnen zu jener Geschichte internationaler Verbrechen und Massenmorde, die als die Geschichte der Menschheit, als die »Weltgeschichte« angepriesen worden ist.

Aber warum wurde gerade die Geschichte der Macht und nicht zum Beispiel die Geschichte der Religion oder der Dichtkunst ausgewählt? Dafür gibt es verschiedene Gründe. Einer dieser Gründe ist, daß die Macht uns alle, die Dichtung aber nur wenige von uns beeinflußt. Ein anderer ist, daß die Menschen die Neigung haben, die Macht anzubeten. Aber es steht ohne jeden Zweifel fest, daß die Verehrung der Macht einer der übelsten Götzendienste der Menschheit ist, ein Relikt aus der Zeit der Fesseln, aus der Zeit der menschlichen Knechtschaft. Die Verehrung der Macht ist aus der Furcht geboren, aus einem Gefühl, das man mit Recht verachtet. Ein dritter Grund dafür, daß die Machtpolitik zum Kern der »Geschichte« erhoben worden ist, liegt in der Tatsache, daß die Mächtigen verehrt werden wollten und daß sie die Mittel besaßen, ihre Wünsche durchzusetzen. Viele Historiker schrieben unter der Aufsicht der Kaiser, der Generäle und der Diktatoren.

Ich weiß, daß diese Ansicht an vielen Stellen auf den stärksten Widerspruch stoßen wird, einige Apologeten des Christentums eingeschlossen; denn obgleich sich im Neuen Testament kaum ein Satz findet, der diese Lehre unterstützen könnte, so gilt die Ansicht, daß Gott sich in der Geschichte offenbart, doch oft als ein Teil des christlichen Dogmas; dasselbe gilt von der Ansicht, daß die Geschichte sinnvoll ist; und daß ihr Sinn der Zweck Gottes ist. Der Historizismus wird also als ein notwendiges Element der Religion hingestellt. Aber das lasse ich nicht gelten. Ich behaupte, daß diese Ansicht reiner Götzenkult und Aberglauben ist, und das nicht nur vom Standpunkt eines Rationalisten und Humanisten, sondern auch vom christlichen Standpunkt aus betrachtet.

Was steckt hinter diesem theistischen Historizismus? Mit Hegel betrachtet er die Geschichte – die politische Geschichte – als eine Bühne oder besser noch als eine Art langwieriges Shakespearedrama; und die Zuschauer halten entweder die »großen historischen Persönlichkeiten« oder die Menschheit in abstracto für die Helden dieses Spieles. Dann stellen sie die Frage »Wer hat das Stück verfaßt?« Und sie denken, daß sie eine fromme Antwort geben, wenn sie sagen »Gott«. Aber das ist ein Irrtum. Ihre Antwort ist reine Lästerung, denn das Spiel wurde (und das wissen sie) nicht von Gott, sondern unter der Aufsicht von Generälen und Diktatoren von den Professoren der Geschichte geschrieben.

Ich bestreite nicht, daß die Betrachtung der Geschichte vom christlichen Standpunkt aus ebenso gerechtfertigt ist wie ihre Betrachtung von jedem anderen Standpunkt aus; und es sollte sicher betont werden, daß wir zahlreiche Ziele und Ideale unserer abendländischen Kultur, wie die Freiheit und die Gleichheit, dem Einflusse des Christentums verdanken. Aber zur selben Zeit besteht die einzige rationale und auch die einzige christliche Einstellung selbst zur Geschichte der Freiheit in dem Eingeständnis, daß wir selbst für sie die Verantwortung tragen, und das in demselben Sinne, in dem wir für den Aufbau unseres Lebens verantwortlich sind; und daß nur unser Gewissen, nicht aber der weltliche Erfolg unser Richter sein kann. Die Lehre, daß Gott sich und seinen Urteilsspruch in der Geschichte offenbart, ist von der Lehre ununterscheidbar, daß der weltliche Erfolg der letzte Richter und die letzte Rechtfertigung unserer Handlungen ist; sie läuft auf dasselbe hinaus wie die Lehre, daß die Geschichte urteilen wird, das heißt, daß zukünftige Macht Recht ist; und dies ist die Lehre, die ich »moralischen Futurismus« (...) genannt habe. Die Behauptung, daß Gott sich in dem offenbart, was man gewöhnlich »Geschichte« nennt, in der Geschichte internationaler Verbrechen und Massenmorde, diese Behauptung ist eine grobe Lästerung; denn was sich wirklich im Bereich des menschlichen Lebens ereignet – das wird durch diese grausame und zugleich kindische Affäre kaum je berührt. Das Leben des vergessenen, des unbekannten individuellen Menschen; seine Trauer, seine Freude, seine Leiden und sein Tod – sie sind der wirkliche Gehalt der menschlichen Erfahrung durch alle Zeiten. Könnte die Geschichte das erzählen, dann würde ich sicher nicht sagen, daß es Lästerung ist, den Finger Gottes in ihr zu sehen. Aber eine solche Geschichte gibt es nicht und kann es nicht geben; und was von der Geschichte existiert, unsere Geschichte der Großen und Mächtigen, ist bestenfalls eine schale Komödie, eine Opera buffa, die von den Mächten hinter der Wirklichkeit gespielt wird (vergleichbar Homers Opera buffa der olympischen Mächte hinter der Szene der menschlichen Streitigkeiten). Sie ist, was einer unserer schlechtesten Instinkte, die götzenhafte Verehrung der Macht, uns als die Wirklichkeit vorspiegelt. Und in dieser nicht einmal vom Menschen geschaffenen, sondern von ihm gefälschten »Geschichte« wagen einige Christen den Finger Gottes zu sehen! Sie wagen es, zu verstehen und zu wissen, was Sein Wille ist, wenn sie

Ihm ihre erbärmlich kleinen historischen Interpretationen in die Schuhe schieben! »Im Gegenteil«, sagt der Theologe K. Barth in seinem *Kredo*, »wir müssen mit dem Eingeständnis beginnen ... daß alles, was wir zu wissen glauben, wenn wir ›Gott‹ sagen, ihn nicht erreicht oder erfaßt ... sondern immer nur eines unserer selbsterdachten und selbstverfertigten Idole ist, sei es nun der ›Geist‹, die ›Natur‹, das ›Schicksal‹ oder die ›Idee‹ ... .« (Es entspricht dieser Einstellung, wenn Barth die »neuprotestantische Lehre von der Offenbarung Gottes in der Geschichte« als »unzulässig« und als einen Eingriff in das »königliche Amt Christi« charakterisiert.) Aber vom christlichen Standpunkt aus betrachtet, liegt derartigen Versuchen nicht nur Arroganz zugrunde; was ihnen zugrunde liegt, ist, genauer gesagt, eine antichristliche Einstellung. Denn das Christentum lehrt, daß der weltliche Erfolg nicht entscheidend ist. Christus »litt unter Pontius Pilatus«. Ich zitiere wieder Barth: »Wie kommt Pontius Pilatus in das Credo? Die einfache Antwort läßt sich sogleich geben: Es ist eine Sache des Datums.« Damit spielt der Mann des Erfolges, der Mann, der die historische Macht seiner Zeit darstellte, hier die rein technische Rolle eines Anzeigers der Zeit, zu der sich die fraglichen Ereignisse abspielten. Und welche Ereignisse? Sie hatten nichts mit machtpolitischen Erfolgen, mit »Geschichte« zu tun. Sie waren nicht einmal die Geschichte einer erfolglosen und gewaltlosen nationalistischen Revolution (à la Gandhi) des jüdischen Volkes gegen die römischen Eroberer. Die Ereignisse waren nichts anderes als das Leiden eines Menschen. Barth betont, daß sich das Wort »leidet« auf das ganze Leben Christi und nicht nur auf seinen Tod bezieht; er sagt (...): »Christus *leidet*. Daher erobert er nicht. Er triumphiert nicht. Er hat keinen Erfolg ... Er erreicht nichts als ... seine Kreuzigung. Dasselbe kann man von seiner Beziehung zu seinem Volke und zu seinen Schülern sagen.« Mit diesen Zitaten aus den Schriften Barths will ich zeigen, daß die Verehrung des historischen Erfolgs nicht nur von meinem »rationalistischen« und »humanistischen« Standpunkt aus unvereinbar zu sein scheint mit dem Geiste des Christentums. Nicht die historischen Taten der mächtigen römischen Eroberer, sondern (um einen Ausdruck Kierkegaards zu verwenden (...)) »was einige Fischer der Welt gegeben haben«, ist für das Christentum entscheidend. Und doch versuchen alle theistischen Interpretationen der Geschichte in ihr, so wie sie aufgezeichnet vorliegt, das heißt in der Machtgeschichte und im historischen Erfolg, die Manifestation des göttlichen Willens zu sehen.

Gegen diesen Angriff auf die »Lehre von der Offenbarung Gottes in der Geschichte« wird aller Wahrscheinlichkeit nach eingewendet werden, daß es doch der *Erfolg* ist, Sein Erfolg nach Seinem Tode, durch den sich das erfolglose Leben Christi auf Erden schließlich der Menschheit als der größte geistige Sieg kundgetan hat; daß es der Erfolg war, daß es die Früchte seiner Lehre waren, die sie bewiesen und gerechtfertigt haben, und daß es auch der Erfolg war, durch den die Weissagung bestätigt wurde, daß »die letzten die ersten und die ersten die letzten sein werden«. Daß es mit anderen Worten der historische Erfolg der christlichen Kirche war, durch den sich der Willen Gottes offenbarte. Aber das ist eine höchst gefährliche Methode der Verteidigung. Ihre stillschweigende Annahme, daß der weltliche Erfolg der Kirche als ein Argument zugunsten des Christentums betrachtet werden kann, offenbart einen Mangel an Glauben. Die frühen Christen besaßen keine weltliche Aufmunterung dieser Art. (Sie glaubten, daß das Gewissen die Macht und nicht die Macht das Gewissen zu beurteilen habe (...)). Wer behauptet, daß die Geschichte des Erfolges der christlichen Lehren den Willen Gottes enthüllt, der sollte sich fragen, ob dieser Erfolg wirklich ein Erfolg des Geistes des Christentums war; und ob dieser Geist zu einer Zeit, in der die Kirche verfolgt wurde, nicht mehr triumphierte als zu einer Zeit, da sie siegreich war. Welche Kirche verkörperte wohl diesen Geist in reinerer Form, die Kirche der Märtyrer oder die siegreiche Kirche der Inquisition? ...

IV.
Das Risiko des Glaubens

Wenn er aber über alle Rede und über alle Erkenntnis erhaben ist, und über allem Geist und jeder Wesenheit steht, alles in sich umfassend, zusammenfassend, in sich begreifend, vorenthaltend, allen unfassbar, nicht durch die Sinne (zu erreichen), nicht durch Vorstellen, durch Meinen, durch Namen, durch Worte, durch Begreifen, durch Verstehen – wie wollen wir dann eine Belehrung über göttliche Namen abfassen, wenn sich uns doch die überwesenhafte Gottheit als unnennbar, über allen Namen stehend erwiesen hat?

Dionysius Areopagita

Glaube als geistige Wahrheit

Miguel de Unamuno
Vom Göttlichen zu Gott

... Als Knabe, zur Zeit, da mich diese ewigen Fragen zu erregen begannen, las ich in einem Buche, an das ich mich nicht erinnern will, den folgenden Satz: »Gott ist eine große Unbekannte jenseits der äußersten Grenze des menschlichen Wissens. Je weiter also das Wissen fortschreitet, desto weiter weicht auch die Grenze zurück.« Damals schrieb ich an den Rand: »Diesseits der Grenze ist Alles ohne Gott verständlich, jenseits mit Gott ebensowenig wie ohne Gott. Gott ist also überflüssig.« Und soweit es sich um den beweisbaren Gott, den Gottesgedanken, handelt, bin ich noch heute dieser Meinung. Dem Laplace wird der Satz zugeschrieben, er hätte zum Aufbau seines Weltsystems » die Hypothese von Gott nicht gebraucht.« Und so ist es auch wirklich. Die Vorstellung Gottes ist uns in nichts zu einem besseren Verständnis des Vorhandenseins, des Wesens und der Richtung des Weltalls behilflich.

Daß es ein unendliches, auf sich selbst beruhendes und zeitloses höchstes Wesen von uns unbekannter Art geben soll, das die Welt erschaffen hat, ist für uns ebensowenig vorstellbar wie die Zeitlosigkeit, Unermeßlichkeit und Grundlosigkeit eines stofflichen Untergrundes der Welt. Das Vorhandensein dieser Welt wird durch die Erklärung, daß sie von Gott erschaffen sei, in keinem Sinne verständlich. Diese Hilfsvorstellung ist eine bloße petitio principii, eine rein sprachliche Lösung, die unsere Unwissenheit verdecken soll. Bestenfalls leiten wir umgekehrt das Dasein des Schöpfers von dem Dasein der Schöpfung ab, wodurch es keineswegs erklärt wird. Denn aus einer bloßen Tatsache kann man noch keine Notwendigkeit erschließen. Sonst wäre Alles gleich notwendig.

Steigen wir aber von dem bloßen Dasein der Welt auf zu ihrer (sogenannten) Ordnung, die dann angeblich ein ordnendes Prinzip verlangt, so daft man fragen, welche Ordnung denn gemeint ist. Etwa die für unsere Vorstellungen notwendige? Der Beweis der Ordnung im Universum enthält einen logischen Sprung von der Ordnung in der Vorstellung zu der Ordnung in den Dingen, eine Übertragung unserer Anschauungsformen in die Außenwelt, und eine unzulässige Annahme, daß die rationale Bezeichnung eines Dings das Ding selber in die Welt setze. Der

211

Mensch als Künstler und Schüler der Natur kennt eine bewußte Technik, mit deren Hilfe er dann auch eine fremde Technik begreift. Dann aber übertragen wir dieses bewußte künstlerische Können in das Bewußtsein eines Künstlers, von dem man immerhin nicht sagen kann, bei welcher Natur er in die Schule gegangen sei.

Der einst klassische Vergleich von »der Uhr und dem Uhrmacher« versagt durchaus gegenüber einem ganz unabhängigen, räumlich und zeitlich unbegrenzten Wesen. Überdies erklärt er auch nichts. Denn die Behauptung, daß die Welt so und nicht anders sei, weil sie Gott eben so geschaffen habe, belehrt uns, solange man uns nicht zugleich den Grund hierfür angibt, in gar nichts. Gibt man uns aber den Grund hierfür an, so reicht dieser Grund hin, und Gott fällt wieder aus. Bestünde die Welt nur aus Mathematik ohne jedes irrationale Element, so hätte niemand jemals zu dieser Erklärung eines obersten Lenkers gegriffen, denn dieser ist bloß die Rationalisierung der Irrationalen – abermals, um unsere Unwissenheit zu bemänteln! Bei dem bekannten, lächerlichen Einwurf, daß aus willkürlich durcheinander geworfenen Lettern eines Setzkastens unmöglich »Die Ilias« entstehen könnte, wollen wir uns gar nicht aufhalten. Was immer in dem Falle entstünde, wäre etwas Vernünftiges für diejenigen, die da hineingesetzt würden und nichts anderes vor sich hätten. Dieser einst vielgebrauchte angebliche Beweis läuft also auf eine Hypostasierung oder Verpersönlichung der bloßen ratio, auf die Umschreibung einer Erscheinung hinaus. Ungefähr, als ob jemand sagen wollte, die Mechanik wäre die Ursache der Bewegung, die Biologie des Lebens, die Philologie der Sprache, die Chemie die der Stoffe. Man braucht also bloß eine wissenschaftliche Kenntnis mit einem großen Anfangsbuchstaben zu schreiben, um damit zu einer selbständigen Kraft zu gelangen, jenseits der Erscheinungen, von denen wir diese Kenntnis ablesen, und zugleich auch jenseits unseres eigenen Geistes, mit dem wir sie ablesen. Doch dieser also gewonnene Gott, die bloße hypostasierte, in die Unendlichkeit projizierte Vernunft, kann von niemand als etwas Lebendiges und Wirkliches empfunden oder auch nur vorgestellt werden. Sie bleibt ein bloßen Denken, das den Denker nicht zu überleben vermag.

Andererseits entsteht die Frage, ob ein beliebig vorgestelltes, aber nicht vorhandenes Ding darum nicht existiert, weil Gott es nicht gewollt hat, oder, umgekehrt, ob Gott es nicht will, weil es nicht existiert. Und wiederum, ob das Unmögliche nur unmöglich ist, weil Gott dieses so will, oder ob vielleicht Gott es nicht will, weil es eben in sich selbst, infolge seiner Absurdität, unmög-

212

lich ist. Gott selbst bleibt dem logischen Gesetz des Widerspruchs unterworfen. Er kann nach der Meinung der Theologen nicht bewirken, daß zwei mal zwei weniger sei als vier. Die logische Notwendigkeit steht über ihm, oder sie ist vielleicht, besser gesagt, er selbst. Aber auch auf dem Gebiet des Sittlichen muß man sich fragen: Sind die Lüge, der Totschlag, der Ehebruch Übel nur durch das göttliche Verbot, oder ist dieses Verbot wegen des schon bestehenden Übels erfolgt? Im ersten Falle erscheint Gott als ein Launen unterworfener, unbegreiflicher Herr, der ein Gesetz erläßt, wo er doch ebensogut ein anders hätte erlassen können. Gehorcht Gott aber selbst einer innerlichen Natur und Wesenheit der darin von ihm, das heißt also von seinem allmächtigen Willen, unabhängigen Dinge – so gehorcht Gott eben einer inneren ratio, einer selbständigen Daseinsberechtigung der Dinge, und diese ratio reicht, wenn von uns gekannt, hin ohne jeden weiteren Gott; wenn aber nicht gekannt, erklärt uns Gott allein gar nichts. Eine solche innere Richtigkeit stünde also höher als Gott. Es hülfe auch nichts, zu erklären, daß eben Gott selbst diese innere, letzte Begründung der Dinge sei. Denn eine also notwendige Begründung ist auch unpersönlich. Und ohne Persönlichkeit gibt es keinen Willen. Dieses ganze Problematische aber der Beziehungen in dem Verkehr zwischen den Wesensgründen Gottes, die notwendigerweise selbst notwendig, also unfrei sein müssen, und seinem Willen, der unbedingt frei sein muß, macht unter allen Umständen den aristotelischen Gott der Logik zu einem Gott voll innerer Widersprüche.

Den scholastischen Theologen ist es niemals gelungen, die Schwierigkeiten einer Vereinigung von menschlicher Freiheit und göttlichem Vorwissen (insbesondere von dem freien, zufälligen Geschehen) zu überwinden. Denn der rationale Gott ist natürlich unvereinbar mit allem Zufälligen, da der Begriff des Zufalls genau besehen eben der Begriff des Irrationalen ist! Der rationale Gott ist notwendig gebunden nach Wesen und Wirkung, er kann von jeder Möglichkeit immer nur die beste auswählen, doch dabei können unmöglich mehrere Möglichkeiten gleich gut sein, denn unter unzähligen ist immer nur eine die dem Zwecke höchst gemäße, so wie unter all den unzäligen Linien, die zwei Punkte unter sich verbinden, immer nur eine Gerade ist. Der rationale Gott der Vernunft kann in jedem Falle die Gerade verfolgen, die zu seinem Ziel führt, das er sich vorgesetzt hat, und dieses Ziel folgt ebenso notwendig aus seinem Wesen heraus wie die eine Gerade, die zu ihm hinführt. Und so tritt an die Stelle der Göttlichkeit Gottes allgemein seine Notwendigkeit. Die Notwendigkeit Gottes verschlingt demnach seinen freien Willen und damit seine Persönlichkeit. Der Gott aber, nach dem wir Verlangen tragen, damit er unsere Seele vor dem Nichts errette, der Gott der Unsterblichkeit, er muß ein Gott der freien Willkür sein.

Denn nicht das göttliche Denken kann unseren Gott ausmachen, sondern nur allein das göttliche Wirken und Schaffen. Dieser Gott ist kein Gott der Betrachtung, er ist ein tätiger Gott. Die Vernunft aber als theoretischer, beschauender Gott, gleich dem Gott des theologischen Rationalismus, löst sich in dem eigenen Beschauen auf. Diesem Gott entspricht, wie wir gleich sehen werden, die »Selige Anschauung« als höchster Ausdruck des unzerstörbaren Glückes. Es ist mit einem Worte ein quietistischer Gott; quietistisch ist von Haus aus die Vernunft.

Es bliebe noch der berühmte Beweis der angeblichen »einstimmigen Annahme« des allen Völkern gemeinsamen Gottesglaubens. Doch dieser Beweis ist keineswegs zwingend und außerdem viel weniger auf den rationalen Gott als Welterklärer gerichtet, als auf den Gott in unserem Herzen, dem wir unser Leben verdanken. Nur dann könnten wir übrigens diesen Beweis als einen vernunftmäßigen ansehen, wenn wir die Vernunft der mehr oder weniger einstimmigen Meinung aller Völker, die allgemeine Meinung, ohne weiteres dem gesunden Verstand gleichsetzten – die »vox populi«, die man für die »vox dei« zu erklären pflegt, der Vernunft.

Dieses war wenigstens die Meinung des tragischen Feuerkopfes Laménnais, der das Leben und die Wahrheit für ein und dasselbe hielt (wäre es doch so!) und die Vernunft für etwas Einheitliches, allen Gemeinsames, Dauerndes und Unfehlbares. Dazu zog er das Wort des Lactantius heran, daß man »entweder niemandem oder allen glauben müsse« (aut omnibus credendum est, aut nemini), zugleich mit den Meinungen des Heraklit, wonach jede Einzelmeinung anfechtbar bleibe, und des Aristoteles, daß die Übereinstimmung aller den stärksten Beweis liefere. Vor allem aber des Plinius in seiner Lobrede auf Trajan, daß weder ein einzelner die Masse, noch auch die Masse einen einzelnen hinters Licht führen könne (»nemo omnes, neminem omnes fefellerunt«). (Wäre es doch so!) Und zum Schluß beruft er sich noch auf Cicero (»Von der Natur der Götter«), daß man seinen Vorfahren auch ohne nähere Gründe Glauben zu schenken habe (maioribus autem nostris etiam nulla ratione reddita credere).

Nehmen wir also an, die Meinung der Alten, daß das Göttliche die ganze Natur durchdringe, sei wirklich so allgemein, so allzeitig; sie sei, mit einem Ausdruck des Aristoteles in seiner Metaphysik, ein »Glaubenssatz der Väter«, eine πατριοσ δοξα: so würde dies immerhin nur beweisen, daß Völker wie Einzelmenschen alle einen gleichen Grund zum Gottesglauben haben. Gibt es denn aber nicht auch Täuschungen und Irrtümer, die gleicherweise auf die allgemeine menschliche Natur gegründet sind? Glauben nicht beispielsweise alle Völker zu Anbeginn, daß die Sonne auf- und niedergeht? Und scheint es nicht natürlich, daß wir das gerne glauben, was wir brennend wünschen? Wollen wir nicht statt dessen mit W. Hermann (in seiner systematischen »Christlichen Dogmatik«, in Hinnebergs »Kultur der Gegewart«) sagen, daß: sofern es einen Gott gibt, dieser sich unbedingt auf irgendeine Weise verständlich machen müßte und von uns gesucht werden will.

Gewiß, ein frommer Wunsch! Doch gewiß keine streng begründete Begründung, so wenig wie der Satz des Augustin »Da du mich suchst, mußt du mir schon begegnet sein.«

Dieses berühmte Argument der »angeblichen allemeinen Übereinstimmung«, ein Argument, das die Alten instinktiv bevorzugten, wird, von der Gesamtheit auf das Individuum übertragen, zu dem sogenannten »moralischen« Beweis, den Kant in seiner »Kritik der praktischen Vernunft« vorbrachte, zum Beweis aus der Tiefe unseres eigenen sittlichen Bewußtseins oder Gewissens, oder richtiger, unseres Gottesgefühls. Doch ist auch dieses kein strenger und eigentlicher rationaler Beweis, sondern gerade ein aus dem Leben geschöpfter, der also nicht auf den Gott der Logik bezogen werden darf; nicht auf das ens' summum, das grundeinfachste und abstrakteste Wesen, den Gott-Vernunft mit einem Worte, der weder Leid noch Wünsche kennt – sondern nur auf den Gott des Lebens, auf das komplexeste und konkreteste aller Wesen, auf den leidenden Gott, der in und mit uns leidet und begehrt, auf den »Vater Christi«, zu dem man nur durch den Menschen, seinen eingeborenen Sohn, gelangt, und dessen Offenbarung von historischem oder, wenn man will, anekdotischem Charakter ist, aber nicht von philosophischer oder logischer Art.

Also dieses angebliche einmütige Einverständnis, oder vielleicht eher einmütige Verlangen aller Seelen, die jemals zur Erkenntnis ihrer Menschlichkeit gekommen sind, die Sinn und Ziel der Welt bilden wollen – dieses Wünschen und innerste Wesen der Seele schafft uns nur den menschlichen Gott von Menschenart. Er ist ein lebendiger Gott, ein Gottessubjekt, nämlich die objektivierte Subjektivität überhaupt, und die in das All ergossene Persönlichkeit. Er ist also mehr als ein bloßer Gedanke, und weit mehr als Vernunft ist er Wille. Gott ist die Liebe, also ein Wille. Die Vernunft, die Logik, das »Wort« entspringen zwar aus ihm, doch er, der Vater, er ist vor allem Wille...

Die Eigenschaften des lebendigen Gottes aber, des vom

Heiland Vater genannten, muß man aus seiner historischen Offenbarung des Evangeliums und aus dem Bewußtsein des einzelnen Christen feststellen; also nicht aus irgendwelchen metaphysischen Erwägungen. Durch solche gelangt man nur zu dem Gott – Nichts des Scotus Erigena, zu dem Gott der Rationalisten und Pantheisten, zu dem atheistischen Gotte mit einem Wort.

Nur zu dem lebendigen, menschlichen Gott gelangt man nicht durch die Vernunft. Die Vernunft entfernt uns sogar eher von ihm. Man kann nicht Gott erkennen, um ihn zu lieben. Man muß ihn zuerst lieben und nach ihm dürsten, ehe man ihn kennenlernt. Die Erkenntnis Gottes quillt aus der Gottesliebe, sie ist eine Erkenntnis, die nichts oder doch nur wenig Logisches an sich hat. Denn Gott ist unbeschreiblich. Gott beschreiben und abgrenzen wollen, bedeutet, ihn innerhalb der Grenzen des Geistes festhalten wollen. In demselben Maße, in dem wir Gott definieren wollen, tritt uns das Nichts vor Augen...

Doch Gott ist nicht, er ist nur über allem, in einer Art Überexistenz, mit der er unsere eigene Existenz aufrechterhält.

Gott, der die Liebe und der Vater der Liebe ist, ist in uns das Kind der Liebe. Manche mehr leichtfertig und äußerlich gerichtete Menschen, Sklaven der Vernunft, die uns veräußerlicht, denken etwas damit gesagt zu haben, wenn sie vorbringen, Gott habe allerdings nicht den Menschen als sein Ebenbild erschaffen, sondern umgekehrt mache sich der Mensch seine Götter oder seinen Gott nach seinem menschlichen Bild und Gleichnis. Diese schnellfertigen Menschen bemerken dabei nicht, daß, wenn das letztere gilt – und es gilt ja wirklich –, es doch nur gilt, weil auch das erste nicht minder wahr ist. Gott und der Mensch schaffen sich gegenseitig. Gott erzeugt oder offenbart sich dem Menschen und der Mensch bildet sich in Gott. »Gott bildete sich selbst« (Deus ipse se fecit), wie Lactantius in seinen »Göttlichen Einrichtungen« sagt; wir können hinzufügen, daß diese Schöpfung auch in dem Menschen und für den Menschen geschieht. Und wenn ein jeder von uns in seinem Gotthunger, in seinem Liebesbedürfnis sich einen Gott nach seinem eigenen Maß schafft und damit Gott selbst sich nach diesem selben Maß für ihn erschafft, so muß es dann einen menschlichen und sozialen Kollektivgott geben, einen Gott, der die Resultante aller dieser auf ihn gerichteten menschlichen Phantasien bildet. Denn Gott ist und offenbart sich in der Gesamtheit. Gott ist die zugleich reichste und zugleich persönlichste menschliche Schöpfung...

Ich zitiere aus meinem »Leben des Don Quijote und des Sancho« die Sätze: »Gott war und ist in unserer Vorstellung immer männlich, seine Art, Gericht zu halten und zu verurteilen, ist eine männliche, keineswegs über das Geschlecht erhabene Art; die Art eines Vaters. Es bedurfte eines Ausgleichs durch die immer verzeihende Mutter, deren Arme dem Sohn geöffnet sind, wenn er vor der erhobenen Hand oder dem Stirnrunzeln des erzürnten Vaters flüchtet, einer Mutter, in deren Schoß man eine tröstliche Erinnerung an jenen Frieden im Unbewußten sucht, an die Dämmerung, die hier unserer Geburt voranging, und einen Nachgeschmack der süßen Milch, die unsere ersten Unschulds-träume würzte, Es bedurfte der Mutter, die nicht Gerechtigkeit, sondern nur Verzeihung, nicht das Gesetz, nur die Liebe ist. Unsere armselige, so unvollkommene Vorstellung von einem bär-tigen Gott, der mit Donnerstimme Gebote auferlegt und Urteile fällt, von einem Gott als Herrn des Hauses, als eines pater familias im römischen Sinne, verlangte nach einem Gegengewicht, nach einer Ergänzung; und da wir uns im Grunde genommen einen lebendigen persönlichen Gott nicht mit übermenschlichen Zü-gen, in diesem Falle aber weder kindlich, noch hermaphroditisch, vorstellen können, müssen wir ihm eben eine weibliche Gottheit zugesellen. So steht neben Gott-Vater die mütterliche Gottheit des unerschöpflichen Verzeihens. Diese sieht alles mit blinder Liebe, sie sieht durch die Schuld hindurch auf den Grund, wo Ver-zeihen die einzige Gerechtigkeit ist.«

Diesen Sätzen möchte ich hinzufügen, daß wir Gott auch nicht einmal allgemein als ein bloßes Individuum, als Projektion eines einsamen Ich ohne jede Gesellschaft denken können, also als ein eigentlich abstraktes Ich. Unser eigenes, lebendiges Ich ist ja in der Realität eigentlich ein Wir. Mein eigentliches lebendiges und persönliches Ich ist lebendig nur in den Andern, es lebt von der Gesellschaft und für die Gesellschaft der andern, gleicharti-gen Iche. Es stammt auch von einer Vielzehl von Ahnen ab, die alle im Auszug in ihm enthalten sind, während es zu gleicher Zeit eine Unzahl von Nachkommen potentiell in sich enthält. Darum ist auch Gott, der die Projektion meines Ich ins Unendliche ist (so-weit nicht besser gesagt ich selber seine Projektion im Endlichen bin), eine Mehrzahl. Und darum muß Gott, wenn man das Per-sönliche an ihm, das Lebendige, erhalten will, von dem Glauben, das heißt von dem Gefühl und der Einbildungskraft, immer mit einer gewissen Mehrfaltigkeit in seinem Schoße angesehen wer-den...

Wir fühlen eben Gott, als ein Gesamtbewußtsein und sogar als das unendliche Gesamtbewußtsein alles möglichen Unter-menschlichen, Menschlichen und – sofern vorhanden, auch Übermenschlichen. Wir fühlen ihn aber nicht eigentlich als ein fremdes und übermenschliches Einzelbewußtsein. Das Göttliche

– das in jedem Bewußtsein, auch in dem niedersten und an Inhalt geringsten, lebt und über unser menschliches Bewußtsein hinaus sich noch weiterhin in die Höhe erstreckt – wir fühlen es, selbst wieder als ein Subjekt bewußt geworden, in Gott. Dieser Stufenleiter und dem Gefühl des Abstandes zwischen unserer Menschlichkeit und der vollen Göttlichkeit des Universalen entspricht der Glaube an die Engel und ihre Heerscharen als Boten und Mittler zwischen unserem Menschengeist und dem Gottesgeist. Ein ganz konsequenter Glaube hat diese Abstufungen sogar in die Unendlichkeit fortgesetzt. Denn nur allein über unendlich viele Stufen kann man von dem Endlichen den Schritt zum Unendlichen ausführen.

Der deistische Rationalismus faßt Gott als Sinn des Weltalls auf. Doch die Logik zwingt zu der Erzeugung eines unpersönlichen, reinen Begriffs. Der deistische Vitalismus empfindet und sieht Gott als das große Bewußtsein und daher als Persönlichkeit oder eigentlich Vereinigung von Persönlichem. Wirklich ist auch unser eigenes Bewußtsein das einer Mehrheit von Personen. In mir lebt nicht mein kleines Ich allein. Und auch ein jedes Ich meiner Mitmenschen findet sich in mir.

Der Gott des deistischen Rationalismus, das logisch nachweisliche »ens realissimum« und der »erste selbst unbewegte Beweger« sind doch nur ein Grund der Welt in demselben Sinne, in dem wir das Gesetz der allgemeinen Massenanziehung, den Grund, die Ursache des Falles nennen können. Doch wird man darum behaupten, dieses sogenannte allgemeine Gravitationsgesetz oder irgendein anderes Naturgesetz oder mathematisches Axiom sei eine für sich bestehende eigene Wirklichkeit, sei ein Engel, ein Wesen, dessen Bewußtsein sich selbst und die Umwelt wiedergibt, eine Persönlichkeit? Gewiß nicht, denn es ist doch nur ein bloßer Begriff, dem außerhalb des Geistes keine Wirklichkeit entspricht. Und so muß auch dieser Gott Vernunft entweder seiner selbst bewußt sein, oder außerhalb des Geistes keine Geltung haben. Hat er aber ein eigenes Bewußtsein, so ist er bereits eine persönliche Vernunft, für die die ganze Schar der angeführten Beweise ihren Wert verliert, weil ja diese Beweise nur das Vorhandensein einer Ratio überhaupt beweisen, aber niemals das Hinzukommen eines Bewußtseins. Die Mathematik beweist die Gesetzmäßigkeit, die Konstanz, die Ordnung in einer Reihe von Erscheinungen der Mechanik, doch sie kann nicht beweisen, daß solche Ordnung ihrer selbst bewußt sei. Sie weist logische Notwendigkeiten auf, ohne daß diese zu theologischen Ordnungen von Zwecken werden könnten. Solche Zwecke und die Persönlichkeit machen aber gerade das Bewußtsein aus.

Der rationale Gott vernichtet sich selbst in unserem Geist als Vernunftgott und wird nur im Herzen als lebendiges, persönliches Weltbewußtsein wiedergeboren. In der Tat kann das Vorhandensein einer höchsten Vernunft oder Welteinsicht nicht durch die menschliche Vernunft erwiesen werden, die sich ihrerseits nur auf Irrationales stützt, nämlich auf die Existenz eines eigenen Bewußtseins, Wollens und Fühlens. Nicht anders muß also auch jene Welteinsicht sich auf das letzte Irrationale gründen, auf die Existenz einer Weltseele. Nur die Offenbarung dieses höchsten Bewußtseins auf persönlichem Wege, in der Liebe und im Glauben, bringt die Gottesvorstellung hervor.

Und dieser Gott, der Lebendige, dein und unser Gott, er lebt in dir und in uns. Und wir leben und regen uns und sind wiederum in Ihm. Seine Daseinsform ist unser Durst und unsere Begierde nach ihm. Darum ist er auch der Gott der Demütigen, denn er erkor sich den Einfältigen, um die Weisen zu beschämen, und den Schwachen zur Demütigung des Starken, wie der Apostel sagt. Und er ist Gott in jedem Einzelnen nach der Art des Fühlens des Einzelnen. »Wenn ein Mensch unlauteren Sinnes zu dem wahren Gott betet und ein anderer mit der vollen Inbrunst des Unendlichen zu einem Bild, so betet der erste eigentlich einen Götzen an und der zweite in seinem Herzen Gott«, sagt Kierkegaard – und man müßte eigentlich noch sagen: so betet dieser auch den wahren Gott an, denn der in Wahrheit begehrte ist der wahre Gott, so daß auch der Aberglaube unter Umständen von Gott mehr aussagen kann als die Theologie. Der alte weißhaarige und weißbärtige Himmelsvater mit der Weltkugel in seiner Hand ist lebendiger und darum weit echter als das ens realissimum der Theodizee.

Die Vernunft ist kritisch und rein destruktiv, wenn sie über die formale Verarbeitung der individuellen oder sozialen Selbsterhaltungs- oder Unsterblichkeitsanschauung hinaus sich an den Inhalt dieser Anschauungen heranmacht. Die Vernunft selbst kann nur die von einem materiellen Inhalt gebotenen Wahrnehmungen ordnen. Sobald ihre Kritik jedoch die Wahrnehmungen selbst antastet, entführt sie uns in eine Schein- und Schattenwelt ohne jeglichen Bestand, sie wird nihilistisch. Eine gleiche Zerstörung ereignet sich aber, wenn wir die Vernunft auf die Phantasieanschauungen aus der Welt des Geistigen anwenden. Auch hier vernichtet die Vernunft, was die Einbildungskraft integriert, vollkommen schafft. Die Vernunft an sich tötet und die Phantasie schafft Leben. Wenn auch die Phantasie ihrerseits durch ein Leben über alle Grenzen hinaus uns mit allem vermengt, uns als Individuen durch ihr Übermaß von Leben gleichfalls erdrückt!

Die Vernunft, unser Hirn, sagt uns: »Es gibt nichts.« Die Phantasie, das Herz sagt im Gegenteil: »Alles.« Und zwischen diesem Nichts und Alles und ihrer Verschmelzung in uns leben wir in Gott, der Alles ist, und lebt Gott in uns, die wir ohne ihn nichts sind. Die Vernunft ruft aus: »Eitelkeit der Eitelkeit! Alles ist eitel!« Und die Phantasie erwidert: Fülle in der Fülle! Und so erleben wir ständig die Eitelkeit des Überströmenden zugleich mit dem Überfluß des Eiteln.

Diese Lebensnotwendigkeit eines also unlogischen, irrationalen, persönlichen und gotterfüllten Lebens ist so stark, daß die an Gott nicht glauben, oder die wenigstens glauben, an ihn nicht zu glauben – doch immer an irgendeinen kleinen Abgott oder ein Dämonisches glauben, an Vorbedeutung, vielleicht auch nur an ein auf dem Wege gefundenes Hufeisen, das sie als Glücksbringer aufbewahren, als Schild gegen jene Vernunft, für deren getreue und fromme Diener sie sich halten.

Der Gott, nach dem wir Verlangen tragen, ist der Gott, zu dem wir beten, der Gott des Vaterunsers, der Gott, von dem wir, vor allem und insbesondere bewußt oder unbewußt, den Glauben an ihn selbst erbitten, daß Er in uns sich erschaffen möge; zu dem wir bitten, daß sein Name geheiligt werde, und sein Wille – nicht seine Einsicht – geschehe, von dem wir fühlen, daß sein Wille das Tiefste unseres eigenen Willens ist, unser Verlangen nach Ewigkeit.

Dieses ist der Gott der Liebe, nach dessen weiterer Art wir nicht fragen müssen. Wir müssen ein jeder nur bei unserem Herzen anfragen, und im übrigen der Einbildung freien Raum geben in die Unendlichkeit des Weltalls nach den Millionen Fixsternen und Augen des Nachthimmels. Der Gott, an den du glaubst, ist dein Gott, er ward mit dir geboren und er war mit dir Kind, und er löst sich mit dir auf, sobald du dich auflöst; er ist das Prinzip der Fortdauer in dir, denn er ist das Band zwischen allen Menschen und jedem Menschen, und das Band zwischen dem Menschen und dem Weltall, das wie du eine Person ist. Wenn du also an Gott glaubst, so glaubt Gott an dich, und indem er an dich glaubt, schafft er dich beständig immer neu. Denn du bist in deinem Grunde nur die eigene Vorstellung Gottes von dir, doch eine lebendige Vorstellung des lebendigen, bewußten Gottes. Außerhalb der Gemeinschaft bist du aber gar nichts.

Sagen, wer Gott ist! Das ist unser aller Streben, wie es das Streben des Mannes Jakob war, als er die ganze Nacht mit der unbekannten Gotteskraft rang.

»Sage mir deinen Namen!«

Sage mir deinen Namen, das bedeutet soviel wie: errette

mich! Wir bitten Gott um seinen Namen, um mit dieser Kraft die menschliche Seele, den menschlichen Sinn des Universums zu retten. Wir begnügen uns nicht mehr mit der bloßen Auskunft, daß er der Seiende, das höchste Wesen ist, wir schließen uns an keine metaphysische Bezeichnung an, wir wissen, eine jede solche Bezeichnung ist ein X. Darum wollen wir immer noch seinen Namen wissen. Ein einziger Name befriedigt uns, und dieser Name ist Christus, Erlöser. Gott ist die erlösende Liebe ...

Doch existiert dieser rettende, persönliche Gott auch? Ist sein Dasein für uns greifbar? Existent ist im alten Wortsinn das, was außerhalb unserer Vorstellung besteht (ex-sistere). Gibt es aber überhaupt irgend etwas außerhalb unseres Bewußtseins? Das Bewußtsein umschließt doch alle Kenntnisse! – Gewiß gibt es Derartiges. Der Stoff der Erkenntnis wird doch von außen dargeboten. Wie ist nun aber dieser Stoff beschaffen? Davon etwas zu wissen, ist ganz unmöglich. Erkennen heißt ja gestalten, und das Ungestaltete als solches kann darum nicht erkannt werden. Das hieße ja das Chaos in Ordnung halten.

Diese für die Vernunft unlösbare Frage ist eigentlich die Frage nach dem Bewußtsein selbst, die Frage nach der Existenz statt der Insistenz (nach dem äußeren Sein gegenüber dem inneren Sein) unseres Bewußtseins, die Frage nach dem selbständigen substantiellen Sein der Seele und so weiter. An einen lebendigen, persönlichen Weltgott glauben, der den Menschen kennt und liebt, ist soviel, wie an den Menschen als Weltzweck glauben, oder doch an irgendein anderes Bewußtsein von menschlicher, wenn auch gesteigerter Art und Natur, an ein Bewußtsein, dem wir nicht unbekannt bleiben, und dem alle unsere Erlebnisse ewig angehören.

Vielleicht könnten, wir, wie gesagt, in einer äußersten, verzweifelten Ergebung sogar unsere Persönlichkeit zum Opfer bringen, wenn wir wirklich wüßten, daß wir mit ihr eine Weltseele bereicherten, und daß diese Weltseele uns braucht. Vielleicht könnten wir so unsere Seele auch an die Seele der Menschheit abgeben, und ihr unser Mühen, unsere Schöpfung, die unseren Stempel trägt, hinterlassen, wenn nur diese Menschheit auch selbst bei ihrem und dem Weltende ihre Seele einer neuen Seele übergäbe. Doch wenn es anders ist?

Wenn aber eine solche unsterbliche Menschenseele lebt – wenn eine ewige Weltseele ist, warum sollte dann meine und deine individuelle Seele nicht gleichfalls fortbestehen?

Sollte in dem ganzen weiten All das sich erkennende, begehrende Bewußtsein wirklich eine Ausnahme sein, die Begleiterscheinung eines Organismus unter den und jenen unstetigen physikalischen Bedingungen? Nicht Neugierde nötigt uns, danach zu forschen, ob auch die anderen Weltkörper von beseelten Lebewesen, von verwandten Seelen bewohnt sind. In dem Traum von der Versetzung unserer Seele nach den Sternen in Himmelsweiten liegt eine tiefe Sehnsucht. Das Gefühl des Göttlichen bewirkt in uns so Wunsch wie Glauben an eine Allgemeinheit des Bewußtseins im höheren oder niederen Grade. Daß wir selbst erlöst werden, würde uns nicht ganz befriedigen; auch die Welt soll nicht in Nichts zerfallen. Und nur dazu brauchen wir Gott. Nur als gefühltes Ziel der Welt.

Was wäre die Welt ohne jegliches sie spiegelnde erkennende Bewußtsein! Was wäre der bloße Gedanke als Gegenstand ohne jedes dazugehörige Wollen und Empfinden! Für uns Menschen wäre eine solche Welt so gut wie nicht vorhanden; und sie wäre sogar noch weit unheimlicher.

Wenn eine solche Welt Wirklichkeit sein sollte, so ist unser Leben wert- und sinnlos.

»Der Frevler spricht in seinem Herzen: Es gibt keinen Gott«. An Gottes Dasein nicht glauben ist möglich, und auf Gott verzichten ist gleichfalls möglich, wenn auch unmenschlich und schrecklich. Doch der Wunsch, Gott möge nicht sein, ist die höchste sittliche Ungeheuerlichkeit. Obwohl auch diese Leugner aus Verzweiflung leugnen.

So erhebt sich abermals die Frage der Sphinx, der Vernunft: Gibt es einen Gott? Gibt es diese ewige Persönlichkeit irgendwo sachlich außerhalb unseres Denkens und Empfindens? Auf diese Frage gibt es keine Antwort, und das ist so am besten. Die Vernunft mag damit zufrieden sein, daß auch Gottes Nichtsein ebensowenig erwiesen werden kann.

An Gott glauben heißt aber auch so leben, als ob Gott wäre. Es heißt Gott zum innersten Motiv unseres Handelns machen. Aus diesem Verlangen nach Göttlichkeit entsprießt die Hoffnung, aus der Hoffnung der Glaube und aus beiden die Nächstenliebe ...

Jacques Maritain
Die natürliche vor-philosophische Erkenntnis Gottes

1.   Von Platon und Aristoteles bis zum heiligen Anselm und zum heiligen Thomas von Aquin, bis zu Descartes und Leibniz haben die Philosophen Beweise oder Aufweise der Existenz Gottes dargelegt oder, wie Thomas von Aquin bescheidener sagt,

Wege aufgezeigt, die das Denken zur Gewißheit über das Dasein Gottes führen. Alle diese Wege sind in hohem Grade begriffliche und rational artikulierte, im eigentlichen Sinne philosophische Gedankengänge. Kant hat mit gutem Recht den von Descartes vorgebrachten sogenannten ontologischen Beweis einer Kritik unterzogen und zu Unrecht beansprucht, alle Wege der Argumentation auf diesen besonderen Beweis zurückführen zu können. Das war ein großer Irrtum, denn die fünf Wege des Thomas von Aquin sind sachlich vom ontologischen Beweis völlig unabhängig, und sie halten jeglicher Kritik stand (...).

Nicht diese begrifflichen Wege der Annäherung möchte ich zunächst betrachten. Der heilige Paulus versichert: »Was man an Gott erkennen kann, das ist ihnen wohlbekannt: Gott hat es ihnen bekanntgemacht. Denn was an ihm unsichtbar ist, kann man seit Erschaffung der Welt an seinen Werken mit den Augen der Vernunft schauen, seine ewige Macht und Göttlichkeit.« (Röm. 1, 19–20) Paulus dachte dabei nicht nur an die wissenschaftlich herausgearbeiteten oder im eigentlichen Sinne philosophischen Methoden, der Existenz Gottes innezuwerden, sondern auch und vor allem an die natürliche Erkenntnis der Existenz Gottes, zu der die Schau der geschaffenen Dinge die Vernunft jedes Menschen, sei er Philosoph oder nicht, hinführt. Mit dieser in doppeltem Sinne *natürlichen* Erkenntnis Gottes möchte ich mich hier beschäftigen, – »natürlich« nicht nur in dem Sinne, daß dieses Erkennen der Vernunftordnung angehört und nicht der übernatürlichen Ordnung des Glaubens, sondern auch in dem Sinne, daß es *vor-philosophisch* ist und auf die natürliche oder, um es anders zu sagen, instinktive Art der ersten Wahrnehmungen des Erkenntnisvermögens verfährt, die jeder philosophischen oder in wissenschaftliche Begriffe gefaßten Ausarbeitung vorangehen.

Bevor der menschliche Geist in die Sphäre der voll durchgeformten und gegliederten Erkenntnis eintritt, im besonderen in die Sphäre der metaphysischen Erkenntnis, ist er tatsächlich einer vor-philosophischen Erkenntnis fähig, die *virtuell* schon *Metaphysik* ist. Hier liegt der anfängliche Zugang, der Weg der ursprünglichen Annäherung, der dem Geist das Bewußtsein der Existenz Gottes vermittelt.

2. Alles kommt hier auf die natürliche unmittelbare Seinserkenntnis (l'intuition naturelle de l'être) an, auf das intuitive Erfassen desjenigen Existenzaktes, der die Form jeder Form und die Vollkommenheit jeder Vollkommenheit ist, in dem alle intelligiblen Strukturen der Realität ihre endgültige Verwirklichung haben und der – Wirklichkeit schaffend – in jedes Seiende

und in die Wechselbeziehungen zwischen allen Seienden einströmt.

Schütteln wir also den Schlaf ab, hören wir auf, in Träumen zu leben oder in der Magie der Bilder und Formeln, der Worte, der Zeichen und der praktischen Symbole. Wenn ein Mensch zur Realität der Existenz und seiner eigenen Existenz erwacht ist, wenn er dieser ungeheuerlichen, manchmal berauschenden, manchmal zur Verzweiflung oder zur Bestürzung führenden Tatsache »*Ich existiere*« gewahr geworden ist, von dem Augenblick an hat sich die unmittelbare Erkenntnis des Seins (l'intuition de l'être) und was sie mit einbegreift, seiner bemächtigt.

Diese ursprüngliche Intuition ist, um es genau zu sagen, gleichzeitig die unmittelbare Erkenntnis meiner Existenz und der Existenz anderer Wesen: aber zunächst und in erster Linie die Erkenntnis der Existenz anderer. Wenn sie sich einstellt, wird mir plötzlich als Tatsache bewußt, daß ein gegebenes Wesen, ein Mensch, ein Berg oder ein Baum, existiert und die souveräne Tätigkeit des *Seins* ausübt, – in einer Unabhängigkeit von mir, die vollständig ist, völlig sich selbst behauptet und völlig unnachgiebig ist. Zu derselben Zeit wird mir als Tatsache bewußt, daß auch ich existiere, aber gleichsam zurückgestoßen in meine Einsamkeit und Hinfälligkeit durch diese andere Existenz, in der die Dinge sich selbst behaupten und an der ich gar keinen Anteil habe, angesichts deren Seinsanspruch ich im genauen Wortsinn nichtig bin. Und haben die anderen angesichts meiner Existenz nicht wahrscheinlich dasselbe Gefühl, hinfällig und bedroht zu sein? Doch für mich ist es meine eigene Existenz, die ich angesichts des anderen hinfällig und bedroht, der Vernichtung und dem Tode ausgesetzt fühle. So wird in dem ursprünglichen und unmittelbaren Erfassen von Sein einmal die Festgefügtheit und die Unerbittlichkeit von Existenz unmittelbar erfahren und zum anderen der Tod und das Nichts, denen *meine* Existenz unterworfen ist. Schließlich wird mir in demselben Aufleuchten der Intuition, die nichts anderes als mein Bewußtwerden des intelligiblen Wertes des Seins ist, als Tatsache klar, daß diese, worin auch immer wahrgenommene festgefügte und unerbittliche Existenz – unter ich weiß noch nicht welcher Form, vielleicht in den Dingen selbst, vielleicht getrennt von ihnen – eine absolute und nicht der Hinfälligkeit ausgelieferte, vom Nichts und vom Tode vollkommen freie Existenz mit einbegreift. Diese drei Sprünge der Erkenntniskraft: auf die wirkliche Existenz zu, die sich als unabhängig von mir behauptet; von dieser bloßen Objekt-Existenz auf meine eigene bedrohte Existenz zu; und von meiner, vom Nichts durchwohnten Existenz auf die absolute Existenz zu – diese drei Sprünge werden in ein und derselben Intuition vollzogen, in einer Intuition, die die Philosophen als unmittelbares Erfassen des wesentlich analogischen Inhaltes des ersten Begriffes auslegen würden (...).

Nun ergibt sich – und das ist die zweite Stufe – als die notwendige Frucht einer solchen ursprünglichen Wahrnehmung von ihrem Licht und in ihm gleichsam erzwungen, sofort und ganz von allein, eine Schlußfolgerung, die ebenso natürlich ist wie die Intuition selbst (und tatsächlich mehr oder weniger in ihr enthalten ist), eine Schlußfolgerung ohne Worte, deren lebensreiche Konzentration und Unmittelbarkeit man zu verraten Gefahr läuft, wenn man sie diskursiv entwickelt. Ich sehe, daß mein Sein zunächst dem Tode unterworfen ist, und dann, daß es von der gesamten Natur abhängig ist, vom universalen Ganzen, von dem ich ein Teil bin; ich sehe, daß das Sein-mit-Nichts (être-avec-néant) – und ein solches ist mein eigenen Sein –, um zu sein, das Sein-ohne-Nichts (être-sans-néant) mit einbegreift, jene absolute Existenz, die ich von allem Anfang an undeutlich wahrgenommen habe, als sei sie in meiner ursprünglichen Intuition der Existenz eingehüllt gewesen; wenn nun aber das universale Ganze, von dem ich ein Teil bin, Sein-mit-Nichts ist – denn das folgt aus der Tatsache selbst, daß ich ein Teil von ihm bin –, so muß schließlich, da das universale Ganze nicht durch sich selbst existiert, doch wohl, das sehe ich jetzt, das Sein-ohne-Nichts getrennt von ihm existieren. Es gibt also ein anderes Ganzes – für sich –, ein anderes Sein, transzendent und sich selbst genügend und unerkannt in sich selbst und alle Seienden belebend, und das ist das Sein-ohne-Nichts, das heißt das Sein-durch-sich.

So zeigt mir die intuitive Erkenntnis der Existenz oder des intelligiblen Wertes des Seins eben in ihrer inneren Dynamik selbst, daß die absolute Existenz oder das Sein-ohne-Nichts die Natur als Ganzes transzendiert; und damit stehe ich vor der Existenz Gottes.

3. Das ist nun keineswegs eine neue Annäherung an Gott. Es ist der ewige Weg der menschlichen Vernunft, wenn sie sich Gott nähern will. Was daran neu ist, das ist die Art und Weise, mit der sich der moderne Geist der Einfachheit und der befreienden Macht, des natürlichen und gewissermaßen intuitiven Charakters dieser ewigen Annäherung bewußt geworden ist. Die Wissenschaft der Alten war ganz mit Philosophie durchtränkt, die Bildwelt ihrer Wissenschaft war pseudo-ontologisch, und die Folge davon war, daß ein gleichsam lückenloser Übergang von ihrer Erkenntnis der physikalischen Welt zu ihrer Erkenntnis Gottes bestand. Die letztere schien der Gipfel der ersteren, ein Gipfel,

den man auf den vielfachen Pfaden der Kausalverknüpfungen erklimmen mußte, die zwischen unserer Erde und den himmlischen Sphären laufen. Der Sinn für das Sein, der überall und in allem ihr Denken beherrschte, war für sie eine viel zu vertraute Lebensluft, um als eine staunenswerte Gabe empfunden zu werden. Gleichzeitig war die natürliche Existenzerfahrung so wirksam in ihnen, daß ihre Gottesbeweise die streng begriffliche Gestalt wissenschaftlicher Darlegungen annehmen und sich als strikte Folge logischer Notwendigkeiten darstellen konnten, ohne die innere Überzeugungskraft einer solchen Intuition zu verlieren. Der Mechanismus der Logik war heimlich beseelt durch das all ihrem Denken zugrunde liegende unmittelbare Seinsverständnis (l'intuition foncière de l'être).

Wir sind heute in einer ganz anderen Lage. In der Absicht, die physikalische Wirklichkeit von Rätsel zu Rätsel schreitend zu erreichen und die Welt der Erscheinungen zu erobern, ist unsere Naturwissenschaft eine Art Maya geworden, – eine Maya, die Erfolg hat und die uns zu Herren der Natur macht. Aber der Seinssinn ist in ihr nicht vorhanden. So daß, wenn es uns plötzlich zustößt, das Sein als unseren Geist überwältigende Macht zu erfahren, uns diese Erfahrung eine Art intellektueller Offenbarung zu sein scheint. Wir werden uns deutlich zweier Tatsachen bewußt: Diese überwältigende Begegnung hat die Macht, uns zu erwecken und zu befreien, und gleichzeitig trägt sie eine Erkenntnis in sich, die einer anderen Sphäre angehört als die Erkenntnis, die unserer Wissenschaft eigentümlich ist. In demselben Augenblick begreifen wir, daß die Erkenntnis Gottes, noch bevor sie in logischen und begrifflichen Beweisführungen entwickelt wird, zunächst und vor allem eine natürliche Frucht der unmittelbaren Existenz-Erkenntnis ist und daß sie sich unserem Geist durch die gebieterische Kraft dieser Intuition aufdrängt.

Anders gesagt, wir sind uns der Tatsache bewußt geworden, daß der Antrieb des menschlichen Geistes, sich Gott zu nähern, in seiner ursprünglichen Lebendigkeit weder eine reine Anschauung (intuition) ist – dies wäre übermenschlich – noch eine Beweiskette von technischer Art, in der dieser Antrieb sich in vollendeter Weise ausspricht und in der jedes Glied voller Streitfragen und Probleme ist, die aufgeklärt werden müßten. In seiner ursprünglichen Lebendigkeit ist der Antrieb des menschlichen Geistes, sich Gott zu nähern, ein *naturhaftes* Schließen, ein Schließen von der Art der intuitiven Erkenntnis, unwiderstehlich gehalten und belebt im Lichtstrahl der unmittelbaren Existenzerfahrung (l'intuition de l'existence). In ebendemselben Erkenntnisakt, in dem die intuitive Existenzerfahrung in irgendeinem

226

Seienden das Sein als Sein-mit-Nichts erfaßt, läßt sie auch den Geist die Notwendigkeit des Seins-ohne-Nichts erfassen. Nirgends ist hier mehr eine Schwierigkeit, weil die erhellende Kraft dieser Intuition sich des Geistes bemächtigt und ihn zwingt zu sehen, so daß er, inmitten einer ursprünglichen und intuitiven Erleuchtung, wie selbstverständlich von gebieterischer Gewißheit zu gebieterischer Gewißheit fortschreitet. Ich glaube, daß von Descartes bis Kierkegaard die Bemühung des modernen Denkens – soweit es nicht die Metaphysik leugnet und wenn es vom Irrationalismus, der es nach und nach verdorben hat, gereinigt wird – darauf aus ist, sich der spezifischen *Natürlichkeit* jenes Wissens bewußt zu werden, das der Mensch über Gott hat – eine Natürlichkeit, die tiefer ist als jedes wissenschaftlich entwickelnde logische Verfahren –, und der ursprünglichen und einfachen intuitiven Vollzüge, in denen dieses Wissen gründet (...).

4. Ich habe soeben zu beschreiben versucht, wie diese natürliche vor-philosophische Erkenntnis aus ihrer eigenen Spontaneität voranschreitet. Sie impliziert eine Schlußfolgerung, aber eine Schlußfolgerung, die einem intuitiven Begreifen ähnlich und in die ursprüngliche Intuition von Existenz eingesenkt ist; ich möchte sagen, diese natürliche Erkenntnis ist eine Art *unschuldiger* Erkenntnis, womit ich meine, sie ist unberührt von jeder Dialektik. Eine solche Erkenntnis ist reich an Gewißheit, an zwingender Gewißheit, aber sie ist logisch noch nicht bewältigt; sie hat noch nicht die Schwelle der *wissenschaftlichen* Beweisführung überschritten, deren Gewißheit durch Kritik hindurchgegangen ist und mit einbegreift, daß man die der Frage innewohnenden Schwierigkeiten durch die Prüfung der logischen Verknüpfungen und Notwendigkeiten überwunden hat. Die natürliche Erkenntnis ahnt in seliger Unbefangenheit noch gar nichts von diesen Schwierigkeiten und von allen diesen *videtur-quod-non:* denn die zu widerlegenden Einwände kommen mit der im wissenschaftlichen Bereich gültigen Gewißheit zusammen auf die Welt.

Es scheint also, daß die philosophischen Beweise für die Existenz Gottes, etwa die fünf Wege des Thomas von Aquin, eine Entfaltung dieser natürlichen Erkenntnis sind – auf der Ebene der wissenschaftlichen Diskussion und der wissenschaftlichen Gewißheit. Normalerweise setzen sie die natürliche Erkenntnis voraus, nicht was die logisch schlüssige Struktur der Beweisführung anbelangt, wohl aber hinsichtlich der existenziellen Verfaßtheit des denkenden Subjekts. Wenn die vorhergehenden Beobachtungen richtig sind, müßte man sich, bevor man die philosophischen Beweise darlegt, soweit wie möglich vergewissern, ob die Menschen, an die man sich wendet, zu der ursprünglichen Intuition von Existenz erwacht sind (und im Notfalle versuchen, ihnen zu einem solchen Erwachen zu verhelfen) und ob sie ein Bewußtsein haben von der natürlichen Erkenntnis Gottes, die in dieser Intuition enthalten ist.

Noch eine andere Bemerkung scheint mir notwendig. Ich habe eben den Ausdruck »die philosophischen Beweise der Existenz Gottes« gebraucht, und ich habe vorher darauf hingewiesen, daß der heilige Thomas von Aquin das Wort Wege vorzog. Er hatte seine Gründe hierfür (...). Diese Wege sind Beweise, aber die Worte »Beweis« oder »Aufweis« können falsch verstanden werden. Beweisen oder aufweisen bedeutet im gängigen Sprachgebrauch, etwas augenscheinlich machen, was es von sich aus nicht war. Aber einerseits wird Gott nicht durch uns *augenscheinlich gemacht*, er empfängt nicht von uns oder unseren Argumenten eine Evidenz, die ihm fehlte; denn die Existenz Gottes, die für uns nicht unmittelbar evident ist, ist unmittelbar evident *in sich*. In sich betrachtet, ist die Existenz Gottes von noch größerer Evidenz als das Identitätsprinzip, weil sie unendlich mehr ist als nur ein Prädikat, das zum Begriff des Subjektes gehört: die Existenz ist das Subjekt selbst, sie ist die göttliche Wesenheit selbst (aber um das in unmittelbarer Evidenz zu wissen, müßte man in der Anschauung Gottes stehen). Andererseits ist das, was unsere Argumente für uns evident machen können, nicht Gott selbst, sondern das Zeugnis von ihm, das in seinen Spuren, in seinen Zeichen oder in seinen »Spiegeln« hier unten enthalten ist. Unsere Argumente verschaffen uns nicht die Evidenz der göttlichen Existenz, wie sie in sich selbst ist, oder die Evidenz des Existenzaktes, der in Gott ist und der Gott selbst ist – so als könne man sich des Existenzaktes Gottes versichern ohne die unmittelbare Einsicht in seine Wesenheit. Die Argumente verschaffen uns nur die Evidenz der Tatsache, daß die göttliche Existenz bejaht werden muß, oder die Evidenz der Wahrheit der Zuordnung des Prädikates zum Subjekt in der Behauptung »Gott existiert« (...).

Kurz, was wir beweisen, wenn wir die Existenz Gottes beweisen, ist etwas, was unendlich über uns hinausgeht, über uns, unsere Vorstellungen und unsere Beweise. »Die Existenz Gottes beweisen heißt nicht, ihn unserem Begreifen unterordnen, auch nicht, ihn begrenzen, noch sich seiner bemächtigen, noch über etwas anderes verfügen als über Vorstellungen, die solchem Objekt gegenüber unzulänglich sind, noch über etwas anderes ein Urteil fällen als über unsere eigene und schlechthinnige Abhängigkeit. Das Verfahren, durch welches die Vernunft beweist, daß Gott ist, versetzt die Vernunft selbst in eine Haltung der natürli-

chen Anbetung und der verständnisvollen Bewunderung.« (...)
Und darum müssen die Worte »Beweis« und »Aufweis«, wenn es
sich um die Existenz Gottes handelt, mit anderen Schwingungen
als im üblichen Sprachgebrauch gehört werden (und sie werden
im übrigen auch ganz von selbst anders gehört). Ihr Sinn ist dann
nicht weniger stark, was die Denkleistung betrifft, aber bescheidener in dem, was uns angeht, und ehrfurchtsvoller in dem, was das
Objekt betrifft. Unter dieser Bedingung bleibt ihr Gebrauch völlig
legitim. Es handelt sich nur darum, die Rangunterschiede gut im
Auge zu behalten. Ist das einmal verstanden, dann werden wir uns
keines Fehlers schuldig machen; wenn wir die Bezeichnung
»Beweis« oder »Aufweis« ebenso gebrauchen wie »Weg«, denn
alle diese Worte sind in dem eben genau umrissenen Sinne gleichbedeutend.

Was das Wort Existenz selbst betrifft, so verfälschen die exi-
stentialistischen Philosophen willkürlich seinen Sinn, wenn sie
behaupten, existieren heiße »außerhalb von sich selbst stehen«.
(...) Aber selbst in seiner wahren Bedeutung - »außerhalb seiner
Ursachen« oder »außerhalb des Nichts« stehen (der etymologi-
sche Sinn des Wortes ist »*sistere ex*, das heißt sich in sich selbst halten oder sich auf sich selbst stellen im Ausgang von einer Vorgege-
benheit – terme antérieur –, von der man abhängt«) – (...) muß
das Wort Existenz, um sich auf Gott anwenden zu lassen, die Mit-
Bedeutung verlieren, die es auf geschaffene Dinge zurückbezieht.
Es ist klar, daß Gott nicht »außerhalb seiner Ursachen« steht, als
ob er verursacht sei, noch »außerhalb des Nichts«, als ob das
Nichts Gott vorhergehe, und daß er nicht *sistens ex* ist, als ob er
von einem im Sein Vorhergehenden abhinge. Von sich aus ist der
Begriff der Existenz keineswegs auf eine solche Mitbedeutung
eingeschränkt, die sich auf dasjenige Analogatum bezieht, das
zuerst und unmittelbar von uns aufgefaßt wird. Von Anfang an
sprengt der Begriff Existenz die Pseudodefinitionen, die dieser
Mitbedeutung entlehnt sind. Ganz wie der Begriff des Seins ist der
Begriff der Existenz aus sich wesentlich und von allem Anfang an
ein analoger Begriff, und damit auf den Ungeschaffenen wie auf
das Geschaffene gültig anwendbar. Im Unterschied zu dem Wort
»Existenz« braucht das Wort »Sein« zweifellos nicht von Spuren
gereinigt zu werden, die aus der Etymologie stammen und ganz
zufällig sind. Aber im Grunde genommen hat sich das Wort Existenz spontan und ganz allein von diesen Spuren gereinigt, und
auf jeden Fall berührt dies nicht die sachlichen Zusammenhänge,
deren Sinnträger der Begriff ist. Wer glaubt, man könne sagen
»Gott ist«, aber nicht »Gott existiert«, läßt dem Sein seinen
wesenhaften analogen Charakter, verweigert ihn aber der Exi-

stenz, eine höchst absonderliche Täuschung, da das Sein selbst nur in Beziehung auf die Existenz verstanden werden kann. Die Sätze »Gott ist« und »Gott existiert« sagen genau dasselbe aus. (…)

Gabriel Marcel
Der Glaube als geistige Dimension

Die Grundfrage, die mich letzten Endes beschäftigt, zu der ich aber erst am Ende dieser Ausführungen Stellung nehme, ist festzustellen, welchen Status der Philosoph in seiner Eigenschaft als Philosoph dem Glauben zuerkennen kann und muß. Muß er ihn, wie dies meistens der Fall ist, aus seinem Eigengebiet verbannen? Oder ist er gehalten, ihm einen Wert zuzuerkennen, wenn nicht auf der Ebene des Erkennens, so wenigstens in ihrer Verlängerung? Es handelt sich hier, wie jedermann weiß, um ein überliefertes Problem, das jedoch zu jeder Zeit in neuer Sicht gestellt werden muß.

Zuallererst gebührt es sich zu fragen, ob man von der Idee des Glaubens nicht viel zu häufig viel zu schwankenden Gebrauch gemacht hat – wie dies zum Beispiel der Fall ist in unzähligen Handbüchern, wenn man vom Glauben an die Wirklichkeit der äußeren Welt oder sogar der Wesen, die uns umgeben, gesprochen hat. Phänomenologisch ist es wahrscheinlich unrichtig, wenn man sagt, daß der Mensch an die Wirklichkeit der äußeren Welt glaubt. Wahr ist dagegen, daß er solcher Struktur ist, daß seine Existenz an die dieser Welt gebunden ist. Persönlich bin ich der Ansicht, daß wir in diesem Punkte den Gesichtspunkten, die in *Sein und Zeit* dargelegt sind, zustimmen müssen. Es geschieht dann aber folgendes: von dem Augenblick an, in dem eine Philosophie sich selbst auf das *Cogito* oder *Ich denke* ausrichtet, besteht die große Gefahr, daß diese ursprüngliche Struktur in dem, was sie an Originellem und Spezifischem besitzt, nicht mehr aufrechterhalten werden kann. Sie ist zerbrochen, und die Zuflucht zum Glauben erscheint als eine Art unvermeidlicher Ausweg, um nicht eine wirkliche Einheit, aber einen *Anschein von Einheit* zwischen Ausdrücken, die man unvorsichtigerweise unwiderruflich getrennt hat, wiederherzustellen. Nur eine nachträgliche Überlegung, die den trügerischen Charakter einer Philosophie des Cogito aufzeigt, wird in der Lage sein, im Prinzip diese vorgängige Einheit wiederherzustellen in einer Weise, daß die Zuflucht zum Glauben auf diesem Gebiet nicht nur als unnütz, sondern sogar als hoffnungslos erscheint.

230

Es ist wirklich aller Grund zu der Ansicht vorhanden, daß sich das Problem bezüglich dessen, was die Wirklichkeit der anderen »Ichs« betrifft, in nicht sehr viel anderer Weise stellt. Nur eine verhängnisvolle Illusion kann sich dazu verleiten lassen, den Primat des individuellen Subjekts in der Art der Monadenlehre in solcher Weise zu stellen, daß die anderen Subjekte nur noch als zweifelhafte Schatten betrachtet werden können.

Ein anderer schwerwiegender Irrtum, den ich bereits vor etwa zwanzig Jahren aufzeigte, besteht darin, wie es gewöhnlich geschieht, die Meinung mit dem Glauben zu verwechseln, das heißt die *doxa* mit der *pistis*. Diese Verwechslung ist einem oberflächlichen Rationalismus zuzuschreiben, der übrigens verhältnismäßig ungefährlich ist, sofern er zur Toleranz neigt. Achten wir aber darauf, daß es sich um eine Toleranz voll Skepsis und Geringschätzung handelt, während die Toleranz, die allein einen geistigen Wert darstellt, auf der Achtung und der Liebe beruht: allerdings verdient sie zweifellos, wenn sie eine derartige Grundlage hat, einen anderen Namen, der übrigens in unserem Wörterbuch nicht enthalten ist. In dem Essay, auf den ich anspielte, entwickelte ich folgenden allgemeinen Gedanken, an dem ich noch immer zutiefst festhalte. Ich sagte: man kann nicht nachdrücklich genug darauf hinweisen, in welch unbestimmter Art und Weise wir das Wort *glauben* gebrauchen, um Handlungen oder sogar geistige Haltungen zu bezeichnen, die nichts miteinander gemein haben. Genauso verhält es sich, wenigstens im Französischen, mit dem Wort aimer, »lieben«, das in manchen Fällen einem bloßen Gefallen oder gar einem *Schmecken* entsprechen kann. Häufig kommt es auch vor, daß das Wort glauben in dem unendlich feigen Sinn von *vermuten*, *mutmaßen* gebraucht wird, oder daß es das ausdrücken will, was man einen bloßen Eindruck, der diesseits jeder Bejahung liegt, nennen müßte: »Ich glaube, es wird regnen.« Wir stehen dann vor einem bloßen »es scheint mir«, das sich in manchen Fällen wirklich so weit verstärken kann, daß es sich in eine Meinung wandelt. Übrigens steht oft der Mangel an Überlegung am Ursprung dieser Wandlung. Dies gilt gemeinhin für das, was man die politische Meinung nennt. Räumen wir aber ein, daß es schwierig, wenn nicht gar unmöglich ist, von außen zu bestimmen, ob diese oder jene Meinung eines anderen den Namen Glauben verdienen kann oder nicht. Man muß sogar noch weitergehen und sagen, daß wir uns selbst in dem, was uns betrifft, über die Eigenschaft dessen, was wir unsere Meinungen nennen, nicht völlig im klaren sind. Worin besteht also dieser Unterschied zwischen Meinung und Glaube? Man könnte in ganz allgemeiner Weise sagen, daß der Glaube *lebendig* ist, die Meinung dagegen nicht, insofern sie sich meistenteils auf die Äußerung von Behauptungen beschränkt, die man gehört oder in einer Zeitung gelesen hat, die man auf seine Rechnung nimmt und in fast völlig mechanischer Weise wiederholt. Der Glaube dagegen muß, wenn er seinen Namen verdienen soll, lebendig sein, und er muß fähig sein, gebieterisch Initiativen auszulösen...

Hierdurch werden wir aber veranlaßt, viel näher und viel direkter zu untersuchen, was man unter dem Glauben zu verstehen hat. Und wir stehen sofort einer schwierigen und irritierenden Frage gegenüber, der Frage der Beziehungen zwischen dem Glauben und dem Aberglauben.

Es ist tatsächlich fast oder vielleicht ganz und gar unvermeidlich, daß der Glaube dem, der ihn von außen her betrachtet und ohne an ihm teilzuhaben, als reiner und bloßer Aberglaube erscheint. Und es wäre interessant, sich zu fragen, welchen Sinn es haben kann zu sagen, daß es sich hier um eine irrige Deutung oder Wertung handelt. Es handelt sich hier um eine Frage, die der Überlegung recht dunkel erscheint, und für unsere Untersuchung ist es bedeutsam, uns zu bemühen, hier klar zu sehen.

Was will der Rationalist genau zum Ausdruck bringen, wenn er erklärt, daß der Glaube an die Realpräsenz in der Eucharistie ein Aberglaube ist? Er bezieht sich unzweifelhaft auf das, was er die wahre (objektive) Natur des vom Kommunizierenden aufgenommenen Corpus nennt. Diese Natur kann durch wissenschaftliche Verfahren bestimmt werden, das heißt durch Verfahren, deren Gültigkeit allgemein anerkannt ist. Aber – es spricht hier der Ungläubige! – der Gläubige *bildet sich außerdem ein*, daß das, was er Christus nennt, diese Substanz bewohnt, ohne daß er als Gläubiger im allgemeinen das Bedürfnis empfindet zu verstehen, worin dieses Mitbewohnen bestehen kann. Das Wort, dem hier Bedeutung zukommt, ist: *sich einbilden,daß*; in ihm erhält der Akt der Entwertung, den der Rationalist hier vollzieht, Gestalt. Der Gläubige aber wird erwidern: dieses Wort ist unpassend, es entstellt das, was ich meinen Glauben nenne, der kein »sich einbilden, daß« ist.

Können wir noch mehr präzisieren? Offensichtlich ja. Das Wort: *sich einbilden, daß* erhält seine wahre Bedeutung hauptsächlich in dem Bereich der Wahrnehmung, und das Beispiel der optischen Täuschung ist hier das beste, das es gibt. Ich glaubte, in der Wüste, die ich seit Tagen durchquerte, am Horizont einen Berg oder eine Oase zu sehen. Nähere ich mich, so stelle ich fest, daß weder ein Berg noch eine Oase vorhanden ist: ich schließe, daß ich mir lediglich einbildete, was ich wahrnehmen zu können glaubte. Dies war aber nur möglich, weil zwischen dem »Sicheinbilden« und dem »Wahrnehmen« ein gemeinsames Maß vorhanden ist: infolgedessen ist eine Kontrolle oder eine Überprüfung möglich. Unter diesen Bedingungen kann der Irrtum als Irrtum festgestellt werden. Dagegen fehlt in einem Fall wie dem der eucharistischen Gegenwart jedes gemeinsame Maß. Ich will damit sagen, daß der Glaube nicht auf der Ebene des Feststellbaren liegt oder auch, daß er ein Zeichen der Transzendenz trägt. Anders ausgedrückt: der Ungläubige versetzt sich nicht in die Dimension, die die des Gläubigen ist. Sagen wir noch, daß auf der Ebene der rationalistischen oder empirischen Behauptung eine Trennung zwischen dem, was es gibt, und dem was es einfach nicht gibt, vollzogen werden kann und muß. Der Glaube scheint sich jedoch in dem, was er an Eigentümlichem hat, jenseits der Ebene, auf der diese Trennung verwirklicht werden kann, darzustellen oder richtiger: auf etwas jenseits dieser Ebene zu zielen.

Es ist allerdings nicht schwierig, die Antwort des Rationalisten vorauszusehen, wenn man annimmt, daß er verstanden hat, was gesagt wurde: Was jenseits dieser Feststellung liegt, ist in seinen Augen nur eine Art von Hirngespinst. Wenn man einräumt, daß es unwiderleglich ist, so muß man sagen, daß dies in dem Maße der Fall ist, in dem es jeder Bedeutung, jeder wirklichen Tragweite bar ist: denn was bedeutsam ist, muß schon deshalb auf der Ebene des Beobachtungsmöglichen liegen.

Eine solche Behauptung schließt jedoch in Wirklichkeit ein Verkennen der unwiderlegbaren Gegebenheiten der Erfahrung und der Geschichte ein, da wir sehr wohl wissen, daß sich in Wirklichkeit die Menschen unaufhörlich für Glaubensgut schlugen und opferten...

So würde man dazu gebracht, den Wortlaut eines *modus vivendi* zwischen dem rationellen Erkennen und dem Glauben zu definieren, eines *modus vivendi*, der um so annehmbarer ist, als sich der Glaube strenger auf eine transzendente Wirklichkeit beziehen würde, die als der Welt der Phänomene, die allein dem wissenschaftlichen Erkennen erfaßbar sein kann, fremd betrachtet wird. (...)

Es besteht kein Zweifel, daß eine solche Art der Auffassung stets leicht die Zustimmung des Wissenschaftlers finden wird, wenn dieser zudem ein Gläubiger ist. Es ist jedoch erlaubt, sich zu fragen, ob ihre Bequemlichkeit nicht solcher Art ist, daß sie sie verdächtig macht. Man muß hinzufügen, daß sie wesentlich schwankend ist. In der Tat läuft der in solcher Perspektive gesehene Glaube stets Gefahr, als eine Art von rein subjektivem Epi-Phänomen zu erscheinen, das ein strenges Denken gern unter die Trugbilder verweisen wird, die der Mensch erblühen läßt, und infolgedessen als ein Produkt des *Wishful thinking* behandeln wird, von dem die englischen Neo-Positivisten nie ohne Verachtung reden.

Was mich anbelangt, so kann ich sagen, daß die Entwicklung meines Denkens von Anfang an stets *gegen* diesen Dualismus gerichtet war, der zu wirklich unhaltbaren Schlußfolgerungen führt. So erklärt ein bekannter katholischer Arzt in einem kürzlich erschienenen Werk einerseits, daß er als Wissenschaftler das Wunder nicht anerkennen kann, daß er sich aber andererseits als Gläubiger den Entscheidungen der Kirche beugt. Zweifellos muß man einräumen, daß die im eigentlichen Sinn wunderbare Eigenschaft eines Ereignisses nur von der Kirche festgelegt werden kann, darüber hinaus muß jedoch auch vom Gesichtspunkt des Wissens aus dieses Ereignis hinreichend besondere, durchaus ungewöhnliche Merkmale aufweisen, um diese Qualifizierung zu ermöglichen.

Um diesem *Dualismus* zu entrinnen, der den Geist in eine zwiespältige Situation versetzt, müßte man zweifellos zu einer tieferen Analyse der an sich betrachteten Erfahrung schreiten, wobei diese Analyse erlauben würden zu erkennen, daß sie *als solche eine innere Dualität aufweist.*

Eine Vorbemerkung zwingt sich hier jedoch auf: wir sind es gewohnt, uns die Erfahrung als eine Registrierung vorzustellen. Wir stellen sie uns vor in der Art dessen, was geschieht, wenn wir mit Hilfe sehr vervollkommneter Apparate auf Schallplatte oder Tonband eine Gesamtheit von Gegebenheiten aufnehmen, die dann in der Folge so reproduziert werden können. Ich glaube, daß man nicht nachdrücklich genug auf die allgemeine Tatsache hinweisen kann, daß der Mensch mehr und mehr dazu neigt, sich selbst von den von ihm erfundenen Apparaten aus und nach ihrem Muster vorzustellen. Es ist bedeutsam, daß man heute nicht zögert, von Elektronengehirnen zu sprechen. Zweifellos handelt es sich darum, einen Elektronenapparat zu bauen, der als Hirn funktioniert, gleichzeitig, indirekt und unvermeidlich, wird aber das Hirn selbst nach dem Muster dieses Apparates aufgefaßt. Man könnte hier von einer *galatheischen* Vorstellungsweise sprechen.

Man muß jedoch sicherlich als Grundsatz aufstellen, daß wir, je mehr wir Gefangene dieser Vorstellungsart werden, desto mehr dazu gebracht werden, es abzulehnen, dem Glauben in einer so neu gebauten Welt einen Platz einzuräumen. Und mehr und mehr wird er, wie ich andeutete, als ein Epi-Phänomen erscheinen, das die Vernunft beiseitezulassen hat. Der Philosoph wird verpflichtet sein, sich zu fragen, wie dieses Epi-Phänomen

234

möglich ist, wie es verständlich ist, daß ein Wesen, das nichts ist als eine Registriermaschine, so seltsame Illusionen unterhalten konnte. Dies ist nicht alles: eine andere damit in Zusammenhang stehende, aber grundlegende Frage muß unweigerlich für den Philosophen auftauchen: Wie kann diese Maschine dazu kommen, dieser ihrer Natur bewußt zu werden und dazu gelangen einzuräumen, daß sie das und nichts anderes ist? Dieses »nichts anderes« ist hier von grundlegender Bedeutung. Es handelt sich darum, Rechenschaft abzulegen über das Bewußtsein einer Grenze. Hiermit aber sind wir weit jenseits dessen, was irgendeine Kybernetik verwirklichen kann, die stets nur ein bestimmtes Verhalten zu bewirken vermag. Kein Sophismus kann aber behaupten, daß das Bewußtwerden seiner selbst und seiner Grenzen auf eine Verhaltensweise reduziert werden kann. Hier liegt übrigens selbstverständlich die absolute Grenze jedes *Behaviorismus*.

Man muß jedoch erheblich weiter gehen. Müßte man nicht sagen, daß es heute eine Versuchung für den Menschen ist, sich selbst in dieser Weise zu betrachten? Bemühen wir uns, den Sinn den man diesem Ausdruck *Versuchung* geben muß, zu erläutern. Allem Anschein nach ist noch nicht zu befürchten, daß sich die Menschen *einzeln genommen* selbst als Maschinen betrachten. Was dagegen schon heute eine sehr ernste Bedrohung darstellt, ist die Tatsache, daß Technokraten mit von der Kybernetik mißbildeter Geisteshaltung die Möglichkeit haben, die Menschen als Maschinen zu behandeln, die man im Hinblick auf gewisse Ziele des Willens zur Macht wie Maschinen behandeln kann. Hier wie so oft begegnen wir auf unserem Weg wieder Nietzsche, zweifellos nicht dem geschichtlichen Nietzsche, jedoch gewissen Möglichkeiten, die sein Denken auslöste, wie man einen Strom freimacht. Streng genommen können wir von Versuchung nur unter der Bedingung reden, daß wir uns ein Bewußtsein vorstellen, dem diese Möglichkeit (der Mechanisierung der menschlichen Wesen) dargeboten ist, das jedoch gleichzeitig die Möglichkeit behält zu erkennen, was diese Möglichkeit in ihm selbst verführt und auch was sie in Gefahr bringt. Was in Gefahr gebracht wied, was Gefahr läuft, geopfert zu werden, ist eine persönliche Integrität, die von der Art und Weise, in der die anderen Ich behandelt werden, nicht abtrennbar ist. Betrachten wir diese Behandlung näher, so sehen wir, daß sie eine gewisse Achtung einschließt oder nicht, und diese Achtung ihrerseits gehört dem Bereich des Glaubens an. Sie gehört einer Dimension zu, die nicht die der Ausnützung, das heißt des Willens zur Macht ist.

Begegnen wir hier aber nicht wieder Kant und seiner Idee von der Person als Selbstzweck? Zweifellos, doch müßte man sich fragen, ob es sich hier nicht um einen zwar außerordentlich bedeutsamen Sonderfall handelt, um einen gewissen *Bezug*, wie er im Herzen jeder Erfahrung gegeben ist, sofern diese in *dem* betrachtet wird, was sie an Spezifischem, das heißt grundlegend Menschlichem aufweist...

Und hier finden wir das wesentliche Thema unserer Untersuchungen wieder, nachdem es so aussehen konnte, als ob wir uns von ihm entfernen würden. Denn lediglich von dieser seltsamen und befremdenden Gegebenheit aus können wir den Glauben in der Erfahrung hinstellen. Vielleicht könnte man folgende Formel vorschlagen: ist ein Wesen des Glaubens fähig, so gemäß einer Dimension der Erfahrung, die unweigerlich von dem Augenblick an verlorengeht, in dem das Denken versucht, sich von der Erfahrung eine objektivierende und symbolische Vorstellung zu machen. Verhält es sich so, so versteht man sehr gut, daß der Glaube, wie ich zu Beginn sagte, im vollen Sinne nicht Bewußtsein des Glaubens sein kann, denn er umfaßt Wurzeln, die in das, was ich die Dichtheit der Erfahrung nannte, gesenkt sind. Und verhält es sich so, so ist jeder Versuch, den Glauben zu rationalisieren, mit Mißtrauen zu betrachten, denn es ist zu befürchten, daß der Glaube bei einer derartigen Auslegung so verändert wird, daß er seinen spezifischen Charakter verliert.

Verhält es sich jedoch so, so versteht man ebenfalls, wie schwierig es ist, einen metaphysischen Status des Glaubens aufzustellen. Stellt man eine solche Frage, so wird man fast unvermeidlich dazu gebracht, nicht über den Glauben als solchen nachzudenken, sondern über ein Urteil, auf das man ihn vorher unüberlegt reduzierte. Mein Glaube an Gott zum Beispiel läßt sich aber nicht auf ein Urteil der Existenz, das ich bezüglich Gottes fällen würde, reduzieren. Wie sollte man übrigens übersehen, daß dieses auf Gott angewandte Urteil der Existenz schwer widerlegbare Einwände auslöst? Die Überlegung zeigt in der Tat, daß die Existenz hier in einer schlecht bestimmten Bedeutung aufgefaßt wird, die jedoch nicht die sein kann, in der wir das Wort gebrauchen, wenn es sich um ein empirisches Objekt handelt, so daß ich, wenn ich sage: Gott existiert, Gott entweder auf etwas reduziere, was vielleicht nicht er ist, oder aber ich gebrauche das Wort in einer so übertragenen Bedeutung, daß sie nicht mehr faßbar ist. Ich weiß selbst nicht mehr genau, was ich behaupte. Ich weiß lediglich, daß ich eine bestimmte Verneinung ablehne. Vielleicht zielt aber damit das Urteil seinerseits darauf hin, mit dem Glauben zu verschmelzen.

Eine schwierige Frage, der wir uns nun stellen müssen, besteht aber fort. Wir glaubten zu sehen, daß der Glaube als seinen Nährboden das voraussetzt, worin sich die Erfahrung selbst entwischt, weshalb sie sich keinesfalls auf die schematischen und symbolischen Ausdrücke reduzieren läßt, die das räsonierende Denken erfindet, um sich eine Vorstellung hiervon zu machen. Können wir jedoch hoffen, das Band verständlich zu machen, das den Glauben mit dem Element oder vielmehr mit dem Wesenszug einigt, den ich die Dichtheit des Erlebens nannte? So gestellt scheint die Frage keine Lösung zu erlauben, und zwar aus dem sehr einfachen Grunde, daß eben die Art und Weise, in der sie formuliert wurde, dazu beiträgt, sie zu verfälschen. Vielleicht sehen wir klarer, wenn wir diesem zu abstrakten Wort etwas Greifbareres unterschieben, ich meine den Aufschwung der Seele, die eine unsichtbare Wirklichkeit anruft (ohne daß wir schon die Natur dieser Wirklichkeit zu präzisieren hätten). Das Wort unsichtbar hat für mich vor allem den negativen Vorteil, daß es darauf hinweist, daß es sich um eine andere und in ihrer Andersheit gefaßte Wirklichkeit handelt. Spreche ich jedoch von Aufschwung, so ist es völlig klar, daß ich nicht eine bloße Verfälschung im Auge habe, die sich im Leeren verlieren würde. Das Eigentümliche des Glaubens besteht eben darin, daß er sich nicht verliert, daß er in bestimmter, außerordentlich schwierig feststellbarer Weise die Gewißheit hat, das zu erreichen, was in jeder anderen Perspektive unzugänglich ist. Er ist nur Glaube, wenn er eben diese Gewißheit *ist*. Erwähnen wir auch, was übrigens selbstverständlich ist, daß diese Gewißheit in keiner Weise einer Hypothese gleichgestellt werden kann, so wenig wie die Hoffnung als Wunsch interpretiert werden kann. Übrigens muß der Glaube eben auf Grund dieser Unreduzierbarkeit als eine geistige Dimension betrachtet werden, die sich von der des Erkennens unterscheidet, in der die Hypothese und die Überprüfung eine Hauptrolle spielen.

Rudolf Otto
Divination im heutigen Christentume

Wichtiger als die Frage ob die Urgemeinde das Heilige in und an Christo erlebte und erleben konnte ist uns die andere ob wir es auch noch können, das heißt ob das uns in der Gemeinde und durch sie überlieferte Bild seines Leistens Lebens Handelns für uns selber Offenbarungswert und -kraft hat oder ob wir hier nur zehren vom Erbe der ersten Gemeinde und glauben auf Grund von Autorität und fremdem Zeugnis. Die Frage wäre ganz hoffnungslos wenn nicht eben auch in uns jenes ahnende Verstehen und Deuten von innen her, jenes Zeugnis des Geistes das nur möglich ist auf Grundlage einer kategorialen Anlage des Heiligen im Gemüte selber, eintreten könnte. Wenn ohne dieses schon damals kein Verstehen und kein Eindruck des unmittelbar gegenwärtigen Christus möglich war, wie sollte irgendeine vermittelte Überlieferung dazu imstande sein. Ganz anders liegt es wenn wir jene Annahme machen können. In diesem Falle schadet uns auch das Fragmentarische, das vielfach Unsichere, die Untermischung mit Legendarischem und die Übermalung mit ›Hellenistischem‹ nichts. Denn der Geist erkennt was des Geistes ist ...

Wenn ein Erlebnis des Heiligen in und an Christus möglich und uns Stütze unseres Glaubens sein soll so ist dazu allerdings die erste und selbstverständliche Voraussetzung daß Christi eigene erste und unmittelbarste Leistung selber uns noch unmittelbar verständlich und ihrem Werte nach erlebbar sei und daß daraus dann der Eindruck seiner ›Heiligkeit‹ selber unmittelbar erwachse. Hier scheint sich nun aber eine Schwierigkeit zu erheben die, wenn sie nicht gehoben wird, das ganze Problem von vornherein abschneiden würde, die Frage nämlich ob denn das was wir heute an Christo und am Christentume zu besitzen meinen im Grunde überhaupt noch dasselbe sei wie das, was Christus eigentlich bedeuten und leisten wollte und was seine erste Gemeinde an Wirkung von ihm erfuhr. Die Frage ist dieselbe wie die, ob das Christentum wirklich ein eigenes ›Prinzip‹ besitze das, wennschon der Entwicklung in der Geschichte fähig, doch dem Wesen nach mit sich eins blieb und so das Christentum von heute und den ersten Jünger-Glauben zu untereinander kommensurablen und wesensgleichen Größen macht.

Ist Christentum überhaupt und in strengem Sinne Jesustum? Das soll zunächst heißen: Ist die Religion die wir heute als Christentum kennen mit ihrem eigentümlichen Glaubens- und Gefühlsinhalte, wie sie als geschichtliche Größe dasteht, wie sie sich abhebt und mißt mit anderen Religionen, wie sie heute menschliche Gemüter und Gewissen erhebt bewegt beschuldigt oder beseligt, anzieht oder abstößt, ihrem Wesen nach noch die ›so einfache‹ bescheidene Religion und Religiosität die Jesus selber weckte und stiftete im Kreise jener kleinen aufgeregten Scharen im Weltwinkel Galiläa? – Daß sie gegen damals sehr bedeutsam Farbe und Form gewandelt habe, daß sie gewaltigen Veränderungen und Umwandlungen ausgesetzt gewesen sei ist wohl allgemein zugestanden. Aber ist überhaupt in ihrer Erscheinungen Flucht ein dauerndes Wesen, ist ein gleiches ›Prinzip‹ da das, der Entwicklungen fähig, doch in sich eines blieb? Ist Entwicklung vorhanden oder aber Umwandlung Veränderung Zustrom des ganz Fremden, der dann von den einen als Verkehrung beklagt, von den anderen als erfreulicher Ersatz bewundert und von den dritten als einfache geschichtliche Tatsache gebucht wird?

Christentum, wie es heute als große faktisch vorhandene ›Weltreligion‹ vor uns steht, ist ohne Zweifel seinem Anspruche und seiner Verheißung nach im eigentlichsten und ersten Sinne ›Erlösungsreligion‹. Heil, und überschwängliches Heil, Befreiung und Überwindung der ›Welt‹, des weltlich-gebundenen Daseins, ja der Kreatürlichkeit überhaupt, Überwindung von Gottesferne und Gottesfeindschaft, Erlösung von Sündenknechtschaft und Sündenschuld, Versöhnung und Entsühnung, darum aber Gnade und Gnadenlehre, Geist und Geistesmitteilung, Wiedergeburt und neue Kreatur sind die ihm heute charakteristischen Inhalte die ihm gemeinsam sind trotz seiner mannigfaltigen Gespaltenheiten in Kirchen Konfessionen und Sekten. Durch sie ist es nun in aller Schärfe und Bestimmtheit charakterisiert als ›Erlösungsreligion‹ schlechthin, vergleicht sich in dieser Hinsicht vollkommen den großen Religionen des Ostens mit ihrem scharf dualistischen Gegensatze von Heil und Unheil und macht den Anspruch, in bezug auf Erlösungsnotwendigkeit und Heilverleihung ihnen nicht nachzustehen sondern sowohl nach Wichtigkeit dieser Begriffe wie nach ihrem qualitativen Gehalte ihnen überlegen zu sein. Zweifellos in diesen Momenten hat heutiges Christentum sein ›Prinzip‹ und Wesen. In Frage steht nun, ob diese gewaltigen Gemütsgehalte wirklich schon das ›Prinzip‹ jener schlichten Jesus-Religion gewesen seien deren Stiftung als die erste und unmittelbarste Leistung Christi bezeichnet werden müsse.

Wie bejahen diese Frage, wenn auch so daß wir dabei auf das Gleichnis hinweisen das vom Reich Gottes gemeint ist das aber auf das Prinzip des Christentumes selber ebenso gut paßt: das Gleichnis vom Senfkorn und dem Baume der daraus erwuchs. Das Gleichnis deutet auf Veränderung denn der Baum ist ein anderes als das Samenkorn, aber auf Veränderung die nicht Verwandlung sondern Übergang aus der Potenz in den Aktus, die echte Entwicklung nicht ›Transmutation‹ oder ›Epigenesis‹ ist. In diesem Sinne sagen wir:

Die Jesus-Religion wandelt sich nicht allmählich in Erlösungsreligion um sondern sie ist dieses der Anlage nach vom ersten Anbeginn ihres Auftretens an, ist dieses sogar im extremsten Sinne und obwohl ihr die späteren Termini dazu noch fast fehlen dennoch in aller Deutlichkeit. Sucht man in möglichster geschichtlicher Nüchternheit und in möglichster Einfachheit das eigentlich Charakteristische der Verkündigung Jesu zu bestimmen so ergeben sich zwei Grund-Momente: 1. Von Haus aus und durchaus die Reich-Gottes-Predigt, nicht als Begleitmoment sondern als Grundsinn der Sache. 2. Die Jesu Evangelium charakterisierende Reaktion gegen den Farisäismus und in Verbindung damit das Ideal einer Frömmigkeit als Kindesgesinnung und Kindesgestimmtheit auf Grund vergebener Schuld. Mit beidem aber ist prinzipiell alles gesetzt was hernach im ›Erlösungscharakter‹ des Christentums, ja was in seinen spezifischsten Lehren von Gnade Erwählung Geist und Erneuerung durch den Geist sich auseinanderlegt. Und diese Dinge sind erlebt und besessen worden von eben jenem ersten Kreise auch, in eingefalteter Gestalt. – Verdeutlichen wir uns das näher.

Von ›Erlösungsreligion‹ zu reden ist eigentlich ein Pleonasmus, wenigstens wenn man die höheren entwickelten Formen von Religion im Auge hat. Denn alle höhere entwickelte Religion die sich verselbständigt und abgelöst hat von den ihr heteronomen Beziehungen auf staatliche oder private weltliche Eudämonie entwickelt in sich eigentümliche überschwängliche Seligkeitsideale die man mit dem Allgemeinausdrucke ›Heil‹ bezeichnen kann. Auf ein ›Heil‹ in dieser Form gehen in immer steigender und bewußterer Strebung die Religionsentwicklungen in Indien, angefangen von den vollklingenden Vergottungsideen des Upanischad-Theopantismus bis hin zu den (nur scheinbar negativen) Seligkeiten des buddhistischen Nirvāna. Auf ein ›Heil‹ gehen auch die spezifisch sogenannten Erlösungsreligionen die um die Wende der Zeit aus Ägypten Syrien Vorderasien über die Ökumene hereindrangen. Ferner ist es für die durch Vergleichung geschärfte Betrachtung offensichtlich, daß auch in der persischen Religion in der Gestalt der Endhoffnung derselbe religiöse Trieb auf ein ›Heil‹ wirksam ist und sich Form gewinnt wie in dem Verlangen nach Mokscha und Nirvāna. ›Heils‹-Verlangen und -Erlebnis ist auch der Islam und dieses nicht nur ›in Hoffnung‹, nämlich auf die Lust des Paradieses: vielmehr das Wichtigste im Islam ist eben der Islam selber, die Ergebenheit an Allah die nicht nur Willenshingabe ist sondern zugleich die gewünschte und erstrebte Allah-Erfülltheit ist und als solche ein ›Heil‹, das wie eine Art Trunkenheit besessen und genossen werden und in ihrer Steigerung geradezu zum mystischen Seligkeits-Rausch werden kann.

Was aber so der Grundzug von aller höheren Religion überhaupt ist dasselbe äußert sich ganz unverkennbar in stärkster Weise und zugleich in qualitativ überlegener Art in dem Reich-Gottes-Glauben -Verlangen und -Ererben des Christentumes. Dabei ist gleichgültig ob die Ausgänge dieses Ideales in Israel

240

einst rein politischer Art gewesen sind, erst allmählich sich vom
Boden der Wirklichkeit gelöst und endlich sich ins Überschwängliche erhoben haben, oder ob dabei von vornherein schon eigentlich religiöse Motive erzeugend gewesen sind. Die Stoffe die der
religiöse Trieb erfaßt sind ja sehr häufig zunächst irdisch-weltli-
cher Art. Das Nichtruhende des eschatologischen Triebes, das
heißt des Triebes nach dem endlichen und entgiltigen Heil, das
immer Vorandringende, das Sich ablösen und Sich erheben von
seinen Ausgängen sind eben seine charakteristischen Äußerungen und verdeutlichen sein inneres Wesen das nichts anderes ist
als echter *Erlösungs*-drang und Vorahnung und Vorwegnahme
eines geahnten überschwänglichen ›ganz anderen‹ Gutes, das als
ein ›Heil‹ sich vergleicht den Heilsgütern die in anderen Religionen erstrebt werden, und das ihnen zugleich überlegen ist – so
sehr nämlich überlegen ist, als der in diesem ›Reiche‹ dann selbst
gefundene und besessene Herr des Reiches qualitativ überlegen
ist den Brahmā Vischnu Ormuzd Allah, sowie dem Absoluten in
Form von Nirvāna Kaivalyam Tao und was man sonst nennen
mag. Auf Erlösung, von Gott dereinst vollzogen und doch schon
jetzt von ihm erfahren, ist das Evangelium durchaus gestellt.
Jenes als Reichs-Gottes-Vergewisserung, dieses durch die unmittelbaren schon gegenwärtigen Gemütserlebnisse der Gotteskindschaft die es seiner Gemeinde als unmittelbarsten Besitz in die
Seele goß. Daß die Gemeinde sich dieses Heiles als eines qualitativ völlig Neuen Unerhörten und Überschwänglichen deut-
lichst bewußt war spiegelt sich in dem Logion, daß Gesetz und
Profeten bis auf Johannes gehen, *jetzt* aber das Reich mit Macht
komme, und daß auch Johannes nur unter ›Gesetz und Profeten‹
gerechnet wird.

Wollte man aber dieses Neue mit knappstem Worte und
nach seinem Echtesten beschreiben so müßte man dafür das Wort
Rö. 8, 15 *erfinden* wenn es nicht eben schon dastünde:

> Ihr habt nicht einen knechtlichen Geist empfangen
> daß ihr euch abermals fürchten müßtet, sondern
> ihr habt einen kindlichen Geist empfangen durch
> welchen wir rufen:
> ›Abba lieber Vater‹.

Paulus hat hier Zielung und Mitte des jesuanischen Durchbruchs
verstanden, hat den Bruch mit dem Alten, hat die *neue Religion*,
hat Prinzip und Wesen derselben haarscharf gegriffen. Und dieses
›Prinzip und Wesen‹ war das jener ersten Fischer am Galiläischen
See und ist das einige gleiche durch die ganze Geschichte des
Christentumes hindurch. Mit ihm ist die neue Stellung zu Sünde

und Schuld, zu Gesetz und Freiheit, mit ihm dem *Prinzip* nach ›Rechtfertigung‹ ›Wiedergeburt‹ ›Erneuerung‹ Spendung des Geistes neue Schöpfung und selige Freiheit der Kinder Gottes gegeben. Diese oder ähnliche Ausdrücke Lehren Lehrkreise und anschließende tiefe Spekulation *mußten* eintreten, sobald das Wort dem ›Geiste‹ rief der ihm entspricht (...). – So ist Christi erste unmittelbare Leistung, wie wir sie heute noch klar und leuchtend verstehen können, Wirkung und Spende von *Heil* in Hoffnung und Besitz, durch Weckung des Glaubens an seinen Gott und an Gottes Reich. Und wie nun kann auch für uns Entfernte dieser Lebensleistung Christi gegenüber die ›Divination‹ erwachen, wie können auch wir an ihm zum *Erlebnisse* des ›Heiligen in der Erscheinung‹ kommen?

Offenbar nicht *demonstrativ*, durch Beweis, nach einer Regel oder nach Begriffen. Wir vermögen keine begrifflichen Merkmale anzugeben in der Form: ›Wenn die Momente q + y eintreffen so liegt eine Offenbarung vor.‹ Eben darum reden wir ja von ›Divination‹, von ›intuitivem Erfassen‹. Sondern rein *kontemplativ*, durch ein hingebendes sich Öffnen des Gemütes gegen das Objekt zu reinem Eindruck. Sodann so, daß man Inhalt und Gabe der Verkündigung und stiftenden Leistung Jesu zusammenhält mit Person- und Lebensbild selber, das Ganze dann erschaut im Zusammenhange der langen wunderbaren Vorbereitung in Israels und Juda's Religionsgeschichte mit dem Spiel der mannigfaltigen Entwicklungslinien, die konvergent und divergent doch auf ihn zulaufen, mit den Momenten der ›Erfüllung der Zeit‹, mit den Reizen und Nötigungen durch Kontrast und Parallelen seiner Umgebung; indem man zugleich achtet auf den seltsamen Untergrund und Einschlag des Irrationalen selber der nirgends so wie hier spürbar wird, auf dieses Aufsteigen und Zurückweichen seiner Wirkung, auf dieses immer leuchtendere Hervortreten seines geistigen Gehaltes an dem das Heil der Welt hängt, und zugleich auf dieses rätselvolle Wachsen der widerstrebenden Potenzen, auf dieses tausendfach gesteigerte Hiob-problem von Leid und Unterliegen nicht nur des persönlich Gerechten sondern zugleich des für das höchste Interesse von Mensch und Menschheit Wichtigen und Wichtigsten, auf diese lastende Wolke irrationaler Mystik endlich die über Golgatha hängt. Wer so, kontemplativer Versenkung fähig, erschlossenen Gemütes dem Eindrucke sich öffnet dem muß, nach Maßstäben von innen her deren Regel unaussprechlich ist, das ›Wiedererkennen‹ des Heiligen, die ›Anschauung des Ewigen im Zeitlichen‹ in reinem Gefühle erwachsen. Wenn es ein Ewiges Heiliges gibt in der Mischung und Durchdringung der Momente des Rationalen und

Irrationalen, Teleologischen und Indefiniblen, wie wir es zu erfassen und zu beschreiben versuchten, so ist es *hier* in machtvollste handgreifliche Erscheinung getreten.

Und in gewissem Sinne sind gerade wir Späteren nicht übler sondern besser daran es in seiner Erscheinung aufzufassen. Denn auch die Auffassung desselben als ›Ahndung der göttlichen Weltregierung‹ hängt hier ja wesentlich an zwei Momenten: einerseits an der Überschau des Gesamtzusammenhanges dieser wundervollen Geistesgeschichte Israels, seines Profetentumes und seiner Religion und des Auftretens Christi in diesem Zusammenhange, und anderseits an dem Totale der Gesamt-Lebensführung und -Leistung Christi selber. Diese Gesamtüberschau in beiden Fällen aber ist uns, im größeren Abstande und mit verschärfter geschichtlicher Einsicht, viel vollkommener möglich als jener Zeit. Wer kontemplativ in jenen großen Zusammenhang sich versenkt den wir den ›alten Bund bis auf Christum‹ nennen dem muß schier unwiderstehlich das Gefühl dafür wach werden, daß hier ein Ewiges waltend und stiftend zur Erscheinung und zugleich auf eine Vollendung drängt. Und wer in diesem Zusammenhange dann die Erfüllung und den Abschluß schaut und diese große Situation., diese gewaltige Gestalt, diese unwankend in Gott sich gründendende Persönlichkeit, diese Unbeirrbarkeit und aus geheimnisvoller Tiefe stammende Sicherheit und Gewißheit ihrer Überzeugung und ihres Handelns, diesen geistigen seligen Gehalt, diesen Kampf, diese Treue und Hingabe, dieses Leiden und schließlich diesen Siegertod, *der muß urteilen*: das ist gottmäßig, das ist das Heilige. Gibt es einen Gott und wollte er sich offenbaren, gerade so mußte er es tun.

Der muß urteilen – nicht aus logischem Zwang, nicht nach einem begrifflich klaren Obersatz sondern in unmittelbaren aus Obersätzen nicht ableitbaren Urteilen reinen Anerkennens, nach einem ›inexpliziblen Obersatze‹, aus reinem unauflöslichem Wahrheitsgefühl. Das aber ist eben die Art echter Divination als religiöser Intuition.

Charles Péguy
Erkämpfte Wahrheit

Wir sagten kühn, die Unsterblichkeit der Seele sei Metaphysik. Seither habe ich gemerkt, daß die Sterblichkeit der Seele auch Metaphysik ist. Nun sage ich gar nichts mehr.

Man wird jetzt Materialist und Atheist sein müssen ... Als wenn
der Materialismus keine Metaphysik und der Atheismus keine
Theologie wäre! Wenn ein ungebildeter und grobschlächtiger
französischer Bourgeois verkündet, er sei Materialist, dann bedeutet das grob gesagt, daß er Lust hat, die gewöhnliche Moral zu
verletzen. Und wenn er sagt: »Ich bin Atheist«, so heißt das grob
gesagt, daß er Lust hat, die Geistlichen zu ärgern. Ich sehe nicht,
welchen Vorteil und welches Interesse wir hätten, die alten Bourgeois in ihrer Grobschlächtigkeit und Unbildung nachzuahmen
und die alten Radikalen in ihren geistigen und moralischen Ge-
brechen.

Ein Mensch, der Redlichkeit besitzt, dem aber Mittel und Wege
fehlen, hat viel mehr Möglichkeiten, den Zugang zu einigen
Wahrheiten zu finden, als ein Mensch, der nur Mittel und Wege
hat, dem aber die Redlichkeit fehlt.

Tausende von Gläubigen wiederholen mechanisch die schrecklichen Worte: Et dimitte nobis debita nostra, sicut et nos dimitti-
mus debitoribus nostris. Nehme nur einer, plötzlich erleuchtet,
diese Worte ernst, lasse sie gleichsam in sich eingehen, so ist das
sofort die größte Revolution, die es geben kann.

Was wäre das für ein Denken, das kein Herz hätte? Und was wäre
das für ein Herz, das nicht von der Sonne des Denkens erleuchtet
wäre?

Die Welt hat sich seit Jesus Christus weniger verändert, als sie sich
seit dreißig Jahren verändert hat.

Aus einer heidnischen Seele kann man eine christliche machen.
Aber sie, die nichts sind, weder alt noch neu, weder plastisch noch
musikalisch, weder geistlich noch fleischlich, weder heidnisch
noch christlich, sie, diese lebenden Leichname, was werden wir
aus ihnen machen?

Der Kampf findet nicht statt zwischen dieser oder jener anderen
Zeit und der heutigen Zeit. Der Kampf findet statt zwischen allen
anderen Zeiten zusammen und der heutigen Zeit.

Wenn jemandem (heutzutage) das tägliche Brot allzusehr man-
gelt, findet er keinen Geschmack mehr am ewigen Brot, am Brote
Jesu Christi.

(Die Menschwerdung,) die einzige interessante Geschichte, die jemals vorgekommen ist.

Die Verleugnung Petri, die Verleugnung Petri. Man braucht nichts weiter zu sagen, die Verleugnung Petri ... Petrus hat ihn dreimal verleugnet. Und dann nachher: Wir, wir haben ihn Hunderte und Tausende von Malen verleugnet um der Sünde willen, um der Verirrungen der Sünde willen, in den Verleugnungen der Sünde. Ein Hahn hat für Petrus gekräht; wie viele Hähne krähen für uns; diese Sorte stirbt nicht aus. Wir hören sie bloß nicht, diese Hähne; wir wollen sie nicht hören.

Jesus ist wesensmäßig der Gott der Armen, der Elenden, der Arbeiter, folglich all derer, die kein Leben der Öffentlichkeit geführt haben; man sieht im Himmel unendlich viel mehr kleine Leute als Zeitschriftenherausgeber.

Jedermann verspürt, daß die Armen und die Verborgenen die Günstlinge im Königreiche Gottes sind. Das wäre fast ungerecht, wenn es nicht jedem freistünde, arm zu sein.

Eigentlich gibt es für den Christen gar keine private noch öffentliche Sphäre, da sich alles in gleicher Weise unter dem Blick Gottes abspielt.

»Man braucht eine Religion für das Volk« – das ist wohl in gewissem Sinne die tiefste Beleidigung, die man unserem Glauben je zugefügt hat.

Schande über den, der sich schämt; Schande über den, der seinen Gott verleugnen würde, nur um die Leute von Geist nicht zum Lächeln zu bringen; so ein Mensch, der nur eine Sorge, der nur einen Gedanken kennt: Herrn Anatole France nicht zum Lächeln zu bringen; so ein Mensch, dessen Blick schon im voraus für Gott um Verzeihung bittet in den Salons.

Miles Christi: Jeder Christ ist heute ein Soldat; der Soldat Christi. Es gibt keinen ruhigen Christen mehr. Jene Kreuzzüge, die unsere Vorväter bis in die Länder der Ungläubigen suchen gingen, sie haben nun im Gegenteil uns aufgesucht, und wir haben sie zu Hause. Unsere Gläubigkeit ist zur Zitadelle geworden.

Wir sind ebenso dumm wie St. Augustinus und St. Paulus, wie St. Ludwig und St. Franziskus, und wie Jeanne d'Arc und – warum es nicht aussprechen – wie Pascal und Corneille.

245

Wir, wir machen keinen Fortschritt. Die Modernen machen Fortschritte. Wir sind ein für allemal dumm.

Zwischen Bildung und Glauben gibt es keinerlei Gegensätzlichkeit, sondern im Gegenteil tiefe Vertrautheit, ein ständiges Gespeistwerden des Glaubens durch die Bildung, buchstäblich eine tiefe Berufung, eine tiefe Bestimmung der Bildung für den Glauben.

Ich glaube nicht, daß ich jemals von der katholischen Welt gesprochen habe. Ich habe oft von der Kirche gesprochen; von der Kommunio.

Die Christenheit ist eine Polis. Ein schlechter Bürger gehört zur Polis. Ein guter Fremder gehört nicht dazu.

Der Glaube, den ich am liebsten mag, sagt, Gott ist die Hoffnung.

Glauben geht ganz von selbst ... Um zu glauben, braucht man sich nur gehen zu lassen, nur hinzuschauen. Um nicht zu glauben, müßte man sich vergewaltigen, sich foltern, sich quälen, sich verrenken.

Man muß Hoffnung schenken an Gott.

Gott hat uns Hoffnung geschenkt. Er hat angefangen. Er hat gehofft, daß der letzte Sünder, daß der elendigste Sünder wenigstens ein klein wenig sich anstrengen würde für sein Heil.
Wiewenig, wie armselig auch immer.

(Es gibt) einen zweifachen Ausgang von Heiligen, die im Himmel sind.
Es gibt die einen, die kommen her, die stammen her von den Gerechten.
Und es gibt andere, die stammen her von den Sündern.

Ein Mann hatte zwei Söhne. Unter allen Parabeln Gottes hat diese das untergründigste Echo geweckt, diese Stelle allein hat der Sünder nie zum Schweigen gebracht in seinem Herzen.

(Der Sünder.) Denn ganz auf dem Grund, auf dem Grund seiner Schmach und Sünde liebt er es (mehr), wenn man ihn nicht in Frieden läßt. Ein kleiner Trost.

Wer nicht schlafen kann, bricht der Hoffnung die Treue.

Die irdische Weisheit sagt: Unselig, wer auf morgen verschiebt.
Ich aber sage: Selig, selig, wer auf morgen verschiebt. Selig, wer
überläßt. Das heißt: Selig, wer hofft. Und wer schläft.

Ich verstehe sehr wohl, sagt Gott, daß man sein Gewissen prüft.
Es ist eine ausgezeichnete Übung. Man darf nur keinen Mißbrauch treiben damit.

Sind eure Sünden so kostbar, daß man sie katalogisieren und ein-
ordnen muß?
Und sie aufzeichnen und aufreihen auf steinernen Tafeln?
Und sie einprägen und zählen und ausrechnen und nachsehen?
Und sie zusammentragen und überblicken und immer wieder
durchgehen?
Und sie überschlagen und sie euch ewig zurechnen?
Und sie mit weiß ich was für einer Sorte Frömmigkeit wieder-
käuen?

Es gibt ohne Zweifel keine Heiligkeit ohne einen geheimen Gehorsam, ohne ein geheimes Einverständnis des Leibes gegenüber
der Seele, sogar wenn sie miteinander streiten.

Die Gnade ist hinterlistig, die Gnade ist gewunden, und sie
kommt unerwartet. Die Menschen, welche Gott haben will, hat
er. Die Völker, welche Gott haben will, hat er. Wenn die Gnade
nicht geradheraus kommt, dann kommt sie quer. Wenn sie nicht
von rechts, kommt sie von links. Wenn sie nicht gerade kommt,
dann kommt sie krumm, wenn sie nicht krumm kommt, dann
kommt sie eckig. Wenn sie ganz und gar nicht von oben kommt,
dann kommt sie von unten, und wenn sie nicht von der Mitte her
kommt, dann kommt sie von der Peripherie; wenn sie nicht wie
der Strahl eines Springbrunnens aufsteigt, kann sie, wenn sie will,
aufsteigen wie Wasser, das heimtückisch von unten durch einen
Loiredeich sickert ...
Jawohl, die heutige Zeit hat alles getan, um das Christentum zu ächten, um jede Substanz, jedes Atom, jede Spur von
Christentum aus sich auszuscheiden. Aber wenn ich eine unbe-
siegliche, eine nicht umzubringende, eine unbegreifliche Christ-
lichkeit von unten hervorquellen, im Umkreis hervorquellen, von
überall hervorquellen sehe, werde ich sie verkennen, bloß weil ich
Tor nicht berechnet hatte, von wo sie herkommen würde? ... Wo
wird gesagt, daß Gott den Menschen der Sünde überläßt? Dieses

Volk wird einen Weg beenden, den es gar nicht angefangen hat. Dieses Geschlecht, diese Welt, dieses Volk wird auf einer Straße ankommen, auf der es gar nicht aufgebrochen ist. Und sehr viele außerdem werden sich so wieder einkleiden, werden sich eines Tages wieder finden in den sakramentalen Formen.

(Klio spricht:) Eine Erfahrung von zwanzig Jahrhunderten hat mir gezeigt, daß, wenn der Zahn des Christentums einmal in ein Herz gebissen hat, jenes seine Beute niemals mehr fahrenläßt. Ihr zwar seid oft, ihr seid fast immer Gott untreu. Aber Gott ist euch nicht untreu.

Wenn man sich über einen Rechtshandel verständigt, dann darum, weil man kein Verständnis mehr dafür hat, worum es da ging. In diesem Sinne gibt es nur einen Rechtshandel, von dem wir sicher sind, daß man sich niemals darüber verständigen wird, und von dem wir sicher sind, daß es ewig Händel darüber geben wird: den Prozeß Jesu ... Ich fordere Sie auf, im Laufe der Jahrhunderte jemals einen einzigen Menschen zu finden, der als Historiker über Jesus spricht. Sie werden über ihn niemals sprechen denn als Christen oder Antichristen.

Der Christ, immer ungetröstet, kann nie genug bekommen. Ein Gott ist für ihn gestorben. Er sieht hin und findet immer, daß man doch recht unglücklich ist.

Die »anständigen Leute« benetzen sich nicht mit der Gnade. Ihre ständig tadellose moralische Haut bildet für sie ein Leder und einen Panzer ohne Makel. Sie zeigen durchaus nicht jene offene Stelle, die von einer schrecklichen Verwundung herrührt, von einer unvergeßlichen Not, einer unverwindbaren Reue, von einem für immer schlecht ausgeführten Nahtstich, von einer tödlichen Unruhe, von einer unbesieglichen Beklemmung, von einer heimlichen Bitterkeit, von einem ständig maskierten Zusammenbruch, von einer ewig schlecht verheilten Narbe. Die Barmherzigkeit Gottes verbindet keineswegs den, der keine Wunden hat.

Gott bemächtigt sich auch des Menschen, der sich gegen Ihn wehrt. Aber was wird aus dem, der sich nicht einmal in Abwehrstellung zu begeben für nötig hält?

Wenn man von endgültiger Verstockung und von endgültiger Unbußfertigkeit spricht, so muß man darunter wohl ein wirkliches Phänomen der Verhärtung verstehen, die die Seele wie zu einem Stück abgestorbenen Holzes werden läßt.

Jene Art von falscher Scham, die unglückseligerweise bei den Katholiken wütet, dieser (allzu) menschliche Respekt, dieser schlechte Respekt, diese kurzschlüssige Scham bewirkt, daß sie nur daran denken, ihre Beweise vorzubringen. (Und was sie ihre Beweise nennen, sind gewöhnlich Entschuldigungen.) Sie verlangen immer nur mildernde Umstände. Die Beweise der anderen sollten sie verlangen. Ich möchte sie gern sehen, die Beweise der anderen.

Wer die Höhe erklimmt, um die Welt hinter sich zu lassen, indem er die Welt herabsetzt, wird sich niemals darüber erheben.

Es genügt keineswegs, das Irdische herabzusetzen, um sich in die Kategorie des Überirdischen zu erheben. Es genügt keineswegs, die Natur herabzusetzen, um sich in die Kategorie der Gnade zu erheben. Es genügt keineswegs, die Welt herabzusetzen, um sich in die Kategorie Gottes zu erheben.

Man muß die selbstgewählte Prüfung wegfegen, diese klägliche Menschenerfindung, wie sie, Jeanne d'Arc, die Schwelle ihrer Tür reinfegte, um die Prüfung hereinzulassen, die von Gott hereinkommt.

Jesus hat sich dem Exegeten, dem Historiker, dem Kritiker ausgeliefert, so wie er sich den Soldaten, diesen ganzen Richtern, diesen ganzen Menschenmengen ausgeliefert hat ... Wenn er sich der Kritik und der Kontroverse entzogen hätte, wenn er dem Exegeten, dem Kritiker, dem Historiker ausgewichen wäre, dann wäre die Menschwerdung keineswegs vollkommen und rechtmäßig gewesen.

Nichts »Anerkanntes« ist für immer anerkannt. Dies ist der eigentliche Zustand des Menschen. Und der fundamentalste Zustand für den Christen.

Wir sollten erkennen, daß eine plötzliche Massenbekehrung heutzutage immer oberflächlich und durch Mißverständnisse verursacht ist. Wir sollten wissen, daß auch das Überzeugen den gewöhnlichen Gesetzen der Arbeit unterworfen ist, daß man nichts ohne Mühe erhält, und zwar ohne langwierige Mühe. Wir sollten wissen, daß geistige Formung nicht dem Aufkleben eines Etiketts gleicht. Gewöhnen wir uns an den Gedanken, daß zur Formung auch nur eines Geistes in der Welt beigetragen zu haben schon ein beträchtliches Ereignis ist. Wir sind keine großen Kapitalisten an Geist und Wissen. Wir sind keine großen Menschenbesitzer. Wir sollten durch mühseliges langsames Herausarbeiten fortschreiten. Wir sollten uns an die einzelnen Geister, an die persönlichen Gewissen wenden. Seien wir bescheiden!

Clive Staples Lewis
Über das Festhalten am Glauben

... Man hat uns gesagt, der Wissenschaftler halte es für seine Pflicht, die Festigkeit seines Glaubens genau der Beweiskraft anzumessen: um so weniger zu glauben, je weniger Beweise vorlägen, und den Glauben vollständig zu verweigern, wo zuverlässige Gegenbeweise aufträten. Man hat uns gesagt, daß es der Christ im Gegenteil für ausgesprochen lobenswert halte, ohne Beweise und über das Beweisbare hinaus zu glauben, oder stetig wachsenden Gegenbeweisen zum Trotz an seinem Glauben unverändert festzuhalten. So werde ein »unerschütterlicher Glaube« empfohlen, was zu bedeuten scheine: ein Glaube, immun gegen alle Angriffe der Wirklichkeit.

Träfe dies zu, dann müßte das Nebeneinander solcher Wissenschaftler und solcher Christen innerhalb derselben Gattung verblüffen. Die Tatsache, daß sich die beiden Kategorien überschneiden, wäre vollends unerklärlich. Gewiß wäre zwischen so verschiedenen Geschöpfen jegliches Gespräch hoffnungslos. Es ist meine Absicht zu zeigen, daß es nicht gar so schlimm steht. Der Sinn, in welchem Wissenschaftler ihren Glauben der Beweiskraft anmessen, und der Sinn, in welchem Christen das nicht tun, müssen beide enger umschrieben werden. Danach mag zwar eine Meinungsverschiedenheit zwischen den beiden Parteien bestehen bleiben; aber ich hoffe, daß sie einander nicht mehr in verzweifelter und stummer Verständnislosigkeit anstarren werden.

Vorab ein Wort über Glauben im allgemeinen. Soweit ich sehe, ist das »Anmessen des Glaubens an die Beweiskraft« dem wissenschaftlichen Leben nicht entfernt so geläufig, wie behauptet wird. Den Wissenschaftlern geht es zur Hauptsache nicht ums Glauben, sondern ums Forschen. Soviel ich weiß, bedient sich niemand des Wortes »glauben«, wenn er von Dingen spricht, die er herausgefunden hat. Der Mediziner sagt, er »glaube« der Mann sei vergiftet, bevor er die Leiche untersucht; nach der Untersuchung sagt er: »Der Mann wurde vergiftet.« Keiner sagt, er glaube der Logarithmentafel. Keiner, der einen Dieb auf frischer Tat ertappt, sagt, er glaube, der Mensch habe stehlen wollen. Der Wissenschaftler an der Arbeit, d.h. als Wissenschaftler, bemüht sich, dem Glauben und Nicht-Glauben ins Wissen zu entkommen. Natürlich verwendet er Hypothesen und Annahmen. Dabei handelt es sich nach meiner Meinung nicht um ein Glauben. Um zu erfahren, wie sich ein Wissenschaftler beim Glauben verhält, müssen wir uns also nicht an sein Leben als Wissenschaftler, sondern an seine Mußestunden halten.

Im modernen englischen Sprachgebrauch drückt das Zeitwort »glauben« – zwei besondere Verwendungen ausgenommen – im allgemeinen aus, daß eine Meinung nur sehr schwach vertreten wird. »Wo ist Tom?« »Ich glaube, er ist nach London gefahren.« Es würde den Sprechenden nur sehr milde überraschen, falls Tom doch nicht nach London gefahren wäre. »Wann war das?« »Ich glaube, 430 vor Christus.« Der Sprechende will sagen, er sei keineswegs sicher. Das gleiche gilt von der Verneinung, »ich glaube nicht«. (»Macht Jones dieses Semester?« »Ich glaube nicht.«) Einen andern Sinn bekommt die Negation in der Form: »Das glaube ich nicht« oder – noch schärfer – »Das glaube ich dir nicht.« Sie ist eine der erwähnten besonderen Verwendungen. »Das glaube ich nicht« verneint weit stärker als »ich glaube« bejaht. »Wo ist Mrs. Jones?« »Auf und davon mit dem Butler, glaube ich.« »Das glaube ich nicht.« Besonders im Zorn gesprochen, kann dieser Satz eine Überzeugung ausdrücken, die hinsichtlich ihrer subjektiven Gewißheit von einem Wissen aus Erfahrung kaum zu unterscheiden ist. – Die zweite besondere Verwendung des Wortes ist das »ich glaube« eines Christen. Es fällt nicht schwer, auch dem eingefleischten Materialisten begreiflich zu machen, welche geistige Haltung dieses »ich glaube« ausdrückt, mag er sie auch noch so wenig billigen. Der Materialist braucht sich nur auszumalen, wie er auf den Bericht über ein Wunder erwidert: »Das glaube ich nicht«, und sich dann das gleiche Maß an Überzeugtheit auf der Gegenseite vorzustellen. Er weiß, daß er hier und jetzt keine Widerlegung des Wunders vorbringen kann, die die Gewißheit eines mathematischen Beweises hätte; aber die formale Möglichkeit, daß das Wunder doch geschehen sein könnte, plagt ihn so wenig wie die Furcht, Wasser könnte nicht aus H und O bestehen. Ähnlich beansprucht auch der Christ nicht notwendigerweise, einen schlüssigen Beweis führen zu können; aber die formale Möglichkeit, daß Gott nicht existiere, braucht ihm darum nicht notwendigerweise in der Form eines echten Zweifels gegenwärtig zu sein. Gewiß gibt es Christen, die daran festhalten, solch ein schlüssiger Beweis lasse sich führen, genau wie es Materialisten geben man, die daran festhalten, es gebe einen schlüssigen Gegenbeweis. Aber welcher von beiden auch recht hat (falls einer recht hat): solange ihm der Beweis oder Gegenbeweis gegenwärtig wäre, würde er nicht glauben, sondern wissen. Wir sprechen hier vom höchsten Maße des Glaubens und Nicht-Glaubens, nicht aber vom Wissen. Glauben in diesem Sinne scheint mir Zustimmung zu einem Satze, den wir für so überwältigend wahrscheinlich halten, daß psychologisch ein Zweifel ausgeschlossen, obwohl logisch ein Disput möglich ist. Man könnte fragen, ob Glaube (und natürlich auch Unglaube) dieser Art jemals etwas anderem als theologischen Sätzen gelte. Ich bin der Meinung, daß ihm manche andern Glaubensüberzeugungen nahekommen; das heißt: viele Wahrscheinlichkeiten dünken uns so stark, daß uns das Fehlen logischer Gewißheit nicht den Schatten eines Zweifels einflößt. Die wissenschaftlichen Überzeugungen jener, die selber keine Wissenschaftler sind, haben häufig dieses Gepräge, besonders unter Ungebildeten. Die meisten unserer Überzeugungen, die andere Leute betreffen, sind von der gleichen Art. Der Wissenschaftler selbst, oder wer eben noch im Laboratorium ein Wissenschaftler war, hegt über Gattin und Freunde Überzeugungen, an denen er zwar nicht ohne Beweise festhält, aber doch mit größerer Gewißheit als die Beweise rechtfertigten, wollte man sie wie im Laboratorium wägen...

Bisher war natürlich keine Rede von einem Glauben ohne Beweise. Wir müssen uns hüten, die Art, wie ein Christ zuerst gewissen Sätzen zustimmt, zu verwechseln mit der Art, wie er später an ihnen festhält. Die beiden Dinge sind sorgfältig zu unterscheiden. Vom zweiten gilt in gewissem Sinne, daß Christen tatsächlich eine gewisse Geringschätzung scheinbarer Gegenbeweise empfehlen, und ich werde später versuchen, den Grund dafür zu erklären. Aber meines Wissens erwartet niemand, daß diesen Sätzen von Anfang an ohne Beweise oder gar trotz Gegenbeweisen zugestimmt werde. Und falls jemand dennoch dergleichen erwartet – ich tue es jedenfalls bestimmt nicht. Und wer das Christentum annimmt, glaubt dafür auch stets gute Gründe zu haben; sei es, wie Dante, *fisici e metafisici argomenti* oder historische Beweise oder die Evidenz religiöser Erfahrung oder eine Autorität oder all das miteinander. Denn Autorität ist selbstverständlich eine Art Beweis, wie immer wir sie in diesem oder jenem Falle auch einschätzen mögen. All unsere historischen Überzeugungen, die meisten unserer geographischen, viele, die Dinge unseres täglichen Lebens betreffen, übernehmen wir auf Grund der Autorität von Mitmenschen, seien wir nun Christen òder Atheisten, Wissenschaftler oder Laien. Ich habe nicht die Absicht, die Beweise, worauf die Christen ihren Glauben gründen, gleichgültig welcher Art, zu wägen. Das hieße, eine vollumfängliche Apologie schreiben. Hier brauche ich nur hervorzuheben, daß diese Beweise auch im schlimmsten Falle nicht zu schwach sein können, daß sie die Ansicht rechtfertigten, wer sich von ihnen überzeugen lasse, dem komme es auf Beweise überhaupt nicht an. Die Geschichte des Denkens scheint das ganz deutlich zu machen. Ja, wir wissen, daß nicht irgendein verhängnisvoller Mangel an Intelligenz oder eine widernatürliche Weigerung zu denken die Gläubigen von den Ungläubigen scheidet. Es hat unter ihnen geistesmächtige Persönlichkeiten gegeben. Es gibt unter ihnen Wissenschaftler. Wir mögen annehmen, sie hätten sich geirrt, aber wir müssen ihren Irrtum mindestens für begreiflich halten. Darauf ließe sich schon aus der Vielzahl und Mannigfaltigkeit der Gegenargumente schließen; denn nicht nur einen Einwand gibt es gegen die Religion – es gibt deren viele...

Selbstverständlich gibt es Zeitgenossen, denen die ganze Sachlage verändert scheint dank der Lehre von den verborgenen Wünschen. Sie sind zu dem Zugeständnis bereit, daß sich – im übrigen offenbar vernünftige – Menschen durch die Argumente zugunsten der Religion haben täuschen lassen. Aber sie bestehen darauf, daß diese zuvor durch ihr eigenes Verlangen getäuscht wurden und die Argumente erst nachträglich zur Befriedigung ihrer Vernunft gesucht hätten: daß diese Argumente an sich niemals auch nur einleuchtend seien, es aber schienen, weil ihnen insgeheim das Gewicht unserer Wünsche zufalle. Ich bezweifle nun keineswegs, daß so etwas vorkommt, wo über Religion nachgedacht wird, genau wie es auch bei andern Gegenständen vorkommt; doch als allgemeine Erklärung für religiöse Zustimmung scheint es mir ohne jeden Nutzen. In dieser Hinsicht kann unser Wünschen die eine oder die andere Seite begünstigen – oder beide zugleich. Die Annahme, jedermann sei zufrieden und nichts als zufrieden, wenn er schließen dürfe, das Christentum sei die Wahrheit, scheint mir ganz einfach albern. Wenn Freud mit seinem Oedipus-Komplex recht hat, dann muß der allgemeine Druck des Wunsches, Gott möge nicht existieren, ungeheuer und der Atheismus die wunderbare Befreiung eines der heftigsten unserer verdrängten Triebe sein. Dieses Argument könnte tatsächlich die theistische Seite für sich beanspruchen. Aber meine Absicht ist das nicht. Es hilft keiner Seite wirklich. Es ist peinlich ambivalent. Die Wünsche der Menschen zielen nach beiden Richtungen, und außer Wunscherfüllungen gibt es auch Angsterfüllungen; hypochondrische Naturen sind stets geneigt, das für wahr zu halten, wovon sie am meisten wünschen, es wäre falsch. Statt des einen Satzes, auf den sich unsere Gegner manchmal beschränken, gelten also in Wirklichkeit deren vier: es mag einer

Christ sein, weil er wünscht, das Christentum sei wahr. Er mag Atheist sein, weil er wünscht, der Atheismus sei wahr. Er mag Atheist sein, weil er wünscht, das Christentum wäre wahr. Er mag Christ sein, weil er wünscht, der Atheismus wäre wahr. Diese Möglichkeiten heben sich gegenseitig auf. Sie mögen von Nutzen sein, wo es gilt, einen besondern Fall von Glauben oder Unglauben zu analysieren und wo wir die Geschichte des Falles kennen; aber als allgemeine Erklärung des einen oder des andern taugen sie nicht. Ich glaube nicht, daß sie die Ansicht umstürzen können, es gebe Argumente für und wider die christlichen Lehren, welche ganz vernünftige und ehrlich sich mühende Geister verschieden bewerten.

Ich fordere Sie daher auf, das Bild, womit wir begonnen haben, durch ein anderes, weniger säuberliches zu ersetzen. Jenes zeigte, wie Sie sich erinnern, zwei verschiedene Arten von Menschen, die einander über einen Abgrund hinweg anstarren: Wissenschaftler, welche ihren Glauben der Beweiskraft anmessen, und Christen, welche das nicht tun. Das Bild, dem ich den Vorzug gebe, sieht folgendermaßen aus: in Fragen, die sie angehen, fliehen alle Menschen womöglich aus dem Bereich des Glaubens in jenen des Wissens, und wenn ihnen zu wissen gelingt, sagen sie nicht mehr, sie glaubten. Fragen, wofür sich Mathematiker interessieren, lassen eine besonders klare und strenge Technik der Behandlung zu. Jene der Naturwissenschaftler fordern eine eigene Technik – nicht ganz die gleiche –, jene der Historiker und der Richter wieder eine andere. Der Mathematiker beweist (so nehmen wenigstens wir Laien an) mit Vernunftschlüssen, der Wissenschaftler mit Experimenten, der Historiker mit Dokumenten, der Richter mit übereinstimmenden, beschworenen Zeugenaussagen. Aber all diese Menschen hegen als Menschen und in Fragen außerhalb ihres eigenen Faches zahlreiche Glaubensüberzeugungen, auf welche sie normalerweise nicht die Methoden ihres jeweiligen Faches anwenden. Täten sie es, sie brächten sich in den Verdacht der Krankhaftigkeit, ja des Irrsinns. Die Stärke dieser Überzeugungen reicht von beiläufiger Meinung bis zu vollständiger subjektiver Gewißheit. Beispiele für stärkste Überzeugungen sind eines Christen »ich glaube« und das »ich glaube kein Wort davon« eines Atheisten. Solche Kraft des Glaubens und Nicht-Glaubens hängt nicht notwendigerweise mit dem Gegenstand zusammen, über den die beiden uneins sind. Manche meinen mit Maßen, es gebe einen Gott oder auch keinen. Doch der Glaube oder Unglaube anderer ist von Zweifel frei. Und all diese Überzeugungen, ob stark oder schwach, beruhen nach dem Dafürhalten ihrer Anhänger auf Beweisen; die kraftvoll Glaubenden

254

oder Nicht-Glaubenden aber finden, sie hätten starke Beweise. Man braucht weder auf der einen noch auf der andern Seite krassen Unverstand anzunehmen. Zur Erklärung genügt die Annahme von Irrtum. Eine der beiden Seiten hat die Beweise falsch eingeschätzt. Und selbst dann kann der Fehler nicht offenkundig sein – sonst könnte die Auseinandersetzung nicht weitergehen.

Soviel darüber, wie Christen dazu kommen, gewissen Sätzen ihre Zustimmung zu geben. Jetzt aber haben wir etwas ganz anderes zu bedenken: ihre Anhänglichkeit an den Glauben, nachdem sie ihn einmal geformt haben. Erst hier gewinnt der Vorwurf der Unvernunft und des Widerstandes gegen Beweise wirkliche Bedeutung. Denn es muß sofort zugegeben werden, daß Christen eine solche Anhänglichkeit preisen, als wäre sie an sich schon verdienstlich – und in gewissem Sinne sogar um so verdienstlicher, je größer die scheinbar entgegenstehende Beweislast. Sie warnen einander, auf solche scheinbaren Gegenbeweise – solche »Glaubensprüfungen« oder »Versuchungen zu Zweifel« – gefaßt zu sein, und sie beschließen im voraus, ihnen zu widerstehen. Und freilich gleicht das empörend wenig jenem Verhalten, das wir alle von Wissenschaftlern und Historikern in ihrem eigenen Fach verlangen. Dort gilt es zugegebenermaßen als töricht und beschämend, auch nur den geringsten Beweis gegen eine Lieblingshypothese zu mißachten oder unter den Tisch zu wischen. Diese ist jeder Probe zu unterwerfen; jeden Zweifel gilt es herauszufordern. Aber eben: ich gebe nicht zu, daß eine Hypothese ein Glaubenssatz sei. Und wenn wir den Wissenschaftler nicht unter seinen Hypothesen im Laboratorium beobachten, sondern unter seinen Glaubensüberzeugungen im alltäglichen Leben, dann wird der Gegensatz zwischen ihm und dem Christen schwächer. Nehmen wir an, ein Zweifel an der Treue seiner Gattin schleiche sich zum erstenmal in das Gemüt des Wissenschaftlers; hält er es nun für seine Pflicht, diesen Zweifel sofort völlig unparteiisch einzulassen, sofort eine Reihe von Experimenten anzustellen, die seine Stichhaltigkeit erproben, und das Ergebnis mit reinstem Gleichmut abzuwarten? Ohne Zweifel kann es schließlich so weit kommen. Es gibt untreue Gattinnen und es gibt experimentierlustige Gatten. Aber ist es das Vorgehen, das ihm seine Mit-Wissenschaftler (mit einer einzigen Ausnahme) als ersten zu unternehmenden Schritt empfehlen würden und als den einzigen, der sich mit seiner Ehre als Wissenschaftler vertrage? Oder würden sie ihn nicht vielmehr mit uns eines moralischen Mankos bezichtigen, statt ihn für seine intellektuelle Tugend zu loben? Das soll lediglich davor warnen, den Unterschied zwischen der christlichen Hartnäckigkeit im Glauben und dem Verhalten normaler Leute in ihren nicht-theologischen Überzeugungen zu überschätzen. Es liegt mir fern zu behaupten, der soeben angenommene Fall laufe der christlichen Hartnäckigkeit genau parallel. Denn selbstverständlich mögen sich die Beweise für die Untreue der Frau häufen und schließlich einen Punkt erreichen, wo es vom Wissenschaftler erbärmlich töricht wäre, ihnen nicht zu glauben. Die Christen dagegen loben ein Festhalten am ursprünglichen Glauben, das gegen jede beliebige Beweislast standhält...

Wir glauben, daß es Gottes Absicht ist, zwischen ihm und uns eine gewisse persönliche Beziehung zu schaffen, eine Beziehung *sui generis* zwar, aber doch beschreibbar in den Ausdrücken kindlicher oder erotischer Liebe. Zu dieser Beziehung gehört unabdingbar vollkommenes Vertrauen – ein Vertrauen, das nirgends wachsen könnte, wo nicht auch Platz für Zweifel wäre. Lieben heißt, dem Geliebten über Beweise hinaus Vertrauen schenken, sogar gegen schwere Beweislast. Der ist nicht unser Freund, der an unsere guten Absichten nur dann glaubt, wenn sie ausgewiesen sind. Der ist nicht unser Freund, der Gegenbeweise nicht widerstrebend zur Kenntnis nimmt. Solches Vertrauen von Mensch zu Mensch wird ja auch fast allgemein als moralisch schön gepriesen und keineswegs als logischer Fehler getadelt; der Mißtrauische aber wird nicht um seiner glänzenden Logik willen bewundert, sondern als kleinlicher Charakter gerügt.

Wie man sieht, besteht keine wirkliche Parallele zwischen christlicher Hartnäckigkeit im Glauben und der Halsstarrigkeit eines schlechten Wissenschaftlers, der eine Hypothese festzuhalten sucht, obwohl die Beweise gegen sie sprechen. Ungläubige gelangen sehr verzeihlicherweise zu einer solchen Gleichsetzung, weil sie dem Christentum, wenn überhaupt, vor allem in apologetischen Werken begegnen. Und dort müssen Dasein und Güte Gottes selbstverständlich als spekulative Fragen unter andern erscheinen. Sie sind es auch, solange sie überhaupt Fragen sind. Sind sie aber einmal bejaht, dann entsteht eine völlig neue Situation. An Gottes – wenigstens an *dieses* Gottes Dasein glauben, heißt glauben: ich als Person stehe jetzt in der Gegenwart Gottes als einer Person. Was noch vor einem Augenblick bloße Meinungsschwankungen gewesen wären, sind jetzt Schwankungen in meiner persönlichen Haltung gegenüber einer Person. Ich stehe nicht mehr vor einem Argument, das meine Zustimmung verlangt, sondern vor einer Person, die mein Vertrauen fordert...

Pierre Teilhard de Chardin
Der Punkt Omega

... Seitdem der Mensch ins Dasein getreten ist, wird er sich selbst zum Schauspiel dargeboten. Seit Jahrtausenden betrachtet er tatsächlich nur sich selbst. Und dennoch steht er kaum am Beginn einer wissenschaftlichen Ansicht über seine Bedeutung innerhalb der Natur der Welt. Wundern wir uns nicht, daß dieses Erwachen so langsam vor sich geht! Oft ist nichts schwieriger wahrzunehmen, als was uns » in die Augen springen« sollte. Bedarf das Kind nicht einer Erziehung, um die Bilder zu scheiden, die sich seiner eben erst dem Licht geöffneten Netzhaut aufdrängen? Der Mensch bedurfte zur endgültigen Entdeckung des Menschen einer ganzen Reihe von »Sinnen«, deren stufenweise Erwerbung – wir werden es noch zeigen – sich mit der Geschichte der Geisteskämpfe deckt und ihre Epochen bestimmt.

Sinn für den in seiner Größe und seiner Kleinheit unermeßlichen Raum, dem es gelingt, in einem Bereich von unbestimmtem Ausmaß die Kreise der uns umdrängenden Dinge zu entwirren und voneinander zu trennen.

Sinn für die Tiefe der Zeit, der nicht ruht in der Bemühung, Ereignisse, die für unser Auge wie von einer Art von Schwere in eine dünne Schicht von Vergangenheit zusammengedrängt werden, über ungezählte Glieder hinweg und über unmeßbare Zeiträume zurückzuverlegen.

Sinn für die Zahl, der unbeirrbar die schwindelerregende Menge belebter und unbelebter Elemente aufdeckt und einschätzt, die bei der geringsten Veränderung des Universums beteiligt sind. Sinn für Proportion, der nach bestem Vermögen die Unterschiede in den Maßstäben erfaßt, die nach Ausdehnung und zeitlicher Bewegungsfolge das Atom vom Sternennebel und das unendlich Kleine vom unendlich Großen trennen.

Sinn für Qualität oder Neuheit, dem es gelingt, ohne die physische Einheit der Welt zu brechen, in der Natur absolute Stufen von Vollkommenheit und Wachstum zu unterscheiden.

Sinn für Bewegung, der fähig ist, den unwiderstehlichen Fortschritt zu entdecken, der sich hinter der langsamsten Entwicklung verbirgt – die äußerste Bewegtheit unter dem Schleier scheinbarer Ruhe – das völlige Neue, das sich mitten in die einförmige Wiederholung des Gleichen hineinstiehlt.

Und schließlich Sinn für das Organische, der aus dem Nebeneinander, das die Oberfläche darbietet, die natürlichen Zusammenhänge und die strukturelle Zusammengehörigkeit des Nacheinander und des Miteinander herausfindet.

Solange unser Blick die eben erwähnten Eigenschaften nicht besitzt, bleibt der Mensch, so sehr man auch bemüht ist, uns das Sehen zu lehren, das, was er noch immer in der Vorstellung so vieler ist: ein unverständliches Wesen in einer zusammenhangslosen Welt. – Schwindet dagegen in unserer Optik die dreifache Täuschung der Kleinheit, der Vielheit und der Bewegungslosigkeit, so rückt der Mensch mühelos auf den von uns angekündigten Platz im Mittelpunkt: als gegenwärtiger Gipfel einer Anthropogenese, die selbst Krönung einer Kosmogenese ist.

Der Mensch kann sich nicht vollständig schauen außerhalb der Menschheit, noch die Menschheit außerhalb des Lebens, noch das Leben außerhalb des Universums.

Daher egeben sich als Hauptpunkte für den Plan dieses Werkes: die Vorstufe des Lebens, das Leben, das Denken – drei Ereignisse, die ein und dieselbe Flugbahn in die Vergangenheit einzeichnen und für die Zukunft (das höhere Leben!) vorausbestimmen: die Kurve des Phänomens Mensch.

Ich wiederhole – des Phänomens.

Ich habe mich zu dieser Bezeichnung nicht zufällig entschlossen. Aus drei Gründen habe ich sie gewählt:

Erstens um zu betonen, daß der Mensch der Natur wahrhaft als eine Tatsache angehört und als solche (zumindest teilweise) den Ansprüchen und Methoden der Naturwissenschaft unterliegt.

Ferner um davon zu überzeugen, daß es unter allen Tatsachen, die sich unserer Kenntnis darbieten, keine gibt, die außerordentlicher und erhellender wäre.

Schließlich um mit allem Nachdruck auf den besonderen Charakter der vorliegenden Darstellung hinzuweisen.

Das einzige Ziel, die eigentliche Triebkraft, die mich auf allen folgenden Seiten lenkt, ist einfach, um es nochmals zu sagen, mein Wille zu *sehen*, mit anderen Worten, eine *homogene* und *zusammenhängende* Schau unserer den Menschen betreffenden Gesamterfahrung zu bieten. Ein Ganzes, das sich vor uns entfaltet.

Suche deshalb niemand hier eine Erklärung der letzten Dinge, eine Metaphysik! Und möge sich niemand über den Wirklichkeitsgehalt täuschen, den ich den verschiedenen Teilen des Films zubillige, den ich hier vorführe. Bei meinem Versuch, mir die Welt vor dem Entstehen des Lebens oder das Leben in der urweltlichen Epoche vorzustellen, vergesse ich nicht, daß es einen Widerspruch in der Weltordnung bedeuten würde, einen Menschen zum Zuschauer dieser der Erscheinung des Denkens auf Erden lang vorausgehenden Zeiten zu machen. Ich erhebe nicht den Anspruch, sie zu beschreiben, wie sie wirklich gewesen sind, sondern wie wir sie uns vorstellen müssen, damit die Welt in diesem Augenblick für uns wahr werde: die Vergangenheit nicht an sich, sondern wie sie einem Beobachter auf der Höhe jenes Gipfels erscheint, auf den uns die Entwicklung gestellt hat. Eine sichere und bescheidene Methode, die aber, wie wir noch sehen werden, genügt, um, dem Prinzip der Symmetrie folgend, überraschende Zukunftsbilder erstehen zu lassen.

Selbst auf diese mehr als bescheidenen Ausmaße reduziert, stellen die Anschauungen, die ich hier auszudrücken versuche, selbstverständlich nur persönliche Versuche in weitestem Sinne dar. Immerhin stützen sie sich auf eine nicht unbeträchtliche Forschungsarbeit und langjährige Überlegungen; sie können daher eine beispielhafte Idee davon geben, wie das Problem des Menschen sich heute der Wissenschaft darstellt.

Der Mensch als solcher, in der strengen Betrachtungsweise der Anthropologen und Rechtsgelehrten, ist ein ganz kleines, und sogar ein sich immer mehr verkleinerndes Ding. Verweilen wir zu sehr bei seiner Besonderheit, so daß das Ganze unseren Blicken entschwindet, so verführt das unseren Geist zur Zerstückelung der Natur, deren tiefe Zusammenhänge und unermeßliche Weiten er sich nicht bewußt macht. Das ist die *schlechte* anthropozentrische Betrachtungsweise. Daher auch die bei Männern der Wissenschaft noch fühlbare Abneigung, den Menschen als Studienobjekt anders zu nehmen denn als Körper.

Der Augenblick ist jedoch gekommen, wo man sich sagen muß, daß selbst eine positivistische Erklärung des Universums, wenn sie befriedigen soll, der Innenseite der Dinge ebenso wie ihrer Außenseite gerecht zu werden hat, – dem Geist ebenso wie der Materie. Die wahre Physik ist jene, der es eines Tages gelingen wird, den Menschen in seiner Ganzheit in ein zusammenhängendes Weltbild einzugliedern...

Das Universum – persönlich.

Im Gegensatz zu den »Primitiven« die allem, was sich bewegt, ein Gesicht geben – oder sogar zu den ältesten Griechen, die alle Eigenschaften und Kräfte der Natur vergöttlichen, ist der moderne Mensch von dem Verlangen besessen, das, was er am meisten bewundert, zu entpersönlichen (oder unpersönlich zu machen). Diese Tendenz hat zwei Gründe. Erstens: die Analyse – dieses wunderbare Instrument wissenschaftlicher Forschung, dem wir alle unsere Fortschritte verdanken, das aber Ganzheit um

Ganzheit auflöst und so eine Seele nach der anderen entweichen läßt, bis wir uns schließlich vor einem Haufen zerlegter Mechanismen und zergehender Teile befinden. – Zweitens: die Entdeckung der siderischen Welt, ein Objekt von so weiten Ausmaßen, daß zwischen unserem Sein und den Dimensionen des Kosmos um uns jedes Verhältnis aufgehoben erscheint. Eine einzige Realität scheint übrigzubleiben, fähig, dieses unendlich Kleine und enendlich Große hervorzubringen und zugleich zu sichern: die Energie, ein universelles, fließendes Sein, aus dem alles auftaucht, in dem alles untergeht wie in einem Ozean. Die Energie – der neue Geist. Die Energie – der neue Gott. Das Unpersönliche für das Omega der Welt wie für sein Alpha.

Unter dem Einfluß dieser Eindrücke haben wir beinahe die Wertschätzung für die Person und zugleich den Sinn für ihre wahre Natur verloren. Schließlich geben wir zu, es sei das Vorrecht des Elements, sich selbst als Mittelpunkt zu betrachten und »ich« sagen zu können – sein Vorrecht (oder vielmehr seine Schwäche), soweit es ihm gelingt, sich allem Übrigen gegenüber zu verschließen und sich selbst im Gegensatz zum All zu konstituieren. Wenn das »ego« hingegen zum Kollektiven und Universalen strebt, das heißt zur höchsten Realität und Dauerhaftigkeit dieser Welt, dann nimmt es angeblich ständig ab und hebt sich auf. Die Persönlichkeit wäre demnach eine spezifisch körperhafte und vergängliche Eigenschaft – ein Gefängnis, aus dem man entweichen muß…

Mehr oder weniger sind wir heute in geistiger Hinsicht so weit gekommen.

Wenn man jedoch, wie ich es in dieser Abhandlung versuche, die Logik und den Zusammenhang der Tatsachen bis ans Ende verfolgt – führen uns die Begriffe Raum-Zeit und Evolution nicht konsequent zu einer durchaus gegensätzlichen Auffassungsweise?

Wir haben uns die Erkenntnis zu eigen gemacht, daß die Evolution ein Aufstieg zum Bewußtsein ist. Das bestreiten nicht einmal die höchst materialistisch oder zumindest agnostizistisch Denkenden, die sich mit Menschheitsfragen befassen. Die Evolution muß am Ende in irgendeinem höchsten Bewußtsein gipfeln. Muß aber dieses Bewußtsein, eben um das höchste zu sein, nicht das Höchstmaß dessen haben, was die Vollendung des unseren ausmacht: die erhellende Rückstrahlung eines Wesens auf sich selbst? Die Kurve der Menschwerdung in Zersplitterung auslaufen zu lassen, ist offenbarer Irrtum! Es kann einzig und allein eine Super-Reflexion, d. h. eine Super-Personalisation sein, wohin eine Extrapolation des Denkens zu führen vermag. Wie könnte es sonst unsere Errungenschaften bewahren, die alle im Bereich der Reflexion liegen? Zuerst weichen wir vor einer Vereinigung des Ego mit dem All überrascht zurück. Die Disproportion zwischen den beiden Begriffen scheint uns handgreiflich – fast komisch. Das kommt daher, weil wir die dreifache Eigenschaft jedes Bewußtseins nicht genug bedacht haben: 1. alles nacheinander um sich selbst zu zentrieren, 2. sich *immer mehr* in sich selbst zu zentrieren und 3. eben durch diese Überzentrierung *in Verbindung mit allen anderen Zentren* zu treten, die es umgeben. Erleben wir nicht in jedem Augenblick ein Universum, dessen überwältigendes Maß, dank der Funktion unserer Sinne und unserer Vernunft sich in jedem von uns immer einfacher zusammenfaßt? Die Wissenschaft und die philosophischen Strömungen sind heute bemüht, eine kollektive menschliche »Weltanschauung« aufzubauen, an der jeder von uns mitwirkt und teilnimmt. Erkennen wir darin nicht die ersten Anzeichen einer Vereinigung auf noch höherer Stufe, der Entstehung eines einzigen Brennpunkts aus den konvergenten Strahlen von Millionen elementarer Brennpunkte, die auf der Oberfläche der denkenden Erde verstreut sind?

Alle unsere Bedenken und Widerstände, die den Gegensatz zwischen dem Universum und der Person betreffen, würden sich verlieren, sobald wir begreifen würden, daß die Noosphäre und im weiteren Sinne die Welt strukturell nicht nur eine geschlossene, sondern eine *zentrierte* Gesamtheit darstellen. Weil die Raum-Zeit das Bewußtsein enthält und hervorbringt, ist sie notwendigerweise *konvergenter Natur.* Daher müssen sich ihre Schichten, so unendlich sie sich auch ausbreiten, wenn wir ihnen in der entsprechenden Richtung nachgeben, irgendwo auch wieder zusammenfalten, in einem Punkt vor uns – nennen wir ihn *Omega* –, der sie in sich verschmilzt und zur Gänze aufnimmt. – Wie unermeßlich der Umkreis der Welt auch sein mag, so ist er schließlich doch nur dort vorhanden und faßbar, wo sich seine Strahlen zusammenschließen (geschähe dies auch jenseits von Zeit und Raum). Ja, noch mehr: je unermeßlicher er ist, um so reicher, um so tiefer und folglich um so bewußter kündigt sich der Punkt an, in dem sich das von ihm umfaßte »Seins-Volumen« konzentriert: – da ja der Geist, von uns aus gesehen, wesentlich Kraft der Synthese und der Organisation ist.

Unter diesem Gesichtspunkt nimmt das Universum deutlich Gestalt an, ohne etwas von seiner Enormität zu verlieren und ohne anthropomorph zu werden – da wir nun einmal, um es zu unserer Vorstellung, zu unserem Schicksal und zu unserer Tat zu machen, nicht in Gegenrichtung, sondern *über* unsere Seele

261

hinaus blicken müssen. In der Perspektive einer Noogenese werden Zeit und Raum wirklich menschlich – oder vielmehr übermenschlich. Das Universelle und das Persönliche (das heißt »Zentrierte«) schließen einander keineswegs aus, sondern sie schreiten in derselben Richtung fort und erreichen zugleich miteinander ihren Höhepunkt.

Irrtum ist es also, die Ausläufe unseres Wesens und der Noosphäre im Unpersönlichen zu suchen. Das Universell-Zukünftige kann nur ein Überpersönliches sein – im Punkt Omega

… Das moderne Denken ließ sich vom Reiz der Analyse so weit verführen, daß es schließlich auf Irrwege geriet; jetzt gewöhnt es sich endlich wieder daran, auf die evolutionistisch-schöpferische Funktion der Synthese zu achten. Es beginnt zu sehen, daß das Molekül sicher *mehr* enthält als das Atom, die Zelle *mehr* als die Moleküle, das Soziale *mehr* als das Individuelle, die mathematische Konstruktion *mehr* als Berechnungen und Theoreme. … Auf jeder höheren Kombinationsstufe – dies geben wir heute meistens zu – *strebt etwas,* das nicht auf isolierte Elemente zurückgeführt werden kann, zu einer neuen Ordnung *auf;* infolgedessen sind Bewußtsein, Leben, Denken fast dabei, ein wissenschaftliches Recht auf Existenz zu erlangen. Doch die Wissenschaft ist noch weit davon entfernt, diesem »Etwas« einen besonderen Unabhängigkeits- und Festigkeitswert zuzubilligen: nach ihrer Ansicht sind diese »Geschöpfe der Synthese« durch ein unglaubliches Zusammentreffen von Glückszufällen auf einem unsicher zusammengefügten Bau entstanden; ihr Erscheinen hat keinerlei neue meßbare Energie geschaffen. Daher sind sie, naturwissenschaftlich betrachtet, zwar das schönste, aber auch das gebrechlichste von allen Dingen. Wie könnten sie der ephemeren Vereinigung der Teilchen, auf denen ihre Seele sich eben niederließ, vorausgehen oder sie überleben? So blicken schließlich Physik und Biologie bei ihrem Suchen nach dem Ewigen und dem letzten Beständigen trotz einer halben Bekehrung zum Geistigen doch noch immer nach dem Elementaren und in der Richtung der unbegrenzt zersetzbaren Materie …

Wenn nicht ein Pol von höchster Anziehungskraft und Beständigkeit über dem ichbewußten Leben leuchtete, so gäbe es keine Fortsetzung und keinen Fortschritt weder im Bereich des individuellen Handelns, das nur durch die Hoffnung auf Vergänglichkeit einen Impuls empfangen kann, noch in dem der kollektiven Anziehungskräfte, die sich ohne die Einwirkung siegreicher Liebe nicht verbinden könnten. Weder individuell noch in der Gemeinschaft könnte sich das Gefüge der Noosphäre anders schließen als unter dem Einfluß eines Zentrums Omega.

Die allseitige Anwendung der empirischen Entwicklungsgesetze auf den Menschen führte uns logisch zu diesem Postulat.

Doch wer sieht nicht in diesem auf ersten Anhieb ganz theoretischen Schluß die mögliche oder sogar wahrscheinliche Rückwirkung auf die Erfahrung?

Wenn Omega nur der ferne und ideale Brennpunkt wäre, dessen Bestimmung es ist, am Ende der Zeiten aus der Konvergenz der irdischen Bewußtseinselemente aufzutauchen, so könnte ihn nichts vor dem Eintritt dieser Konvergenz unserem Blick enthüllen. Zur Stunde, zu der wir leben, wäre keine andere Energie persönlicher Natur auf der Erde erkennbar als die, welche von der Summe der menschlichen Personen gebildet wird.

Wenn Omega hingegen, wie wir angenommen haben, schon gegenwärtig existent ist und im Tiefsten der denkenden Masse wirkt, dann ist es wohl unvermeidlich, daß sich seine Existenz schon jetzt unserer Beobachtung durch gewisse Anzeichen zu erkennen gibt. Um die Evolution in den unteren Stadien anzuregen, konnte der bewußte Pol der Welt natürlich nur biologisch verhüllt in unpersönlicher Form wirken. Jetzt aber ist es ihm möglich, auf die denkenden Wesen, die wir geworden sind, von Zentrum zu Zentren zu strahlen – *auf persönliche Weise*. Wäre es wahrscheinlich, daß er dies unterließe? ...

Entweder die ganze hier vorgeführte Weltkonstruktion ist leeres Ideengespinst, oder aber irgendwo um uns muß in dieser oder jener Form ein Überschuß an persönlicher, außermenschlicher Energie erkennbar sein und seine große Gegenwart ankündigen ... wenn wir nur recht zu schauen wissen.

Hier enthüllt sich die Wichtigkeit des Phänomens des Christentums für die Wissenschaft.

Das Phänomen des Christentums. Am Ende einer Studie über das Phänomen Mensch ist dieser Ausdruck nicht zufällig oder einfacher Wortsymmetrie wegen gewählt. Er soll vielmehr eindeutig den Geist bezeichnen, in dem ich sprechen will.

Ich lebe im Herzen des Christentums, und man könnte mich verdächtigen, ich wolle hier sophistisch eine Apologie einführen. Doch soweit ein Mensch in seinem Innern verschiedene Ebenen der Erkenntnis voneinander trennen kann, spricht auch hier noch und verlangt Gehör nicht der überzeugte Gläubige, sondern der Naturforscher.

Die Tatsache des Christentums steht vor uns. Sie hat ihren Platz unter den anderen Realitäten der Welt ...

François Mauriac
Der Stein des Anstoßes

Oft im Leben wurde ich als ein Heuchler bezeichnet ... So will ich denn ein offener Spieler sein und es dem Gegner der Rechten und der Linken eingestehen: Ja, das ist der richtige Ausgangspunkt. Es ist die Frage, die jeder Glaubende, welches auch sein Glaube sein mag, sich zu stellen die Pflicht hat: Bin ich ein Betrüger? Steh ich mit meinem ganzen Herzen und meinem ganzen Geist zum Credo, das ich bekenne, oder habe ich mich aus Gewohnheit dazu geschlagen, weil ich darin geboren wurde, um der Vorteile willen, die ich daraus ziehe, oder für meine Bequemlichkeit? Jeder Christ, welchen Bekenntnisses auch immer, hat sich diese Gewissensfrage zu stellen, aber auch die Politiker jeder Obödienz und sonderlich die Kommunisten und noch mehr diese Art von schüchternen und vorsichtigen, in ihren Berechnungen verlorenen Proselyten, die man Kommunistenfreundliche nennt.

Es gibt mancherlei Stufen des Betrugs. Die grobe List des bei Orgon eingenisteten Tartuffe ist die eines Gauners, dessen Geschichte ohne jede Bedeutung bliebe, wäre da nicht eben Orgons Gestalt. Ist dieser, als ein echter Frommer, nicht auch ein richtiger Heuchler in dem Maß, als er die Lehre verbiegt, verfälscht, erniedrigt und entwürdigt, der er anzuhangen behauptet und an die er glaubt mit geschlossenen Augen? Molière, ein phantastischer unbewußter Tartuffe, triumphiert mit Leichtigkeit über seine Ankläger, denn der Held seines Stückes ist so offenkundig verworfen, daß er mit einem wahren Christen nicht zu verwechseln ist. Aber Orgon? Der alberne und blindwütende Orgon, der die gesamte Welt seinem geistlichen Komfort und seinen schwachsinnigen Schrullen zu opfern imstande wäre? Ist nicht er ein echter Frommer? Hier liegt die ganze Frage: Was überlebt von Orgon in dem Christen, der wir sind?

Und immer ist es Orgon, auf den der Gegner des Christen loshackt. Selten begegnet bei ihm eine Untersuchung und Verurteilung der evangelischen Botschaft, fast immer die Untersuchung und Verurteilung des Gebrauches, den jene von ihr machen, die ihr anzuhängen vorgeben. Das Entscheidende liegt hier: der Gegner kann gleichzeitig im Unrecht sein mit seiner Wette, daß Gott nicht ist, und ins Schwarze treffen, wenn er die niederen Gründe entlarvt und anprangert, um deretwillen wir an Gott glauben. Ob Jesus der Sohn Gottes ist oder nicht, ändert nichts an der Mickerigkeit der Motive, die den Großteil der Christen bewegt, die Formeln der Kirche nachzuplappern und sich ihren Maßnahmen zu unterwerfen.

264

Aber die Niedrigkeit der Beweggründe, die die Christen bei ihrer Wahl bestimmen, ist auch kein Einwand gegen die christliche Auffassung von Leben. Wenn ihr bewiesen habt, daß der Mensch sich zugunsten Gottes ausleert, sein eigenes Gewissen vor sich her ins Absolute entwirft, sich davor weinend hinkniet und an die Brust schlägt, wenn ihr uns den Auswurf der Menschheit gezeigt habt, wie er sich gefräßig über diesen Gott hermacht, der sich ihr zur Speise gegeben, und all die geschlechtlichen Verdrängungen, und diese sämtlichen Abfälle, die die Flut des Lebens auf einem vom Nichts zerfressenen Strand zurückläßt, die dem unendlichen Wesen ihren kranken Leib und ihre vor Hunger verendende Seele hinhalten, von der die Welt nichts mehr will (unser Gott als der Arme, der sich von Resten ernährt ...), wenn wir euch zugestanden haben, daß von Maistre und Bonald bis Bourget und Maurras ein ganzes Geschlecht von Geistern Karl Marx sein stärkstes Argument geliefert hat, daß sie mit den Freigeistern der Restauration, der Julimonarchie und des zweiten Kaiserreichs aus dem Katholizismus ein Opium zu gewinnen versuchten, das fähig wäre, das Volk wenn nicht in Schlaf zu senken, so doch angenehm einzulullen und unterzukriegen, wenn ihr mir – in der Größenordnung des Grotesken – diese wohlversicherte Bürgerlichkeit des letzten Jahrhunderts gezeigt habt, die all ihre Papiere in Ordnung hielt für eine ewige Erste Klasse, oder jene frischkonvertierten Literaten, die mit einer Art von methodischer Gier die unerschöpflichen Schichtungen des Aberglaubens und schlechten Geschmacks der Gläubigen ausfindig machen: wenn wir euch das alles eingeräumt haben, dann war dies noch kein entscheidendes, nicht einmal ein wichtiges Zugeständnis.

Was beweist schon jene Niedrigkeit der die Wahl der Christen entscheidenden Beweggründe gegen den Inhalt des christlichen Glaubens? Ich untersuche nicht, ob mehr Stärke und Mut ist in einem Nietzsche, der auf den Tod Gottes wettet, als in einem Pascal, der es aushält, zur kleinen Schar der Erwählten zu gehören inmitten einer in der Überzahl der ewigen Verzweiflung überantworteten Menschheit. Die gestellte Frage bleibt trotzdem ohne Antwort. Diese Lehre voll großartigster Spannung, von den Theologen in Pillenform abgezogen und über die ganze Welt hin Kindern im Katechismus zwangsmäßig verabreicht, welche sie alsbald wieder erbrechen: wäre sie seit der Menschwerdung des Sohnes nur durch ein paar verborgene Heilige und unbekannte Helden dargelebt worden, wäre sogar, um den Gedankengang bis zum Sinnlosen vorzutreiben, von Weltbeginn an kein anderer Anbeter des Vaters im Geist und in der Wahrheit gewesen als der

Sohn Gottes, der zum Menschensohn wurde, so wäre damit an dem Satz, daß der Vater im Himmel ist, und der Sohn einer von uns war und uns geliebt hat, nichts verändert – »dieser Gott, der uns mit unendlicher Liebe geliebt hat« – und er wäre durch Verleugnung nicht aus der Welt geschafft.

Das »Gott ist tot« Zarathustras setzt einen Satz gegen einen andern Satz. Was auch uns, die wir im Glauben verblieben, unfaßlich scheint, das sind die seltsamen Beweggründe, die die meisten Leute bestimmen, sich vom Einzigen abzukehren, der über sich selber ausgesagt hat, er sei die Wahrheit, die in diese Welt kam, und sich gegen sein Zerrbild zu ereifern, gegen alles, was ihn schändet und verrät, unter dem Vorwand, ihm zu dienen. Die erhabenen Gründe, um deretwillen wir an ihn glauben dürfen, werden nicht entkräftet, nicht einmal berührt durch die Kritik dieser Leute gegen unsere mittelmäßigen oder unaussprechlichen Motive. Gründe jeglicher Ordnungen und von denen nicht jeder für die gleichen Geister gilt. Gründe, die vielleicht durchschlagend sind, wenn sich in ihnen ein Eindruck mit einem bestimmten Temperament vermählt, vornehmlich bei Künstlern. Was mich zum Beispiel betrifft, so hat dies immer auf meine Einbildungskraft, vielleicht auf mein Denken eingewirkt: das Erscheinen des Lebens, aufquellend aus dem ewigen Stoff an einer umrissenen Stelle der Zeit und des Raumes, und seine Entwicklung von der Urzelle bis zu diesem Gesicht auf der Lichtspielleinwand meines Quartiers, bis zu diesem Kinderblick, der sich zu mir aufschlägt, bis zu diesem Larghetto von Mozart, zu dieser Ellipse Rimbauds. An diesem Weltgeheimnis vorbeizugehen, scheint mir ebenso unfolgerichtig, als es der Schiffbrüchige wäre, wenn er ungerührt auf dem Sand den Abdruck eines Menschenfußes erblickte. Aber das wäre noch nichts. Mit welcher Leichtfertigkeit liquidieren unsere Zeitgenossen das »Faktum Christi«, beschließen sie, es nicht zur Kenntnis zu nehmen, entledigen sich seiner ohne Prüfung, indem sie (außer den Fachleuten der historischen Kritik) die Frage als gelöst voraussetzen, und lassen hinter sich dieses aufgerichtete Kreuz!

Man verstehe mich wohl: nicht daß sie daran nicht glauben können, erstaunt mich, denn dieses Kreuz ist ja unvernünftig und unglaubhaft. Nichts kam mir je so lächerlich vor wie dieses verächtliche Mitleid gewisser Frommer für die Atheisten, als gäbe es nichts Simpleres auf der Welt als die Annahme der Existenz eines unendlichen Wesens: daß da jemand sei, mit dem man spricht, der uns anhört und den wir essen und trinken können unter den Gestalten von Brot und Wein. Am Ungläubigen aber wird mir zum Ärgernis diese Weigerung, auch nur eine Hypothese zu prüfen, die Sicherheit im Verwerfen, die mehr oder minder bewußte Hinterlist, um nicht wenigstens andeutungsweise zu sehen, was der Aufputz à l'italienne der alten Mutter Kirche verbirgt, um alles in den Wind zu schlagen, was durch die Jahrhunderte hin von den Mystikern erahnt oder angerührt wurde (wie schon Johannes schrieb: »Was unsere Augen gesehen, unsere Ohren gehört, unsere Hände betastet haben vom Worte des Lebens«). Zum Ärgernis wird mir, daß sie sich niemals fragen: »Und wenn es wahr wäre, trotz allem?«, mit dem gleichen Tonfall, wie wir uns selber zur Stunde der Verwirrung und des Zweifels die Frage stellen: »Und wenn es nicht wahr wäre?« Sie wollen nicht gestehen, daß sie das Hindernis umgangen haben, ohne es zu bewältigen. Und sie sollen uns den Ball nicht zurückwerfen, denn wir andern haben niemals behauptet, ihnen ihr eigenes Hindernis bewältigen zu können, das sie vor uns aufrichten und das unser Glaube unerschrocken überfliegt. »Unmöglich, daß Gott sei«; wir verstehen, was das bedeutet.

»Unmöglich, daß Gott sei, unmöglich, daß Gott nicht sei.« Beide müßten wir einräumen, daß wir gleicherweise Unfolgerichtige oder Glaubende sind, daß wir gleicherweise aus persönlichen Gründen wetten, die nur von den uns verwandten Geistern als durchschlagend erfunden werden können, daß wir einer Evidenz uns beugen, die dem Gegner nicht mitteilbar ist. Gründen verschiedenster Herkunft und für deren einige der unsern ich zugab, daß sie armselig genug sind. Aber es gibt andere, es gibt einen andern, der den Widerreden und dem Beweisgang entgeht, und der in drei Worten gesagt ist, aus dem bereits angeführten ersten Johannesbrief: »Gott ist Liebe.«

Mehr als irgendein Text sollte dieser Brief einem Glaubenslosen das Geheimnis des persönlichen Glaubens nahebringen, diese unverwechselbare Beziehung eines Geschöpfes zu seinem Schöpfer. Die Unze Echtheit, die das mittelmäßigste Christenleben enthalten kann, führt sich zurück auf diese Unze Liebe. Eines Heiligen Leben ist ein Leben der Liebe – gar einer Liebe, die stark genug wäre, ihren Gegenstand zu erfinden? Um die Mitte eines Mythos zu kristallisieren? Aber schon weicht der Gegner dem Zeugnis aus, dem beinah als einziger Bergson ins Antlitz zu schauen wagte, demjenigen der großen Mystiker nämlich, deren Zahl, Rang und ununterbrochene Kette die Prüfung derer verdiente, die ihre Bücher nie aufzuschlagen geruhten: Nietzsche, der den Tod Gottes ausruft, weigert sich, die Aussagen der Gotteszeugen mitanzuhören. Er weist sie von sich, wie jenen katholisch gewordenen Freund, dem er abschwor und den er nie wiedersah. Die lebendige Liebesflamme wird von der Unzahl mittelmäßiger Christen verhüllt, sie stellen sich zwischen sie und die Menschen, deren Lebensumstände und eigene Veranlagung sie von dieser Flamme fernhalten – und ich stehe nicht an, unter dieser Menge an erster Stelle die sogenannten katholischen Schriftsteller zu erwähnen, die davon leben, woran sie sterben sollten. Aber gemach: ich will nicht der billigen Versuchung erliegen, meinen Brüdern, mir selbst die Last aufzubürden. Die schlimmsten Pharisäer finden sich in der Nachkommenschaft Léon Bloys, sie sind seine zu Rotgeld geschlagene Münze.

Diese Gerechtigkeit müssen wir dem Feind widerfahren lassen: selten kehrt er die Waffe gegen uns zurück, die wir ihm liefern; er nützt den Vorteil wenig, uns ohne weitere Erklärung vor das Kreuz zu stellen, das wir unbedacht genug sind, für uns in Beschlag zu nehmen. Hätte ich mein Leben nochmals anzufangen, ich würde ebenso besorgt sein, meinen christlichen Glauben zu verbergen, als ich Mühe darauf verwandte, ihn als Krawattenperle zu zeigen. In ein Dasein wie die Heiden es leben, ganz dem Geschäft, dem Erfolg oder, auf einer höheren Ebene, der Fiktion, der literarischen Erfindung, den Spielen des Geistes, den feineren Zerstreuungen hingegeben, kann die Religion offenbar nur als ein angenehmer Zierat Eingang finden, als eine Art, sich abzusondern, als ein Ruheplätzchen, ein Stillstehn, um wieder zu Atem zu kommen, ein bequemer Trog, an dem man sich von Zeit zu Zeit des Kotes entledigt, den eine in die Welt ausgegossene Seele an einem einzigen Parisertag ansammelt. Man schaudert beim Gedanken, daß vom ganzen Dasein eines Mannes, der vorgab, dem Mammon und Gott zu dienen, vielleicht gar nichts im christlichen Sinne Echtes übrigbleibt: die Gefühle der Andacht, die er zu kosten vermeinte, der Eindruck des Friedens nach einer Kommunion, jenes übernatürliche Schweigen, sogar Tränen der Freude: vielleicht war all das in Gottes Augen nicht mehr wert als die weltlichen Lustbarkeiten, aus denen wir unser Geschick zu weben bedacht waren seit dem Tag, da wir zu bewußtem Leben erwachten. In der Scham getaner Sünde, im Ekel einer gesättigten Kreatur, die ihre eigene Verworfenheit ermißt: in solchen Minuten allein mochten sie sich in der geforderten Verfassung befinden: es sind die Augenblicke, da der Herr auf den Bettler zu seinen Füßen schaut, auf den Gelähmten, den man vor ihn niederläßt; hören wir den Tiefsinn des Herrenwortes aus der »Nachfolge Christi«: »Wenn ihr meint, fern von mir zu sein, dann oft bin ich am nächsten.«

Alle klugen Überlegungen vermögen nichts gegen die Gewißheit, daß der Sohn in klaren und nachdrücklichen Worten sich von jenen abwendet, die ihm »Herr! Herr!« zurufen, ohne seinen

Willen zu tun: den Willen, daß wir gekreuzigt seien mit ihm. Es ist eine Gewißheit, die uns der Verzweiflung überantworten könnte, wäre nicht jeder gekreuzigter, als er es selber weiß. Suche in jedem Menschen das Kreuz, das das Maß seines Schicksals hat, du wirst es schließlich immer finden. In jedem von uns wächst ein Kreuz zusammen mit uns selber, und gerettet sein heißt, willig oder nicht, sich darauf hinstrecken, bevor unser letzter Seufzer erstarb.

Nikolai Berdjajew
Unfromme Betrachtung

Es gibt zwei Krisen: die Krise der nichtchristlichen und antichristlichen Welt und die Krise der christlichen Welt, die dem Christentum selbst innewohnende Krise, welche tiefer als die erste reicht. Alles, was in der Welt geschieht und uns den Eindruck von etwas Äußerlichem, wahrhaft grob Materiellem vermittelt, hat einen inneren, geistigen Quell. In gewissem Sinn läßt sich sagen, daß das Christentum (wir meinen das historische Christentum) seinem Ende nahe ist, und daß wir unsere Wiedergeburt nur noch von der Religion des Heiligen Geistes erwarten können, die zugleich Wiedergeburt und Vollendung des Christentums sein wird. Die Schwäche des Christentums inmitten dieser an Bewegungen überreichen und von dynamischen, oft dämonischen Kräften erfüllten Welt ist nichts anderes als die Schwäche des historischen Christentums; sie kündigt den Übergang zum eschatologischen, in die zukünftige Welt weisenden Christentum an. Dieses eschatologische Christentum wird die Religion des Geistes und der Dreieinigkeit sein, sie wird alle Versprechungen, Hoffnungen und Erwartungen erfüllen. *Wir leben in einer Art Zwischenzeit*, und das macht die Qual unserer Epoche aus. Die Welt geht durch eine Phase der Entwicklung hindurch, in der sie sich von Gott verlassen fühlt. Dieses *Verlassensein der Welt* und des Menschen von Gott ist ein schwer zu begreifendes Geheimnis, das man nicht rationalisieren darf. Es ist ein geheimnisvolles Geschehen, das sich an der überlieferten Lehre von der göttlichen Vorsehung stößt. Die Krise des christlichen Bewußtseins ist eine tiefe Krise, die sich auf die Vorstellung selbst von Gott und die Art, die Offenbarung zu begreifen, erstreckt. Die Christen haben viel zu lernen und müssen eine wirksame Lehre aus den antichristlichen Bewegungen und sogar aus dem Atheismus ziehen, denn gerade in diesen Bewegungen spürt man den Atem des Geistes. Das, was sich im leidenden Menschen gegen Gott im Namen des Menschen erhebt, ist nichts anderes als der Aufstand des wahren

Gottes selbst. Der Aufstand gegen Gott kann nur im Namen Gottes selbst erfolgen, im Namen einer Idee, die höher ist als Gott. In den meisten Fällen setzt der Aufstand gegen Gott, der moralische Aufstand vor allem, die Existenz Gottes voraus. In Wahrheit gibt es keine Atheisten, gibt es nur Götzendiener. Wenn der Atheismus von einem tiefen, durch Leiden erzeugten Gefühl diktiert wird, statt oberflächlich und fröhlich oder böse und haßerfüllt zu sein, dann stellt er eine Bestätigung Gottes dar. Die Trennung von Gott macht die Welt drückend, was nach Franz von Baader soviel wie Abwesenheit Gottes bedeutet. Nun, die Welt von heute ist gleichzeitig bleiern schwer und völlig im Fluß, wobei die Schwere und der Mangel an Festigkeit eng miteinander verbunden sind. Nichts Traurigeres gibt es als das Schicksal des Christentums, dieser Religion der Erlösung und der Auferstehung. Die Vorstellung selbst von Gott und der göttlichen Vorsehung ist entstellt worden; man nahm Gott gegenüber eine knechtische Haltung ein und betete an seiner Stelle ein Idol an; man machte sich eine falsche Vorstellung von den Beziehungen zwischen Gott und dem menschlichen Schicksal und einen mangelhaften Begriff von den Beziehungen zwischen dem Christentum und dem Reiche des Kaisers, zwischen der Kirche und dem Staat. Die Auffassung vom Christentum und der Erlösung bekam einen erniedrigenden, juridischen Charakter, der das religiöse Leben in einer Art gerichtlichen Prozeß verwandelte. Man machte den Empfang der Offenbarung von der historischen Umwelt abhängig, die ebensosehr nach der guten wie nach der bösen Seite Veränderungen unterworfen ist.

Bis heute besitzen wir noch keine Kritik der Offenbarung als Gegenstück zu Kants Kritik der reinen und praktischen Vernunft. Gegenstand dieser Kritik wäre es, den *Anteil des Menschen an der Offenbarung* herauszuarbeiten. Die Offenbarung hat in der Tat zwei Seiten: sie ist zugleich göttlich und menschlich. Es gibt den einen, der sich offenbart, und den anderen, dem geoffenbart wird. Gott offenbart sich keinem Stein oder Baum; oder vielmehr: sogar ein Stein, ein Baum reagieren in elementarer Weise auf das Wirken höherer Kräfte; und noch mehr trifft das auf das Tier zu. Die Offenbarung nimmt eine verschiedene Färbung an, je nach dem Zustand des menschlichen Bewußtseins und den Anlagen, die dem menschlichen Dasein die Richtung weisen. Man möchte meinen, daß das Verhältnis zur Offenbarung ein gewisses Apriori in sich trägt. Würde die Minderwertigkeit des Menschen nicht durch eine gewisse Hoheit ausgeglichen, wäre er nie zur Vorstellung von Gott gelangt und niemals imstande gewesen, die Offenbarung Gottes zu empfangen. Nicht nur die Idee, die sich der färbt, man kann das gleiche auch von der Offenbarung sagen. Es ist wahr, daß der Mensch sich Gott nach seinem Bilde schafft, wie er einst die Götter geschaffen hat. Das Wichtigste aber ist, daß dieses Bild dem Bilde Gottes so nahe wie möglich kommt. Man sieht sich einer auf zwei Elemente beruhenden Dialektik gegenüber, und nicht etwa nur der Einwirkung des einen der beiden Elemente auf das andere von oben nach unten. Der Mensch hat Gott nach seinem Bilde und Gleichnis geschaffen, d.h. gut oder böse, grausam oder barmherzig, gewalttätig oder befreiend usw.. Menschen, Gruppen von Menschen und ganze Völker haben das Christentum, wie alle Religionen, ihrem Niveau entsprechend angenommen, es zum Ausdruck ihrer Wünsche gemacht und ihm den Stempel ihres eigenen beschränkten und endlichen Charakters aufgedrückt. Es war das ein guter Vorwand, um die Existenz Gottes sogar zu leugnen. Es gibt eine anthropomorphe Vorstellung, die darin besteht, Gott nicht etwa Eigenschaften der Menschlichkeit, des Mitleids, des Verlangens nach gegenseitiger Liebe, sondern im Gegenteil einen unmenschlichen, grausamen Charakter und Herrschsucht zuzusprechen. Nicht nur die Natur des *Menschen* offenbart sich in der wahren Menschlichkeit, sondern auch Gott selbst. Man hat auf Gott die sozialen Kategorien der Herrschaft und der Macht ausgedehnt und damit eine schlechte soziomorphe Betrachtungsweise angewandt; denn in Wahrheit ist Gott weder Herr noch Gebieter. Ebenso ist es eine schlechte kosmomorphe Betrachtungsweise, wenn man den Begriff der Kraft auf Gott anwendet. Wir nennen das eine schlechte kosmomorphe Auffassung, weil sie auf Gott, wenn er eine Kraft ist, keineswegs im naturalistischen Sinn des Wortes zutrifft. Mit Gott einen Kult treiben, als sei er eine Kraft, ist im Grunde Götzendienst. Ebensowenig ist Gott Sein; denn ihn so verstehen, hieße auf ihn eine Kategorie des abstrakten Denkens anwenden. Gott ist das darüberseiende Nicht-Sein. Gott ist das Existierende und nicht das Sein. Er ist Geist, aber er ist nicht Sein. Die Vorstellung von Gott als Geist, der eine konkrete Existenz hat, ist das Ergebnis einer tiefen geistigen Erfahrung und nicht einer natürlichen und sozialen, endlichen und objektivierten, die an die Gottesvorstellung den Maßstab einer schlechten kosmozentrischen und soziozentrischen Betrachtungsweise legt. Man darf niemals die Tatsache außer acht lassen, daß im Unterbewußtsein selbst des modernsten Menschen die Seele der Ahnen schlummert, deren Reihe bis auf die ältesten Zeiten zurückführt. Welches also waren die Glaubensvorstellungen dieser primitiven Seele, Vorstellungen, über die nur wenige Auserwählte sich zu erheben vermochten?

Die Seele des antiken Menschen steckte tief in der Magie. Mit Hilfe der Magie hatte sie versucht, gegen die drohenden Elementargewalten in der Natur anzukämpfen, die sie sich wie von Geistern bevölkert vorstellte. Die Magie war die erste, die primitive Technik des Menschen. Die primitiven Kulte des Ackerbaus hatten alle magischen Charakter. Mit Hilfe der Magie bemühte man sich, in die Geheimnisse der Naturgeister einzudringen, um sich zu ihrem Herrn aufzuschwingen und um die Möglichkeit zu erlangen, den Göttern selbst zu befehlen. Den Namen einer Kreatur kennen, hieß bereits Macht über sie besitzen. Der Rhythmus der Bewegungen trägt ebenfalls einen magischen Charakter in sich. Das »Mana« ist eine magische Kraft, von der die soziale Situation des Menschen abhängt. Das magische Element der Religion hat einen außer-moralischen Charakter, und erst im Laufe der Zeit vollzog sich die Durchdringung der Religionen mit der Moral. Das materielle Element hat in den Religionen stets eine große Rolle gespielt, deren Einfluß sich bis heute erhalten hat. Man kennt die Rolle des Getreidekorns, des Sinnbilds menschlichen Lebens, in den eleusinischen Mysterien. Dieser religiöse Materialismus, der selbst heute noch so große Bedeutung besitzt, ist dem Geist und der Freiheit feind, da er den Menschen in strenge Abhängigkeit von der Magie bringt und ihn gleichsam zu deren Gefangenen macht. Indem die Magie den Menschen mit einer Macht ausstattet, hält sie ihn zugleich im kosmischen Strudel fest und läßt ihm keinen Weg, sich daraus zu lösen und zu befreien. Alte Glaubensvorstellungen, die bis in die heidnische Welt zurückreichen, haben sich in der christlichen Welt erhalten und entstellen die Gottesidee; und dies, nachdem erst das Christentum den Menschen von der Gewalt der Dämonen und Naturgeister befreit hat. Unsere Ahnen glaubten, daß die Götter Sühnopfer forderten und Nahrungsopfer, Menschenblut brauchten. Dieser Glaube besteht in anderer Form weiter, vor allem dort, wo menschliches Leiden für notwendig gehalten wird, um Gott zu besänftigen. Die knechtische Auffassung des Menschen von einst hat sich in eine juristische von der Sühne verwandelt, in eine Anpassung der Beziehungen zwischen Mensch und Gott an den Urteilsspruch eines Gerichts. Nach der Auffassung des zeitgenössischen indischen Philosophen Aurobindo ist der Begriff der Sühne und des Loskaufs mit dem der Sklaverei gleichbedeutend. Den Propheten der alten Juden ist es gelungen, sich über den religiösen Geist ihrer Zeit, die vor allem Opfer verlangte, zu erheben; sie wollten der Wahrheit den ersten Platz im menschlichen Herzen einräumen. Aber das prophetische Element hat in der Geschichte des Christentums niemals eine entscheidende

Rolle gespielt. Es ist das Verdienst des religiösen Denkens Rußlands im 19. Jahrhundert, stets eine ablehnende Haltung gegenüber der juristischen Auslegung des Christentums eingenommen zu haben. Das auf niedriger Stufe stehende menschliche Bewußtsein verstand unter dem Christentum eine sehr grausame Religion. Man kann diese Auffassung vom grausamen Charakter des Christentums mit der syrischen Askese in Verbindung bringen; in dem auf die »Philokalie« gegründeten Monarchismus findet man Spuren davon wieder, ebenso bei Augustin, in der offiziellen katholischen Lehre, im Calvinismus, in der Lehre von der Prädestination und in der von der Hölle. Die Gegner des Christentums hatten Grund zu glauben, daß die Ankunft Christi die Lage des Menschen nur verschlechtert habe. Die Trennung der Menschen in zwei Klassen, die der Erwählten und die der Verdammten, widerspricht dem Geist des Evangeliums, das im übrigen durch die menschliche Welt, in die es Eingang gefunden hatte, ebenfalls Entstellungen erlitt. Wenn der Mensch selbst ein wildes Tier ist, dann ist er außerstande, sich Gott anders als ein wildes Tier vorzustellen. Der humane Mensch stellt sich Gott ebenso human vor, wie er selbst ist. Die Auffassung von einem grausamen Gott ist ein Überrest aus den dunklen alten Zeiten, sie hat aber schließlich zur Verkündung und Befestigung einer neuen Menschlichkeit geführt. In dem Maße, wie sich der Mensch zu seiner Würde erhebt, unterwirft er sich immer weniger einer Religion des Schreckens, der Rache und der Hölle, beugt er sich immer weniger den religiösen Rechtfertigungen der Grausamkeiten, die sich auf Erden abspielen. So erfuhr die Gotteserkenntnis eine immer größere Läuterung. Der Übergang der Juden zum Monotheismus bedeutete bereits einen großen Schritt vorwärts. Aber der reine Monotheismus, auf den das Judentums so großen Wert legte, faßte Gott noch als Monarchen und Despoten auf. Erst der Gott, der sich im Sohn, im Gott-Menschen offenbarte, hörte auf, ein despotischer Monarch zu sein, um zum Gott der Liebe und der Freiheit zu werden. Das ist die Offenbarung Gottes im Geist und in der Wahrheit. Die Lehre von der Dreieinigkeit bedeutet die Überwindung der monarchischen Auffassung von Gott, die in ihm einen orientalischen Monarchen erblickte, indem sie Gott mit dem soziologischen Herrschaftsbereich in Verbindung brachte. Aber langsam, allzu langsam erlöschen die alten sklavischen Glaubensvorstellungen. Es muß festgehalten werden, daß die juristische Auffassung von der Beziehung zwischen dem Menschen und Gott in der religiösen Philosophie Indiens nicht zu finden ist, was mit ihrem Monismus zusammenhängt. Der Begriff vom statischen Gott bei Schankara wird zum dynamischen bei Eckhart: (…) das ist die christliche Dynamik. (…)

Man stellt sich das Göttliche vor entweder unter einem soziologischen Gesichtspunkt: als Herr, König, Vater, oder unter einem dynamischen: als Kraft, Leben, Licht, Geist, Wahrheit, Feuer. Nur diese letztere Vorstellungsweise ist Gottes wie des Menschen würdig. Aber das setzt eine gewaltige, eine befreiende Wandlung unseres Gottesbewußtseins voraus. Es ist nicht leicht, den Menschen zu erwecken, um ihn von seinem alten Alpdruck zu befreien, durch den das »Ich« sich selbst und Gott tyrannisierte; hier beginnt der Weg zur Kreuzigung Gottes. Das »Ich« wurde ebenso sich selbst wie Gott zum Verhängnis. (…) Man kann gar nicht genug darauf hinweisen, daß Gott eine Wirklichkeit ist, die in nichts der natürlichen und sozialen Wirklichkeit gleicht. Gott ist Geist, er ist Freiheit und Liebe. Er *offenbart sich endgültig nur im schöpferischen Akt des Geistes*; in diesem schöpferischen Akt wird Gott Wirklichkeit. Die Geburt Gottes, sein Emportauchen zum Leben vollzieht sich im schöpferischen Akt des Geistes, denn durch ihn erkennen wir Gott, in ihm erfahren wir Gott. Die alte Lehre, nach der Gott den Menschen sich zum Ruhme erschaffen hat, muß aufgegeben werden, da sie nur brauchbar ist für Sklaven und das Dasein des Menschen und der Welt sinnlos macht. Die Existenz des Menschen und der Welt steigert die Größe Gottes, sie macht ihn größer, als wenn es den Menschen und die Welt nicht gäbe. Amiel sagt von Gott, daß er der große unverstandene Unbekannte ist, und nach Léon Bloy ist Gott der einsame und unverstandene Märtyrer. Diese beiden Schriftsteller begriffen Gott besser als die Theologen. Die apophatische Theologie ist der kataphatischen gegenüber stets im Recht, denn sie allein achtet das göttliche Geheimnis, ohne deshalb etwas mit dem Agnostizismus gemein zu haben. Darin beruht die große Wahrheit der Mystik, die die Vereinigung mit Gott besser begreift als die Theologen. Das alles erfordert eine völlige Revision der überlieferten Lehre von der göttlichen Vorsehung, einer Lehre, die dadurch, daß sie jede Theodizee ausschloß, letztlich den Atheismus erzeugt hat. Gott offenbart sich der Welt und dem Menschen, aber er offenbart sich im Geist; und wenn er die Welt regiert, geschieht das nicht in dem Sinn, den die Welt mit diesem Wort verknüpft. Die überlieferte Lehre von der Vorsehung, die man mit hergebrachten Worten wiederholt, ohne deren Sinn zu vertiefen, ist mit der Tatsache unvereinbar, daß es das Böse und die menschlichen Leiden gibt. Wie sollte man an die überlieferte Lehre von der Vorsehung und der göttlichen Herrschaft angesichts dieser zerrissenen, der Knechtschaft und Not preisgegebenen Erscheinungswelt glauben, in der man vergeblich die Ganzheit des Kosmos sucht? Man hat uns wohl gesagt, daß Gott in allem ist. Aber ist Gott gegenwärtig in der Pest und der Cholera, im Mord und Totschlag, im Haß und in der Grausamkeit, in der Gewalt, im Bösen, in der Finsternis? Die falsche Lehre von der Vorsehung hat den knechtischen Kult der Gewalt und der Macht, die Apotheose des Erfolgs in dieser Welt erzeugt und schließlich zur Rechtfertigung des Bösen führt. Dem allen widerspricht das tragische Lebensgefühl. Gott ist gegenwärtig in der Freiheit und in der Liebe, in der Wahrheit, Gerechtigkeit und Schönheit. Und er tritt dem Bösen und der Ungerechtigkeit nicht als ein Richter und ein Rächer gegenüber, sondern als ein abschätzendes und wertendes Gewissen. Gott ist derjenige, zu dem man flüchten kann, um den Schrecken, den Scheußlichkeiten und den Grausamkeiten der Welt zu entfliehen. In dem aufrüttelnden Problem, das der Marxismus aufgeworfen hat, lag ein großes Stück Wahrheit, aber in der Art, wie er dieses Problem gelöst hat, geht er völlig in die Irre. Er hat sich nicht Rechenschaft darüber abgelegt, daß die *Offenbarung fortschreitet* und sich in einer beschränkten und grausamen menschlichen Umwelt bricht. (...)

Folgendermaßen kann man die Philosophie zusammenfassen, die den Wert der Lehre von der Vorsehung wieder untersucht: man muß sich hüten, auf Gott Begriffe anzuwenden, die im Hinblick auf die Erscheinungswelt entstanden sind und nur für diese Welt Geltung haben. Die Vorsehung offenbart ihr Wirken nicht in der gesamten Erscheinungswelt, und nur dadurch, daß man seine Zuflucht zu außerordentlichen Künsten nimmt, behauptet man, ihre Offenbarungen entdecken zu können. Unsere Welt ist voller irrationaler, ungerechter und sinnloser Dinge. Aber das große Geheimnis liegt gerade darin, daß es möglich ist, in dem besonderen Schicksal jedes Menschen die Hand Gottes und einen Sinn zu erkennen, obwohl gerade dieser sich jeder vernünftigen Begründung entzieht. Kein Haar fällt vom Kopf des Menschen, ohne daß Gott es will. Das ist nicht nur im elementaren Sinne wahr, sondern birgt eine tiefere Wahrheit, und es trifft zu, wenn auch das Eingreifen der göttlichen Vorsehung in dieser ins Böse verstrickten Welt unsichtbar ist. Damit ist die Frage der Beziehung zwischen dem Einzelnen und dem Allgemeinen berührt. Averroës glaubte im Gegensatz dazu, daß Gott einzig am Allgemeinen gelegen sei, daß er die Gesetze der Welt und der Gattung lenke und sich für das Individuum und das Individuelle nicht interessiere. Er meinte, daß Gott, würde er sich für das Besondere interessieren, immer wieder einem Neuen gegenüberstünde, was unvereinbar sei mit der Vorstellung von einem unwandelbaren und versteinerten Gott. Unsere Welt erfährt nicht nur die Einwirkung Gottes, sondern auch die des Schicksals, der Notwendigkeit, des Zufalls. Wenn die Welt sich von Gott und Gott sich von der Welt abwendet, dann setzt das »Fatum« sein Wirken fort. Die Augenblicke und die Epochen, in denen sich die Menschen von Gott abwenden, haben für das menschliche Dasein verhängnisvolle Folgen. Wenn der Freiheit eine falsche Richtung gegeben wird, gerät der Mensch und mit ihm die Welt in Abhängigkeit von einer unvermeidlichen Notwendigkeit. Der Zufall aber, der im menschlichen Leben eine so wichtige Rolle spielt, läßt den Menschen steuerlos und ohnmächtig in der vielgestaltigen Welt umhertreiben, in der ungezählte, unfaßbare Kräfte wirken, die sich jeder vernünftigen Berechnung entziehen. Ein unglücklicher Zufall, der uns sinnlos und grausam erscheint, bedeutet gerade, daß wir in einer in Verfall geratenen Welt leben, die nicht ausschließlich von der göttlichen Vorsehung regiert wird. Aber dieser unglückliche Zufall kann für mein in der Erscheinungswelt wurzelndes Schicksal einen tiefen Sinn haben. Der Glaube, daß alles, was mir geschieht, einen Sinn hat, kann nicht, wie der theologische Rationalismus es tut, in einem kosmologischen System ausgedrückt werden. Man darf nie außer acht lassen, daß Gott Geist ist, daß er weder Substanz, noch Kraft, noch Macht ist. Gott ist Geist, d. h. Freiheit. Die Aussage, daß Gott Geist ist, bedeutet, daß man ihn sich *apophatisch* im Verhältnis zur Realität der natürlichen und sozialen Welt denkt. Der *geläufige* Begriff der Vorsehung ist dem entliehen, was wir von der Regierung des Staates wissen. Gott wird darin als Autokrat, als absolutes Staatsoberhaupt aufgefaßt. Man muß zunächst und vor allem auf die Überreste des alten Götzendienstes verzichten; denn der Götzendienst muß nicht nur die sogenannten Götzenbilder, er kann auch Gott selbst zum Gegenstand haben. Auf den Götzendienst an Gott verzichten, heißt die Offenbarung vom schlechten menschlichen Beiwerk befreien und sich der Glaubensvorstellungen und religiösen Ideen, die nur für Sklaven gemacht sind, entledigen ...

Alfred Döblin
Die Art des göttlichen Eingriffs
Ein Zwiegespräch

Der Ältere: ... Als Sie mir zuerst Ihre Ansicht über Religion entwickelten, nannten Sie sie eine »Art vorwissenschaftliches Denken«.

Der Jüngere: Ich weiß. Unsere Wissenschaft befaßt sich nicht mit den Fundamenten der Existenz. Und die Wissenschaftler bemerken meist selbst die dunklen Punkte in ihrer »hellen Zone«. Im Grunde gibt es keine ungläubigen Wissenschaftler. Sie halten sich heimlich alle einen Religionsersatz, eine »Überzeugung«, eine Philosophie, und die läßt sie über die dunklen Punkte wegblicken. Wenn der Wissenschaftler die Religion angreift, so ist das (in der Regel) ein Religionskrieg.

(Pause)

Der Ältere: Hier liegt ein großes, blankes, vertrocknetes Blatt auf meinem Tisch. Sehen Sie die wundervolle Bräune. Das Blatt ist eine Mumie. Die Natur selber hat es so einbalsamiert, vielleicht damit wir es anschauen und von ihm lernen. Sie sehen den herrlichen Schnitt des Blattes, die feine Zahnung des Randes, die Blattrippen, regelmäßig von der starken Mittelrippe ausstrahlend. Nehmen Sie es in die Hand, legen Sie es in den Handteller. Ohne Umstände, ohne Umwege sagt Ihnen das Blatt: »Fürchte dich nicht. Du kannst gerettet werden, es lebt ein begreifender, mitfühlender und hilfreicher, mächtiger allmächtiger Gott«.

Der Jüngere: Sie schenken mir das Blatt? Danke. Ich brauche so etwas in meiner Stube. Man sitzt so hilflos da mit seinen Gedanken. Immer wieder wird man Beute seiner Gedanken. Heute stellt sich dieser ein, morgen jener, Fragen, Zweifel. Mit allen muß ich mich herumschlagen, um mich von ihnen zu befreien, – aber nur, damit mich morgen neue Gedanken überfallen.

Der Ältere: Lavater war ein gläubiger Christ. Er sagte: »Unzählig und schrecklich sind die Zweifel des denkenden Christen. Aber der unerfindbare Christus besiegt sie alle.«

Der Jüngere: Was für ein gutes Wort! Was ist das nur mit den Gedanken? Ich wünschte sie ließen mich in Ruh, hielten still und erstarrten. Aber das kann man wiederum nicht ertragen, so ist unsere Vernunft eingerichtet, man will sich tummeln, das Blut muß kreisen, und schon freut man sich wieder an einem Gedanken, wärmt sich an ihm. Aber morgen ist er kalt – was soll ich Ihnen erzählen? –, und morgen fallen einem zwei neue Gedanken ein, und es ist, als ob sich Hunde jagen und bellen, und da sitzen Sie und verbringen Ihre Zeit damit, Ruhe zu stiften.

Der Ältere: Nehmen Sie das Blatt in die Hand, und lassen Sie uns weiter unseres Weges ziehen.

Wir hielten dabei, wie das auserwählte Volk in der Dunkelheit saß und klagte. Es erwartete die Erleuchtung, die Führung, die Rettung.

Das Volk hatte gelitten, es litt noch; aber, um die Wahrheit zu sagen: es litt kaum noch. Es war frisch-fröhlich degeneriert. Es war, hartnäckig und rückfällig wie es von Haus, seit Moses' Zeiten war, schließlich auch mit den göttlichen Ge- und Verboten auf seine Weise fertig geworden. Propheten und andere Fromme hatten gestöhnt, gedroht und die Hände zusammengeschlagen, sie hatten dem Volk seine Sünden vorgehalten, – vergebens. Die Worte Christi zeigen, wie sie sich geschickt die göttliche Mission vom Leibe hielten, ohne dabei das Gesicht zu verlieren. Sie wiesen ihr Alibi nach, indem sie den Kult über alle Maßen streng machten. Sie schoben alle Verpflichtung in die Zeremonien, und da konnte ihnen keiner etwas nachsagen. (So daß Christus gegen sie mit den Worten auftrat: »Ich bin nicht gekommen, das Gesetz zu zerstören, sondern es zu erfüllen.«)

Das Volk, ins Heidnische geglitten, träumte von nationaler Souveränität, Ideal aller Ideale. Sie wollten hinter den andern (aber mit keiner göttlichen Mission betrauten) Völkern nicht zurückstehen. Es kam ihnen vor, daß sie zurückstanden. Den Gott Abrahams, Isaaks und Jakobs betrachteten sie als ihren Nationalgott. Wer anders dachte, war kein »Patriot« und »wich in die Mystik aus« vor der »Realität« (welches die nationalistische Illusion war).

Ein toter Punkt. Wer sollte nun die Menschheit vor dem endgültigen Absinken in die Natur bewahren? Das Priestervolk war über den göttlichen Plan zur Tagesordnung übergegangen.

Was jetzt folgt und erfolgt, sehe ich so:

Es war nunmehr nur eines möglich: einen abschließenden Strich zu ziehen. Das hoffnungslos verderbende Menschengeschlecht war auszurotten.

Wie war Gott mit den rebellischen Engeln verfahren? Sie waren in die Hölle verbannt, d. h. einem qualvoll wütenden endlosen Kampf zwischen ihrer unsterblichen Natur und den Mächten des Todes ausgesetzt. Ein ähnliches Schicksal drohte dem Menschengeschlecht. Gerechtigkeit bildet die Achse der Schöpfung.

278

Es erscheint Christus. Das Wort, das die Welt schuf, wird Fleisch im Menschen, in dem verworfenen Menschen, und wandelt über die Erde.

Gott greift ein.

Wie aus einem Füllhorn schüttet er, während er unter den Menschen einhergeht, seine Lehren und Wunden aus. Aber es bleibt nicht dabei. Das unterscheidet den Gottmenschen von einem Propheten: während dieser verkündet, warnt und heilt, weiß der Gottmensch, daß Heilen und Verkünden nichts ändert, denn die Dinge liegen tiefer. Er täuscht sich über die Menschen nicht, nicht einmal über die, die ihm anhängen.

Er erregt den Widerspruch der Menschen und reizt die alte böse Kreatur. Ihr Schuldbewußtsein ist immer wach. Darum klammern sie sich an die Zeremonien und wollen sich besänftigen. Aber er läßt es nicht zu. Sie wenden sich gegen ihn. Sie können nicht anders, so wie sie sind. Wie die frühen Engelmenschen gegen Gott und die Himmlischen, wenden sich diese späten Menschen gegen den Gottmenschen.

Es hat in dem Verfahren auf Menschenseite keiner eine Illegalität begangen. Aber gerade das enthüllt die Illegalität der bestehenden menschlichen Legalität. Er enthüllt sie, indem er sich ihnen rein, unschuldig gegenüberstellt, als der wahre Erfüller des Gesetzes, und sie müssen ihn töten, den Sohn Gottes als Gotteslästerer.

Wenn übrigens die Menschen ihn nicht erkennen, die Teufel erkennen ihn. Die Unterirdischen sammeln sich um ihn. Die wittern ihn.

Von den vierzig Tagen der großen Versuchung an verfolgen sie ihn und lassen ihn nicht los.

Was wollen sie? Sie wissen, was er vorhat. Er scheucht sie zurück. Aber einmal sogar bedient er sich ihrer.

Das geschieht in dem Augenblick, als er sich zum Sterben anschickt, beim letzten Mahl.

Da wurde er, so heißt es, betrübt und sagte:

»Einer unter euch wird micht verraten.«

Johannes fragte, wer es wäre.

Jesus: »Der ist es, dem ich den Bissen entauche und gebe.«

Und, so heißt es im Text des Johannes: »Er tauchte den Bissen ein und gab ihn Judas, Simons Sohn, dem Ischariot. Und nach dem Bissen führ der Satan in ihn. Da sprach Jesus zu ihm: Was du tust, das tue bald. Da er nun den Bissen genommen hatte, ging er sobald hinaus.«

So gab der Himmlische dem Satan das Terrain frei und ließ ihn an Seiner irdischen Vernichtung mitwirken. Diese Beschämung wurde der satanischen Macht zuteil, daß sie an der Kreuzigung, d. h. an der Rettung des Menschen, mitwirken mußte.

Wer, fragte man, sieht dem allem zu? Vor wem und für wen geschieht das?

Wir wissen: für den Himmlischen, den ewigen Schöpfer. Der bei der Auflehnung der Engelmenschen entstandene Greuel, der ganze bisher gewucherte Greuel wird von Jesus, da Er Menschenleib trägt, wie ein Magnet angezogen. Von diesem einen Leib wird er getragen, und er kann getragen werden, und wird verbrannt.

Das ist ein ganz geheimnisvoller und völlig metaphysischer Vorgang. Wer an ihn mit natürlichen und menschlichen Ideen herangeht, wird nichts begreifen. Er wird vielleicht solche schlauen Fragen stellen, wie der Mönch Abälard, der fragte:

»Wie kann Gott dieser Tod gefallen, wie kann dieser Tod die Menschen retten und entsühnen, wo sie doch gerade durch die Tötung des Sohnes Gottes ein veil schwereres Verbrechen begehen als im Paradies, wo sie vom verbotenen Baume aßen?«

In der Tat, so dargestellt, so vereinfacht und gefälscht, ist das Ganze ein mythologisches Fabelspiel. Aber es handelt sich um Vorgänge in der höchsten und übernatürlichen Realität, – um das Verhältnis des Schöpfers zu seiner Schöpfung, wobei auch die Worte »Vater« und »Sohn« nur als Bilder und Gleichnisse eingesetzt sind (freilich Bilder und Gleichnisse, Vergleiche und Bezüge, denen ein tiefer Sinn innewohnt).

Warum also der grausige Opfertod? Genügte nicht die immer vorhandene und grenzenlose Güte und die verzeihende Gnade Gottes des Erbarmers, dessen Weisheit die Verworfenheit, aber auch die finstere Hilflosigkeit der Menschen kannte? Ist denn das, was die Welt trägt und hält, und was er aus der Überfülle und Vollkommenheit seines Seins geschaffen hat – und diese Welt kann selbst in ihrer Wildheit nicht verleugnen, daß Liebe und nichts als Liebe ihr Herz, das Herz ihres Herzens ist –, ist denn der Walter der Welt ein – Rachegott? Beim Propheten Ezechiel lautet das Wort des Herrn:

»Wo sich aber der Gottlose bekehret von allen Sünden, die er getan hat, und hält alle meine Rechte und tut recht und wohl, so soll er leben und nicht sterben.

Es soll aller seiner Übertretung, so er begangen hat, nicht gedacht werden. Sondern er soll leben um der Gerechtigkeit willen, die er tut.

Meinst du, daß ich Gefallen habe am Tode des Gottlosen, spricht der Herr, und nicht vielmehr, daß er sich bekehre von seinem Wesen und lebe?«

Aber der Gottlose bekehrte sich nicht von seinem Wesen. Und diese Welt hat der Geist und die Wahrheit, welches Gott ist, geschaffen, und Gerechtigkeit bildet ihre Achse. Das freie Geschöpf kann tun, was es will, aber es muß die Folgen seines Tuns tragen. Das ist die Grenze und die Ergänzung und die Kehrseite seiner Freiheit. Verantworten heißt es jetzt. Die Stunde des Gerichts ist da.

Indem Christus erscheint, in Menschengestalt, und an dem von Ihm repräsentierten Menschengeschlecht das Urteil, das Todesurteil, vollstrecken läßt, erkennt er das Gesetz an und unterstellt sich ihm. Der Gerechtigkeit wird Genüge getan. Er hat es übernommen (Gott selber, die ewige Liebe), das Menschengeschlecht zu repräsentieren, – denn welcher einzelne Mensch könnte das mit Legitimität und könnte für alle vor Gericht erscheinen (wofern überhaupt ein Mensch sähe, daß das nötig war)?

Und damit endet das gewaltigste und ungeheuerste aller menschlichen Dramen, das Drama, das im himmlisch-heiteren Paradiesesgarten begann, das Abenteuer, das von den Engelmenschen gewagt wurde, die Todesfahrt in die eigene Selbstherrlichkeit. Man wird ausgerottet, vernichtet, aus dem Buch des Lebens gestrichen. Am Kreuz, an dem Christus hängt, stirbt der alte Mensch. Er verschwindet, endet, und zugleich mit ihm endet jeder Bund und Vertrag Gottes mit dem Menschengeschlecht.

Es findet aber diese Geschichte eines nicht zu korrigierenden Rebellen nach ihrem so erfolgten summarischen Abschluß eine Fortführung, die sie nur darum haben kann, weil sie keine bloße Menschengeschichte ist. Denn dieses Geschöpf stand ja in einer von Gott verhängten Prüfung. In der Urzeit hatte der Engelmensch versagt, in der zweiten Periode versagt das auserwählte Volk. Und da stehen wir nun. Vernichtung dessen, das geprüft wird, ist nicht ohne weiteres das letzte Wort einer Prüfung und Erprobung. Das hatte sich schon früher bei der Sintflut gezeigt, wo die Vernichtung mit einer Rettung auf neuer Stufe einherging. Durch die Prüfung geht eine Führung. Vernichtung wird Läuterung. Nach dem Sturz der Engelmenschen trat die Prüfung auf eine neue Stufe, mit den Menschen des auserwählten Volkes. Das war ein völlig anderer Menschentyp, und er erhielt Propheten, Sprachrohre des Ewigen und Leiters der Welt, und sie wurden mit Richtlinien versehen, ihrem Zustand angepaßt, die eine echte Regeneration herbeiführen konnten. Nun ist die dritte Phase da. Und nun wird in einem geheimnisvollen Akt die Vernichtung und die Erhebung auf eine neue Stufe vollzogen, beide verschmolzen zu einem einzigen Akt, welches der Opfertod Christi ist. Ja, in ihm sind Vernichtung und neues Leben beschlossen.

Hier keine Sintflut und Arche Noah. Um dieses Ende zu geben, identifizierte sich Gott mit dem Verbrecher, den zu verdammen – und auf die höhere Stufe zu heben Er kam, und schloß Ausrottung und Rettung und Führung zusammen, indem Er, Er selber, den Tod für die Menschheit auf Sich nahm –, womit der Gerechtigkeit Genüge getan und zugleich das wirksamste und größte Opfer dem ewigen Richter und Schöpter dargebracht wird, Gott wohlgefällig und imstande, Seine Gnade herzurufen. So wurde die unabwendbare Vernichtung zu einem Opfer umgebogen und umgewandelt, und so die neue Stufe der Prüfung erreicht. Diesen zauberhaften Weg zu finden, blieb der göttlichen Liebe vorbehalten, – schöpferische Liebe, die sich in einem geheimnisvollen Akt zeigt, der aus derselben Quelle stammt, aus der die Urworte des Anfangs rollten.

Und wenn beim Abschluß der Schöpfung Gott der Herr sprach:»Es ist alles sehr gut«, so fällt jetzt am Kreuz das Wort:»Es ist vollbracht«, und auf einer neuen Stufe, auf neue Weise ist alles wieder»sehr gut«.

(Pause)

Der Ältere: Beunruhigen Sie sich nicht, lieber Freund. Ich nahm vieles voraus. Wir werden alles noch einmal in einem andern Zusammenhang entwickeln.

Gehen wir gleich jetzt an eine scheinbar entlegene Frage heran, nämlich:»Kann Gott leiden?«

Das heißt: Können wir, dürfen wir Gott, dem ewigen Sein, dem Urgrund, welcher diese machtvolle unendliche Welt des Sichtbaren und Unsichtbaren aus sich herausgestellt hat, Leidensfähigkeit zuschreiben?

Man kann auch fragen: Erfolgt aus der Schöpfung eine Rückwirkung auf den Schöpfer? Ist solche Rückwirkung möglich?

Der Jüngere: Eine Rückwirkung aus der Schöpfung auf den Schöpfer, – ich denke, etwas Ähnliches erfolgt schon. Aber ich sehe auch die Schwierigkeit, die Sie im Auge haben: man trägt damit in Gott eine Passivität ein. Aber andererseits wiederum steht Gott in Gefahr, zu dem unnahbaren, jenseitigen Urgrund zu erstarren, einer ungeheuren und unheimlichen anonymen Macht, die nur das eine Wort zu uns sprechen kann, um uns zurückzuscheuchen:»Ich bin, der Ich bin.«

Erklären Sie mir aber bitte erst: Was ist die Liebe, was soll ich mir unter ihr vorstellen, aus der, wie Sie sagen, alles geschaffen wurde? Gott, der Urgrund, läßt alle Dinge des Himmels und der Erde, also das Körperliche, das Räumliche und Zeitliche und ebenso das Überräumliche und Überzeitliche aus sich hervortreten. Ich komme jetzt oft auf die Merkmale der Welt zurück, die Sie seinerzeit aufgezählt haben, und die das Rückgrat, das Skelett, das A priori der Welt bilden. Die Merkmale sind der Welt vom Urgrund beigelegt, und er gründet in ihnen seine Schöpfung. Es treten mit dem Sein, das er der Welt verleiht, diese formenden Merkmale in die Welt und sind seine Insignien.

Wenn nun die Welt auch in dieser Weise seine Zeichen trägt, so ruht sie doch nicht und ist nicht beschlossen im Urgrund. Er hat vielmehr das Sein in das Nichts hinausgestellt.

Nun frage ich Sie, da Sie von Liebe sprechen: Warum ließ Er sie nicht in Sich ruhen? Denn alles ruhte ja vor der Zeitlichkeit in Ihm. Warum schuf Er die Zeit, setzte einen Anfang und ließ die Welt, wenn auch geschmückt mit Seinen kostbaren Zeichen, in die schwarze Finsternis, die erstarrende Kälte des Nichts einströmen? Warum die Exilierung?

Da antworten wir nun: Liebe. Aber ist es Liebe, zu exilieren?

Der Ältere: Eine gute Frage. Aber Gott hat uns nicht exiliert. Wir waren mit Ihm zusammen, wie nur geschaffene Wesen es sein können. Wir haben uns exiliert.

Der Jüngere: Ich frage nicht nach dem Menschen, sondern nach der Schöpfung überhaupt.

Der Ältere: Ob es Liebe war, was die Welt ins Dasein rief, sie ins Dasein trieb? Alles Geschaffene sehnt sich nach dem Ursprung im neuen Liebesgefühl zurück. Ein Schatten von Exil liegt auf allem Geschaffenen. Aber der schwerste Schatten auf dem Menschen.

Sich nach dem Ursprung, dem Schöpfer in einem Liebesgefühl zu sehnen, ist allen Dingen mitgegeben. Es drückt sich bei ihnen verschieden aus, man muß es sehen und richtig deuten. Sie wollen, in aller Daseinslust, mehr und mehr davon. Sie wollen über sich hinaus; vom Guten zum Besseren, vom Schönen zum Idealhaften. Das tritt in der »sprechenden Welt« hervor, erst dunkel, unbewußt, um dann beim Menschen vor den Geist und das Bewußtsein zu treten.

Der Jüngere: Aber warum, wenn es so ist, hat der Urgrund die Welt erst aus sich herausgestellt?

Der Ältere: Sie fragen zum drittenmal. Sie treiben mich unbarmherzig auf ein dunkles Gebiet. Wie soll sich unser Verstand und unsere Phantasie da zurechtfinden? Lassen Sie uns träumen:

Wenn es nicht Liebe war, was die Schöpfung aus dem Schöpfer hervortreten ließ, was dann?

Wir werden uns den Urgrund nicht als einen Kessel vorstellen, der unter seinem Überdruck, dem Übermaß seiner Fülle, explodiert und seine Massen ins Freie strömen läßt. Die Dinge der Welt tragen Gottes Zeichen, tragen seine kostbaren Insignien und erhalten ständig von Ihm ihren Sinn. Das sieht nach etwas anderem als nach Explosion und Ausstömen aus. Die Welt und der Urgrund bleiben zusammen. Gott läßt die Welt nicht los. Sie ist, weil sie sein Leben und sein Zeichen trägt, ohne aber Er selbst zu sein, seine Schöpfung, und Er ist ihr Schöpfer.

Was mag nun das Ursein, den allmächtigen Schöpfer »veranlaßt« haben, den »Anfang« zu setzen und die »Welt« hervortreten zu lassen und in das schreckliche, eisige zerstörende Nichts zu stoßen?

Aber dies hier mit uns und um uns, die Milchstraße, die Fixsterne und Planeten und Kometen, die glühenden Gasmassen, die Erde, die Luft darum, die Tiere, Pflanzen und Menschen darauf, – das ist nicht die Welt, die in Gott ruhte. Sie ruhte so nie in Gott. Denn sie war so nicht. Sie wurde erst auf das Schöpfungswort. Vor dem Schöpfungswort waren keine Fixsterne noch Gasmassen, weder Festes noch Luftiges noch Flüssiges, weder organische noch anorganische Gebilde, weder Körperliches noch Unkörperliches. Es war nur das Ursein, die ewige Person, jenseits von Zeit, darum auch jenseits von Bewegung und Nichtbewegung.

Das alles also, dieses All also, das uns mit Ehrfurcht erfüllt, existierte nicht. Es war nur das Ursein, die göttliche Person mit ihrer Allmacht und ihrem Wissen um sich. Es gab und konnte nur geben ein Gegenüber zum Urgrund, und das war der Urgrund selbst.

Existent von aller Ewigkeit her. Sein ohne Vergangenheit, Gegenwart und Zukunft war der Urgrund, die Person, die sich weiß. Außer ihr war nichts.

Der Urgrund weiß seine Allmacht und Vollkommenheit. Er ist volkommen, denn erst das Eindringen des Nichts macht etwas unvollkommen. Wie nennen wir nun die Beziehung eines Wesens zu dem Vollkommenen, das es vollkommen sieht? Liebe.

Es war diese Liebe, die aus dem Himmlischen, Jenseitigen auf alle Gebilde überging, in alle Gestalten floß, die seine Geschöpfe wurden. Sie erhielten aus dem unbegrenzten Fonds dieser Liebe ihr Wohlgefühl, ihre Lust am Dasein; der Reichtum und das Glück des Daseins, die Freude, die Farben und Töne entstanden und der Wunsch der Geschöpfe, am Leben zu bleiben und zu noch größerer Lust zu gelangen.

Wenn das ewige Sein, die grenzenlose Allmacht etwas von ihrer Vollkommenheit abgibt und sogar in das Nichts eindringt und etwas aus dem Nichts schafft - etwas, das seine Zeichen trägt -, kann man das »exilieren« nennen?

Die Gestalten werden erst bei der Begegnung mit dem Nichts, sagte ich. Sie waren im Urgrund, aber nicht so. Sie entstammen dem göttlichen Bewußtsein, aus dem sie bei der Berührung mit dem Nichts hervortreten. Sie bevölkern das Nichts und schwinden hin. Sie bleiben der Liebe, der sie ihr Dasein verdanken, immer gewiß.

Da haben Sie, was viele (und soweit ich sehe: die Besten) über diese Frage gedacht haben und was mein kleiner Verstand im Augenblick dafür parat hat. Man hat unendlich darüber nachgedacht und Spekulationen angestellt. Unser Verstand ruht ja nicht. Und man soll es unserm Verstand nicht verübeln, - wofern er nur mit Dankbarkeit im Bewußtsein seiner Grenzen bleibt...

Martin Buber
Ich und Du

Was ist das ewige: das im Jetzt und Hier gegenwärtige Urphänomen dessen, was wir Offenbarung nennen? Es ist dies, daß der Mensch aus dem Moment der höchsten Begegnung nicht als der gleiche hervorgeht, als der er in ihn eingetreten ist. Der Moment der Begegnung ist nicht ein »Erlebnis«, das sich in der empfänglichen Seele erregt und selig rundet: es geschieht da etwas am Menschen. Das ist zuweilen wie ein Anhauch, zuweilen wie ein Ringkampf, gleichviel: es geschieht. Der Mensch, der aus dem Wesensakt der reinen Beziehung tritt, hat in seinem Wesen ein Mehr, ein Hinzugewachsenes, von dem er zuvor nicht wußte und dessen Ursprung er nicht rechtmäßig zu bezeichnen vermag. Wie immer die wissenschaftliche Weltorientierung in ihrem befugten Streben nach einer lückenlosen Ursächlichkeit die Herkunft des Neuen einreiht: uns, denen es um die wirkliche Betrachtung des Wirklichen geht, kann kein Unterbewußtsein und kein andrer Seelenapparat taugen. Die Wirklichkeit ist, daß wir empfangen, was wir zuvor nicht hatten, und es so empfangen, daß wir wissen: es ist uns gegeben worden. In der Sprache der Bibel: »Die auf Gott harren, werden Kraft eintauschen.« In der Sprache Nietzsches, der der Wirklichkeit in seinem Bericht noch treu ist: »Man nimmt, man fragt nicht, wer da gibt.«

Der Mensch empfängt, und er empfängt nicht einen »Inhalt«, sondern eine Gegenwart, eine Gegenwart als Kraft. Diese Gegenwart und Kraft schließt dreierlei ein, ungeschieden, und doch so, daß wir es als drei gesondert betrachten dürfen. Zum ersten die ganze Fülle der wirklichen Gegenseitigkeit, des Aufgenommenwerdens, des Verbundenseins; ohne daß man irgend anzugeben vermöchte, wie das beschaffen sei, womit man verbunden ist, und ohne daß das Verbundensein einem das Leben irgend erleichterte, – es macht das Leben schwerer, aber es macht es sinnschwer. Und das ist das zweite: die unaussprechliche Bestätigung des Sinns. Er ist verbürgt. Nichts, nichts kann mehr sinnlos sein. Die Frage nach dem Sinn des Lebens ist nicht mehr da. Aber wenn sie da wäre, wäre sie nicht etwa zu beantworten. Du weißt den Sinn nicht aufzuzeigen und weißt ihn nicht zu bestimmen, du hast keine Formel und hast kein Bild für ihn, und doch ist er dir gewisser als die Empfindungen deiner Sinne. Was meint er nur mit uns, was begehrt er von uns, der offenbarte und verhohlene? Nicht gedeutet – das vermögen wir nicht –, nur getan will er von uns werden. Dies ist das dritte: es ist nicht der Sinn eines »andern Lebens«, sondern dieses unseres Lebens, nicht der eines »Drüben«, sondern dieser unserer Welt, und er will in diesem Leben, an dieser Welt von uns bewährt werden. Der Sinn kann empfangen werden, aber er kann nicht erfahren werden; er kann nicht erfahren werden, aber er kann getan werden; und dies meint er mit uns. Die Bürgschaft will nicht in mir verschlossen, sondern durch mich in die Welt geboren werden. Aber wie der Sinn selber sich nicht übertragen, nicht zu einem allgemein gültigen und allgemein annehmbaren Wissen ausprägen läßt, so kann seine Bewährung nicht als ein geltendes Sollen tradiert werden, sie ist nicht vorgeschrieben, sie steht auf keiner Tafel verzeichnet, die über aller Köpfen aufzurichten wäre. Zu bewähren vermag den empfangenen Sinn jeder nur mit der Einzigkeit seines Wesens und in der Einzigkeit seines Lebens. Wie uns zur Begegnung keine Vorschrift führen kann, so führt auch aus ihr keine. Wie es zum Zu-ihr-kommen nur der Akzeptation der Gegenwart bedarf, so in einem neuen Sinn zum Aus-ihr-gehen. Wie man mit dem bloßen Du auf den Lippen in die Begegnung gelangt, so wird man mit ihm auf den Lippen aus ihr zur Welt entlassen.

Das wovor wir leben, das worin wir leben, woraus und worein wir leben, das Geheimnis: es ist geblieben, was es war. Es ist uns gegenwärtig geworden und hat sich mit seiner Gegenwart uns kundgetan als das Heil, wir haben es »erkannt«, aber wir haben keine Erkenntnis von ihm, die uns seine Geheimnishaftigkeit minderte – milderte. Wir sind Gott nahe gekommen, aber einer Enträtselung, Entschleierung des Seins nicht näher. Erlösung haben wir verspürt, aber keine »Lösung«. Was wir empfangen haben, damit können wir nicht zu den andern gehen und sagen: Dieses ist zu wissen, dieses ist zu tun. Wir können nur gehen und bewähren. Und auch dies »sollen« wir nicht – wir können – wir müssen.

Das ist die ewige, die im Jetzt und Hier gegenwärtige Offenbarung. Ich weiß von keiner, die nicht im Urphänomen die gleiche wäre, ich glaube an keine. Ich glaube nicht an eine Selbstbenennung Gottes, nicht an eine Selbstbestimmung Gottes vor den Menschen. Das Wort der Offenbarung ist: Ich bin da als der ich da bin. Das Offenbarende ist das Offenbarende. Das Seiende ist da, nichts weiter. Der ewige Kraftquell strömt, die ewige Berührung harrt, die ewige Stimme tönt, nichts weiter.

Das ewige Du kann seinem Wesen nach nicht zum Es werden; weil es seinem Wesen nach nicht in Maß und Grenze, auch nicht in das Maß des Unermeßlichen und die Grenze des Unbegrenztseins gesetzt werden kann; weil es seinem Wesen nach nicht als eine Summe von Eigenschaften, auch nicht als eine unendliche Summe zur Transzendenz erhobener Eigenschaften gefaßt werden kann; weil es weder in noch außer der Welt vorgefunden werden kann; weil es nicht erfahren werden kann; weil es nicht gedacht werden kann; weil wir uns an ihm, dem Seienden verfehlen, wenn wir sagen: »Ich glaube, daß er ist« – auch »er« ist noch eine Metapher, »du« aber nicht.

Und doch machen wir das ewige Du immer wieder zum Es, zum Etwas, machen Gott zum Ding – unserem Wesen nach. Nicht aus Willkür. Die dingliche Geschichte Gottes, der Gang des Gott-Dings durch die Religion und ihre Randgebilde, durch ihre Erleuchtungen und Verfinsterungen, ihre Lebenserhöhungen und -zerstörungen, der Gang vom lebendigen Gott weg und wieder zu ihm hin, die Wandlungen von Gegenwart, Eingestaltung, Vergegenständlichung, Verbegrifflichung, Auflösung, Erneuerung sind ein Weg, sind der Weg.

Das ausgesagte Wissen und das gesetzte Tun der Religionen – woher kommen sie? Die Gegenwart und Kraft der Offenbarung (denn alle berufen sich notwendig auf irgendeine Art der Offenbarung, worthafte, naturhafte, seelenhafte – es gibt, genau genommen, nur Offenbarungsreligionen), die Gegenwart und Kraft, die der Mensch in der Offenbarung empfängt, wie werden sie zu »Inhalt«?

Die Erklärung hat zwei Schichten. Die äußere, psychische erkennen wir, wenn wir den Menschen für sich, von der Geschichte abgelöst betrachten; die innere, faktische, das Urphänomen der Religion, wenn wir ihn sodann in die Geschichte wiedereinstellen. Beide gehören zusammen.

Der Mensch begehrt Gott zu haben; er begehrt nach einer

Kontinuität des Gotthabens in der Zeit und im Raum. Er will sich mit der unaussprechlichen Bestätigung des Sinns nicht begnügen, er will sie ausgebreitet sehen als etwas, was man immer wieder vornehmen und handhaben kann, ein zeitlich und räumlich lückenloses Kontinuum, das ihm das Leben an jedem Punkt und in jedem Moment versichert.

Der Lebensrhythmus der reinen Beziehung, der Wechsel von Aktualität und einer Latenz, in der nur unsere Beziehungskraft und darum die Gegenwart, nicht aber die Urpräsenz abnimmt, genügt dem Kontinuitätsdurst des Menschen nicht. Er verlangt nach zeitlicher Ausbreitung, nach Dauer. So wird Gott zum Glaubensobjekt. Ursprünglich ergänzt der Glaube in der Zeit die Beziehungsakte; allmählich ersetzt er sie. An die Stelle der stets erneuten Wesensbewegung der Einsammlung und des Ausgehens tritt das Ruhen in einem geglaubten Es. Die Dennoch-Zuversicht des Kämpfers, der Gottferne und Gottnähe kennt, verwandelt sich immer vollständiger in die Sicherheit des Nutznießers, ihm könne nicht geschehen, weil er glaube, daß Einer sei, der ihm nichts geschehen lasse.

Auch die Lebensstruktur der reinen Beziehung, die »Einsamkeit« des Ich vor dem Du, das Gesetz, daß der Mensch, wie er auch die Welt in die Begegnung einbezieht, doch nur als Person zu Gott ausgehn und ihm begegnen kann, tut dem Kontinuitätsdurst des Menschen nicht Genüge. Er verlangt nach räumlicher Ausbreitung, nach der Darstellung, in der sich die Gemeinschaft der Gläubigen mit ihrem Gott vereint. So wird Gott zum Kultobjekt. Auch der Kult ergänzt ursprünglich die Beziehungsakte: indem er das lebendige Gebet, das unmittelbare Dusagen, in einen räumlichen Zusammenhang von großer Bildkraft einfügt und mit dem Leben der Sinne verknüpft; und auch er wird allmählich zum Ersatz, indem das persönliche Gebet vom Gemeindegebet nicht mehr getragen, sondern verdrängt wird und, da nun einmal die Wesenstat keine Regel zuläßt, die geregelte Andacht an ihre Stelle tritt.

In Wahrheit aber kann die reine Beziehung zu raumzeitlicher Stetigkeit nur auferbaut werden, indem sie sich an der ganzen Materie des Lebens verleiblicht. Sie kann nicht bewahrt, nur bewährt, sie kann nur getan, nur in in das Leben eingetan werden. Der Mensch kann der Beziehung zu Gott, deren er teilhaftig geworden ist, nur gerecht werden, wenn er nach seiner Kraft, nach dem Maß jedes Tages Gott in der Welt verwirklicht. Darin liegt die einzige echte Bürgschaft der Kontinuität. Die echte Bürgschaft der Dauer besteht darin, daß die reine Beziehung erfüllt werden kann im Du-werden der Wesen, in ihrer Erhebung zum Du, daß das heilige Grundwort sich in allen austönt; so bildet sich die Zeit des Menschenlebens zu einer Fülle der Wirklichkeit auf, und ob es auch das Esverhältnis nicht überwinden kann und soll, ist das Menschenleben dann so von Beziehung durchwirkt, daß sie in ihm eine strahlende, durchstrahlende Stetigkeit gewinnt; die Momente der höchsten Begegnung sind da nicht Blitze in der Finsternis, sondern wie aufsteigender Mond in einer klaren Sternennacht. Und so besteht die echte Bürgschaft der Raumstetigkeit darin, daß die Beziehungen der Menschen zu ihrem wahren Du, die Radien, die von all den Ichpunkten zur Mitte ausgehn, einen Kreis schaffen. Nicht die Peripherie, nicht die Gemeinschaft ist das erste, sondern die Radien, die Gemeinsamkeit der Beziehung zur Mitte. Sie allein gewährleistet den echten Bestand der Gemeinde.

Nur wenn die beiden entstehen und nur solang sie bestehen, die Bindung der Zeit im beziehungsgemäßen Heilsleben und die Bindung des Raums in der mittegeeinten Gemeinde, nur dann entsteht und nur so lang besteht um den unsichtbaren Altar, aus dem Weltstoff des Äons im Geist gefaßt, ein menschlicher Kosmos.

Die Gottesbegegnung widerfährt dem Menschen nicht, auf daß er sich mit Gott befasse, sondern auf daß er den Sinn an der Welt bewähre. Alle Offenbarung ist Berufung und Sendung. Aber wieder und wieder vollzieht der Mensch statt der Verwirklichung eine Rückbiegung auf den Offenbarenden; er will sich statt mit der Welt mit Gott befassen. Nur steht ihm nun, dem Rückgebogenen, kein Du mehr gegenüber, er kann nichts anderes als ein Gottes-Es in die Dinglichkeit einstellen, von Gott als von einem Es zu wissen glauben und von ihm reden. Wie der ichsüchtige Mensch, statt irgend etwas, eine Wahrnehmung, eine Zuneigung, unmittelbar zu leben, auf sein wahrnehmendes oder zugeneigtes Ich reflektiert und damit die Wahrheit des Vorgangs verfehlt, so reflektiert der gottsüchtige Mensch (der sich übrigens mit jenem recht gut in einer Seele verträgt), statt die Gabe sich auswirken zu lassen, auf das Gebende, und verfehlt beides.

Im Ausgesandtsein bleibt Gott dir Gegenwart; der in der Sendung Wandelnde hat Gott stets vor sich: je treuer die Erfüllung, um so stärker und stetiger die Nähe; befassen kann er sich freilich mit Gott nicht, aber unterreden kann er sich mit ihm. Die Rückbiegung dagegen macht Gott zum Gegenstand. Ihre scheinbare Hinwendung zum Urgrund gehört in Wahrheit zur Weltbewegung der Abwendung, wie die scheinbare Abwendung des die Sendung Erfüllenden in Wahrheit zur Weltbewegung der Hinwendung gehört.

Denn die beiden metakosmischen Grundbewegungen der Welt: die Ausbreitung in das Eigensein und die Umkehr zur Verbundenheit finden ihre höchste menschliche Gestalt, die eigentliche Geistesform ihres Kampfs und Ausgleichs, ihrer Mischung und Entmischung in der Geschichte des menschlichen Verhältnisses zu Gott. In der Umkehr wird das Wort auf Erden geboren, in der Ausbreitung verpuppt es sich zur Religion, in neuer Umkehr gebiert es sich neu beflügelt wieder.

Nicht Willkür waltet hier; ob auch die Bewegung zum Es zuweilen so weit geht, daß sie die des Wiederausgehns zum Du niederhält und zu ersticken droht. Die gewaltigen Offenbarungen, auf die sich die Religionen berufen, sind der stillen wesensgleich, die sich allerorten und allezeit begibt. Die gewaltigen Offenbarungen, die im Anfang großer Gemeinschaften, an den Wenden der Menschenzeit stehen, sind nichts anderes als die ewige Offenbarung. Aber die Offenbarung schüttet sich ja nicht durch ihren Empfänger wie durch einen Trichter in die Welt, sie tut sich ihm an, sie ergreift sein ganzes Element in all seinem Sosein und verschmilzt damit. Auch der Mensch, der »Mund« ist, ist eben dies, nicht Sprachrohr, – nicht Werkzeug, sondern Organ, eigengesetzliches lautendes Organ, und lauten heißt umlauten.

Es gibt aber eine qualitative Verschiedenheit der Geschichtszeiten. Es gibt ein Reifwerden der Zeit, wo das niedergehaltene, verschüttete wahre Element des Menschengeistes zu unterirdischer Bereitschaft gerät, in solcher Drängung und solcher Spannung, daß es nur einer Berührung des Berührenden harrt, um hervorzubrechen. Die Offenbarung, die da erscheint, ergreift das ganze bereite Element in all seiner Beschaffenheit, sie schmilzt es um und treibt darin eine Gestalt, eine neue Gestalt Gottes in der Welt.

So aber wird im Weg der Geschichte, in den Wandlungen des menschlichen Elements immer neuer Bezirk der Welt und des Geistes in die Gestalt gehoben, zur göttlichen Gestalt berufen. Immer neue Sphären werden zum Ort der Theophanie. Es ist nicht Eigenmacht der Menschen, die hier wirkt, es ist auch nicht reiner Durchgang Gottes, es ist Mischung von Göttlichem und Menschlichem. Der in der Offenbarung Ausgesandte nimmt in seinen Augen ein Gottesbild mit – so übersinnenhaft es ist, er nimmt es im Auge seines Geistes mit, in der gar nicht metaphorischen, ganz realen Augenkraft seines Geistes. Der Geist antwortet auch durch ein Schauen, durch ein *bildendes* Schauen. Ob wir Irdischen auch nie Gott ohne Welt, nur die Welt in Gott schauen, schauend bilden wir ewig Gottes Gestalt.

290

Gestalt ist Mischung auch von Du und Es. Sie kann in Glauben und Kult zum Gegenstand erstarren; aber aus der Essenz der Beziehung, die in ihr fortlebt, wird sie immer wieder zur Gegenwart. Gott ist seinen Gestalten nah, solang sie der Mensch ihm nicht entrückt. Im wahren Gebet vereinigen und reinigen sich Kult und Glaube zur lebendigen Beziehung. Daß das wahre Gebet in den Religionen lebt, ist das Zeugnis ihres wahren Lebens; solang es in ihnen lebt, leben sie. Entartung der Religionen bedeutet die Entartung des Gebets in ihnen: die Beziehungskraft wird in ihnen immer mehr von der Gegenständlichkeit verschüttet, es wird in ihnen immer schwerer, mit dem ganzen, ungeteilten Wesen Du zu sagen, und der Mensch muß endlich, um es zu können, aus der falschen Geborgenheit in das Wagnis des Unendlichen, aus der nur noch von der Tempelkuppel, nicht auch vom Firmament überwölbten Gemeinschaft in die letzte Einsamkeit ziehen. Es heißt diesen Antrieb zutiefst verkennen, wenn man ihn dem »Subjektivismus« zurechnet: das Leben im Angesicht ist das Leben in der Einen Wirklichkeit, dem einzigen wahren »Objektivum«, und der ausziehende Mensch will sich in das wahrhaft seiende vor dem scheinhaften, illusionären Objektivum retten, ehe es ihm seine Wahrheit verstört hat. Subjektivismus ist Verseelung, Objektivismus Vergegenständlichung Gottes, dieser falsche Verfestigung, jener falsche Befreiung, beides Abbiegung vom Weg der Wirklichkeit, beides Ersatzversuch für sie.

Gott ist seinen Gestalten nah, wenn der Mensch sie ihm nicht entrückt. Wenn aber die ausbreitende Bewegung der Religion die umkehrende niederhält und die Gestalt Gott entrückt, verlischt das Antlitz der Gestalt, ihre Lippen sind tot, ihre Hände hängen herab, Gott kennt sie nicht mehr, und das Welthaus, das um ihren Altar gebaut ist, der menschliche Kosmos zerfällt. Und es gehört zu dem was da geschieht, daß der Mensch in der Verstörung seiner Wahrheit nicht mehr sieht, was da geschehen ist.

Zersetzung des Worts ist geschehen.

Das Wort ist in der Offenbarung wesend, im Leben der Gestalt wirkend, in der Herrschaft der erstorbenen wird es geltend.

So die Bahn und Widerbahn des ewigen und ewig gegenwärtigen Worts in der Geschichte.

André Frossard
Es gibt eine andere Welt

Ein Zeuge ist kein Zeuge, sagt das Sprichwort. Bei guter Rechtsprechung genügt ein Zeuge nicht, um das Urteil zu begründen.

Aber gesetzt den ungewöhnlichen Fall, daß wir zwei Zeugen wären, die sich nicht hätten verabreden können, und zwar aus dem Grunde, weil sie mit einem Intervall von hundert Jahren geboren wären und der zweite zum Zeitpunkt der Ereignisse nichts vom ersten gewußt hätte? Wenn zwei Männer fast im gleichen Alter das gleiche geistige Erlebnis gehabt und unter analogen psychologischen Voraussetzungen und materiellen Umständen die gleiche unvorhersehbare Umwandlung von Verstand und Herz durchgemacht hätten? Wenn man sich auf zwei plötzliche Bekehrungen, zwei brüske Einbrüche des Lichts in zwei der Welt zugewandte und um Religion sich gleich wenig kümmernde Existenzen berufen könnte?

Erst lange nach meiner Bekehrung habe ich zum erstenmal von Alphonse Ratisbonne gehört, dessen Name bis dahin bei mir keine andere Vorstellung weckte als die einer Stadt in Bayern, in der der »Immerwährende Reichstag von Regensburg« sich versammelte, und erst ein kürzlich veröffentlichtes bedeutendes Buch von Jean Guitton (...) hat mich mit seiner Geschichte bekannt gemacht. Ich kann gar nicht ausdrücken, wie verblüfft ich war: ich glaubte, meine eigene Geschichte zu lesen, nur mit gewissen Unterschieden, sein früheres Leben betreffend.

Alphonse Ratisbonne war ein junger Jude aus Straßburg, reich, gebildet, ein Lebemann, Sohn eines Bankiers: so viel von den Unterschieden.

Auch in meiner Familie hat es Juden gegeben, aber niemals einen Bankier, sondern Bauern, Sattler, eine Kolonialwarenhändlerin und einen Lehrer, mehr weiß ich nicht über meine Vorfahren. Wir waren nicht reich, und meine Bildung war mehr als lückenhaft. Jetzt kommen die Übereinstimmungen: Im Jahr 1842 schlenderte Ratisbonne zwischen einer Orientreise und einem geplanten Aufenthalt in Palermo als gemächlich seine Muße genießender Tourist durch die Straßen Roms...

Im Jahre 1935 schlenderte ich, weniger elegant und mit weniger Verbindungen, plan- und ziellos und ebenfalls jeglichen religiösen Hungers bar durch Paris.

Ratisbonne war verlobt und nützte die ihm verbleibende Zeit vor der Gründung eines Hausstandes, um viel zu reisen.

Ich hatte keine Braut, aber kannte ein junges Mädchen, die es hätte werden können.

292

Er war Atheist, und ich war es nicht minder, allerdings war sein Skeptizismus angriffslustiger Natur, so daß er mit der Kirche und dem Christentum ständig im Streite lag, was mir meine natürliche Faulheit niemals erlaubt hätte. Er hatte einen sehr frommen Freund, den Baron de Bussières, der es an Gelübden und Beschwörungen nicht fehlen ließ, um seine Bekehrung zu erwirken.

Ich hatte einen Freund – mehr als Freund: einen Bruder, André Willemin, der weder Baron noch übertrieben fromm war, sich aber ebenso eifrig und ebenso erfolglos bemühte, mich vom atheistischen Sozialismus abzubringen.

Ratisbonne hatte sich seit einiger Zeit aus reiner Freundlichkeit, und weil er der Sache wirklich nicht die geringste Bedeutung beimaß, der Bitte seines Freundes nachgebend, bereit gefunden, eine fromme Medaille zu tragen, die dieser ihm geschenkt hatte; in demselben Geist hatte ich eingewilligt, ein Buch von Berdjajew zu lesen, das mich ebensowenig bekehrt hatte wie Ratisbonne seine Medaille.

Solche Übereinstimmungen können unendlich oft vorkommen, und bisher ist die Parallele nicht besonders packend. Sie wird es werden. Die folgenden Vorgänge rollen nach demselben Schema, in einem Abstand von hundert Jahren, mit derselben Schnelligkeit ab, ähnlich den Straßenunfällen, die sich zweimal auf dieselbe Weise am selben Ort wiederholen.

Eines Tages lädt der Freund Ratisbonnes diesen zu einer Spazierfahrt im Wagen ein; der meine lädt mich zum Essen ein, und hier beginnt die synoptische Übersicht der Ereignisse.

Ratisbonne besteigt wahrscheinlich den Tritt einer Kalesche, wie man sie auf romantischen Stichen sieht, ich steige in einen sympathischen alten Kasten, dessen Tür nur mit Hilfe des Ellenbogens geschlossen bleibt.

Die Kalesche des Barons de Bussières hält auf dem kleinen Platz in Rom, wo sich die Kirche S. Andrea delle Fratte erhebt: unser Wagen hält in der Rue d'Ulm vor der Kapelle der Anbetung des allerheiligsten Sakraments, von der man nur den Giebel über einem Eisenportal sieht. Die Kirche S. Andrea delle Fratte ist ein Bau von bescheidenen Ausmaßen, echt italienisch in der Mischung von Strenge der Anlage und Reichtum des Dekors, mit einer Überfülle von Kerzen, die da und dort ganze Flächen von Licht bilden: die pseudogotische Kapelle in der Rue d'Ulm ist grau, und mehr ist davon nicht zu sagen. Die ganze Sorge um die Ausstattung hat sich auf den Hochaltar konzentriert, der mit hohen Kandelabern und grünen Pflanzen geschmückt ist, überragt von einem kreuzförmigen Aufbau, dazu bestimmt, ganz oben die Monstranz zu tragen. Obgleich die eine spielerische Verzierungen aufweist, die die andere nicht zu bieten hat, sind beide Kirchen von der gleichen Banalität und nicht dazu angetan, die Phantasie zu befruchten.

Der Baron, der in der Kirche jemand zu sprechen wünscht, steigt aus und lädt seinen Gast ein, auf ihn zu warten oder ihn zu begleiten, es handle sich, sagt er, nur um ein paar Minuten: der gleiche Vorgang in der Rue d'Ulm, wo André Willemin mir den gleichen Vorschlag macht mit dem gleichen Hinweis darauf, daß er nur ein paar Minuten wegbleiben werde.

Anstatt sich in seinem Wagen zu langweilen, beschließt Ratisbonne, die Kirche zu besuchen, wohlgemerkt, mit keiner anderen Absicht, als sie seiner Sammlung römischer Eindrücke hinzuzufügen: im selben Augenblick, daß heißt fast hundert Jahre später und fünfzehnhundert Kilometer weit weg, habe ich denselben Gedanken: Schauen wir uns die Kirche an, und sehen wir, was mein Freund macht.

Als jeder von uns beiden die Türe seiner Kirche aufstößt, sind wir perfekte Ungläubige, die sich für Architektur interessieren beziehungsweise sich auf der Suche nach einem Freund befinden, keine gequälten Seelen auf der Suche nach einem Ideal; ich weiß nicht, was sich in diesem Augenblick im »Unbewußten« Ratisbonnes abspielte, so wie gewisse Leute zu wissen glauben, was sich unter ähnlichen Umständen im Unbewußten des heiligen Paulus abgespielt hat, aber wenn meines arbeitet und mir einen Streich spielen will, dann weiß es bestimmt sonst niemand.

Ratisbonne bleibt nicht weit vom Eingang stehen, neben einer Seitenkapelle (der zweiten), die in der Mauer zu seiner Linken eingebaut ist: ich bleibe im Hintergrund der Kapelle stehen, auf der linken Seite, aber ich schaue auf den Hauptaltar, dessen Anblick mich fesselt; ich habe noch nie eine ausgestellte Monstranz mit dem Allerheiligsten gesehen.

Wir sind immer noch zwei Ungläubige, die einige Minuten totzuschlagen haben, der eine wie der andere gleich wenig für mystische Emotionen disponiert und nicht um ein Haar mehr darauf aus, gläubig zu werden, jedoch unsere Ungläubigkeit wird hier ihr Ende finden, zersprengt durch die Gewißheit; immer noch sind wir eingemauert in unsere Gleichgültigkeit, aber unsere Mauern werden sich öffnen und wie ein geborstener Damm das Licht einfluten lassen. Die zwei nun folgenden Offenbarungen werden sich in verschiedenen Formen vollziehen, die eine in einem Bild, die andere ohne Bilder, aber sie werden identisch sein in ihrer Plötzlichkeit, ihrer Gewalt und dem grenzenlosen Staunen, das sie hervorrufen werden.

Die Kirche, die Ratisbonnes zerstreuter Blick durchläuft,

von keinem Kunstwerk auf seinem Wege aufgehalten, verschwindet urplötzlich vor ihm: was er jetzt sieht, ist die Muttergottes, so wie sie auf der Medaille, die er um den Hals trägt, abgebildet und jetzt in Farben, noch untermalt durch Lichteffekte, in der Kapelle von S. Andrea delle Fratte dargestellt ist.

Er empfindet jenes Glücksgefühl, das ihn zu Boden wirft und das er, wie ich vermute, ebensowenig andern vermitteln konnte, wie Bernadette von Lourdes ihre liebe Not gehabt haben dürfte, den Klerus der Diözese zu überzeugen oder den Damen von der Präfektur glaubhaft zu machen, daß eine der guten Gesellschaft angehörende Person wie die Jungfrau Maria achtzehnmal hintereinander im selben Kleid erscheinen konnte.

Was mir zur selben Stunde meines Lebens widerfährt, werde ich gleich erzählen. Doch hier zuerst noch der Bericht Ratisbonnes: wir schreiben den 20. Januar 1842:

»... Wenn mir jemand am Morgen dieses Tages gesagt hätte: ›Du bist als Jude aufgestanden und du wirst dich als Christ niederlegen‹, wenn mir jemand das gesagt hätte, ich hätte ihn für total verrückt gehalten.

Nachdem ich im Hotel gespeist und selbst meine Briefe auf die Post getragen hatte, ging ich zu meinem Freund Gustave, dem Pietisten; er war eben von einem Jagdausflug zurückgekommen, der ihn einige Tage von der Stadt ferngehalten hatte.

Er war sehr erstaunt, mich noch in Rom zu finden. Ich erklärte ihm die Ursache: ich hatte den Papst sehen wollen.

›Aber ich werde wegfahren, ohne ihn gesehen zu haben‹, sagte ich ihm, ›denn er hat an den Zeremonien von Petri Stuhlfeier nicht teilgenommen, wo man mir Hoffnung gemacht hatte, ihn zu sehen.‹

Gustave tröstete mich ironisch, indem er mir von einer andern, ganz seltsamen Feier erzählte, die, wie ich glaube, in Santa Maria Maggiore stattfinden sollte. Es handelte sich um die Tiersegnung. Zu diesem Thema hatte er eine ganze Menge von Scherzen und Anzüglichkeiten auf Lager, wie man sie sich in einem Gespräch zwischen einem Juden und einem Protestanten vorstellen kann.

Wir sprachen von der Jagd, von Unterhaltungen, von den Freuden des Karnevals, von der glänzenden Soirée, die der Herzog von Torlonia am Abend vorher gegeben hatte. Natürlich vergaß ich nicht, die Feiern anläßlich meiner Hochzeit zu erwähnen, ich lud M. de Lotzbeck dazu ein, der mir versprach zu kommen.

Wenn in diesem Augenblick (es war Mittag) ein dritter auf mich zugetreten wäre und mir gesagt hätte: ›Alphonse, in einer Viertelstunde wirst du Christus anbeten, deinen Herrn und Heiland, und in einer armseligen Kirche auf den Knien liegen und du wirst zu Füßen eines Priesters an deine Brust schlagen, in einem Jesuitenkloster, in dem du den Karneval verbringen wirst, um dich auf die Taufe vorzubereiten, bereit, den Leben hinzugeben für den katholischen Glauben, und du wirst auf die Welt, ihren Pomp, ihre Freuden, auf dein Vermögen, deine Erwartungen, deine Zukunft verzichten, und wenn es nötig ist, wirst du auch auf deine Braut verzichten, auf die Liebe deiner Familie, die Achtung deiner Freunde, die Zuneigung der Juden... und du wirst nichts anderes mehr wünschen, als Jesus Christus zu dienen und sein Kreuz bis zum Tode zu tragen!...‹, ich sage, wenn irgendein Prophet mir eine solche Vorhersage gemacht hätte, so hätte ich nur einen einzigen Menschen für verrückter gehalten als ihn, nämlich den Mann, der an die Möglichkeit eines solchen Wahnsinns geglaubt hätte! Und dieser Wahnsinn ist es, der heute meine Weisheit und mein Glück ausmacht.

Beim Verlassen des Kaffeehauses begegne ich dem Wagen von M. Théodore de Bussières. Er hält, und man lädt mich ein, zu einer Spazierfahrt einzusteigen. Es war herrliches Wetter, und ich nahm die Einladung mit Vergnügen an. Doch M. de Bussières bat mich, ihm zu gestatten, daß er sich noch ein paar Minuten in der Kirche S. Andrea delle Fratte aufhalte, die sich in unserer unmittelbaren Nähe befand, um einen Auftrag zu erfüllen; er schlug mir vor, im Wagen zu warten, ich aber zog es vor, auszusteigen und mir die Kirche anzusehen. Es waren dort gerade Vorbereitungen zu einem Begräbnis im Gange, und ich erkundigte mich nach dem Verstorbenen, dem hier die letzten Ehren erwiesen werden sollten. M. de Bussières antwortete mir: ›Es ist ein Freund von mir, der Comte de La Ferronays. Sein plötzlicher Tod‹, so fügte er hinzu, ›ist der Grund der Traurigkeit, die du gewiß seit zwei Tagen an mir bemerkt hast.‹ Ich kannte M. de La Ferronays nicht; ich hatte ihn nie gesehen, und die Mitteilung bewirkte bei mir nicht mehr als ein vages Bedauern, wie man es immer bei der Nachricht von einem plötzlichen Tod empfindet. M. de Bussières verließ mich, um die Ehrenplätze für die Angehörigen des Verstorbenen zu sichern. ›Kein Grund zur Ungeduld, es ist eine Angelegenheit von ein paar Minuten‹, sagte er, indem er zum Kreuzgang hinaufstieg.

Die Kirche S. Andrea ist klein, bescheiden und wenig besucht; ich glaube, ich war beinahe allein darin; kein Kunstgegenstand zog meine Aufmerksamkeit auf sich. Mechanisch ließ ich meine Blicke umherwandern, ohne mich bei irgendeinem Gedanken aufzuhalten, ich erinnere mich nur an einen schwarzen Hund, der vor mir herumsprang... Auf einmal war der Hund verschwunden, die ganze Kirche war verschwunden, ich sah nichts mehr, oder vielmehr, o mein Gott, ich sah nur mehr *eines*!!!

Wie wäre es möglich, zu erklären, was unerklärlich ist; jede noch so erhabene Beschreibung wäre nur eine Profanation der unaussprechlichen Wahrheit. Ich lag auf den Knien, in Tränen gebadet, meiner nicht mächtig, als M. de Bussières mich ins Leben zurückrief.

Ich konnte auf seine überstürzten Fragen nichts antworten; endlich ergriff ich die Medaille, die ich noch immer auf der Brust trug, ich küßte leidenschaftlich das Bild der Muttergottes, das eine unaussprechliche Gnadenwirkung ausstrahlte... Ja, sie war es, sie!

Ich wußte nicht, wo ich mich befand, ich wußte nicht, ob ich Alphonse war oder ein anderer; ich empfand eine so totale Veränderung, daß ich ein anderes Ich zu sein glaubte... Ich versuchte mich wiederzufinden und fand mich nicht... Ein jubelndes Frohlocken erhob sich vom Grunde meiner Seele; ich vermochte nicht zu sprechen, ich wollte nichts enthüllen; ich spürte in mir etwas Feierliches, Heiliges, das mich einen Priester verlangen ließ... Man führte mich dahin, und erst nachdem ich die ausdrückliche Weisung hierzu erhalten hatte, sprach ich, soweit es mir möglich war, auf den Knien und mit bebendem Herzen.

Meine ersten Worte waren Worte der Dankbarkeit für M. de La Ferronays und die Erzbruderschaft von Notre-Dame-des--Victoires. Ich wußte ganz sicher, daß M. de La Ferronays für mich gebetet hatte, aber ich konnte nicht sagen, wie ich zu diesem Wissen gekommen war, ebensowenig wie ich über die Wahrheiten Rechenschaft ablegen könnte, deren Kenntnis mir zuteil geworden war und an die ich nunmehr glaube. Alles, was ich sagen kann, ist, daß in dem einen Augenblick die Binde von meinen Augen fiel, nein, nicht nur eine Binde, alle die Binden, die mich umschnürt hatten, verschwanden eine nach der anderen, schnell wie der Schlamm und der Schnee und das Eis unter der Einwirkung einer sengenden Sonne.

Alles, was ich weiß, ist, daß ich beim Eintreten in die Kirche nichts wußte und beim Hinausgehen klar sah. Ich kann diese Veränderung nur erklären durch den Vergleich mit einem Menschen, den man plötzlich aus einem tiefen Schlaf wecken würde, oder auch mit einem Blindgeborenen, der auf einmal das Tageslicht sähe; er sieht, aber er kann das Licht nicht bestimmen, das ihn erleuchtet und in dessen Schein er die von ihm bewunderten Gegenstände betrachtet. Wenn man das physische Licht nicht erklären kann, wie könnte man jenes Licht erklären, das im Grunde nichts anders ist als die Wahrheit selbst. Ich glaube wahrheitsgemäß zu berichten, wenn ich sage, daß ich keinerlei Kenntnis vom Buchstaben der Dogmen hatte, aber ihren Sinn und ihren Geist erahnte. Ich spürte diese Dinge mehr, als ich sie sah, und ich spürte sie durch die unaussprechliche Wirkung, die sie in mir hervorbrachten. Alles spielte sich in meinem Innern ab, und diese Eindrücke, die tausendmal schneller waren als der Gedanke, tausendmal tiefer als jede Reflexion, hatten meine Seele nicht nur bewegt, sondern sie gleichsam umgewendet und in eine andere Richtung gelenkt, auf ein anderes Ziel hin und ein neues Leben.«

Das ist das römische Abenteuer Alphonse Ratisbonnes. Von da ab, fügt er hinzu, habe ihm die Welt nichts mehr bedeutet, seine Einwände gegen das Christentum seien verschwunden, ohne Spuren zu hinterlassen, ebenso wie die Vorurteile seiner Kindheit, und die Liebe zu seinem Gott »hatte die Stelle jeder anderen Liebe eingenommen«...

Da ich nicht von allen Menschen annehmen kann, daß sie mich gelesen haben, will ich jetzt ein paar von den letzten Seiten meines Buches »Gott existiert. Ich bin ihm begegnet« hierhersetzen, in denen ich meine eigene Geschichte erzählt habe, bevor ich – ich wiederhole es – von dem oben wiedergegebenen Text Kenntnis hatte. Ich stelle die zwei Berichte nebeneinander, weil sie beide außer seltsamen Übereinstimmungen in den äußeren Umständen ein Zeugnis von dem plötzlichen Eingreifen einer Macht enthalten, welches die Mitwirkung des freien Willens auszuschließen scheint – aber nur scheint. Wenn ich das sage, so folgt doch aus der Tatsache, daß ich ebenso schnell bekehrt war wie der unbekümmerte Besucher von S. Andrea delle Fratte, nicht, daß ich mich als einen zweiten Ratisbonne hinstellen will. Die Parallele zwischen den Ereignissen schließt nicht einen Vergleich zwischen den Personen ein; die Christen, die kommunizieren, tun schließlich dasselbe wie die Apostel am Gründonnerstag und denken nicht daran, sich für einen von ihnen zu halten.

Wir schreiben also den 8. Juli 1935, ich habe eben meinem Freund das Buch von Berdjajew, das er mir geliehen hatte, zurückgegeben so wie Ratisbonne M. de Bussières eine Abhandlung des heiligen Bernhard (ein Detail, das ich vorhin zu erwähnen vergessen habe), die auf ihn nicht mehr Eindruck gemacht hatte wie auf mich Berdjajew; wir wollen zusammen essen gehen, machen in der Rue d'Ulm halt. Meine Gedanken in diesem Augenblick? Ich erinnere mich nicht. Wohl vage wie gewöhnlich. Meine seelische Verfassung? Ruhig, ich empfand weder Kummer noch Angst.

»Mein Freund stieg aus, steckte den Kopf ins Wagenfenster und fragte mich, ob ich ihn begleiten oder ein paar Minuten warten wolle. Ich werde warten, sagte ich. Wahrscheinlich hatte er einen kurzen Besuch zu machen. Ich sah ihn über die Straße gehen, eine kleine Tür neben einem großen eisernen Tor aufstoßen, über dem das Dach einer Kapelle sichtbar war. Schön, er wollte beten gehen oder beichten, kurz sich irgendeiner dieser Tätigkeiten widmen, die den Christen viel Zeit nehmen. Ein Grund mehr, um zu bleiben, wo ich war.

... In zwei Minuten werde ich Christ sein.

Gelassener Atheist, der ich bin, ahne ich wahrhaftig nichts davon, als ich, des Wartens müde, kopfschüttelnd über die nicht enden wollenden, unverständlichen Andachtsübungen meines Kameraden, nun meinerseits die kleine Eisentüre aufstoße, um als Neugieriger oder als Zeichner das Gebäude näher in Augenschein zu nehmen, in dem er sich, wie mir vorkommt, schon eine Ewigkeit aufhält (tatsächlich waren es höchstens drei oder vier Minuten) ...

Der letzte Teil der Kapelle ist hell erleuchtet. Auf dem ganz in Weiß gehaltenen Hauptaltar wird ein riesiges Aufgebot an Pflanzen, Leuchtern und anderen Zieraten von einem großen Kreuz in reicher Metallarbeit überragt, das in seiner Mitte eine mattweiße runde Scheibe trägt. Drei weitere Scheiben von derselben Größe, aber in einem um eine Nuance verschiedenen Weiß sind an den Enden der Kreuzbalken befestigt. Ich bin aus Kunstbegeisterung schon in manche Kirche eingetreten, aber ich habe noch nie mit Bewußtsein eine Monstranz mit der Hostie darin gesehen, ich glaube auch nie eine Hostie, und ich weiß nicht, daß ich das allerheiligste Altarsakrament vor mir habe, zu dem zwei Reihen brennender Kerzen emporstreben. Die zusätzlichen weißen Scheiben und die überladene Goldverzierung machen es mir noch schwerer, diese ferne Sonne als das, was sie ist, zu erkennen.

Die Bedeutung von dem allen entgeht mir, und zwar um so mehr, als ich sie nicht suche. Neben der Türe stehend, spähe ich nach meinem Freund, und es gelingt mir nicht, ihn unter den knienden Gestalten vor mir zu erkennen. Mein Blick wandert vom Dunkel zum Licht, kehrt zu den anwesenden Menschen zurück, ohne irgendeinen Gedanken mitzubringen, gleitet von den Gläubigen zu den unbeweglich verharrenden Ordensfrauen und bleibt dann, ich weiß nicht warum, an der zweiten Kerze haften, die links vom Kreuz brennt, nicht an der ersten, nicht an der dritten, sondern an der zweiten. In diesem Augenblick bricht jäh eine Welle von Wundern los, deren unerbittliche Gewalt in einem Nu von dem absurden Wesen, das ich bin, die Hülle reißen und das Kind, das ich nicht gewesen bin, geblendet von dem Glanz, ans Tageslicht bringen wird.

Zuallererst werden mir die Worte ›geistliches Leben‹ eingegeben.

Sie werden mir nicht gesagt, ich forme sie nicht selbst, ich
höre sie, als würden sie neben mir mit leiser Stimme von einer
Person gesprochen, die sieht, was ich noch nicht sehe.

Kaum hat die letzte Silbe dieses leisen Vorspiels die Schwelle meines Bewußtseins erreicht, da bricht von neuem die Lawine
los. Ich sage nicht: Der Himmel öffnet sich; er öffnet sich nicht, er
stürzt auf mich zu, schießt plötzlich wie ein stummes Wetter-
leuchten aus der Kapelle empor, wo er – wie hätte ich es ahnen
können? – auf geheimnisvolle Weise eingeschlossen war. Wie soll
ich's schildern, mit diesen abgedankten Worten, die mir den
Dienst versagen und mir die Gedanken abzuschneiden drohen,
um sie in das Magazin der Einbildungen zu verweisen? Der Maler, dem es gegeben wäre, unbekannte Farben zu erschauen,
womit sollte er sie malen?

Es ist ein unzerstörbarer Kristall von einer unendlichen
Durchsichtigkeit, einer beinahe unerträglichen Helle (ein Grad
mehr würde mich vernichten), einem eher blauen Licht, eine
Welt, eine andere Welt, von einem Glanz und einer Dichte, daß
unsere Welt vor ihr zu den verwehenden Schatten der nicht aus-
geträumten Träume zurücksinkt. Es ist die Wirklichkeit, es ist die
Wahrheit, ich sehe sie vom dunklen Strand aus, wo ich noch festgehalten bin. Es ist eine Ordnung im Universum, und an ihrer
Spitze, jenseits dieses funkelnden Nebelschleiers, ist die Evidenz
Gottes, die Evidenz, die Gegenwart ist, die Evidenz, die Person
ist, die Person dessen, den ich vor einer Sekunde noch geleugnet
habe, den die Christen ›unseren Vater‹ nennen und dessen milde
Güte ich an mir erfahre, eine Milde, die keiner anderen gleicht,
die nicht die manchmal mit diesem Namen bezeichnete passive
Eigenschaft ist, sondern eine aktive, durchdringende, eine Milde,
die alle Gewalt übertrifft, die fähig ist, den härtesten Stein zu zerbrechen, und was härter ist als der Stein – das menschliche
Herz ...

Leo Schestow
Sola fide

... Die Bibel ist bis auf den heutigen Tag das Buch der
Bücher, das ewige Buch geblieben. Es wäre nicht schade, für
einen einzigen Brief des Apostels Paulus oder für ein Kapitel aus
dem Propheten Jesaia die theologische Literatur einer ganzen
Generation späterer Epochen der Menschheit herzugeben. Das

ist gewiß kein Zufall. Die Wissenschaften entwickeln sich, vervollkommnen sich. Das positive Wissen speichert sich auf und vererbt sich weiter. Darum ist jede nachfolgende Generation gelehrter als die vorhergehende. Aristoteles hat recht – das Grundmerkmal des Wissens besteht darin, daß es an jedermann weitergegeben werden kann. In der Philosophie, der Kunst, der Religion jedoch verhalten sich die Dinge ganz anders. Das »Wissen« des Philosophen, des Künstlers, des Propheten gelangt nicht als Gebrauchsgegenstand in das Alltagsleben der Menschen. Für Plato waren seine »Anamnesis«, seine »Ideen«, sein »Eros« Wissen, allerphilosophischstes Wissen. Aber schon Aristoteles »widerlegte« ihn: Bis auf den heutigen Tag kann man all dieses Wissen nur aus den Werken Platos selbst schöpfen, während wir die Thesen der alten Physik oder Mechanik, die sich bestätigt haben, in jedem beliebigen Lehrbuch wiederfinden, sogar ohne Hinweise, durch wen und wann sie der Menschheit gegeben wurden. Wenn man vom Pythagoreischen Lehrsatz, vom Archimedischen Hebel oder gar von den Gesetzen Newtons spricht, so doch nur der Einfachheit und Kürze halber. Ganz anders, wenn von den Ideen Platos die Rede ist, von dem »Einen« Plotins, von der Entelechie des Aristoteles, vom amor intellectualis Spinozas oder gar den Postulaten Kants. Hier hat der Schöpfer ebensoviel zu bedeuten wie sein Werk. Ganz ebenso wie man Phidias oder Praxiteles, Leonardo da Vinci oder Raphael, Sophokles oder Shakespeare nicht beschreiben oder mit eigenen Worten erzählen kann, sondern ihre Werke selbst sehen oder lesen muß. Ich rede schon gar nicht von den Psalmen, den Büchern der Propheten, den Apostelbriefen: wer diese nicht gelesen hat, sondern sie nur aus den Worten anderer kennt, ahnt nicht einmal, was sie sagten. Allerdings ahnen und erkennen sie häufig auch solche nicht, die sie gelesen haben. Es wird wohl am ehesten so sein, daß wir, so sehr wir auch unsere Phantasie anstrengen, dennoch in die ferne Vergangenheit nicht einzudringen vermögen. Und je tiefer die Vergangenheit zurückliegt, desto schwieriger ist es, sie vermittelst der üblichen historischen Methoden zu rekonstruieren. Man darf sich nicht betrügen und nicht allzusehr auf seine Fähigkeit vertrauen, aus zurückgebliebenen materiellen Spuren die Geschichte der Erde, des Lebens, der Menschen, der Völker herauszulesen. Es liegt aller Grund zu der Annahme vor, daß wir schlecht »lesen«, sehr schlecht, und daß das schlechte Lesen uns einen nicht geringen Vorrat falscher Ideen und falschen Wissens geliefert hat. Wir »lesen« stets, indem wir von der Voraussetzung ausgehen, daß es nichts Neues unter der Sonne gebe und geben könne. Eine Voraussetzung, die offenbar ganz falsch ist und gänzlich unbegrün-

det: Es gibt wohl Neues unter der Sonne, aber es fehlen uns die
Augen, um es zu erkennen – wir verstehen uns nur darauf Altes zu
sehen. So etwas Neues ist beispielsweise die biblische Legende
vom Südenfall Adams. Wenn wir uns zu ihr verhalten, wie es sich
für Historiker gehört, das heißt für Menschen, die nach einem
natürlichen Zusammenhang der Erscheinungen suchen und
a priori überzeugt sind, daß sie im Dunkel der Jahrhunderte
nichts finden könnten, was es nicht auch in unserer Zeit gäbe, so
werden wir genötigt sein, sie entweder falsch auszulegen oder sie
für eine spätere, ja sogar sehr späte Interpolation zu halten. Letztere Annahme wäre unsinnig. Die Legende vom Sündenfall ist so
eng verknüpft mit der ganzen biblischen Erzählung, daß man die
ganze Genesis und danach auch alle übrigen Bücher der Bibel der
uns nächsten Epoche zurechnen müßte. Was aber dann? Wie sollte man auf natürliche Weise erklären, daß ein kleines, ungebilde-
tes, umherziehendes Völkchen auf den Gedanken kommen
konnte, die größte Sünde, welche die menschliche Natur mißge-
staltete und die Vertreibung aus dem Paradies sowie alle Folgen
dieser Vertreibung nach sich zog – unser schweres, qualvolles Leben, die Arbeit im Schweiße des Angesichtes, Krankheiten, Tod,
usw. – die größte Sünde unserer Urväter sei das »Vertrauen auf die
Vernunft« gewesen? Und es habe der Mensch, indem er den
Apfel vom Baume der Erkenntnis pflückte, sich nicht gerettet, wie
man meinen sollte, sondern sich für immer zugrunde gerichtet?
Wie konnte ein solcher Gedanke, frage ich, primitiven Hirten in
den Kopf kommen, die all ihre Zeit und all ihre Kräfte dem
»Kampf ums Dasein« widmen mußten, d.h. der Sorge um ihre
Kühe und Schafe? Welche Schärfe und Verfeinerung des Verstandes, wieviel Kultur ist erforderlich, um an diese verhängnisvolle
Frage nur heranzutreten! Selbst heute noch halten sehr gelehrte
Menschen solche qualvollen Probleme von sich fern, da sie fühlen, daß es dem Menschen nicht oder fast nicht gegeben sei, sie zu
lösen, ja nicht einmal, sie in ihrer ganzen Tiefe und Kompliziert-
heit zu erfassen. Man kann noch mehr sagen: Trotzdem die Bibel
im Laufe von Jahrhunderten das meistgelesene Buch der europäischen Menschheit gewesen ist und jedes ihrer Worte als heilig
galt, verstanden und verstehen die gebildetsten und am tiefsten
denkenden Menschen die Legende vom Sündenfall nicht. Auch
heute versteht niemand von uns die in ihr verborgenen Rätsel, wir
sind organisch unfähig sie zu verstehn. Warum ist der Baum der
Erkenntnis der Baum des Todes, indes der Baum des Lebens keine Erkenntnis gibt? Beweist doch unsere ganze Erfahrung das
Gegenteil. Erkenntnis schützt das Leben, sie ermöglicht dem
Menschen – einem schwachen Tier ohne natürliche Waffe – den

Kampf mit anderen für ihn gefährlichen Tieren. Erkenntnis ist die Quelle unserer Kraft und Macht ... So sollte man meinen! Wenn wir aber die Legende vom Sündenfall nicht verstehen – wie konnten sie dann ungebildete, grobe Hirten verstehen, ja noch dazu »erfinden«? Es ist klar: sie konnten sie weder verstehen noch erfinden. Genau so, wie sie selbstverständlich nach zurückgebliebenen sichtbaren Spuren nicht zu dem Schluß kommen konnten, daß es einmal eine Sintflut gegeben habe. Die Legende vom Sündenfall kam zu den Juden irgendwoher *von außen*, sie erhielten sie »als Erbschaft«, und dann wurde sie von Generation zu Generation weitergegeben. Folglich muß ihre Entstehungszeit in eine sehr entfernte Periode der menschlichen Geschichte verlegt werden. Wie weit wir aber auch die Entstehung der Legende von dem verhängnisvollen Baum ins Dunkel der Zeiten zurückverlegen, so erleichtern wir uns doch die Aufgabe nicht, sondern gestalten sie nur noch verwickelter. Waren doch die Vorfahren der in Palästina lebenden Juden noch ungebildetere, ja ganz primitive Menschen, Wilde. Konnten sie überhaupt über solche Probleme nachdenken, geschweige denn sie lösen, vermochten sie Leben und Erkenntnis einander gegenüberzustellen? ... Ich wiederhole, daß selbst heute die gebildetsten Menschen nicht zu einer solchen Gegenüberstellung »aus eigenem Verstande« gelangen könnten. Als Nietzsche von seinen unterirdischen und überirdischen Wanderungen das »Jenseits von Gut und Böse« mitbrachte, waren alle bestürzt, als hätte die Welt nie etwas davon gehört. Und das unbeschadet dessen, daß er nur die uralte Legende von den im Paradies wachsenden Bäumen neuerlich wiederholte! Unbeschadet dessen, daß hiervon voher so leidenschaftlich und begeistert sowohl der Prophet Jesaia, als auch der sich auf den Propheten stützende Apostel Paulus und sogar der die ganze Welt mit Donner erfüllende Luther erzählten, dessen Lehre ihrem Sinne nach darauf hinauslief, daß der Mensch nicht durch seine Werke, sondern durch den Glauben allein – sola fide – erlöst werde und daß die auf ihre guten Werke Vertrauenden zu ewigem Tod verdammt seien. Wenn wir also, ungeachtet dessen, daß Propheten, Apostel und Philosophen uns diese Wahrheit so oft verkündeten – sie nicht *erfassen* konnten und können, wie konnten dann die Juden sie von selbst *erfinden*? Sie konnten es offenbar nicht. Es ist ebenso offenbar, daß sie diese Wahrheit von niemandem übernehmen konnten. Von wo kam sie dann zu ihnen? Und wenn sie auf »natürlichem« Wege zu ihnen kam, warum vermögen wir dann auch jetzt nicht ihren geheimnisvollen Sinn zu erraten? Warum erscheint sie dann selbst denen, welche die Bibel für ein Buch der Offenbarung halten, wenn nicht gerade falsch, so doch gänzlich sinnlos? Es kann nicht sein, sagt immer wieder unsere Vernunft, unser ganzes geistiges Wesen, daß aus Erkenntnis Tod käme. Hätte das doch zu bedeuten, daß man sich vom Tode nur befreien könne, wenn man sich frei mache von der Erkenntnis und die Fähigkeit verliere, Gut und Böse zu unterscheiden! Das wurde unseren fernen Vorfahren »offenbart«, sie trugen die ihnen offenbarte Wahrheit durch die Jahrtausende; Hunderte von Menschenmillionen kannten und kennen jene Stelle in der Hl. Schrift, an der vom Sündenfall berichtet wird, doch verstehen – verstehen kann sie niemand, und noch weniger können wir uns erklären, warum uns ein Geheimnis offenbart wurde, welches niemand fassen kann – selbst nachdem es offenbart ward. Die Theologen, selbst solche wie der hl. Augustinus, fürchteten dieses Geheimnis, und statt zu lesen, was in der Bibel geschrieben stand, das heißt, daß der Mensch deshalb sterblich wurde, weil er von den Früchten des Baumes der Erkenntnis aß, lasen sie, der Mensch sei sterblich geworden, weil er Gott nicht gehorchte. Andere hatten eine noch gröbere Auffassung und erblickten die Ursünde in der concupiscentia, die Adam angeblich, von Eva verführt, in sich nicht zu überwinden wußte. Das ist aber bereits kein Lesen, sondern künstliche und berechnete Auslegung. Wenn der Mensch einen anderen Befehl Gottes nicht befolgt hätte, so wären die Folgen nicht so schwer und verhängnisvoll gewesen: Davon berichtet die Bibel selbst im weiteren. Es handelte sich doch nur darum, daß die Frucht vom Baume der Erkenntnis, der im Garten Eden neben dem Baum des Lebens wuchs, den unvermeidlichen Tod in sich barg. Gerade hiervor hatte Gott den Menschen gewarnt. Aber die Warnungen hatten nichts genützt. In der gleichen Weise wie der Mensch, »nachdem er vom Apfel gegessen und gewahr wurde«, daß er nackt sei und sich seiner Nacktheit schämen müsse, nicht umhin konnte, sich zu schämen, so konnte er, »nachdem er gewahr« geworden, daß es den Tod gebe, sich nicht mehr vor dem Tode retten. Nicht Gott hat ihn darauf »verdammt« – Gott formulierte nur mit Worten, was ohne ihn geschehen war –, sondern der Mensch richtete sich selbst zugrunde. Er glaubte der Schlange, daß die Erkenntnis seine Kräfte mehren werde, und wurde zu einem wissenden, aber beschränkten und sterblichen Wesen. Und je mehr er »weiß«, desto beschränkter ist er. Das Wesen des Wissens liege in der Beschränkung: das ist der Sinn der biblischen Legende. Wissen ist die Fähigkeit und die ständige Bereitschaft des Umsichschauens, der Umsicht, es ist das Ergebnis der Angst, wenn man nicht hinsehen, was hinter einem ist, einem gefährlichen und hinterlistigen Feind zum Opfer zu fallen. Vor dem Sündenfall sah Adam Eva an und schämte sich nicht – in der menschlichen Nacktheit war, wie in allem, was es im Garten Eden gab, nur Schönheit. Das Schamerweckende, Schlechte, Furchtbare indes kam von der Erkenntnis und zusammen mit der Erkenntnis, mit ihren »Kriterien«, die sich das Recht anmaßen, zu urteilen und zu verurteilen. Unmittelbares Sehen kann nichts Schlechtes, nichts Falsches mit sich bringen. Nachdem die Erkenntnis die Lüge und das Böse geschaffen hat, versucht sie den Menschen zu lehren, wie er sich durch eigene Kraft, durch eigene Werke vor der Lüge und dem Bösen retten könne. Aber »Erkenntnis« und »Werke« waren ja gerade – wenn man die geheimnisvolle biblische Legende gelten lassen will – die Quelle alles Übels auf Erden. Man müsse sich auf andere Weise erlösen, durch den »Glauben« – wie der Apostel Paulus lehrt, durch den Glauben allein, d. h. durch eine geistige Anspannung ganz besonderer Art, die wir als »Vermessenheit« bezeichnen. Erst wenn wir die »Gesetze« vergessen haben, die uns so fest an das beschränkte Sein binden, können wir uns über die menschlichen Wahrheiten und das menschlich Gute erheben. Um sich zu erheben, muß man den Boden unter den Füßen verlieren. Gewiß, »Dialektik« kann hier nicht helfen, auch nicht das Streben zur »Ewigkeit«, die wir angeblich durch das »Verstandesbewußtsein« unter der veränderlichen Zeit fühlen. Wir brauchen die Veränderlichkeit nicht zu fürchten: unser gefährlichster Feind – das sind die »evidenten Wahrheiten«. Ich weiß, am schwersten hat es ein Mensch, der verurteilt ist zu gehen, ohne zu wissen wohin. Offenbar darf man eine solche Forderung überhaupt nicht an den Menschen stellen. Aber es handelt sich ja hier um keine Forderung. Niemand fordert, daß alle Menschen stets die Evidenz mißachten sollten. Vielleicht müssen sogar im Gegenteil alle stets mit der Evidenz rechnen. Doch kann mancher manchmal auch nicht mit ihr rechnen und rechnet sogar nicht mit ihr. Und dann beginnt es uns so zu scheinen, als sei die Ewigkeit nur ein unbewegliches Bild der Zeit, als habe das, was einen Anfang hat, kein Ende, als sei die biblische Philosophie viel tiefer und geistiger als die moderne Philosophie und sogar – ich will alles aussprechen – als sei die Legende vom Sündenfall nicht von den Juden erfunden, sondern als hätten sie sie auf irgendeinem jener Wege erhalten, von denen man aus den neusten Erkenntnistheorien nichts erfahren kann.

Simone Weil
Die Gottesliebe und das Unglück

... Das große Rätsel des menschlichen Lebens ist nicht das Leiden, sondern das Unglück. Es ist nicht verwunderlich, daß man Unschuldige tötet, foltert, aus ihrer Heimat vertreibt, ins Elend oder in die Sklaverei stößt, in Lagern oder Kerkern einsperrt, denn es finden sich Verbrecher, um solche Handlungen zu begehen. Ebenso wenig ist es verwunderlich, daß die Krankheit zu langen Leiden verurteilt, die das Leben lähmen und es in ein Bild des Todes verwandeln, denn die Natur ist einem blinden Kräftespiel mechanischer Notwendigkeiten unterworfen. Verwunderlich aber ist es, daß Gott dem Unglück die Macht verliehen hat, die Seele selbst der Unschuldigen zu ergreifen und sich zum unumschränkten Herrn und Meister über sie aufzuwerfen. Bestenfalls wird der, dem das Unglück seinen Stempel aufprägt, nur die Hälfte seiner Seele bewahren.

Diejenigen, die von einem jener Schicksalsschläge getroffen wurden, nach welchen ein Wesen sich wie ein halb zertretener Wurm am Boden windet, haben keine Worte, um auszudrücken, was ihnen widerfährt. Unter denen, die ihnen begegnen, haben diejenigen, die, auch wenn sie selber viel gelitten haben, doch niemals mit dem eigentlichen Unglück in Berührung gekommen sind, auch nicht die geringste Vorstellung davon, was das ist. Es ist etwas Einzigartiges, Unvergleichliches, wie die Töne, von denen nichts einem Taubstummen einen Begriff vermitteln kann. Und diejenigen, die selber von dem Unglück verstümmelt worden sind, sind außerstande, irgend jemandem Beistand zu leisten, und fast unvermögend, auch nur Verlangen danach zu tragen. So ist das Mitleid mit den Unglücklichen eine Unmöglichkeit. Wenn es sich wahrhaft ereignet, ist es ein Wunder, staunenswürdiger als das Wandeln auf dem Wasser, die Heilung der Kranken und sogar die Auferweckung eines Toten.

Das Unglück hat Christus gezwungen, um Schonung zu flehen, bei den Menschen Trost zu suchen, sich von seinem Vater verlassen zu glauben. – Es hat einen Gerechten gezwungen, gegen Gott aufzuschreien, einen Gerechten, der so vollkommen war, wie die nur menschliche Natur dies zuläßt, ja mehr noch vielleicht, falls Hiob weniger eine geschichtliche Person als eine Figur Christi ist. »Er lacht des Unglücks der Unschuldigen.« Das ist keine Lästerung, sondern ein echter, dem Schmerz entrissener Aufschrei. Das Buch Hiob ist von einem Ende zum andern ein reines Wunder an Wahrheit und Echtheit. Hinsichtlich des Unglücks ist alles, was von diesem Vorbild abweicht, mehr oder minder von Lüge befleckt.

306

Das Unglück läßt Gott auf eine Zeit abwesend sein, abwesender als ein Toter, abwesender als das Licht in einem völlig finsteren Kerkerloch. Eine Art von Grauen überflutet die ganze Seele. Während dieser Abwesenheit gibt es nichts, das man lieben könnte. Das Schreckliche ist, daß, wenn die Seele in diesen Finsternissen, wo nichts ist, das sie lieben könnte, aufhört zu lieben –, daß dann die Abwesenheit Gottes endgültig wird. Die Seele muß fortfahren, ins Leere hinein zu lieben, oder zumindest lieben zu wollen, sei es auch nur mit dem winzigsten Teil ihrer selbst. Dann eines Tages naht sich Gott selbst und zeigt sich ihr und enthüllt ihr die Schönheit der Welt, wie dies bei Hiob der Fall war. Hört aber die Seele auf zu lieben, so stürzt sie schon hienieden in etwas hinab, das fast der Hölle gleichkommt.

Darum töten diejenigen die Seelen, welche solche Menschen ins Unglück stürzen, die auf seinen Empfang nicht vorbereitet sind. Anderseits ist in einer Zeit wie der unsrigen, wo das Unglück jeden bedroht, die Hilfe, die man den Seelen bringt, nur dann wirksam, wenn sie so weit geht, die Seelen wirklich auf das Unglück vorzubereiten. Und das ist nichts Geringes.

Das Unglück verhärtet und läßt verzweifeln, weil es der Seele bis auf den Grund, gleich einem glühenden Eisen, jene Verachtung einprägt, jenen Ekel und sogar jenen Abscheu vor sich selbst, jene Empfindung der Schuld und der Befleckung, die logischerweise das Verbrechen hervorrufen müßte und nicht hervorruft. Das Böse wohnt in der Seele des Verbrechers, ohne dort empfunden zu werden. Es wird empfunden in der Seele des unglücklichen Unschuldigen. Alles geschieht, als ob die seelische Verfassung, die ihrem Wesen nach dem Verbrecher zukommt, von dem Verbrechen getrennt und mit dem Unglück verbunden worden wäre; ja sogar gemäß der Unschuld des Unglücklichen.

Wenn Hiob seine Unschuld mit solchen Schreien der Verzweiflung beteuert, so tut er dies, weil es ihm selbst nicht mehr gelingt, daran zu glauben, weil er in seiner Seele die Partei seiner Freunde ergreift. Er fleht Gott selber um ein Zeugnis an, weil er das Zeugnis seines eigenen Gewissens nicht mehr vernimmt; es ist für ihn nur noch eine abstrakte, eine tote Erinnerung.

Die fleischliche Natur ist dem Menschen gemeinsam mit dem Tier. Die Hühner stürzen sich mit Schnabelhieben auf ein verwundetes Huhn. Dies ist ein ebenso mechanisches Phänomen wie die Schwerkraft. Alle Verachtung, allen Abscheu, allen Haß, die unsere Vernunft mit dem Verbrechen verbindet, verbindet unser Empfindungsvermögen mit dem Unglück. Ausgenommen diejenigen, deren Seele ganz von Christus ausgefüllt ist, verachtet jedermann die Unglücklichen mehr oder weniger, obgleich fast niemand sich dessen bewußt ist.

Dieses Gesetz unseres Empfindungsvermögens gilt auch in Hinsicht auf uns selbst. Diese Verachtung, dieser Abscheu, dieser Haß kehren sich bei dem Unglücklichen gegen ihn selber, dringen in das Innerste der Seele ein und färben von dort mit ihrer vergifteten Färbung auf die ganze Welt ab. Wenn die übernatürliche Liebe am Leben geblieben ist, so kann sie verhindern, daß diese zweite Wirkung, nicht aber, daß die erste Wirkung sich einstellt. Die erste Wirkung ist das eigentliche Wesen des Unglücks; dort, wo sie nicht eintritt, liegt kein echtes Unglück vor.

»Er ist zu einem Fluch gemacht worden um unsertwillen.« Nicht nur der Leib Christi, der am Holze hing, ist zum Fluch gemacht worden, sondern auch seine ganze Seele. Ebenso fühlt jeder Unschuldige im Unglück sich verflucht. Dies gilt sogar noch für diejenigen, die im Unglück waren und durch einen Wechsel des Schicksals ihm wieder entrissen wurden, wenn der Biß des Unglücks tief genug war.

Eine andere Wirkung des Unglücks ist, daß es die Seele nach und nach zu seinem Mithelfer macht, indem es ihr ein Gift der Trägheit einspritzt. Jeder, der lange genug unglücklich war, handelt wie in heimlichem Einverständnis mit seinem eigenen Unglück. Dieses Einverständnis hemmt alle Anstrengungen, die er etwa machen könnte, um sein Los zu verbessern; es geht so weit, daß es ihn hindert, die Mittel zu seiner Befreiung zu suchen, mitunter sogar so weit, daß es ihn hindert, diese Befreiung auch nur zu wünschen. Dann hat er sich in seinem Unglück eingerichtet, und die Menschen können glauben, er sei zufrieden. Ja mehr noch, dieses Einverständnis kann dahin führen, daß er, sich selber unbewußt, die Mittel und Wege zu Befreiung meidet und flieht; wobei es sich dann hinter oftmals lächerlichen Vorwänden verschanzt. Selbst bei dem, welcher dem Unglück entronnen ist, bleibt dennoch, wenn der Biß für immer bis auf den Grund der Seele gedrungen ist, so etwas wie ein Trieb vorhanden, sich von neuem ins Unglück zu stürzen; gleichsam, als habe dieses sich nach Art eines Schmarotzers in ihm eingenistet, um ihn nach seinen eigenen Zwecken zu lenken. Dieser Antrieb ist bisweilen mächtiger als alle Regungen der Seele, die nach dem Glück streben. War das Aufhören des Unglücks einer Wohltat zu verdanken, so kann dieser Trieb von Haß gegen den Wohltäter begleitet sein; dies ist die Ursache gewisser scheinbar unerklärlicher Handlungen des schnödesten Undanks. Es ist mitunter leicht, einen Unglücklichen von seinem gegenwärtigen Unglück zu befreien, aber es ist schwer, ihn von seinem vergangenen Unglück zu befreien. Das kann nur Gott allein. Doch selbst die Gnade Gottes heilt hienieden nicht die unheilbar verletzte Natur. Der verklärte Leib Christi trug die Wundmale.

Man kann das Vorhandensein des Unglücks nur hinnehmen, wenn man es als einen Abstand betrachtet.

Gott hat seine Schöpfung aus Liebe, um der Liebe willen erschaffen. Gott hat nichts anderes erschaffen als die Liebe selbst und die Mittel der Liebe. Er hat alle Formen der Liebe erschaffen. Er hat in allen möglichen Abständen Wesen erschaffen, die der Liebe fähig sind. Und er selbst ist, weil kein anderer es tun konnte, bis in die äußerste Entfernung, den unendlichen Abstand von sich selber hinausgegangen. Dieser unendliche Abstand zwischen Gott und Gott – äußerste Zerreißung, Schmerz, dem kein anderer gleichkommt, Wunder der Liebe –, dieser Abstand ist die Kreuzigung. Nichts kann von Gott entfernter sein als das, was zu einem Fluch gemacht worden ist.

Diese Zerreißung, über welche die höchste Liebe das Band der höchsten Einigung ausspannt, hallt unaufhörlich durch das ganze Weltall, vom Grunde des Schweigens, gleich zwei getrennten und verschmolzenen Tönen, als eine reine, eine herzzerreißende Harmonie. Dies ist das Wort Gottes. Die ganze Schöpfung ist nichts als sein Erklingen. Wenn die menschliche Musik in ihrer größten Reinheit uns durch die Seele dringt, so ist es dies, was wir durch sie hindurch vernehmen. Wenn wir gelernt haben, das Schweigen zu hören, so ist es dies, was wir, noch vernehmlicher, durch es hindurch erfassen.

Die in der Liebe ausdauern, hören diesen Ton auf dem tiefsten Grunde ihrer Verlorenheit, wohin das Unglück sie hinabgestoßen. Von diesem Augenblick an sind sie allen Zweifeln enthoben.

Die Menschen, die das Unglück getroffen hat, sind am Fuße des Kreuzes, beinahe in der größtmöglichen Entfernung von Gott. Man soll nicht glauben, die Sünde sei eine größere Entfernung. Die Sünde ist keine Entfernung. Sie ist eine falsche Blickrichtung.

Es besteht freilich ein geheimnisvoller Zusammenhang zwischen dieser Entfernung und einem uranfänglichen Ungehorsam. Von Urbeginn an hat die Menschheit, wie uns gesagt ist, ihren Blick von Gott abgewandt und ihren Weg in verkehrter Richtung genommen, so weit ihre Schritte sie führen konnten. Denn damals konnte sie noch schreiten. Wir aber, wir sind wie mit Nägeln festgebannt; nur unsere Blicke sind frei, sonst sind wir in allem der Notwendigkeit unterworfen. Ein blinder Mechanismus, der auch der höchsten geistlichen Vollkommenheit nicht achtet, schüttelt und schwenkt die Menschen unaufhörlich hin und her und schleudert einige unmittelbar zu Füßen des Kreuzes hin. Es hängt nur von ihnen ab, ob sie durch diese Erschütterungen hindurch die Augen auf Gott geheftet halten oder nicht. Nicht als ob Gottes Vorsehung abwesend wäre. Sondern durch seine Vorsehung hat Gott die Notwendigkeit als einen blinden Mechanismus gewollt.

Wäre dieser Mechanismus nicht blind, so gäbe es überhaupt kein Unglück. Das Unglück ist vor allem anonym, es beraubt den, welchen es ergreift, seiner Persönlichkeit und macht ihn zu einer Sache. Es ist gleichgültig, und die Kälte dieser Gleichgültigkeit, eine metallische Kälte, läßt die Seele derer, die sie berührt, bis auf den innersten Grund hinab erstarren. Sie werden niemals wieder erwarmen. Sie werden niemals wieder glauben, daß sie Jemand sind.

Ohne den Teil Zufall, den es enthält, hätte das Unglück nicht diese Wirkung. Die um ihres Glaubens willen verfolgt werden und dies wissen, sind keine Unglücklichen, ihre Leiden mögen noch so groß sein. Sie stürzen nur dann in das Unglück hinab, wenn das Leiden oder die Furcht ihre Seele in solchem Grade überwältigt, daß sie den Grund der Verfolgung vergessen. Die Märtyrer, die unter Gesängen in die Arena einzogen, wo sie von wilden Tieren zerrissen werden sollten, waren keine Unglücklichen. Christus war ein Unglücklicher. Er ist nicht als Märtyrer gestorben. Er ist als ein gemeiner Verbrecher gestorben, den Schächern gleichgeachtet, nur noch ein wenig lächerlicher. Denn das Unglück ist lächerlich.

Nichts außer der blinden Notwendigkeit kann einen Menschen an den Punkt des äußersten Abstandes, unmittelbar neben das Kreuz schleudern. Die menschlichen Verbrechen, die meistens die Ursache des Unglücks sind, bilden einen Teil der blinden Notwendigkeit, denn die Verbrecher wissen nicht, was sie tun ...

Theodor Haecker
Aus den ›Tag- und Nachtbüchern‹

Wehe, wenn Gott
nicht auch der Gott der Ausnahme ist!

Replik: Ihr Christen seid so stolz darauf, daß euer Gott der Gott aller ist. Sieht man aber genauer zu, so kommt man eher auf den Gedanken, daß er der Gott weniger, in einer fruchtbaren Weise: weniger ist! Der Gott der seltensten Ausnahme, der Gott der Erwählten, der Auserwählten. Wenn Gott will, daß einer ihn suchen und wohl auch finden soll, zu dessen Herz und Gedanken gibt er keinem anderen Menschen den Schlüssel, auch dem nicht, vor allem dem nicht, der ihn liebt oder von ihm geliebt wird. Dann muß einer im Ernst anfangen zu suchen, denn er ist unselig, nicht verstanden zu werden. Gott wird sich finden lassen, und die Gewißheit, von ihm verstanden zu werden, ja verstanden zu sein, das ist ein Schimmer von Seligkeit.

Es kann für den Christen kein Zweifel bestehen, daß die Bedeutung des äußeren Geschehens in einem erschreckenden Maße verschieden sein kann. Unter Bedeutung ist hier verstanden die fernere oder nähere Beziehung der »Geschichte« der Welt zur »Geschichte« des Reiches Gottes. Der Christ kann nicht der Ansicht Rankes sein, daß jede Zeit zu Gott gleich nahe stehe. Oder kann er vielleicht leugnen, daß Rom unter Augustus, Judäa unter Herodes und Pilatus in entscheidenderer Beziehung zur Heilsgeschichte standen als etwa Europa unter Napoleon, um nichts Kleines zu nennen? Diese fernere oder nähere Beziehung hängt nicht ab vom Bewußtsein der Menschen, wiewohl auch nicht zu leugnen ist, daß sie nicht völlig außerhalb des Bewußtseins der Menschen jener Zeit sein kann. Daß das heutige Geschehen eine solche nähere Beziehung zur Heilsgeschichte hat, darüber werden viele mit mir einig sein. Daraus aber folgt, daß auch das äußere Geschehen eines jeden einzelnen unter die Kategorie einer Entscheidung fällt.

Gott für alles verantwortlich machen, kann die Lästerung eines Sünders und Dämons sein oder die Lobpreisung eines Engels und eines Heiligen. In der Tat, schließlich muß ein Geschöpf dazu kommen, alles auf Gott zu werfen. Andererseits ist es einfach eine unabweisbare Forderung des freien Geistes, autonom zu sein und also für alles, was er tut, auch die Verantwortung zu tragen. Wie aber läßt sich beides zusammenreimen, wie anders als dadurch, daß auch der geschöpfliche Geist – göttlich wird?

Wenn einer an Gott zweifeln sollte, weil er ihn nicht begreift, der hätte den Glauben nicht. Denn damit fängt der Glaube an, daß er Ihn nicht begreift.

Das Liebesgebot: du sollst Gott lieben aus ganzem Herzen …, macht den Philosophen dieser Welt die größten Schwierigkeiten in einem Maße, daß es manche für widersinnig erklären. Liebe läßt sich nicht befehlen, nicht erzwingen, sagen viele, und haben natürlich recht. Wenn etwas, dann muß Liebe »aus dem Herzen« kommen, muß frei sein, sozusagen grundlos. Ein Befehl treibt sie

311

eher weg, als daß er sie erzeugt. Aber das Sollen dieses ersten und Hauptgebotes ist vor allem ein objektives, wenigstens zunächst, es zeigt die göttliche Ordnung an, es sagt: das richtige, das wahre Verhältnis des Menschen zu Gott ist die Liebe, und zwar die Liebe aus ganzem Herzen, aus ganzem Gemüte, mit allen Kräften. Es gibt eben auch verschiedene Bedeutungen des Sollens. Auf Grund es ewigen Seinsollens und dieser ewigen Ordnung kann nun subjektiv der einzelne Mensch sehr vieles tun, ohne das Unmögliche zu tun, etwas, was man nur frei tun kann, gezwungen zu tun: zu lieben. Das Gebot heißt nicht: du sollst gezwungen lieben, was man nicht kann, so wie man gezwungen arbeiten kann, sondern es heißt: du sollst lieben. Dieses ist in der Ordnung, die ja nur deshalb gestört werden kann, weil sie auf Freiheit ruht. Da ist freilich zu beachten, daß, wenn Liebe ohne Freiheit nicht möglich und wirklich ist, auch Freiheit nicht möglich und wirklich ist ohne Liebe. Es muß die Liebe zu Gott eine Anlage, ein Funken im Herzen des Menschen sein, also etwas, das er nicht selber macht. Ein Sollen ist immer an ein Wollen gerichtet, entweder daß man überhaupt wolle oder daß man etwas wolle. Im Reiche der Freiheit, zu dem die Liebe gehört, heißt ein Sollen, daß ich der Freiheit die Bahn frei mache, den »Weg bereite«. Die Liebe selber kommt frei wie die Gnade, zu der sie gehört.

Das Staunen ist die qualitative Distanz, die Gott zwischen den Geist des Menschen und die Wahrheit gelegt hat. Sie ermöglicht dem Menschen, Wahrheit zu finden.

Ich habe keine große Hochachtung vor Menschen, die Gott sich als starres Gesetz vorstellen, wohl weil ich vor einem solchen Gott auch keine große Ehrfurcht hätte.

Nach meiner Meinung spricht es für einen Menschen, der den Glauben nicht hat – es ehrt ihn, meine ich, seinen Verstand und sein Herz, daß er von einem ewigen Leben einfach nichts wissen will. Wer dennoch davon redet, ist so meine ich, nichts als ein gedankenloser, hohler Schwätzer.

Das Verwirrende für den menschlichen Verstand ist, daß Gott manchmal ganz offenbar, möchte man fast sagen, ganz offensichtlich um kleine individuelle, scheinbar lächerliche Dinge sich kümmert, etwa daß das Ölkrüglein einer alten Frau nicht leer wird, während ihn das Schicksal der in den Augen der Menschen allergrößten Dinge – das Schicksal eines Reiches, gar nicht zu berühren scheint. Hier ist er in entsetzlicher Ferne, dort in seliger Nähe. Gott ist unbegreiflich.

Laß niemals von Gott! Liebe Ihn! Wenn du das im Augenblick nicht kannst, dann streite mit Ihm, klage Ihn an und rechte mit Ihm wie Hiob, ja, wenn du das kannst, lästere Ihn, aber – laß Ihn nie! Sonst wirst du zum lächerlichsten Lappen, und das Schrecklichste, du wirst es selber gar nicht merken.

Der letzte Ausdruck einer absoluten Verzweiflung wäre doch der: es ist immer so gewesen und wird immer so sein. Es wäre die Verzweiflung Gottes, denn den einzelnen Menschen würde ja immer wieder der Tod erlösen.

Der Zweifler: »Wahrlich, das muß man staunend sagen: wie vortrefflich gelingt es doch euerm Gott, sich zu verbergen! Ihr ahnt das wohl und seht es auch, deshalb redet ihr so gern von einem verborgenen Gott. Aber geht das nicht ein bißchen weit? Seine Existenz verbirgt er so gut, daß recht gescheite Köpfe sie einfach leugnen. Man kann fast sagen: je gescheiter heute einer ist in der Meinung der Welt, desto eher leugnet er die Existenz Gottes. Seine Allmacht verbirgt er so gut, daß von Anfang an Menschen die Macht wo ganz anders suchten (nur nicht bei ihm, der Geist sein soll), daß ihn gescheite Menschen sogar ohnmächtig nennen. Aber freilich, das Meisterstück seiner Kunst, sich zu verbergen, erweist ihr doch durch die Behauptung, er sei die Liebe. Ach, man spürt sie nicht einmal. Liebe muß man doch spüren, fühlen, noch ehe man sie erkennt. Ich kenne Leute, sie waren im Kriege, sie waren in Rußland und haben die Augen offen gehabt, auch die Herzen. Sie glaubten sogar an Gott, an sein Erkennen, sein Wollen, sein Wirken, seine Weisheit, an seine Macht, aber an sein Fühlen, Mitfühlen, an seine Liebe, seine Barmherzigkeit – nein, da wurden sie sogar unwillig und hart, da ergrimmten sie: kommen Sie mir nur damit nicht, sagten sie. Liebe, das ist eine interne, seltene Angelegenheit von ein paar Ausnahmemenschen, aber – in Gott ist dazu nicht einmal eine ferne Analogie…« Ich habe den Mann reden lassen, ich hatte nicht vorher die Antwort – wiewohl ich eine habe –, zu der ich dann erst die Frage stellte und ihr anpaßte, das übliche rhetorische Kunststück aller, die Dialoge schreiben und damit leidenschaftliche Fragen so sehr verstimmen.

Vielfach ist der Glaube an Gott nur noch wie der Glaube an einen rettenden Strohhalm. Aber was tut's wenn der Strohhalm der wirkliche Gott ist, denn Gott ist ja die Allmacht.

Georges Bernanos
Das sanfte Erbarmen

... Die Kultur hat Bankrott gemacht, das steht außer Zweifel. Aber sie ist nicht plötzlich, aus einer Fehlberechnung, dazu gelangt. Es läßt sich verfolgen, wie sie dazu kam. Der moderne Kollektivstaat steht uns Christen schon wieder in der gleichen Art gegenüber wie der heidnische Staat und er wird uns aus den gleichen Gründen ausschalten. Mir scheint, hier liegt ein kostbarer Erkennungspunkt. Im Grunde will diese Welt nur den Komfort, sie will ihn, koste es, was es wolle, und um die andern und sich selber zu täuschen, erklärt sie, dieser Komfort sei gerade die Gerechtigkeit. Wir wagen dem nicht zu widersprechen, weil wir auf das Dogma von der Erbsünde verweisen müßten, die uns des Rechtes auf das Glück, das der erste Mensch besaß, beraubt hat, und die Wähler von Herrn Barbu würden das nicht schlucken. Sie würden es nicht dulden, daß man ihnen ins Gedächtnis ruft, daß, wenn das Evangelium uns auffordert, zuerst das Reich Gottes und seine Gerechtigkeit zu suchen, es sich um *SEIN* Reich und *SEINE* Gerechtigkeit handelt. Wenn man zuerst das Glück sucht, unter dem Vorwand, daß man ja wohl damit anfangen dürfe, dann räsonnieren wir nicht übel, menschlich gesprochen; aber wir räsonnieren so, als sei der Messias gekommen, um uns die Türen zum irdischen Paradies wieder aufzutun..., wir schicken uns an, den Herrn von neuem zu kreuzigen, unter dem Vorwand, daß er unsere irdischen Erwartungen enttäuscht, daß ein gepeitschter und ans Kreuz geschlagener Messias, der uns auffordert, uns mit ihm peitschen und kreuzigen zu lassen, schwerlich der wahre Messias sein mag. O gewiß soll das nicht heißen, daß wir uns vom Glück der Menschen teilnahmslos abwenden sollen, ganz im Gegenteil! Wir müssen sogar – auf die große Gefahr hin, unsererseits wie unsere Väter im Glauben als Feinde des Menschengeschlechts behandelt zu werden – die Menschen darauf aufmerksam machen, daß sie früher oder später zu Sklaven der ungeheuren Maschine für die Allgemeine Glückseligkeit werden, die sie als neuen Babelturm gegen Gott aufgerichtet haben. Denn es gibt in der Welt ein gewisses Elend und Unrecht, an das wir nicht rühren können, ohne gleichzeitig in Gefahr zu kommen, die menschliche Freiheit zu vernichten. Wer beweist uns das? Die Offenbarung. Wenn wir nicht Zeugnis ablegen von den geoffenbarten Wahrheiten, wozu nennen wir uns dann Christen? Und gewiß würden die Ereignisse schließlich unfehlbar beweisen, daß die Offenbarung recht hat. Aber unser Wagnis und unsere Ehre bestehen eben darin, unsern guten Ruf und unser Leben dahinzuopfern, damit das Böse nicht allzuweit getrieben wird. Der liebe Gott hat uns ja nicht über die Völker hin gesendet, um ihnen einfach die unabwendbare Katastrophe zu verkünden: »Ich habs euch ja gesagt!«

Das allgemeine System der gelenkten Wirtschaft führt zum Totalitarismus, das heißt zur tiefen und unwiderruflichen Entthronung der menschlichen Gesellschaft, die Wagnis und Einsatz verweigert. Der Mensch ist als Mensch aus dem irdischen Paradies verjagt worden, aber er umgeht die Schranke, indem er als Tier daselbst wieder einzieht. Unsere Pflicht besteht darin, ihm zu künden, daß er bei diesem Unternehmen scheitern wird, daß die Erfindung der Atombombe – der echte Blitzkrieg im strengen Wortsinn – ihm zur Warnung dienen sollte. Der Mensch wird sich selber zerstören, bevor es ihm gelingt, sich in den homo oeconomicus zu verwandeln, dessen der Marxismus für seine planetarische Fabrik bedarf. Läßt sich das, was ich da entwickle beweisen, so wie 2 x 2 = 4 ist? Sicher nicht. Aber wenn Sie den Mut haben, ein Leben des Gebetes zu führen, dann wissen Sie schon aus Erfahrung, daß Gott seine Abkürzungen hat, um uns zu gewissen Heilswahrheiten zu verhelfen, daß es eine Art vierte Dimension gibt, wo der Verstand sich mit der Schnelligkeit eines Blitzes bewegen kann. Ach, wir wissen uns ebensowenig unserer Seelen wie unserer Leiber zu bedienen, wir sind des einen wie des anderen gleich unkundig!

… Wenn es eine Einsamkeit des Herzens und des Geistes gibt, die ich zu verstehen glaube, dann ist es die, von der Sie reden, oder besser, die Sie mir in einem Briefe schildern, dessen Ton mich erschüttert hat, mich noch immer erschüttert. Was soll ich Ihnen sagen? Ja wirklich, was soll ich Ihnen sagen? Wenn einmal das Nichtverstehen, die Ungerechtigkeit und die besonders verwirrende und quälende Form, diese larvenhafte und subalterne Form des Betruges, die Zweideutigkeit – kurz, eine gewisse so aufsässige Mittelmäßigkeit, daß sie Gewicht, Gestalt, Geruch zu gewinnen scheint – in uns weniger die Auflehnung als den Abscheu, den Ekel, ja den Ekel der Seele hervorruft, dann können wir nichts mehr aufnehmen, ohne es wieder zu erbrechen, ausgenommen das diskrete Zeugnis der Freundschaft, eine demütige, brüderliche Verbundenheit.

Das ist es, was ich anbieten möchte, indem ich Gott bitte, daß Sie dies wenigstens »behalten« können (wie die guten Frauen den Leuten sagen, deren Magen nicht mehr viel erträgt).

Es geht vorüber, es muß vorübergehen. Oder, wenn es nicht vorübergeht, dann heißt dies, daß Sie berufen sind, ein Heiliger zu werden, was ein verflixter Beruf ist in dieser Welt…

Schließlich wird unsere Enttäuschung nie schlimmer sein

als die der Juden, die den Hohn erleben mußten, den Messias unter der Gestalt eines armen Mannes zu sehen, an Nägeln aufgehängt am Rand der Landstraße, unter einer gleichgültigen oder witzelnden Menge, die nach Jerusalem hinaufzog, unter Geschrei und Staub, am Vorabend von Ostern...

Das ist der Messias? Das ist die Kirche?

Wäre die Kirche das, was Sie träumen, so hätte sie bereits aus dieser Welt eine ungeheure Gemeinschaft von Brüdern gemacht, deren Wunden innerhalb der Weltgeschichte ein klarerer Beweis für die Göttlichkeit des Christentums wäre, als daß $2 \times 2 = 4$ sind. Wir sind enttäuscht von der Erscheinung der Kirche, so wie die Juden es einst vom Messias waren. Sie erwarteten einen Befreier voller Reichtum, Schönheit, Ruhm. Allmacht, das Staunen und den Schreck der Nationen, und zu sehen bekamen sie nur einen armen Menschen, der nicht einmal fähig war, sein Kreuz allein zu schleppen unter dem Hohngeschrei des Pöbels.

Der Fluch über die Reichen besteht eben darin, daß es immer Reiche geben wird. Sonst wären es die Armen, die Gott verflucht hätte, und es gäbe keine Armen mehr. Die Armut ist geheiligt und vergöttlicht worden, nicht aufgehoben. Darin liegt ein Ärgernis, das zwar nicht identisch, aber doch vergleichbar ist demjenigen der Tugend, über deren seltene Belohnung die Idioten sich entrüsten. Aber wie Roger Caillois neulich sagte: Würde die Tugend planmäßig belohnt, dann wäre sie keine Tugend mehr, sondern etwas, das nur schwer von Berechnung und Eigennutz zu unterscheiden wäre.

Das Evangelium ist menschlich geredet nichts als Widerspruch und Ärgernis. Gott will, daß wir ihn im Zweifel und in der Angst suchen – bis zum letzten Augenblick. Vater, Vater, warum hast du mich verlassen? Und genau in diesem Augenblick wurden wir erlöst.

… Lassen Sie sich also nicht von Traurigkeit übermannen und von all dem Selbstgefallen, das in ihr liegt. Der liebe Gott stellt die Idioten als Widerstand auf, nicht damit die Christenheit sie vertilge, sondern eher als eine Stauwehr, um ihren Wasserspiegel zu heben. Ich denke täglich viel darüber nach, und täglich ein wenig mehr. In dieser verstörten Welt ist es für einfache Menschen schwer, nicht die Reihen der Idioten zu vermehren. Mir scheint dieses Phänomen demjenigen der Vermassung der mittleren Klassen zu entsprechen.

Was die Religiosität der heraufkommenden Welt angeht, so scheint sie mir so abgesunken, daß niemand sie wird erkennen können. Oder genauer gesagt: man kann Perversionen der Religiosität voraussehen, ähnlich denjenigen des Nazismus und des

316

Kommunismus. Die Henker von Dachau und Buchenwald wie die heutigen Lager am Weißen Meer wären anders nicht verständlich.

(...) Es ist wahr, daß das Evangelium für die Einfachen geschrieben ist, und daß einzig die Einfachheit uns den Zugang dazu erschließt. Aber wenn es Seelen gibt, die diese Gabe der Einfachheit erhalten haben, so gibt es viele andere, die sie nicht besitzen, und mit denen man sich vielleicht richtigerweise kompliziert machen muß, um sie ganz sachte anderswohin zu führen. »Glauben und Glaubensmotive sind viel einfacher, als man annimmt«, – mag sein! Aber auch die Gesundheit ist einfach...

Leider gleichen wir uns alle darin, daß wir an der Mittelmäßigkeit der andern *in* unserer eigenen Mittelmäßigkeit leiden – so verschieden diese von der ihrigen auch sein mag. Ich habe so viel bezahlen müssen, um das zu lernen. Aber ich weiß es.

Im Grunde unterhält die Mittelmäßigkeit der andern eine Wunde in uns, die nicht aufhören darf, zu eitern und uns zu schmerzen; und sie schlösse sich nur auf die Gefahr hin, den ganzen Organismus zu vergiften. Es ist sehr hübsch, uns die Resignation gegenüber der Mittelmäßigkeit der andern zu predigen, wenn sie – und das tut sie unfehlbar! – die Beruhigung unserer eigenen Mittelmäßigkeit gegenüber mit sich zu führen droht! Wenn der Anblick der Mittelmäßigkeit uns nicht mehr foltert, dann ist das ein Zeichen, daß wir selbst von Haupt und Füßen mittelmäßig geworden sind – es sei denn, das sanfte Erbarmen Gottes – das nicht ohne Humor ist – habe uns, ohne daß wir es wissen, zu Heiligen gemacht...

Die Welt läuft über von Demut hinter ihren hochfahrenden Mienen, aber von einer perversen, verkommenen Demut, die nichts mehr ist als eine Form der Feigheit des Geistes und des Herzens. Wir sind niedrig, nicht demütig. Die Welt muß neuen Stolz aus sich erzeugen, so wie ein erschöpfter Leib Blutkörperchen oder Vitamine aus sich selbst wiederherstellt. Die Liebe muß von hoch genug herabfahren, wenn sie wirksam sein soll. Was ist das doch für eine kriechende Christenheit!

V.
Gott in Zukunft

Denn der Anfang ist auch ein Gott,
solange er unter den Menschen weilt,
rettet er alles.   Platon

Adolf Portmann
Vom Werden des Menschenbildes

Das Leben fordert mehr als die bescheidene Sicherheit, welche uns Bruchstücke der Tatsachenforschung bieten können. Vom Forscher, der den anderen das Teilstück zeigt, weil er eben dem Erdreich der Erfahrung nur diesen Torso entreißen kann, von ihm verlangen diese andern ein Ganzes.

Dieses Ganze aber, das dem Unbekannten und Ungesagten entrissen werden muß, das leistet niemals die Forschung allein, das entsteht nur im Zusammenwirken vieler menschlicher Geisteskräfte. Am Menschenbilde schaffen, sinnend und träumend, über die Erfahrung hinausgehend, alle Gestaltungskräfte, nicht nur die des reinen Denkens, sondern ebensosehr die des künstlerischen und vor allem des religiösen Erlebens. Solcher Zusammenarbeit entstammen die Bilder vom Menschen, denen die Macht zur Lenkung innewohnt, die durch geschlossene Größe und Gewalt des Eindrucks bestimmend in das Tun der Einzelnen und damit auch in das der Vielen eingreifen.

Keines der heute wirkenden Bilder vom Menschen wird unverändert die schweren geistigen Kämpfe unserer Zeit überstehen! Das kommende Menschenbild wird uralte Schöpfungsmythen ebenso überwinden müssen wie den Rausch des zügellosen Entwicklungsdenkens.

Unablässig treiben neue Ergebnisse des Forschens die menschlichen Gedanken weiter, wie ein Rad, das vorwärtsrollt, von verborgener Kraft getrieben. Lassen wir dieses Bild einen Augenblick gelten: Es mahnt uns auch daran, daß jeder Punkt dieses rollenden Rades sich immer wieder auch rückwärts wendet, ohne daß diese Wendung eine Rückkehr zur alten Stelle wäre. Das biologische Schaffen vollzieht eine ähnliche Bewegung.

Rückwendung ist die sich anbahnende Einsicht in die Sonderheit des Menschen, nachdem eine Weile das allem Lebendigen Gemeinsame besonders stark im Bewußtsein der Zeit gewesen ist. Rückwendung ist es aber auch, wenn wir heute wieder deutlicher sehen, wie menschlich auch die entsetzlichste Roheit unseres Tuns noch ist. Dieses Böse erscheint uns nicht mehr als der zu überwindende Rest des Tieres in uns, wie es die optimistische Frühphase der Abstammungslehre sehen wollte, sondern als schwer lastende Menschlichkeit. Wir durchschauen heute die Selbsttäuschung, die von »Rückfall in primitive Barbarei und Brutalität« sprach, wo doch ein Extrem unseres Verhaltens vorliegt, dessen Möglichkeit in jedem von uns schlummert.

Je klarer uns die menschliche Daseinsform vor Augen steht,

umso folgenschwerer tritt die Gewißheit hervor, daß die Frage nach dem Ursprung des Menschen wie die ebenso schwere nach der Entstehung der großen Gestaltenkreise des Lebendigen mit den Mitteln der Forschung heute nicht beantwortet werden kann. Wir überschauen gegenwärtig die Entstehung vieler Formvarianten – die Mutationslehre bietet ein Verständnis für weite Bereiche der tierischen und pflanzlichen Formveränderung und umfangreicher Formfolgen in der Erdgeschichte. Doch über den Ursprung der großen Organismengruppen, also gerade der bedeutendsten Sonderheiten, geben diese Lehren keine Auskunft – einzig durch Überdehnung ihres Geltungsbereiches täuschen sie eine Antwort auf diese schwersten Fragen der Lebensforschung vor.

Wo sich heute noch weithin die oberflächliche Behauptung des Wissens um den Ursprung breit macht, da sollte still und ernst ein neuer Geist die Herrschaft antreten: das Wissen um die Größe des Geheimnisgrundes. Vor diesem Dunkel wird das Bild des Menschen erscheinen. Doch nicht das fraglose der alten Mythen, in denen Erde und Mensch selbstverständliche Mitte der Welt waren – auch nicht jenes allzu einfache Bild von der emporgekommenen Amöbe! Unter schweren inneren Kämpfen wird sich die Wandlung auch weiterhin vollziehen müssen, die vor Jahrhunderten begann: die kopernikanische Wandlung, die uns seinerzeit bereits gezwungen hat, das Trugbild unserer Stellung in der Weltmitte zu durchschauen, eine Wandlung, welche die Entsagung vom Augenschein von uns fordert! Diese Askese wird noch weiter gesteigert werden, indem auch der Gedanke an die beschränkten Möglichkeiten des sinnfälligen Lebens, das auf Erden vor uns ist, sich mit der unabsehbaren Möglichkeit für lebendige Wesen in der außerirdischen Welt messen muß. Die Denkbarkeit dieser außerirdischen Lebensfülle wird zu einer steten Gegenwart in unserer Vorstellung werden müssen.

Solche Erweiterung in den kosmischen Bereich ist »diesseitig« – sie trägt biologisch begründete Vorstellungen in Welträume, in denen sich unser Denken und Forschen längst schon bewegt. Nur diese Diesseitigkeit gibt uns das Recht, in einer biologischen Studie, in den Grenzen der Lebensforschung von solcher Erweiterung des Vorstellungsraumes zu sprechen. Der geistige Reichtum, den uns die Erforschung des Lebens auf Erden erschließt, wird seine ganze Größe erst auftun, wenn wir dieses zugängliche Teilstück des Lebens einsetzen in den gewaltigen Zusammenhang des unseren Sinnen verschlossenen, aber geahnten lebendigen Seins der Fernen und Weiten.

Das vertiefte Wissen um Ordnungen des irdischen Lebens

kann unmöglich dem Wissenden ein Sinnbild der Unordnung, des Chaos sein. Die Einsicht in geordnetes Geschehen, wie sie alle Lebensforschung in überströmender Fülle vermittelt, kann nur zur Ahnung noch größerer Ordnungen führen und den Sinn wecken für die Größe des Geheimnisses, für Ahnungen, welche das Dunkel des verborgenen Grundes tiefer und trächtiger machen. Die klaren Gestalten, die um uns leben, sie sind die Zeugen der Gestaltungen, welche größer sind als das auf Erden Sichtbare.

Julian Huxley
»Eine Religion der Vervollkommnung«

... Ich sehe die Sache folgendermaßen. Vor etwa einer Million Jahren ist der Mensch als beherrschendes Wesen auf der Erde in Erscheinung getreten, aber erst vor kaum zehntausend Jahren als psychologischer Organismus wirksam geworden. In diesem Zeitraum – während eines Pendelschlages der Weltenuhr – hat er Erstaunliches geleistet, aber er hat auch ebensoviel verschuldet, Schreckliches und Törichtes. Und im Verhältnis zu seiner langen Entwicklungszeit ist er noch immer höchst unvollkommen, noch immer unfähig, die Verantwortung für seinen Planeten auf befriedigende Weise zu tragen.

Die radikale Entwicklungskrise, die der Mensch im Augenblick durchmacht, kann nur durch eine ebenso radikale Reorganisation seines Denk- und Glaubenssystems überwunden werden. Im Lauf der menschlichen Geschichte haben Denk- und Glaubenssysteme einander ständig abgelöst, und mit jedem traten neue soziale, politische und wirtschaftliche Triebkräfte zutage: der Sammler und Jäger mit seinem magischen Zauber, der Ackerbauer mit seinem Kult der Auferstehung, die frühen Hochkulturen mit ihren Gottkönigen und Priestern, ihren Städten und ersten schriftlichen Überlieferungen, die universale und monotheistische Religion, später die wissenschaftlichen, industriellen und technischen Revolutionen mit ihren entsprechenden Denksystemen und jetzt die evolutionistische und humanistische Revolution, deren ideologische und gesellschaftliche Grundlagen erst noch geschaffen werden müssen.

... In gewisser Hinsicht ist die Religion eng mit den menschlichen Gesellschaftsformen verknüpft. Mit Hilfe der Religion versucht sich der Mensch über seine Bestimmung klarzuwerden. Sie besitzt stets eine ideologische Grundlage, ist ihrerseits die Grundlage für Moral und Verhalten und hat stets gewisse symbolische, in bestimmten Riten festgehaltene Ausdrucksformen. Die Moralgesetze und die in Riten ausgedrückte Symbolkraft aber, ebenso auch – auf lange Sicht gesehen – die soziale und persönliche Wirksamkeit einer Religion beruhen (wie das historische und vergleichende Studium der Religion zeigt) letztlich nur auf ihrem ideologischen oder »theologischen« Gehalt. Wenn dieser jedoch sich nicht weiterentwickelt und mit den fortschreitenden Erkenntnissen, den gesellschaftlichen Wandlungen und sonstigen Ereignissen nicht Schritt hält, vermag die Religion das Bedürfnis nach Sicherheit ihrer Gläubigen nicht mehr zu befriedigen und verliert ihre soziale Wirksamkeit. Schließlich kommt es soweit, daß die alten religiösen Vorstellungen nicht mehr genügen; die ideologische Grundlage wird brüchig und vermag das Gewicht der Fakten nicht länger zu tragen. Infolgedessen wird eine radikale Umorientierung nötig.

Derartige Umorientierungen können aber auch in der Wissenschaft notwendig werden. Das klassische Beispiel dafür ist der Sturz unserer Erde von ihrem Platz als Mittelpunkt der Welt, mit dem an die Stelle des geozentrischen ein heliozentrisches Denksystem trat. Ich glaube, daß in unserer Zeit eine ähnliche drastische, religiöse Umorientierung notwendig wird, nämlich: daß nicht Gott die Achse unserer Welt ist, sondern die Entwicklung.

Wenn man die Entwicklung der Religion einmal auf eine ganz einfache Formel zu bringen versucht, so zeigt sich, daß sie schrittweise vor sich gegangen ist. Ursprünglich, in paläolithischer Zeit, scheint sie auf Magie beruht zu haben. Später kristallisierte sich der Glaube an übernatürliche Wesen heraus; den nächsten Schritt tat der Animismus, dem Polydämonismus und Polytheismus folgten. Die Ideen der Fruchtbarkeit und Auferstehung führten allmählich zum Auftreten von Priesterkönigen und göttlichen Monarchen.

Im nächsten größeren Abschnitt entstanden dann die universalen Religionen mit der beherrschenden Idee von einem einzigen höchsten Gott, die ihren Höhepunkt im Christentum erreichten. Während der letzten zweitausend Jahre entwickelten sich ausgeklügelte monotheistische theologische Systeme, aber im Lauf dieser Entwicklung zerbrach der Glaube an einen einzigen Gott in viele unterschiedliche und sogar feindliche Glaubensformen, und der Universalismus ist zum Kampf um den Alleinbesitz der Wahrheit entartet.

... Gott ist eine vom Menschen erdachte Hypothese bei dem Versuch, mit dem Problem der Existenz fertigzuwerden. Die Gotteshypothese behauptet das Vorhandensein eines übernatürlichen und persönlichen oder überpersönlichen Wesens, das eine Art zweckbestimmter Macht über das Universum und sein

324

Schicksal ausübt. Heute ist die Gotteshypothese wissenschaftlich nicht mehr haltbar, sie hat ihren erläuternden Wert verloren und ist für unser Denken ein Hindernis geworden. Sie überzeugt und tröstet nicht mehr, und der Entschluß, sie aufzugeben, hat oft ein Gefühl tiefer Erleichterung zur Folge.

Viele Leute glauben nun, wenn man die Gottesvorstellung aufgäbe, müsse man notwendig allen religiösen Glauben und alle Moralbegriffe mit aufgeben. Das ist einfach nicht wahr. Wenn es auch offenbar das Schicksal aller Götter und ebenso Gottes (soweit man mit diesen Wörtern einen Sinn verbinden kann) ist, zu kommen und zu gehen, so bleibt doch die Idee des Göttlichen schlechthin, aus der sie entstanden und durch die sie gewachsen sind.

Der Begriff des »Göttlichen« schließt nicht notwendig die Existenz von Göttern in sich, im Gegenteil. Der Mensch hat sich die Götter geschaffen, um Unerklärliches zu erklären. Das religiöse Rohmaterial besteht aus den Naturerscheinungen und den Erfahrungen des Menschen, die über die gewöhnlichen Erklärungen und gewöhnlichen Erfahrungen hinausgingen, die Schrecken einflößten oder von Geheimnis umwittert waren und die nur außer- oder übernatürlich gedeutet werden konnten. Solche magischen, mystischen, erschreckenden Erscheinungen waren sowohl äußere, sicht- oder hörbare Dinge wie Vulkanausbrüche, Donner und Sturm, biologische Vorgänge wie Geburt, Krankheit und Tod, als auch innere, psychologische Phänomene wie Rausch, Inspiration, Geisteskrankheit und mystische Schau.

Mit zunehmenden Erkenntnissen, haben die meisten dieser Erscheinungen aufgehört, geheimnisvoll zu sein, jedenfalls was die wissenschaftlich erklärbaren Phänomene betrifft. (Denn es bleiben immer noch einige übrig, zum Beispiel das grundlegende Geheimnis der Existenz, vor allem der Existenz des Geistes). Trotzdem ist an der Tatsache nicht zu rütteln, daß vielen Erscheinungen eine Art magischer, transzendenter Macht über unseren Geist eigen ist und uns in Reiche führt, die außerhalb unserer gewöhnlichen Erfahrung liegen. In Ermangelung einer besseren Bezeichnung möchte ich sie »göttlich« nennen, doch ist ihre Göttlichkeit nicht *über*natürlich, sondern *jenseits* der Natur. Das Göttliche ist es, was der Mensch der Verehrung für würdig hält und was ihm den Schrecken vor dem Unerklärlichen nimmt.

Ein wesentliches Ziel jeder Religion besteht darin, das Göttliche zu entdecken und zu sichern, Verbindung zu finden mit dem, was als göttlich betrachtet wird. Auch eine humanistische Religion, deren Mittelpunkt die Entwicklung ist, braucht das Göttliche, aber ein Göttliches ohne Gott. Sie muß das Göttliche von den theologischen Aspekten, mit denen der Mensch es ausgestattet hat, trennen, sie muß in jede Form der Existenz hineinpassen, muß sie erleuchten und einen fruchtbaren Kontakt mit allen ihren Erscheinungsformen herstellen. Göttlichkeit ist das religiöse Rohmaterial, aus dem die Götter entstanden sind. An uns ist es nun, die Götter daraus zu entfernen und das Rohmaterial zu erneuern, das heißt, es zu einem neuen, wirksamen Material unseres Denkens zu machen.

Welche genaue Form eine humanistische Religion annehmen wird, kann niemand sagen. Aber man kann einiges vermuten. Die zentrale religiöse Hypothese wird »Entwicklung« heißen – eine Entwicklung, deren Produkte und deren aktive Träger zugleich wir sind. Ein Ende der Entwicklung ist nicht abzusehen, und es ist auch keine automatische Entwicklung. In der Vergangenheit ist mancher Fortschritt erzielt worden, und es kann wohl auch in Zukunft noch mancher Fortschritt erzielt werden. So muß das zentrale Interesse einer humanistischen Religion auf lange Sicht darauf gerichtet sein, den weiteren Fortschritt zu fördern und neue Möglichkeiten der Entwicklung zu öffnen. Vervollkommnung bestünde darin, daß sowohl das Individuum wie die Gesellschaft humaner würden.

Ein ebenso wichtiges, aber näherliegendes Ziel der Religion muß die Entwicklung individueller Persönlichkeiten sein. Wenn das Individuum sich zu einer reichen und ausgeprägten Persönlichkeit entwickelt, dann hört es auf, eine bloße Ziffer oder ein Rädchen im großen Ganzen zu sein, und leistet seinen besonderen Beitrag zur Vervollkommnung. Und schließlich kann eine Entwicklungsreligion nicht mehr abseits von weltlichen Angelegenheiten und eingeschlossen in ein übernatürliches Reich bestehen, sondern ist eng mit den Vorgängen der Welt verknüpft.

Das religiöse Denken und Tun wird umgestaltet werden müssen. Außer einer Umwertung der Werte, wie Nietzsche es nannte, brauchen wir auch eine Umgestaltung des Denkens, eine neue religiöse Terminologie und eine Formulierung der neuen religiösen Vorstellungen in einer neuen Sprache. Eine humanistische Religion braucht ihre eigenen Riten und ihre eigene Symbolik.

Statt in Begriffen wie »Ewigkeit« und »Heil« zu denken, müssen wir nun in anderen Begriffen zu denken lernen: »fortdauernde Entwicklung« zum Beispiel, und wie man einen befriedigenden und zeitüberwindenden Zustand erreicht, in dem sich Energie und Frieden miteinander verbinden. Bittgebete werden in dieser Religion keinen Platz mehr haben, dafür aber Wunschgebete und Selbsterforschung. Eine Religion der Vervollkommnung muß dem geschäftigen Weltmenschen Möglichkeiten geben, die Beschränkung seiner Alltagsexistenz zum humanistischen Äquivalent gemeinsamer Verehrung hin zu überwinden und sein kleines weltliches Selbst in Meditation und Selbstprüfung zu versenken.

Diese Religion wird natürlich auch weiterhin besonders bedeutende persönliche oder nationale Ereignisse feierlich begehen, sie wird die Hilfe der Wissenschaft in Anspruch nehmen, um Männern und Frauen zu helfen, die Höhen und Tiefen ihres inneren Seins zu erforschen, anstatt ihre Kräfte ruhelos für Äußerlichkeiten zu vergeuden, sie wird ihnen helfen, ihre geistigen, physischen und seelischen Möglichkeiten zu verwirklichen.

Das Christentum ist eine universalistische und monotheistische Heilsreligion. Ihre Befestigung und sprunghafte Ausbreitung, denen eine lange Zeitspanne eifervoller Auseinandersetzung vorausging, gaben dem Menschen einen mächtigen Aufschwung, der ihn befähigte, unserer westlichen Welt ihr Gepräge zu geben. Eine humanistische Entwicklungs- oder Vervollkommnungsreligion könnte in einem noch tieferen Sinne universal sein und dem Menschen einen noch größeren Aufschwung geben, der ihn befähigte, unseren gesamten Planeten zu verändern.

Aber für die Befestigung und Ausbreitung auch dieser Religion ist eine Zeit intensiver Diskussion nötig. Die evolutionistische Vision des Menschen und seines Platzes und seiner Rolle in der Welt ist eine neue religiöse Entdeckung ...

Max Horkheimer
Die Sehnsucht nach dem ganz Anderen

Max Horkheimer: ... Im Gottesbegriff war lange Zeit die Vorstellung aufbewahrt, daß es noch andere Maßstäbe gebe als diejenigen, welche Natur und Gesellschaft in ihrer Wirksamkeit zum Ausdruck bringen. Aus der Unzufriedenheit mit dem irdischen Schicksal schöpft die Anerkennung eines transzendenten Wesens ihre stärkste Kraft. In der Religion sind die Wünsche, Sehnsüchte und Anklagen zahlloser Generationen niedergelegt. Je mehr aber im Christentum das Walten Gottes mit dem diesseitigen Geschehen in Einklang gebracht wurde, hat sich dieser Sinn der Religion verkehrt. Schon dem Katholizismus galt Gott in bestimmter Hinsicht als Schöpfer der irdischen Ordnung, der Protestantismus führte den Weltlauf geradewegs auf den allmächtigen Willen zurück. Dadurch wird nicht nur das jeweilige irdische Regiment mit dem Scheine göttlicher Gerechtigkeit verklärt, son-

dern diese selbst auf die faulen Verhältnisse der Wirklichkeit her-
untergebracht. Das Christentum hat in gleichem Maße die kulturelle Funktion, Idealen Ausdruck zu verleihen, eingebüßt, wie es
zum Bundesgenossen des Staates geworden ist.

H. G.: Gerade das lehnen moderne Theologen heute ab. Die Kirchen wollen die Rolle einer kritischen Instanz in der Gesellschaft
übernehmen, zumindest wünschen einige Theologen, daß sie es
tun sollen. Über die schlechten irdischen Verhältnisse sollen die
Gläubigen nicht mehr mit einem transzendenten Paradies hin-
weggetröstet werden, die Kirchen sollen zum Träger der Revolution werden.

Max Horkheimer: Ich möchte das in keiner Weise diskreditieren.
Aber Sie sprechen jetzt von den Kirchen, ich sprach von der Religion. Religion kann man nicht säkularisieren, wenn man sie nicht
aufgeben will. Es ist eine vergebliche Hoffnung, daß die aktuellen
Diskussionen in der Kirche Religion erhalten werden, wie sie in
ihrem Anfang lebendig war; denn der gute Wille, die Solidarität
mit dem Elend und das Streben nach einer besseren Welt haben
ihr religiöses Gewand abgeworfen.

H. G.: Bleibt also für die Religion nur die Sehnsucht nach dem
Unendlichen?

Max Horkheimer: Die Sehnsucht nach vollendeter Gerechtigkeit.
Diese kann in der säkularen Geschichte niemals verwirklicht werden; denn selbst wenn eine bessere Gesellschaft die gegenwärtige
soziale Unordnung ablösen würde, wird das vergangene Elend
nicht gutgemacht und die Not in der umgebenden Natur nicht
aufgehoben.

H. G.: Wir sprachen vorhin davon, daß hinter allem echten
menschlichen Tun Theologie steht, daß alle Moral in der Hoffnung auf Gott gründet. Kann diese Sehnsucht aber ausreichen,
um moralisches Handeln zu ermöglichen? Wir müssen, meine
ich, nochmal zurück auf unser zentrales Thema. In einem Aufsatz
zum 60. Geburtstag Adornos haben Sie geschrieben:
»Einen unbedingten Sinn ohne Gott zu retten, ist eitel«. Heißt das
nicht, moralisches Handeln muß sich auf Gott berufen können?

Max Horkheimer: Nein, denn wir können uns nicht auf Gott berufen. Wir können nicht behaupten, es gebe einen allmächtigen
Gott, der uns ständig vorhält, was gut und böse ist.

328

Doch ich möchte zunächst nochmal auf die Sehnsucht zu sprechen kommen. Vielleicht verstehen Sie, warum ich sie so betone, wenn ich Sie auf einen Aufsatz von mir aus dem Jahre 1933 hinweise. Damals habe ich versucht, ein Bild der Welt zu zeichnen, an dem ich bis heute kaum etwas ändern muß.

Der im Weltmaßstab sich austragende Kampf der großen ökonomischen Machtgruppen wird unter Verkümmerung guter menschlicher Anlagen, unter Aufbietung von Lüge im Inneren und Äußeren und unter Entwicklung eines unermeßlichen Hasses geführt. Die Menschheit ist in der bürgerlichen Periode so reich geworden, gebietet über so große natürliche und menschliche Hilfskräfte, daß sie geeinigt unter würdigen Zielsetzungen existieren könnte. Die Notwendigkeit, diesen allenthalben durchscheinenden Tatbestand zu verhüllen, bedingt eine Sphäre der Heuchelei, die sich nicht nur auf die internationalen Beziehungen erstreckt, sondern auch in die privatesten eindringt, eine Minderung kultureller Bestrebungen einschließlich der Wissenschaft, eine Verrohung des persönlichen und öffentlichen Lebens, so daß sich zum materiellen noch das geistige Elend gesellt. Nie stand die Armut der Menschen so in schreiendem Gegensatz zu ihrem möglichen Reichtum als gegenwärtig, nie waren alle Kräfte grausamer gefesselt als in diesen Generationen, wo die Kinder hungern und die Hände der Väter Bomben drehen. Die Welt scheint einem Unheil zuzutreiben oder sich vielmehr schon in ihm zu befinden, das innerhalb der uns vertrauten Geschichte nur mit dem Untergang der Antike verglichen werden kann. Die Sinnlosigkeit des Einzelschicksals, die durch den Mangel an Vernunft, durch die bloße Natürlichkeit des Produktionsprozesses schon früher bedingt war, hat sich in der gegenwärtigen Phase zum eindringlichsten Kennmal des Daseins gesteigert. Jedes ist dem blinden Zufall preisgegeben.

Deshalb diese Sehnsucht nach vollendeter Gerechtigkeit.

H. G.: Sie sagten, wir können uns nicht auf Gott berufen, wir können nur sagen, daß wir endliche Wesen sind. Aber ist Endlichkeit zu begreifen ohne Wissen über das Unendliche?

Max Horkheimer. Ohne etwas vom Unendlichen zu *wissen*, können wir sehr wohl unsere eigene Endlichkeit erkennen. Erfahren wir nicht Leid und Tod als Markierungen einer Grenze, als Zeichen unserer Beschränktheit, erleben wir nicht tagtäglich, daß wir so geworden sind, wie wir sind, geworden sind durch Vorgänge, für die wir gar nichts können!

Ich will Ihnen dafür ein Beispiel geben: Wenn ein kleines

Kind seine Arme nach der Mutter ausstreckt und die Mutter beantwortet dieses Verlangen nach ihr mit einer falschen Bewegung, gleichgültig und kalt, dann kann das den Charakter des Kindes, sein späteres Verhalten zur Welt entscheidend prägen; denn es wird verschreckt und zieht sich in sich zurück.

H. G.: Nochmal auf meine Frage zurück. Wie ist moralisches Handeln möglich?

Max Horkheimer: Auf Gott können wir uns nicht berufen. Wir können nur handeln mit dem inneren Gefühl, daß es einen Gott gibt. Aber das ist nicht die einzige Quelle der Moral. Ich kann auch für einen Menschen etwas Gutes tun, in der bewußten oder unbewußten Erwartung, daß mein positives Handeln ihm gegenüber mein eigenes Leben schöner macht.

H. G.: Heißt das: Ich erwarte, eine höhere Instanz belohnt mein positives Handeln?

Max Horkheimer: Nein. Daß aus diesem Tun für den Anderen, daß aus dieser Hingabe an den Anderen für mich etwas Positives entsteht, hängt doch davon ab, ob der andere Mensch Freude an diesem Tun hat. Seine positiven Reaktionen, seine Freude über mein Tun machen erst mein eigenes Leben schöner. Denken Sie an Liebe und Freundschaft. Wenn der andere glücklich ist, bin ich auch glücklich.

Es muß also nicht notwendig der Gedanke an Gott sein, der mein Handeln gegenüber dem anderen Menschen bestimmt, der meinem Handeln die Qualität verleiht, die wir Moral nennen. Es kann einfach die Tatsache sein, daß mein Leben, selbst wenn ich es für den anderen Menschen opfern muß durch die Reaktionen des Anderen verschönt wird.

H. G.: Herr Horkheimer, Sie haben zum nicht geringen Erstaunen vieler Ihrer Schüler und Freunde versucht, die Enzyklika des Papstes zu rechtfertigen, in der er den Katholiken den Gebrauch künstlicher geburtenregelnder Mittel untersagte. Der Papst berief sich dabei auf ein göttliches Gebot. Worauf haben Sie sich bei Ihrer Verteidigung des Verbotes berufen?

Max Horkheimer: Die Kritische Theorie, und ich habe als kritischer Theoretiker gesprochen, hat eine doppelte Aufgabe. Sie will das, was verändert werden soll, bezeichnen, sie will aber auch das, was zu erhalten ist, nennen. Sie hat deshalb auch die Aufgabe, zu

330

zeigen, welchen Preis wir für diese oder jene Maßnahme, für diesen oder jenen Fortschritt bezahlen müssen. Die Pille müssen wir mit dem Tod der erotischen Liebe bezahlen.

H. G.: Warum?

Max Horkheimer: Liebe gründet in der Sehnsucht, in der Sehnsucht nach der geliebten Person. Sie ist nicht frei vom Geschlechtlichen. Je größer die Sehnsucht nach Vereinigung mit dem geliebten Menschen ist, um so größer ist die Liebe. Hebt man nun dieses Tabu des Geschlechtlichen auf, fällt die Schranke, die Sehnsucht weitgehend erzeugt, dann verliert die Liebe ihre Basis.

H. G.: Und dies meinen Sie, geschehe etwa durch die Pille?

Max Horkheimer: Ja. Die Pille macht Romeo und Julia zu einem Museumsstück. Lassen Sie es mich drastisch sagen: Heute würde Julia ihrem Romeo erklären, daß sie nur noch schnell die Pille nehmen wolle und dann zu ihm komme.

H. G.: Aber ist die Pille, etwa im Hinblick auf die Dritte Welt, auf die unterentwickelten Länder in Afrika, Asien und Lateinamerika, im Hinblick auf das Damoklesschwert einer Überbevölkerung nicht ein Fortschritt?

Max Horkheimer: Das leugne ich nicht. Ich halte es jedoch für meine Pflicht, den Menschen klarzumachen, daß wir für diesen Fortschritt einen Preis bezahlen müssen und dieser Preis ist die Beschleunigung des Verlustes der Sehnsucht, letztlich der Tod der Liebe.

H. G.: Unser Dialog kreist wieder um die Sehnsucht. Sie und Adorno haben auch von der Sehnsucht nach dem Anderen gesprochen ...

Max Horkheimer: Ich habe gerade in den letzten Tagen versucht, das zu erläutern: Für die Metaphysik gilt die von Kant am klarsten formulierte Kritik an allen Vorstellungen, die ein Anderes, der Erscheinung zugrunde liegendes, sie überschreitendes Absolutes, meinten bezeichnen zu können. Das positive solcher Ideen, von allem die Existenz eines allmächtigen, allgütigen Gottes, zu der sowohl die Theologie als manche der großen Aufklärer sich bekannten, ist logisch nicht exakter zu begründen als der absolute Geist, der allgemeine Wille oder das Nichts. Wie auch immer ein die Welt der Erscheinung Transzendierendes, positiv oder negativ Unbedingtes, sich darstellt, es widerspricht der Einsicht, daß alle vom Verstand anerkannte Realität den intellektuellen Funktionen des Subjekts sich verdankt und somit selbst als fragwürdiges Moment der Erscheinung zu begreifen ist. Je weiter der Fortschritt, desto gefährdeter nicht nur der Glaube, sondern die wahre Sehnsucht nach einem Besseren. Ebendaher wird alles nicht rein positivistische Denken und Fühlen mehr und mehr zu einem Phänomen der Kindheitsperiode der Menschheit, die zu einem entscheidenden Faktor des bewußten und unbewußten Pessimismus der Gegenwart gehört.

H. G.: Das bedeutet, der Fortschritt gefährdet auch die Sehnsucht.

Max Horkheimer: Ich bin mehr und mehr der Meinung, man sollte nicht von der Sehnsucht sprechen, sondern von der Furcht, daß es diesen Gott nicht gebe.

H. G.: Herr Horkheimer, man diskutiert heute sehr heftig darüber, ob in der kritischen Theorie eine Theologie verborgen ist. Kann man diese Frage mit ja beantworten?

Max Horkheimer: Die kritische Theorie enthält zumindest einen Gedanken ans Theologische, ans Andere. Das bedeutet nicht, daß der Versuch, eine vernünftigere, das heißt gerechtere Gesellschaft zu schaffen negiert wird. Nur eben daß auch eine verhältnismäßig gerechte Ordnung, die ja, wie ich schon oft gesagt habe, mit der Einschränkung der Freiheit bezahlt wird, nicht das Letzte sei, sondern nur die plausible Ordnung des Bestehenden, unter anderem die Abschaffung sinnloser Grausamkeit.

Es ist doch bemerkenswert, daß der Niedergang der Religion fast synchron verläuft mit dem Beginn sozialer Revolutionen, mit dem Wunsch nach einer besseren Gestaltung des Lebens. Ich glaube, indem die Ideen der Auferstehung von den Toten, des Jüngsten Gerichts, des ewigen Lebens als dogmatische Setzungen negiert werden, wird das Bedürfnis des Menschen nach unendlicher Seligkeit ganz offenbar und tritt zu den schlechten irdischen Verhältnissen in Gegensatz.

H. G.: Karl Marx hat daraus seine Theorie vom Klassenkampf, von der Diktatur des Proletariats entwickelt.

Max Horkheimer: Marx ist meinem Gefühl nach vom Messianismus des Judentums bestimmt worden, während für mich die

Hauptsache blieb, daß Gott nicht darstellbar ist, daß aber dieses Nicht-Darstellbare der Gegenstand unserer Sehnsucht ist …

H. G.: Herr Horkheimer, wir haben vorher versucht, der verborgenen Theologie in ihrer kritischen Theorie auf die Spur zu kommen, wir haben versucht, die Instanz für moralisches Handeln zu finden. Könnte nicht diese Instanz das Gewissen sein?

Max Horkheimer: Ganz bestimmt war das Gewissen eine solche Instanz. Ich sage bewußt: *war*, denn ich fürchte, daß es heute schon in Frage gestellt ist.

Freud lehrt, daß das Gewissen im Menschen entsteht durch die Autorität des Vaters. Indem die Kinder vom Vater täglich hören: »Seid fleißig, sagt die Wahrheit, tut das Rechte!« gehen diese Maximen in ihre Psyche ein. Schließlich vernehmen sie die Stimme des Vaters als ihre eigene.

In der Pubertät hält dann das Kind dem Vater die Forderungen als seine eigenen entgegen: »Sprichst du denn immer die Wahrheit, bist du immer fleißig, tust du immer das Rechte.« Es kommt in sehr vielen Fällen zu Konflikten. Erst wenn der Sohn die Pubertät überwunden hat, versteht er, daß man in dieser Welt eigentlich nicht immer die Wahrheit sagen, nicht immer das tun kann, was den Forderungen unmittelbar entspricht. Dann ist er erwachsen.

H. G.: Aber wo ist der Anfang? Warum konnte der »erste« Vater sagen: »Sag die Wahrheit, tut das Rechte?« Woher nahm er selbst diese Maximen?

Max Horkheimer: Sicherlich spielte dabei die Religion eine entscheidende Rolle. Aber viel wichtiger ist doch, daß diese Gewissensbildung heute gefährdet ist. Durch die zahlreichen soziologischen, psychologischen und technischen Veränderungen insbesondere der bürgerlichen Familie, zu denen man auch die Pille zählen kann, ist doch die Autorität des Vaters erschüttert. Daraus, so glaube ich, ergeben sich große Konsequenzen. Spielt das Gewissen, da die Autorität des Vaters nicht mehr dieselbe ist wie früher, eine andere Rolle? Oder kann es sich überhaupt nicht mehr herausbilden? Das sind Fragen, die heute überhaupt nicht untersucht werden. Ich glaube, aufgrund des Umstandes, daß die Familie heute nicht mehr die Bedeutung hat wie früher, wird unser gesellschaftliches Leben ganz entscheidend verändert.

Eines scheint in jedem Fall klar zu sein, daß der Zusammenbruch des Vater-Mythos, ohne auch nur einigermaßen entsprechenden Ersatz, die Existenz des Gewissens als gesellschaftliches Phänomen in Frage stellt.

Die Mutter, die einen Beruf ausübt, ist etwas völlig anderes als die Mutter, deren Lebensaufgabe die Erziehung der Kinder war. Der Beruf verdinglicht ihre Gedanken. Dazu kommt noch etwas anderes. Sie ist gleichberechtigt. Sie strahlt, von Ausnahmen abgesehen, nicht mehr die Liebe aus wie vorher. Die Mutter bewahrte bisher ihre Natur als Ganzes und strahlte sie aus, durch ihre Sprache, ihre Gebärden. Ihre bewußten und unbewußten Reaktionen – erinnern Sie sich an das Beispiel, das ich genannt habe – spielten eine entscheidende Rolle in der Erziehung. Sie prägten das Kind vielleicht entschiedener als die Weisungen.

H. G.: Kann man das Rad der Entwicklung zurückdrehen?

Max Horkheimer: Ich gehe davon aus, man kann den Prozeß nicht rückgängig machen, es sei denn etwa durch grauenvolle Katastrophen, wie ein Nuklearkrieg. Man kann aber von dem, was verlorengeht, etwas bewahren, indem man – und hier wird wieder deutlich, was ich unter kritischer Theorie verstehe – auch die Negativität dieser Prozesse deutlich macht ...

H. G.: Aber spielt der kritische Theoretiker nicht dabei die tragische Rolle des Don Quichotte? Er kämpft doch gegen die Entwicklung, gegen das, was Sie die immanente Logik der Geschichte nennen ... Er hat nicht einmal die Chance, mögliche Veränderungen, die er bewirkt hat, zu erleben.

Max Horkheimer: Diese Frage läßt sich auf verschiedenste Weise beantworten, psychologisch, philosophisch und theologisch. Lassen Sie mich sie theologisch beantworten.

Ich versuche einfach deshalb, die negativen Auswirkungen bestimmter Entwicklungen deutlich zu machen, weil ich glaube, daß die Liebe besser ist als der Haß, daß ich damit Postulate beachte, auch wenn ich mich dabei nicht auf Gott berufen kann. Und ich glaube, das gilt nicht nur für mich, sondern für alle Menschen ...

334

Walter Schubart
Die Heimkehr des Eros zu den Göttern

Wer den Wesenszusammenhang zwischen Religion und Erotik erkannt hat, kann sich über ihre Verfeindung nicht genug wundern. Aber er wird nicht beim Erstaunen haltmachen, sobald ihm die ganze Bedeutung ihres Einklangs aufgegangen ist. Er wird aus der Einsicht in die Ursachen der Entzweiung seine Schlüsse ziehen und seine ganze Kraft daran setzen, den Eros mit den Göttern auszusöhnen. Wie ein guter Arzt wird er der Diagnose die Therapie folgen lassen.

Der Versuch muß von der erotischen und der religiösen Seite unternommen werden. In der Erotik gilt es vor allem, den *geschlechtlichen Naturalismus* zu überwinden. Der Geschlechtsinstinkt muß wieder als Paarungstrieb im wörtlichen Sinne, d.h. als Drang nach Ergänzung begriffen werden, der nur darauf wartet, daß ihn das Erlösungsmotiv, die Sehnsucht nach überirdischer Ganzheit erfasse. Er ist im Bereiche des Menschen nicht einfach Notdurft, »Entleerungstrieb«, Bedürfnis nach Lösung gespannter Gefäße. Er fällt auch nicht mit dem Fortpflanzungstrieb zusammen. Mit Recht hat die Wissenschaft vielfach bestritten, daß es – besonders beim Mann – einen Fortpflanzungstrieb gebe, d.h. einen Trieb, im Kinde fortzuleben. Der Wunsch nach Kindern kann den Beischlaf begleiten, aber dadurch verwandelt sich der Geschlechtsinstinkt nicht in Fortpflanzungsdrang. Die Fortpflanzung liegt nicht primär als Zielvorstellung im geschlechtlichen Erlebnis...

In Wahrheit sehnt sich der Geschlechtstrieb danach, vom Dienst an der Gattung entbunden zu werden. Unter Menschen darf der Geschlechtsakt kein bloßes Mittel zum Zwecke der Fortpflanzung sein, sondern muß als Vorgang von symbolischer Bedeutung gelten, und die Lust der Umarmung sei dem der Tierheit entwachsenen Menschen – außerhalb der Naturreligion – nicht Zeugungslust, sondern Seligkeit der Selbstvollendung durch Entselbstung. Um nicht mißverstanden zu werden: Ich predige mit keinem Wort die Kinderlosigkeit. Jeder wahrhaft Liebende wird sich von der Frau, die er liebt, Kinder wünschen. Aber im Kinde sieht er keinen pflichtgemäßen Beitrag an der Gattung, sondern das Sinnbild für die Liebeseinheit der Eltern. Das sind zwei grundverschiedene Betrachtungsweisen! Die Erotik vor dem Antlitz der Religion rehabilitieren heißt, die geschlechtliche Umarmung aus naturalistischen Klammern befreien und ihr den Symbolwert zurückerstatten. Um aber das Gleichnishafte dieses Vorgangs zu fühlen, muß man die menschliche Person selbst im

Lichte ewiger Zusammenhänge sehen. Keine erotische Erneuerung ohne den Glauben an den unendlichen Wert der Einzelseele und ohne das anschauliche Erlebnis dieses Wertes! Wo nur Materie sich kuppelt, wo nur Atome und Zellen das Stoffgesetz der Paarung vollziehen, fällt der Geschlechtsinstinkt für die Menschenerlösung aus. Um den Adel der Geschlechterliebe zu haben, muß man an die Göttlichkeit des Menschen glauben.

Zum göttlichen Wesen des Menschen gehört auch der *Leib*. Man kann die Erotik nicht heiligen, ohne dem Leib eine *neue Würde* zu verleihen. Geschlechtlicher Naturalismus und Spiritualismus, so sehr sie sich befehden, machen sich beide der Verachtung des Leibes schuldig. Jener entwertet den Körper, indem er ihn für etwas rein Stoffliches erklärt, dieser, indem er ihn zu Geist und Seele in Gegensatz bringt. Aber der Leib ist nicht nur Stoff, und der Mensch ist nicht nur Geist oder Seele. Der seelenlos oder entgeistet gedachte Leib ist Schale ohne Kern, Rahmen ohne Bild, Materie ohne Sinn, und die leiblos vorgestellte Seele ist ein Schemen, kraftlos im kalten Raum der Geistigkeit. Es bedarf einer neuen Symbolik des Leibes. Auch der Leib ist ein Werk Gottes. Gewiß soll er der Seele dienen, aber er soll nicht unter ihr leiden und nicht von ihr verachtet oder verspottet werden. Es ist ein Verstoß gegen die Schöpfung, den Leib von der erotischen Wonne auszuschließen, wozu die anbetende Liebe neigt, im Gegensatz zur umarmenden. In der Geringschätzung des Leibes ist schon ein Riß zwischen Sexualität und Erotik angelegt. Tizian hat nicht recht, wenn er die himmlische Liebe als bekleidete, die irdische Liebe als unverhüllte Frau darstellt. Leibliche Nacktheit ist kein Merkmal der niederen Liebe – und nicht der Unheiligkeit. Die Hindus sind, der Vorschrift gemäß, bis zum Gürtel nackt, wenn sie beten. In der christlichen Eucharistie ist der Leib gewürdigt, Sinnbild der Gottheit zu sein. Er ist geadelt im Sakrament der Sündenvergebung. Nicht nur die Seele, auch der Leib nimmt an der Auferstehung teil. Mit der religiösen Formel »Auferstehung im Fleische« ist die Wiedergeburt des ganzen Menschen gemeint; sie bildet den Inbegriff der christlichen Hoffnungen, besonders im ostkirchlichen Glauben. (...) Gott ist im Fleisch offenbart. Christus hat einen menschlichen Leib, keinen ätherischen oder kosmischen wie der Adam Kadmon der Kabbala. »Auch der Leib hat das Bild des im Fleische kommenden Christus angezogen«, heißt es bei Tertullian, und Paulus lehrt im 2. Korintherbrief: »Wir wollen nicht entkleidet, sondern überkleidet werden, damit das Sterbliche verschlungen werde vom Leben.« Diesem Ausspruch fügt Chrysostomus bewundernd hinzu: »Das sind Worte, durch welche die Lästerer der Natur des Leibes, die Ankläger unseres

Fleisches vollständig geschlagen werden.« Wie verklärt Ephraim der Syrer den Leib in seinen Hymnen: »Der Leib wird seine Gefährtin, die Seele, hineinführen in sein Brautgemach und sie darin trösten... Mit Leib bekleidet war der Erstgeborene, der Sohn Gottes. Er gebrauchte ihn als Schleier seiner Herrlichkeit, der unsterbliche Bräutigam erstrahlte in seinem Gewande. So mögen erstrahlen eure Leiber – eure Gewänder.« Thomas von Aquino faßt die Seele als forma corporëitatis auf, als Formkraft des Leibes, als das den Körper formende Prinzip. Zusammenhang, nicht Feindschaft ist das Wesen der Leib-Seele-Beziehung nach christlicher Ansicht. Die Evangelien bieten keine Handhabe zur Ächtung des Leibes.

Es war einer der schwersten Irrtümer Luthers, daß er verkündete: »Der Leib ist Gott nicht verbunden, sondern frei von ihm gegeben zu allen äußerlichen Dingen.« Das war keine Befreiung, sondern Entheiligung des Leibes! Von da ist es kein weiter Weg zu Descartes, der Körper und Seele auseinanderriß, Verhängnis für die gesamte Entwicklung des Abendlandes. Nun erst konnte das, was mit dem Leibe zusammenhängt, als seelenfeindlich und darum als verächtlich gelten. Wo die Leibverachtung nicht schon Ausdruck des Abscheus vor dem Geschlechtlichen ist, zieht sie diesen Abscheu als unvermeidliche Folge nach sich...

Es versteht sich von selbst, daß das Geschlechtliche den Wiederanschluß an die Religion nicht finden kann, soweit es vom Verschlingungstrieb geprägt wird. Dafür hatte das Christentum immer einen sicheren Instinkt, weshalb es die Genußliebe mit Schärfe verwarf. Das Verhängnis war nur, daß man den Genuß nicht gegen die Wonne der Erlösung abgrenzte, so daß die erotische Heilssehnsucht des Menschen von der Ächtung des Genusses mitgetroffen wurde. Die katholische Lehre vom Fortpflanzungszweck des Geschlechtlichen hat im Abscheu vor dem Verschlingungstrieb ihre Wurzel. Der Grundgedanke ist: lieber zurück in die Tierheit und dem Gesetz der Gattung dienen als den Sinn des Geschlechtlichen in die persönliche Genußgier setzen. Oft aber ist der vermeintliche Dienst an der Gattung nur Genußliebe mit schlechtem Gewissen. Genießen, Hedonismus, gieriges Schlürfen von Lust stellt den Menschen unter die Tierwelt, die nur die natürliche Getriebenheit kennt, nicht das willkürliche Spiel mit der Lust des Leibes. Es nimmt der Geschlechtlichkeit die Tiefe und macht sie langweilig. Am Schluß trinkt man sich nicht den Rausch an, sondern den Ekel. Tiefgründige Naturen haben sich nie damit abfinden können, daß es mit dem Geschlechtlichen auf eine bloße Belustigung des Menschen abgesehen sei, auf einen Ausgleich für die vielen Nöte und Mühen seines Lebens. Sie halten es mit Platon, der im Gastmahl sagt: »Das Ziel kann doch wohl nicht nur die Gemeinschaft des Liebesgenusses sein, sondern offenbar will die Seele der beiden sich Vereinigenden etwas anderes, was sie aber nicht aussprechen kann, sondern nur andeutet und zu raten gibt.« Nur innerlich leere Kreaturen, wie sie heute häufig sind, suchen die grauenhafte Öde ihres Daseins durch Mißbrauch des Geschlechts zu beleben. Das Geschlechtliche als Mittel der Betäubung, als Kitzel überreizter Großstadtnerven – darein hat noch niemand, der ernst genommen werden wollte, den Sinn der Geschlechterliebe gelegt. Deshalb wird es bei denen, auf die es ankommt, leichter sein, der Erotik den Verschlingungstrieb fernzuhalten als das von der Kirche geschützte Vorurteil auszurotten, das Wesen des Geschlechtlichen erschöpfe sich in der Zeugung. Um die übrigen dem Verschlingungstrieb zu entziehen, ist ein homöopathisches Mittel nötig: eine neue asketische Zucht. Sie allein kann es dahin bringen, daß sich der moderne Mensch seiner sexuellen Unart, seiner Verdorbenheit in Urteil und Haltung entwöhnt und wieder rein und reif wird für die echte Geschlechterliebe.

Man wird fragen, ob nicht das gewaltige Erlebnis der Schöpfungswonne zur Annäherung von Religion und Erotik beitragen kann. An Versuchen, es zu erneuern, hat es ja nicht gefehlt. Man denke an den Panerotismus eines Lawrence oder Rosanow. Ich halte solche Bemühungen nicht für glücklich. Das Erlebnis der Schöpfungswonne kann dem Europäer nur noch in seltenen Ausnahmen zugänglich sein; im allgemeinen läßt es sich vorerst nicht erwecken. Denn der Mensch des Abendlandes ist generationenlang im Geiste der Erlösungsreligion erzogen worden, so stark und einseitig, daß er darüber die Existenz, ja, die Möglichkeit der Naturreligion übersah. Er kann sich keine Religion mehr denken, deren Anliegen nicht die Erlösung des Menschen wäre, und wenn er sie sich vielleicht noch denken kann, nach*fühlen* kann er sie kaum. In einer Kultur, die bis zur Selbstzerstörung männlich ist, fehlen alle Voraussetzungen, unter denen sich die Schöpfungswonne entfaltet, hervorbrechend aus den Tiefen der weiblichen Natur, als liebeberauschte Bejahung des Lebens. Ein notleidender Erdteil, der sich in Qualen krümmt wie das heutige Europa, ist dazu nicht fähig. Hier können sich Religion und Erotik nur unter der Erlösungsidee versöhnen, derart, daß die Kraft und Berufung der Geschlechterliebe zur Menschenerlösung neu entdeckt und sie selbst den religiösen Gnadenmitteln angeschlossen wird. Jeder andere Versuch des Friedensschlusses ist unter abendländischen Menschen des 20. Jahrhunderts ein leerer Wahn...

Auf religiöser Seite sind zwei Hindernisse der Versöhnung zu überwinden: das Störungsmotiv und der Weltekel.

Die Auseinandersetzung mit dem Störungsmotiv führt vor das schwierige Problem *Eros und Freiheit*. Die Frage ist nicht, wieviel äußere Freiheit der Geschlechterliebe gelassen werden soll, sondern, wie weit sie zur inneren Freiheit beiträgt. Kein moralisches also, sondern ein psychologisches Problem. Der Erotik wird immer wieder vorgeworfen, daß sie den Gesichtskreis einenge und für andere Lebenstätigkeiten untauglich mache. Amor meus – pondus meum, stöhnt Augustin. Nun ist es wahr, daß die Liebe fesselt. Der kennt sie nicht, der nicht das rastlose Kreisen der Sinne um das Ziel ihrer Sehnsucht erlitt, nicht den quälenden Zustand der Gespanntheit, nicht die Kämpfe des Einswerdens der liebenden Seelen. Es ist der *Spannungszustand der Liebe*, das Streben nach Ganzheit, nicht schon das Ausruhen in ihr, die Begierde nach Harmonie, nicht die Harmonie selbst. Aber diese herzbeklemmende Unruhe kennzeichnet nur ein Teilstück des Weges, den die Liebe abschreitet. Wo sie sich vollendet, gelangt sie in ihren *Gnadenstand*. In ihm gelingt die Entselbstung. Er enthärtet, er nimmt dem Leben seine Bitterkeit und Schwere. Was sich mit der zeitlichen Person des Liebenden berührt, fällt von ihm ab ins Wesenlose. Im Gnadenstand der Liebe erblüht der ekstatisch freie Mensch...

Daß man einen Menschen um Gottes willen lieben kann, wird niemand bestreiten. Aber auch das Umgekehrte ist möglich: Gott zu lieben um eines Menschen willen. An der echten Geschlechterliebe stirbt die Gottesliebe nicht, sondern sie rankt sich daran empor. Der Eros endet in Gott, wenn er den Kreis seiner Bewegung nicht vorzeitig abbricht. Erst vor dieser Erkenntnis erweist sich die ganze Schwere des unter religiösen Menschen viel verbreiteten Irrtums, die Liebe zu einem sterblichen Geschöpf schmälere die Liebe zur Gottheit.

Im Gnadenstand der Liebe übt der Mensch die gewährende, nicht die begehrende Liebe. Er liebt, wie Gott die Kreatur liebt, mit der Agape. Die Bindung an die Geliebte wird als Geborgenheit, nicht als Verlust der Freiheit empfunden. Frei ist gerade der im Gnadenstand Liebende, denn er ist entselbstet. Er lebt von einem anderen Wesen aus. Er hat sein eigenes, zeitliches Ich gleichsam im Rücken. Er ist nicht frei von Eros, sondern frei durch den Eros...

... Der von Asketen erhobene Vorwurf, daß die Geschlechterliebe die Gottesliebe störe, trifft nur die unvollendet gebliebene Geschlechterliebe, nicht diese Liebe an sich, nur einen unvollkommenen Reifegrad der Erotik, nicht das Wesen der Erotik, und kann mit dem Hinweis auf gleichgelagerte Fälle unvollendeter Gottesliebe beantwortet werden. Weil so viele Mystiker über ihrer Gottseligkeit die Welt zu vergessen scheinen, sind nicht nur sie, sondern – zu Unrecht – die Mystik selbst in den Verruf der Weltflucht, der Müdigkeit und der Willenserschlaffung gekommen. Aber ihrem Wesen nach ist die Mystik nicht weltfeindlich. Im Christentum wurde die Gefahr, daß sie es werde, deutlich gefühlt und offen ausgesprochen, daß der mit Gott Geeinte seine religiöse Liebe an den Brüdern auswirken müsse. »So jemand spricht: Ich liebe Gott, und haßt seinen Bruder, der ist ein Lügner. Denn wer seinen Bruder nicht liebt, den er siehet, wie kann er Gott lieben, den er nicht siehet?« (I. Joh. 4, 20). Der flämische Mystiker Ruysbroek (Die Zierde der geistlichen Hochzeit I, 40ff.) fordert, »der mit Gott Geeinte müsse alle Dinge in echter Freigebigkeit aus göttlichem Überfluß bereichern; ein solcher Mensch sei der berufene Mittler zwischen Gott und allen Menschen«. Nach Katharina von Siena »ist es Zeit, Gott zu ehren und dem Nächsten alle Kraft zu weihen«. Eine göttliche Stimme hatte ihr zugeflüstert: »Die Seele, welche von Liebe zu meiner Wahrheit erfüllt ist, hört nimmer auf, der ganzen Welt zu dienen.« Ein tamulischer Heiliger verkündet: »Die haben Gott nicht lieb, die nicht Liebe zu allen Menschen haben.« In universalem Liebesdrang glüht die Bhaktimystik der Inder. Für Teresa ist die Aktivität des Liebeswirkens das Kriterium der Echtheit und Göttlichkeit aller mystischen Gnadenoffenbarung.

Mystik schließt die kraftvolle Mitarbeit an der Welt ebensowenig aus wie die Geschlechterliebe die Anbetung Gottes. Auch Jeanne d'Arc, die nationale Kämpferin, und Ignaz von Loyola, eine der tätigsten Naturen der Geschichte sind Mystiker gewesen. Die sich vollendende mystische Gottesliebe ist weltoffen, wie es schon Clemens von Alexandrien gefordert hatte. Ebenso ist aber auch die sich vollendende Geschlechterliebe Gott offen. Mehr noch: Wie die ausgereifte Gottesliebe die Erdenliebe nährt und zum Erdenwerk antreibt, so schürt die sich vollendende Geschlechterliebe den religiösen Glauben und die religiöse Inbrunst. Echte Geschlechterliebe ist daran zu erkennen, daß sie zu Gott hinführt. Macht oder läßt sie gottlos, so ist sie gerichtet. Geschlechterliebe und Gottesliebe stören sich nicht, sondern wachsen aneinander und reichen sich gegenseitig die leuchtende Fackel zu. Die Asketen des Störungsmotivs sind darüber im Irrtum, weil sie Halbheiten und Krüppelformen der Erotik mit dem Wesen der Erotik verwechseln, weil ihr Blick nur bis in den Spannungsstand, nicht bis in den Gnadenstand der Geschlechterliebe vordringt. Der Spannungsstand hebt die Wahlfreiheit auf oder mindert sie. Das ist richtig. Aber der Gnadenstand gewährt die Freiheit als sittliche Autonomie, als Erlöstsein aus der Enge der Person.

Der Vorwurf der religiösen Askese gegen die Erotik, daß sie unfrei mache, gleicht einem Vorwurf, den die Irreligion gegen die Religion erhebt. Der Atheismus rechtfertigt sich ja am wirksamsten dadurch, daß er sich mit der Freiheit, den Gottesglauben mit der Unfreiheit gleichsetzt. Man will den göttlichen Gebieter oder Zeugen los sein und auf eigene Faust sein Schicksal formen. Aber eine solche auf den Menschen gegründete Freiheit gibt es nicht. Man kann *durch* Gott frei sein, nicht *von* Gott. Nur die Zugehörigkeit zu einem Reiche göttlich-geistiger Ordnung gibt dem Menschen den Standort außerhalb und oberhalb der Natur, von dem aus auch der Gedanke einer Lenkbarkeit der Welt erst gefaßt werden kann. Wenn sich der Mensch von diesem Reiche ausschließt, gelangt er über das Stoffliche nicht hinaus. Den Stoff kann nicht der Stoff, sondern nur der Geist überwinden. Der Irrtum des gottfeindlichen Atheisten ähnelt dem Irrtum des erosfeindlichen Asketen. Das atheistische Freiseinwollen von Gott erinnert an das asketische Freiseinwollen vom Eros. Schon einmal begegnete uns der Asket in einer Reihe mit dem gottlosen Machtmenschen, dem Vertreter des Magischen. Dasselbe, was den magischen Typus hindert, den religiösen Weg zur Freiheit anzuerkennen, hindert den Asketen, den erotischen Weg zur Freiheit zu gehen: es ist Hochmut, der die Selbstentäußerung ausschließt. Einen anderen lieben heißt, sich an ihn verschenken, sich an ihn los werden wollen. Die erotische Freiheit besteht darin, daß der Liebende die Sorgen des Tages, die Beschränkung auf das Vergängliche, im Angesicht eines geliebten absoluten Wertes aufgibt. Er ist »außer sich« vor Liebe. Er bleibt in der Welt, aber er bietet ihr oder dem geliebtesten ihrer Geschöpfe sein Leben als Opfer an. Die Opferidee ist von der Liebesidee nicht zu trennen. Opfer aber will der eigenwillige Atheist so wenig bringen wie mancher Asket...

... Religion und Erotik haben dasselbe Ziel: Sie wollen den Menschen verwandeln, sie erstreben seine Wiedergeburt. Sie stehen im Zeichen des Bibelwortes: das Leben hingeben, um es zu gewinnen. Der religiösen und erotischen Liebe ist gemeinsam, daß in ihnen eine Vereinzelung durchstoßen und der Aufstieg zur Ganzheit versucht wird...

... Die Doppelnatur des Eros legt die Erkenntnisse nahe, daß *Weltschöpfung- und Welterlösungsgedanke* nicht in dem schroffen Widerspruch stehen, worin der vom Weltekel geprägte Asket sie sieht. In diesem Asketentypus geht dem Bruch mit dem Eros der Bruch mit der Welt voraus. Soll der Eros den Heimweg

341

zu den Göttern finden, so muß er das Hindernis des Weltekels aus dem Wege räumen. Er hat die Bejahung des Lebens und seines Sinnes als weltanschaulichen Hintergrund nötig. Er bedarf der Weltliebe, nicht des Welthasses. So wird die Überwindung des Pessimismus, jener ätzenden, alles vergiftenden Weltverdrossenheit, die ich Weltekel nenne, zum erotischen Problem, zur Schicksalsfrage der Liebe und zu einer Aufgabe, in die sich Religion und Erotik teilen müssen.

Der Weltekel ist religiöser Natur. Er ist gebrochene Religiosität, eine, die nicht zum vollen Auslauf gekommen ist. Von der Überwelt angezogen, kann der Mensch die sichtbare Weltordnung vergessen; er kann sie aber auch hassen. Dann hausen (vermeintliche) Gottesliebe und Welthaß in *einem* Herzen. Dann betet der Gläubige Gott zwar an, aber er kommt nicht über die Frage hinweg: Warum schuf Gott die Welt, diese entsetzliche Welt? Es ist die große Gefahr der Religion, daß sie dem Menschen die Welt verleidet, daß sie ihn nur bis zum Welthaß, bis zur Verachtung des Sterblichen, treibt und daß er verwirrt den Weiterweg zur geläuterten Erdenliebe nicht findet, vergleichbar der erotischen Gefahr, daß der Liebende nicht über den Spannungsstand hinausgelangt und sich in Unruhe verzehrt, statt sich erlöst zu fühlen, vergleichbar der mystischen Gefahr, daß der mit Gott Geeinte über seiner Gotttrunkenheit den darbenden Bruder neben sich übersieht. Man kann darüber nichts Schöneres sagen, als es der englische Religionsphilosoph Friedrich von Hügel in einem Brief an seine Nichte gatan hat: »Es ist ganz gut möglich, daß Dein jetzt lebendiger und tiefer Sinn für das Religiöse Dir nichtreligiöse Themen mehr oder weniger fade erscheinen läßt, daß Du es nach Tertullian und den Bekenntnissen als Belastung empfindest, Dich auf Homer oder Pindar konzentrieren zu müssen. Wenn das aber so ist oder wenn es später kommen sollte, so möchte ich, daß Du diese Mentalität nicht aufkommen läßt, daß Du Dich kräftig dagegen wehrst. Wenn es eine Gefahr für die Religion gibt – wenn es eine naheliegende, beinahe unwiderstehliche Neigung gibt, die während ihrer ganzen langen Geschichte ihre Macht untergraben und zu den zerstörerischsten Übertreibungen nach der entgegengesetzten Seite geführt hat – so ist es gerade diese: zuzulassen, daß die Anziehungsmacht der Gnade die Schönheiten und Pflichten der Natur tötet und nicht beachten läßt... Keine Gnade ohne das Substrat, den Anlaß, den Stoff der Natur; und keine Natur ohne Gnade. Begreifst Du vollständig, worauf ich hinaus will? Daß ich gerade, weil Du Dich nach der Religion sehnst, möchte, daß Du auch die Tätitgkeiten und Interessen, die nicht unmittelbar religiös sind, weiterpflegst und noch sorgfältiger und liebevoller

342

pflegst. Und das nicht nur, weil wir natürlich essen müssen, natürlich unsere kleinen Entspannungen haben müssen, sondern viel mehr noch, weil Du ohne diese nicht unmittelbar religiösen Interessen und Tätigkeiten, wenn auch langsam und unbemerkbar, den Stoff verlierst, in dem und auf den die Gnade wirken kann.«

Wo sich das religiöse Erlebnis vollendet, führt es durch die Weltverfluchung hindurch zu einer Wiederanerkennung der Welt. Man kann nicht den Schöpfer lieben, wenn man seine Schöpfung verwirft. Das ist die letzte Erkenntnis der Religion. »Doppelbewegung der Unendlichkeit« nannte Kierkegaard diese Wiederbejahung des Daseins, die ihm in seiner Lebenspraxis nicht gelang. Die geläuterte Erdenliebe hat mit dem Optimismus der Feigheit nichts zu tun, nichts mit dem ängstlichen Vorbeischielen an den Abgründen des Lebens, nichts mit der kindlichen Unkenntnis der Weltverdorbenheit. Die geläuterte Erdenliebe kennt das Böse und Entsetzliche der Welt und bejaht sie doch. So war die Lebensliebe Dostojewskijs. Gott zu lieben trotz der Mängel und Schrecken seiner Schöpfung – das ist die große Aufgabe, die die Religion den Menschen stellt...

Wystan Hugh Auden
Christentum und Kunst

Kunst ist vereinbar mit dem Polytheismus und mit dem Christentum, doch nicht mit dem philosophischen Materialismus; Wissenschaft ist vereinbar mit philosophischem Materialismus und mit Christentum, doch nicht mit dem Polytheismus. Aber kein Künstler oder Wissenschaftler fühlt sich als Christ ganz glücklich; jeder Künstler, der obendrein noch Christ ist, wünscht sich, ein Anhänger des Polytheismus zu sein; jeder Wissenschaftler in derselben Lage wünscht sich, ein philosophischer Materialist zu sein. Und dies mit gutem Grund. Denn in einer polytheistischen Gesellschaft sind die Künstler zugleich die Theologen, und in einer materialistischen Gesellschaft versehen die Wissenschaftler deren Amt. In den Augen eines Christen sind unglücklicherweise Kunst und Wissenschaft weltliche Beschäftigungen, das heißt also von untergeordneter Bedeutung.

Einem Künstler, in seiner Eigenschaft als Künstler, wollen Sätze wie: *Gott ist die Liebe* oder: *Du sollst deinen Nächsten lieben wie dich selbst* nicht einleuchtend, da er sich nicht darum kümmert, ob Gott und die Menschen von Liebe erfüllt sind oder nicht; desgleichen bleibt dem Wissenschaftler der Sinn dieser Sätze verschlossen, da es ihm gleichgültig ist, ob lieben eine Sache freier Entscheidung oder etwas Erzwungenes ist.

Der Imagination erscheint das Heilige als etwas Selbstverständliches. Die Frage, ob man an Aphrodite und Ares glaube oder nicht, ist ebenso sinnlos wie die, ob man an eine Figur in einem Roman glaube; man kann nur sagen, daß man sie lebenswahr finde oder nicht. An Aphrodite und Ares glauben besagt nichts als dies: man glaube, die dichterischen Mythen von diesen Gottheiten würden den Mächten des Geschlechtlichen und Aggressiven, wie die Menschen sie in der Natur und ihrem eigenen Leben am Werke sehen, gerecht. Dieser Umstand ermöglicht es dem Archäologen, der die Statuette eines Gottes oder einer Göttin ausgräbt, mit beträchtlicher Genauigkeit anzugeben, welche Gottheit sie darstellt.

In ähnlicher Weise erscheint der Imagination der göttergleiche oder heldenhafte Mensch als etwas Selbstverständliches. Er vollbringt außerordentliche Taten, wie sie dem gewöhnlichen Sterblichen nicht möglich wären, oder ihm begegnet Außerordentliches.

Die Menschwerdung, die Ankunft Christi in Knechtsgestalt, unerkennbar dem Auge aus Fleisch und Blut, erkennbar nur dem Auge des Glaubens, macht jeglichem Anspruch der Imagination, die Instanz zu sein, welche entscheidet, was in Wahrheit heilig und was profan ist, ein Ende. Ein heidnischer Gott kann verkleidet auf Erden wandeln; aber solange er seine Verkleidung trägt, ist niemand gehalten, ihn zu erkennen, und niemand vermöchte es. Christus hingegen erscheint auf Erden und sieht aus wie ein beliebiger Mensch, behauptet aber, Er sei der Weg, die Wahrheit und das Leben, und niemand könne zu Gott, dem Vater, kommen, es sei denn durch Ihn. Der Widerspruch zwischen der weltlichen Erscheinung und dem heiligen Anspruch ist für die Imagination unüberwindlich.

Es ist nicht möglich, Christus auf der Bühne darzustellen. Läßt man ihn dramaturgisch interessant erscheinen, hört er auf, Christus zu sein, und verwandelt sich in einen Herkules oder einen Svengali. Auch in der bildenden Kunst läßt er sich nicht eigentlich darstellen, denn wäre er dem Auge erkennbar, so müßte er ein Gott nach der heidnischen Art sein. Allenfalls vermag der Maler den Bambino mit der Muttergottes oder den toten Christus am Kreuz zu malen, denn jeder Säugling und jeder Leichnam ist sowohl individuell wie universal, *der* Säugling, *der* Leichnam. Doch weder Säugling noch Leichnam sagen: *Ich bin der Weg, die Wahrheit und das Leben.*

Für einen Christen ist der gottgleiche Mensch nicht der Held, der außerordentliche Taten vollbringt, sondern der fromme Mann, der Heilige, der Gutes tut. Doch nach den Worten des

344

Evangeliums gehört es zur guten Tat, daß sie im Geheimen geschehe, verborgen – soweit das möglich ist – demjenigen gar, der sie vollbringt, und es ist nicht statthaft, daß das Gebet und das Fasten des einzelnen in der Öffentlichkeit vorgenommen werde. Dies bringt es mit sich, daß die bildende Kunst, die ihrem Wesen nach aufs Augenfällige angewiesen ist, einen Heiligen nicht abbilden kann.

Es kann sowenig eine »christliche« Kunst geben, wie es eine christliche Wissenschaft oder eine christliche Diät gibt. Es kann nur einen christlichen Geist geben, in welchem ein Künstler, ein Wissenschaftler arbeitet oder nicht arbeitet. Dem Geiste nach muß eine Kreuzigungsgruppe nicht christlicher sein als ein Stilleben, ja sie kann sehr wohl weniger christlich sein.

Ich frage mich zuweilen, ob – in christlicher Sicht – nicht all jenen Kunstwerken, die offen auf das Christentum Bezug nehmen, etwas Bedenkliches anhaftet. Sie scheinen darzutun, daß es so etwas wie eine christliche Kultur gebe, die doch ein Unding wäre. Kultur ist unter das zu rechnen, was des Kaisers ist. Er läßt sich nicht verheimlichen, daß das große Zeitalter »religiöser« Malerei mit dem Zeitalter der größten weltlichen Machtentfaltung der Kirche zusammenfällt …

Die Imagination ist eine natürliche menschliche Gabe und behält darum ihre Eigenart, gleichgültig welchem Glauben der Mensch anhängt. Veränderungen werden allein in der Art und Weise auftreten, in welcher er die Daten der Imagination interpretiert. Überall und zu allen Zeiten haben gewisse Gegenstände, Wesenheiten und Geschehnisse in seiner Imagination ein Gefühl heiliger Scheu hervorgerufen, während andere seine Imagination unbeeindruckt ließen. Doch ein Christ kann nicht wie ein Polytheist sagen: »Alles, was uns in unserer Imagination mit heiliger Scheu erfüllt, ist an sich schon heilig; und alles, was uns ungerührt läßt, ist weltlich.« Dem Christen bieten sich zwei Interpretationsmöglichkeiten; beide, so scheint mir, führen – wiewohl sie orthodox sind – leicht zur Häresie. Der Christ kann entweder im Sinne des Neuplatonismus sagen: »Dasjenige, was mir ein Gefühl heiliger Scheu einflößt, ist ein Kanal, über den mir, als einem Individuum und Angehörigen einer bestimmten Kultur, das Heilige, das ich ja nicht unmittelbar erfassen kann, offenbar wird«, oder er kann, dem Pantheismus sich zuneigend, sagen: »Alle Gegenstände, Wesenheiten und Geschehnisse sind heilig, doch infolge meiner individuellen und kulturellen Beschränktheit kann meine Imagination als heilig nur diese hier wahrnehmen.« Was mich persönlich betrifft, so zöge ich es vor – wennschon geketzert sein muß –, als Pantheist verdammt zu werden und nicht als Neuplatoniker.

345

In unserer verstädterten Industriegesellschaft ist nahezu alles, was uns begegnet, so abstoßend häßlich oder schreiend abgeschmackt, daß ein Künstler, wenn er nicht geradezu aufs Land flüchten und niemals wieder die Zeitung aufschlagen will, nur kann, einen manichäistischen Zug anzunehmen und – mag seine religiöse Überzeugung dem auch widersprechen – das *Gefühl* – mag seine religiöse Überzeugung dem auch widersprechen – zu entwickeln, daß die Sinnenwelt durch und durch verworfen oder die Wohnstatt von Dämonen sei. Wie sehr er sich auch mahnend ins Bewußtsein ruft, daß das materielle Universum die Schöpfung Gottes und von Ihm für gut befunden worden sei, so wird sein Gemüt doch von Bildern physischen Ekels heimgesucht: Zigarettenstummel in halbgeleerten Sardinenbüchsen, verstopfte Toiletten usw.

Indessen – es könnte noch schlimmer sein. Vermag sich ein Künstler auch nicht mehr mit dem Nimbus des Heiligen zu umgeben, so hat er statt dessen doch seine persönliche Künstlerfreiheit gewonnen. Solange man einem Geschäft Heiligkeit zuschreibt, wird es von Begriffen der Rechtgläubigkeit reguliert. Solange die Kunst heilig ist, gibt es nicht nur durch den Glauben vorgeschriebene Gegenstände, die zu behandeln jeder Künstler gehalten ist, neben anderen, verpönten, mit denen sich kein Künstler befassen darf, sondern auch vorgeschriebene Stile, die nicht verletzt werden dürfen. Sobald aber die Kunst zu einer weltlichen Beschäftigung wird, hat jeder Künstler die Möglichkeit, jedweden Gegenstand zu behandeln, der seine Einbildungskraft fesselt, und zwar in der von ihm für angemessen erachteten Manier.

Jedwede Freiheit bringt die Gefahr ihres Mißbrauches mit sich. Die Säkularisation der Kunst ermöglicht es dem wirklich begabten Künstler, sein Talent voll zur Entfaltung zu bringen; sie gestattet aber auch denjenigen mit wenig oder gar keinem Talent, Massen von verlogenem oder gemeinem Schund hervorzubrigen. Betrachtet man sich das Schaufenster einer Devotionalienhandlung, kann man sich des Wunsches nicht erwehren, die Bilderstürmer hätten seinerzeit den Sieg davongetragen.

Es kann für die Künstler noch sehr viel ärger kommen, und in weiten Gebieten der Erde haben sie es schon schwer genug.

Solange sich die Wissenschaft als eine weltliche Tätigkeit betrachtet, bildet der Materialismus nicht gerade eine ihrer Lehren, wohl aber eine nützliche Arbeitshypothese. Ein Wissenschaftler braucht sich als solcher bei seinen Untersuchungen der Sinnenwelt den Kopf nicht in größerem Maße über ontologische und theologische Fragen zu zerbrechen, als ein Künstler in seinem Künstlertum gehalten ist, sich den Kopf darüber zu zerbre-

346

chen, was sein von heiliger Scheu ergriffenes Gefühl im letzten wohl anzeigen mag.

Sobald man jedoch den Materialismus als heilige Wahrheit auffaßt, wird die Unterscheidung dessen, was Gottes, und dessen, was des Kaisers ist, abermals aufgehoben. Die Welt des vergöttlichten Materialismus ist sehr verschieden von der Welt des heiligen Polytheismus. Unter der Herrschaft des Polytheismus war alles im Leben letztlich leichtfertig, was zur Folge hatte, daß die heidnische Welt eine moralisch tolerante Welt war – viel zu tolerant, denn sie duldete macherlei Übel, wie die Sklaverei und das Aussetzen von Kindern, die nicht hätten geduldet werden dürfen. Sie duldete sie nicht etwa, weil sie diese als Übel nicht erkannt hätte, sondern weil sie nicht an das unbedingt Gute der Götter glaubte. (Kein Grieche beispielsweise verteidigte die Sklaverei, wie die Sklavenhalter in den amerikanischen Südstaaten es taten, damit, daß er behauptete, die Sklaven wären in ihrem Sklavenstand glücklicher als in Freiheit. Im Gegenteil wiesen sie sogar nach, daß der Sklave unter dem Menschen stehen müsse, da er sich sonst eher getötet als das Leben eines Sklaven ertragen hätte).

Unter dem vergöttlichten Materialismus hingegen ist alles im Leben von Grund auf ernst und darum moralischer Regelung unterworfen. Der zur Religion erhobene Materialismus wird über das, was er für ein Übel hält, nicht mit einem herzlosen Achselzucken hinweggehen – so sei es nun einmal im Leben, sei es immer schon gewesen und werde es immer sein –, sondern er wird für seine moralischen Zwecke zu einem Mittel greifen, das er selbst für Übel hält, und wird es hier und jetzt mit Bedacht in Anwendung bringen, damit in Zukunft das Gute sich etabliere.

Unter der Herrschaft des zur Religion erhobenen Materialismus verliert der Künstler abermals seine künstlerische Freiheit, doch er erhält dafür nicht seine heilige Bedeutung zurück; denn jetzt sind es nicht die Künstler, die in ihrer Gesamtheit bestimmen, was heilige Wahrheit ist, sondern die Wissenschaftler oder vielmehr die wissenschaftlichen Politiker, die verantwortlich dafür sind, daß die Menschen beim rechten Glauben bleiben. Unter ihrem Regiment wird der Künstler zu einem bloßen Techniker, einem Experten für wirksamen Ausdruck, der angestellt wird, um effektvoll das zum Ausdruck zu bringen, dessen Verkündigung nach Maßgabe der Politiker angebracht ist.

Hermann Broch
Religionsphilosophischer Exkurs

Religionen entstehen aus Sekten und zerfallen wieder in Sekten, kehren zu ihrem Ursprung zurück, ehe sie sich gänzlich auflösen. Am Anfang des Christenstums standen die einzelnen Christus- und Mithraskulte, an seinem Ende stehen die grotesken amerikanischen Sekten, steht die Heilsarmee.

Der Protestantismus: die erste große Sektenbildung des christlichen Zerfalls. Eine Sekte, keine neue Religion. Denn das wichtigste Merkmal einer neuen Religion fehlte: die neue Theologie, welche eine neue Kosmogonie mit dem neuen Gotteserlebnis zu neuer Weltganzheit amalgamiert. Der Protestantismus aber, undeduktiv und untheologisch seinem Wesen nach, lehnte es ab, aus dem Bereich des autonomen inneren Gotteserlebnisses herauszutreten.

Die Kantsche Erneuerung als nachträgliche protestantische Theologie nahm zwar die Aufgabe auf sich, dem neuen positivistisch-wissenschaftlichen Inhalt den religiös-platonischen Gehalt zu verleihen, doch weit war sie davon entfernt, eine theologische Wertgesamtheit nach katholischem Muster anzustreben.

Der Schutz gegen einen fortschreitenden Sektenzerfall des Katholizismus wurde durch die Jesuiten der Gegenreformation in einer drakonischen, geradezu militärischen Wertzentralisation organisiert. Es war die Zeit, in der sogar die Reste der alten heidnischen Volksbräuche in den Dienst der Kirche gestellt wurden, in der die Volkskunst ihre katholische Wendung erfuhr, in der die Jesuitenkirche einen noch nie erhörten Pomp entfaltete, eine ekstatische Einheit bezweckend und erzielend, die zwar nicht mehr die symboldurchtränkte Einheit der Gotik war, wohl aber ihr heroisch-romantisches Widerspiel.

Der Protestantismus mußte solchen Schutzes gegen den weiteren Sektenzerfall entraten. Sein Verhältnis zu den außerreligiösen Wertgebieten ist nicht das der Einbeziehung, sondern das der Tolerierung. Er verschmäht die außerreligiöse »Hilfe«, denn seine asketische Forderung geht nach radikaler Innerlichkeit des Gotteserlebnisses. Und war auch ihm der ekstatische Wert Urgrund und oberster Sinn des Religiösen, so sollte dieser Wert mit absoluter Strenge rein und ungebrochen und autonom aus dem religiösen Wertgebiet selber gewonnen werden.

348

Das Verhältnis der Strenge ist es, nach welchem der Protestantismus sein Verhältnis zu den außerreligiösen irdischen Wertgebieten regelt und mit welchen er auch selber seinen irdischen und kirchlichen Bestand zu sichern trachtet. Rein und einsinnig auf Gott gerichtet, wird er notwendig auf die einzig vorhandene geistig-irdische Emanation Gottes verwiesen: auf die Heilige Schrift, – und die Bindung an die Schrift erhebt sich zu jener obersten irdischen Pflicht, auf welche die ganze Radikalität, die ganze Strenge der protestantischen Methode übertragen wird.

Der protestantischeste Gedanke: der kategorische Imperativ der Pflicht. Der ganze Gegensatz zum Katholizismus: die äußeren Lebenswerte werden nicht in den Glauben einbezogen, werden nicht theologisch kanonisiert, sondern sei werden bloß an Hand der Schrift streng und fast nüchtern überwacht.

Hätte der Protestantismus den andern, den katholischen Weg eingeschlagen, um seinerseits zu einem protestantischen Wert-Organon zu gelangen, wie dies z.B. Leibniz vorgeschwebt hat, er hätte sich vielleicht nicht minder wirksam als der Katholizismus gegen eine weitere Sektenabspaltung geschützt, aber er hätte notgedrungen seine eigene Wesenheit aufgegeben. Er befand und befindet sich in der Situation einer revolutionären Partei, die Gefahr läuft, sich mit dem bekämpften alten Staat identifizieren zu müssen, wenn sie dessen Machtmittel ergriffen hat. Der gegen Leibniz erhobene Vorwurf des Kryptokatholizismus war nicht ganz unberechtigt.

Keine Strenge, hinter der nicht Angst stünde. Aber die Angst vor dem Sektenzerfall wäre ein viel zu kleines Motiv, um die protestantische Strenge zu erklären. Und die Flucht in die Buchstabentreue, die Flucht in die Schrift, ist geschwängert von der göttlichen Angst, von jener Angst, die aus der poenitentia Luthers hervorbricht, jener »absoluten« Angst vor der »Grausamkeit« des Absoluten, die Kierkegaard erlebt hat und in der Gott »trauernd thront«.

Es ist, als wollte der Protestantismus mit der Bindung an die Schrift den letzten Hauch der Sprache Gottes in einer Welt bewahren, die in der Sprache der Dinge verstummt war, verfallen in die Stummheit und Grausamkeit des Absoluten, – und in göttlicher Angst erkannte der protestantische Mensch, daß es das eigene Ziel ist, vor dem ihm graut. Denn mit der Ausschaltung aller Wertgebiete, mit der radikalen Rückverweiseung ins autonome

Gotteserlebnis wird eine letzte Abstraktion vorgenommen, deren logische Rigorosität unzweideutig zur Aufhebung jedweden irdisch-religiösen Glaubensinhalts hindrängt, zu einer absoluten Inhaltsentblößung, nichts übrig lassend als die reine Form, die reine, inhaltsentleerte und neutrale Form einer »Religion an sich«, einer »Mystik an sich«.

Auffallend die Übereinstimmung mit der religiösen Struktur des Judentums: vielleicht ist hier der Prozeß der Neutralisierung des Gotteserlebnisses, die Entblößung des Mystischen von allem Gefühlsmäßig-Irdischen, die Eliminierung der »äußeren« ekstatischen Hilfen noch weiter vorgeschritten, vielleicht ist hier eine für den irdischen Menschen kaum mehr zu ertragende Annäherung an die Kälte des Absoluten schon erreicht, – doch auch hier besteht als letzter Bindungsrest an das Irdisch-Religiöse die ganze Strenge und Rigorosität des Gesetzes.

Diese Übereinstimmung im Prozeß der Verinnerlichung, diese Übereinstimmung der Glaubensformen, deren Auswirkung sogar bis in eine oft behauptete Übereinstimmung gewisser Charakterzüge orthodoxer Juden mit denen calvinistischer Schweizer oder puritanischer Engländer hinabreichen soll, diese Übereinstimmung ließe sich natürlich auch auf eine gewisse Ähnlichkeit der äußeren Situation zurückführen: der Protestantismus als revolutionäre Bewegung, das Judentum als gedrückte Minorität, sie sind beide oppositionell, und es ließe sich sogar sagen, daß selbst ein in die Minorität geratener Katholizismus, wie etwa in Irland, die gleichen Wesenszüge aufweist. Doch ein Katholizismus solchen Schlages hat dann mit dem römischen ebensowenig gemein wie der ursprüngliche protestantische Gedanke mit den römischen Tendenzen innerhalb der High Church. Es ist einfach eine Umkehrung des Vorzeichens eingetreten. Wie immer aber auch derartige empirische Fakten ausgelegt werden, ihr Erklärungswert ist gering, – denn die Fakten wären nicht vorhanden, stünde hinter ihnen nicht das entscheidende Gotteserlebnis.

Ist es diese stumme und radikale und ornamentlose Religiosität, ist es diese der Strenge und nur der Strenge unterworfene Unendlichkeit, die den Stil der neuen Epoche ausmacht? liegt in dieser Rigorosität des Göttlichen die Manifestation des in die unendliche Ferne gerückten Plausibilitätspunktes? ist in dieser Alleszermalmung des Inhaltlich-Irdischen die Wurzel der Wertzersplitterung zu sehen? Ja.

Der Jude, kraft der abstrakten Strenge seiner Unendlichkeit, der moderne, der »fortgeschrittene« Mensch kat'exochen: er ist es, der sich mit absoluter Radikalität dem einmal gewählten Wert- und Berufsgebiet hingibt, er ist es, der den »Beruf«, den Erwerbsberuf, in den er zufällig geraten ist, zu einer bisher ungekannten Absolutheit steigert, er ist es, der, ohne Bindung an ein anderes Wertgebiet und in unbedingter Strenge hingegeben an sein Tun, zur höchsten geistigen Leistung sich verklärt, zur viehischsten Verworfenheit im Materiellen sich erniedrigt: im Bösen wie im Guten, doch immer im Extremen bleibend, – es ist, als ob der Strom des absolut Abstrakten, der seit zweitausend Jahren wie ein kaum sichtbares Bächlein des Ghettos neben dem großen Strom des Lebens geflossen ist, nun zum Hauptstrom werden sollte, es ist, als ob die Radikalität des protestantischen Gedankens die ganze Furchtbarkeit der Abstraktion, die zweitausend Jahre lang der Obhut des Unscheinbarsten anheim gegeben und auf ihr Minimum reduziert gewesen war, virulent gemacht hätte, als ob er die absolute Ausdehnungsfähigkeit, die potentiell dem rein Abstrakten und nur diesem innewohnt, explosionsartig entfesselt hätte, auf daß die Zeit zersprengt und der unscheinbare Hüter des Gedankens zur paradigmatischen Inkarnation der zerfallenden Zeit werde.

Scheinbar gibt es für den christlichen Menschen bloß zwei Möglichkeiten: entweder die vorläufig noch vorhandene Geborgenheit im katholischen Allwert, im wahrhaft mütterlichen Schoß der Kirche, oder der Mut, mit einem absoluten Protestantismus das Grauen vor dem abstrakten Gott auf sich zu nehmen, – wo diese Entscheidung nicht getroffen ist, dort lastet die Angst vor dem Kommenden. Und tatsächlich ist es so, daß in allen Ländern der Unentschiedenheit diese Angst unausgesetzt umgeht und latent vorhanden ist, mag sie auch bloß in dem Grauen vor dem Juden zum Ausdruck kommen, vor dem Juden, dessen Geist und dessen Lebensführung als verhaßtes Bild des Kommenden, wenn zwar nicht erkannt, so doch gefühlt wird.

In der Idee einer protestantischen Wert-Organons lebt sicherlich die Sehnsucht nach Wiedervereinigung der Gesamtchristlichkeit, nach jener Wiedervereinigung, die auch Leibniz angestrebt hat: daß er, der alle Wertgebiete seiner Zeit umfaßte, dazu gedrängt worden war, wird fast als Notwendigkeit empfunden, ebenso aber daß er, der Jahrhunderte vorweg genommen und die lingua universalis der Logik vorausgesehen hat, in jener letzten Vereinigung auch die Abstraktheit einer religio universalis gedacht haben mußte, deren Kälte zu ertragen vielleicht bloß er fähig war, er, der tiefste Mystiker des Protestantismus. Doch die protestantische Linie verlangte erst die Alleszermalmung; nicht Leibnizens Philosophie wurde zur protestantischen Theologie, sondern die Kants, und die Wiederentdeckung Leibniz' geschah bezeichnenderweise durch katholische Theologen.

All die vielen Sektenbildungen, die sich in der Folge vom Protestantismus abspalteten und von ihm mit jener scheinbaren Toleranz geduldet wurden, die jeder revolutionären Bewegung eigentümlich ist, sie bewegen sich in der nämlichen Richtung, sind Abklatsch, Verkleinerung, Verflachung des alten Gedankens eines protestantischen Wert-Organons, sind »gegenreformatorisch« eingestellt: von den grotesken amerikanischen Sekten ganz zu schweigen, zeigt z.B. die Heilsarmee nicht nur eine dem Jesuitismus der Gegenreformation gemäße militärische Aufmachung, sondern auch ganz deutlich die Tendenz zur Wertzentralisation, zur Sammlung aller Wertgebiete, zeigt, wie alle Volkskunst bis herab zum Gassenhauer wieder ins Religiöse zurückgeleitet und in das Programm der »ekstatischen Hilfen« gestellt werden soll. Rührendes und unzulängliches Mühen.

Rührendes und unzulängliches Mühen, trügerische Hoffnung, den protestantischen Gedanken aus dem Grauen des Absoluten zu retten. Rührender Ruf nach Hilfe, Ruf nach den »Hilfen« einer göttlichen Gemeinschaft, und mag sie auch nur noch als Abklatsch einer großen einstigen Gemeinschaft fühlbar sein. Denn die Stummheit, das Grausame, das Neutrale in seiner ganzen Strenge steht vor der Türe, und der Hilferuf wird immer dringender von allen denen erhoben, die nicht fähig sind, das Kommende auf sich zu nehmen.

Etienne Gilson
Aus ›Die Metamorphosen des Gottesreiches‹

Welche Gestalt Europa eines Tages auch haben mag, es wird immer nur eine geographische, ökonomische, politische und soziale Realität sein können, die in der Zukunft ebenso fruchtbar an geistigen Verwirklichungen sein wird, wie es in der Vergangenheit die Völker waren, die es bilden werden, wenn möglich, sogar fruchtbarer, und vor allem aber, wie wir hoffen, glücklicher. Es wäre jedoch unklug, es mit einem Begriff von mystischer Bedeutung zu belasten, den zu tragen es durch nichts veranlaßt wird.

Wenn wir seine Struktur und seine politischen Grenzen kennen, werden wir wissen, was Europa ist; es wird immer gefährlich sein, dieses reale Europa zu einer Art weltlicher Kirche zu erheben, zur Schöpferin und Besitzerin der universellen Wahrheit, welche allein die Menschen einigen kann. Die Völker Europas waren mächtige Umbildner und Vervielfältiger der geistigen Güter, die sie aus allen Erdteilen, vom alten Chaldäa und dem fabelhaften Ägypten bis zu Palästina empfangen haben, die ihnen aber nicht im besonderen zugehören können, weil sie mit vollem Recht universell sind. Was in Amerika wahr ist, ist auch in Europa wahr, ganz gleich, um welche Wahrheitsordnung es dabei geht. Was in Europa schön ist, ist auch in Amerika schön, ganz gleich, um welche Kunst es sich auch handelt. Es wäre bedauernswert, wenn die Geburt Europas der Anlaß zu einem neuen Nationalismus in geistigen Dingen würde, der zwar räumlich etwas weiter, aber doch nicht vernünftiger wäre als der alte. Noch bedauerlicher wäre es, wenn wir bei dieser Gelegenheit mit einem neuen Mythos vom »Europäischen Menschen« beschenkt würden, mit dem man uns droht, ohne übrigens recht zu wissen, wie er definiert werden soll, es sei denn, wie man ohne Ironie vorgeschlagen hat, durch Gegenüberstellung des russischen Menschen auf der einen und des amerikanischen Menschen auf der anderen Seite. Je fester wir ein politisches Europa anstreben, je wichtiger ist es, keine geistige Chimäre aus ihm zu machen (...). Darauf muß von vornherein verzichtet werden: der Mensch Europas wird ein Mensch unter allen anderen sein, ohne geistige Privilegien und genau das wert, was er sein wird. Alles was in Europa getan werden wird, wird im Schlechten wie im Guten gleicherweise europäisch sein.

Das will sagen, daß Europa selbst nur als ein Land der Welt unter den anderen erstehen kann. Das unbestimmte Sehnen der heutigen Menschen nach »der einen Welt« ... ist ein sicheres Zeichen dafür, daß die Erde in den Geburtswehen ihrer Einheit liegt. Diese Geburt wird nicht ohne Schmerzen vor sich gehen; es wäre nicht klug, sie nach Belieben noch zu vervielfältigen, indem man sich vorher auf ausweglose Pfade einläßt. Der schlimmste Irrtum wäre es, sich Europa oder selbst die Menschheit als eine Vervollkommnung des Begriffs der Universalkirche oder als das wirkliche Gottesreich vorzustellen. Wie sich die weltlichen Gesellschaften auch immer organisieren und vereinigen werden, sie werden stets nur einen selbst wieder weltlichen Gemeinschaftskörper bilden, der zwar größer, aber von derselben Natur ist. Daß dieser Verband geistige Bande hat und daß viele dieser Bande universellen Wert haben, steht ganz fest. Die Wissenschaft, die Kunst, die Literatur, das Recht, die Philosophie, ebenso wie die Technik, von der man hoffen will, daß sie immer weniger schädlich und immer humaner wird, sind gleichermaßen Kräfte, die durch ihre geistige Natur und ihre universelle Tragweite nicht aufhören werden, die Menschen immer enger zu verbinden. Aber das Ausmaß einer Gesellschaft ändert nicht ihr Wesen. Um etwas anderes als ein Agglomerat von Völkern zu sein, die mehr oder weniger daran gehindert werden, sich untereinander zu schaden, muß diese Gesellschaft aus einer einhaftigen Wahrheit leben. Um selbst *ein* Volk zu werden, muß sie ihrerseits die vom heiligen Augustinus aufgestellte Definition realisieren: eine Gesamtheit von Menschen, die in Liebe zum selben Gut gemeinschaftlich vereint sind*.

Welches Gut wird das sein? Wenn die Geschichte der Verkörperungen des Begriffs vom Gottesreich seit dem Mittelalter eine Bedeutung hat, dann ist sie das Anzeichen dafür, daß man außer dem Glauben noch keinen Universalismus der Vernunft gefun-

---

* Ohne große Hoffnung, dabei in jeder Weise unvermeidbare Verwirrung zu vermeiden, drücken wir dennoch den Wunsch aus, daß man uns das nicht verneinen läßt, was wir nicht bejahen und was wir auch nicht zu bejahen haben, da es nicht in unser Gebiet fällt. Wir haben hier nicht zu zeigen versucht, unter welchen zeitlichen Bedingungen eine europäische oder Menschheitsgesellschaft möglich ist, sondern die christlichen Bedingungen unterstreichen wollen, deren Verwerfung oder Vergessen diese Gesellschaft unmöglich machen würde. Weit davon entfernt, dabei die Bedeutung der juristischen, politischen, ökonomischen, industriellen und finanziellen Techniken verkleinern zu wollen, halten wir sie vielmehr hier für Gegebenheiten von vordringlicher Notwendigkeit. Dies gilt aber noch mehr für die vereinigende Kraft der zeitlichen Universalismen natürlicher Wahrheit in allen Bereichen. Im Gegenteil haben wir vielmehr häufig bedauert, daß die dringende Aufgabe ihrer technischen Organisation durch alte oder neue Nationalismen spitzfindig ausgenutzt und für eigene Zwecke benutzt wird oder daß sie Chimären geopfert wird, deren Verfolgung vom wirklichen Ziel ablenkt. Wenn man erst einmal den Körper bereiten wollte, würde er schon seine Seele finden. Nur bleibt nach all dem Gesagten die religiöse Bedingung für den Erfolg des Unternehmens unumstößlich notwendig. Dieser wird zweifellos niemals vollständig erreicht werden. Allein wegen der Tatsache, daß es sich um eine Übereinstimmung, also um eine Zustimmung handelt, kann ein Volk die Zugehörigkeit verweigern. Und abgesehen von denen, die sich verweigern, werden auch die nicht wahrhaft integriert, die es nur erdulden: jene Steine des Reiches, die keine lebendigen Steine sind. Aber genau genommen verallgemeinert sich das zeitliche Reich um so sicherer und wird um so wahrhafter »ein Volk«, je vollständiger es sich dem Ziel der Kirche zuordnet, das ja das Gottesreich ist. Man kann befürchten, daß es sich dem versagt. In diesem Fall wird es sich weiter in falschen Ordnungen und falschen Einheiten vergeblich suchen. Kurz, es wird fortfahren, nach dem Sein zu streben, ohne jemals zur Existenz zu gelangen.

den hat, der den des Glaubens ersetzen könnte. So paradox es sein mag, das Resultat der Erfahrung ist klar: selbst da, wo die Vernunft trennt, eint der Glaube. Ist es denn ein Paradox? Ohne Ausnahme lehren alle Theologen, daß die Wahrheit des Gotteswortes gewisser und unfehlbarer ist als selbst die bestbegründetsten Gewißheiten der natürlichen Vernunft. Wenn man darauf achtet, dann erscheint das, was sich auf der ganz empirischen Ebene der Geschichte de facto als Paradox darstellt, auf der transzendenten Ebene der Theologie de jure als Wahrheit. Es ist nicht überraschend, sondern notwendig, daß, wenn die rationalen Beweisgründe sich auf die höchsten intelligiblen Einsichten beziehen, deren Kenntnis das letzte Ziel des Menschen ausmacht, die vollkommene und bleibende Übereinstimmung der natürlichen Kenntnisse von einem übernatürlichen Erkenntnislicht abhängt, das sie eint. Folglich ist es auch nicht überraschend, sondern notwendig, daß die Eintracht der Menschen in der Liebe zu einem gemeinsamen weltlichen Gut des Menschen, insoweit die natürliche Vernunft es zu erkennen und zu erlangen gestattet, immer nur eine Gesellschaft hervorbringt, die gewiß real ist, die aber aus einer provisorischen Ordnung von unvollkommener Einheit lebt. In dem Maße, in dem, wie wir hoffen, die menschliche Gesellschaft von morgen realisierbar ist, darf sie also sich selbst nicht nur nicht für eine Kirche halten, sondern muß von der Kirche die vollkommene Einheit annehmen, die sie anstrebt und die sie sich selbst nicht zu geben vermag.

Wir vergessen es, und dies eben läßt vor unsern Augen die Folge der alten Antworten wieder aufleben, die schon zwanzigmal versucht und zwanzigmal durch die Tatsachen widerlegt wurden und dennoch immer die gleichen sind. Man bietet uns ein Universalimperium an wie zu Zeiten Alexanders des Großen, Augustins, Napoleons I. oder noch anderer, die wir seitdem kennenlernten. Es ist durchaus nicht sicher, daß diese Imperien absolut schädlich oder auch nur vergeblich sind. Viele von ihnen haben für ihren Teil zur Verringerung der politischen Zerstückelung der Erde beigetragen, wenn auch mit dem Preis großer Leiden, und nichts weist darauf hin, daß ihre Zeit vorbei ist. Allein, wenn es auch ziemlich schwer ist, die Wahl des Schicksals vorauszusehen, so weiß man doch besser, wie das einmal begonnene Abenteuer ablaufen wird. Selbst James Bunham, der kürzlich ein »amerikanisches Weltimperium«, d. h. eine »Weltföderation, geschaffen und geführt durch die Vereinigten Staaten« vorschlug, sah deutlich, daß einerseits die »russische Weltföderation« eine in gleicher Weise sich darbietende Möglichkeit ist: daß andererseits selbst ein so großzügig gesinntes Weltimperium wie das der Amerikaner, das anfangs nur eine »Völker-Schutz-Vereinigung« wäre, von seiten der ursprünglich schützenden Nation aus zu einem tyrannischen Despotismus entarten könnte. Ob es sich um eine bloße Möglichkeit, wie in diesem Fall, oder um eine absolute Gewißheit, wie im Falle eines russischen Imperiums, handelt, das Resultat bleibt schließlich dasselbe; man hätte ein Imperium, d. h. eine Unterwerfung unter die Macht, und nicht eine Vereinigung der Herzen, also eine Gesellschaft*. Der letzte bekannte Versuch, eine allen Menschen gemeinsame Wahrheit zu definieren und aus der Liebe zu ihr das Band einer echten Gesellschaft zu machen, ist der von Auguste Comte**. Dies beweist nicht, daß er der letzte bleiben muß; da aber die Wahrheit, auf die sich Comte

* Nach langer Überlegung schien es uns doch nicht so, daß der Marxismus evidenterweise in die Geschichte unseres Problems falle. Als ein Reich des Menschen, das gegen das Reich Gottes errichtet ist, fügt die universelle Gesellschaft von Marx dem Atheismus Comtes nicht nur nichts hinzu, sondern erweist sich in der Analyse auch als unvergleichlich inhaltsärmer. Gewiß, es handelt sich um einen anderen Ausdruck der Zeiten und als solcher ist sein Begriff der Untersuchung wert, aber dies würde zu dem, was wir bereits wissen, nichts hinzufügen. Außerdem und vor allem steht der dialektische Materialismus von Marx de facto und de jure jener großen Tradition einer geistigen Gesellschaft, die sich allein auf die Anerkennung derselben Wahrheit durch alle in derselben Liebe vereinigten Menschen gründet, völlig fremd gegenüber. In der Gefolgschaft von Condorcet dazu überredet, daß der Fortschritt der Menschheit letztlich unvermeidlich sei, sieht Marx dennoch nicht die Ursache hierfür in einer optimistischen Aufklärungsphilosophie, sondern in der Auswirkung ökonomischer Gesetze, deren Resultat unsere Ungeschicklichkeit zwar verzögern, aber letzthin doch nicht verhindern kann. Hier leitet nicht mehr der Geist, sondern die Materie. Unabhängig davon, ob man dieser Lehre zustimmt oder nicht, der Marxismus von Marx selbst gipfelt in der Vision einer Menschheit, die durch die schließlich bewußte Unterwerfung unter denselben Determinismus verbunden ist – übrigens weit weniger verschieden vom stoischen Einstimmen in den Kosmos als man denkt – und die von Augustin bis Comte keiner von denen, die wir geprüft haben, eine Gesellschaft nennen würde. Comte hielt den Positivismus für das einzig wirksame Gegenmittel gegen den Kommunismus. Fügen wir noch hinzu, daß der Marxismus von Lenin bis Stalin der Neigung zum politischen Imperialismus nur immer mehr gefolgt ist. Zur Zeit, da wir diese Zeilen schreiben, befinden sich die Anwärter auf das Universalimperium in Moskau.

** Wir sagen: eine Gesellschaft, die auf dieselbe Liebe zu derselben Wahrheit gegründet ist. Dies ist ein Punkt, den es zu begreifen gilt, weil kürzlich von Philosophen unterzeichnete Schriften es für zutreffend erachteten, daß die Kirche und der Marxismus »Totalitarismen« derselben Art seien. Dies ist keineswegs so und zwar aus dem einfachen Grund, weil sich das Ziel der Kirche von dem der Staaten unterscheidet, und nicht allein das Ziel, sondern, wie wir gesagt haben, auch die Mittel. Nichts beruft, diejenige der positiven Wissenschaft ist, läßt es sich schwer vorstellen, daß die natürliche Vernunft künftig ein Band vorbringen könnte, dessen Universalität noch ausschließlicher natürlich wäre. Die entscheidende Erfahrung des Comtismus liegt darin, daß sein Autor, um aus seiner Lehre ein soziales Band herauszuziehen, zuvörderst die objektive Wahrheit der Wissenschaft zur Funktion eines subjektiven Prinzips umbilden mußte. Der Begründer des Positivismus hat ausdrücklich demonstriert, daß das, was man heute den absoluten oder reinen Positivismus nennt, unmöglich ist. Damit hat er auch bewiesen, daß die Wissenschaft der Dinge nicht die Wahrheit sein kann, welche die Menschen vereinigt, und auch nicht das Band ihrer Gesellschaft.

Es bleibt also übrig, daß die weltliche Gesellschaft der Menschen in dem Maß, in dem sie sich bilden wird, immer nur ein Abbild der übernatürlichen und vollkommenen Gesellschaft des Gottesreiches realisieren wird. Die Kirche hat zuerst durch den heiligen Augustin den Menschen das Ideal einer Gesellschaft der Kinder Gottes vor Augen geführt, welche mit Ihm und untereinander durch die Bande des Glaubens, der Hoffnung und der Liebe vereint sind. Ja wirklich, haben sie sich gesagt, das ist die einzige echte Gesellschaft, aber wir werden sie selbst aufbauen, auf dieser Erde, für den Menschen und mit den ihm eigenen Mitteln. Man kennt das Ergebnis, und der heilige Augustin hatte es schon vorausgesehen. Es heißt Babel oder Verwirrung. Es ist der typische Fall jener Ideen, von denen G. K. Chesterton sagte, daß die Welt voll von ihnen sei: eine närrisch gewordene christliche Idee. Ihre Familie ist zahlreich, aber leicht zu erkennen: jene der göttlichen Ziele, die der Mensch, weil er sich schließlich als ihr Erfin-

läßt dies besser sehen als ihre unterschiedliche Haltung in bezug auf die Lehrwahrheit. Die Kirche wird durch die Wahrheit des Christentums gebildet und aufrechterhalten, während die Staaten und Parteien für die Zeit ihres Bestehens von den Lehrwahrheiten gebildet und aufrechterhalten werden, auf die sie sich berufen. Ja gerade weil sie sich auf zeitliche Wahrheiten berufen, springt das Künstliche an ihnen in die Augen, und zwar nirgends deutlicher als im Fall des Marxismus, der ein Leninismus wurde, dann ein Stalinismus, und der dennoch dieselbe »wissenschaftliche« Wahrheit behauptet, die schon vor mehr als hundert Jahren das *Kommunistische Manifest* beanspruchte. Wenn es dieselbe Wahrheit ist, ständen wir einem einzigartigen Phänomen der neuzeitlichen Geschichte gegenüber: einem hundert Jahre alten »wissenschaftlichen« System, das dennoch immer noch wahr ist. Der Begriff des religiösen Dogmas hat einen Sinn, der, von ewiger Dauer, religiöser Natur ist und deswegen den Gläubigen, die ihm dienen, unveränderlich auferlegt wird. Schon der Begriff eines wissenschaftlichen Dogmas ist absurd, und dies ist der Grund, warum seine Gläubigen, anstatt ihm zu dienen, es vorschreiben müssen, um sich seiner zu bedienen. Die Partei hat nicht Recht, weil die Lehre wahr ist; die Lehre ist wahr, weil die Partei immer Recht hat.

357

der fühlt, zu seinem Nutzen an sich reißen will. Die Reihe der Metamorphosen des Gottesreiches hat keine andere Bedeutung. Es ist die Geschichte von dem hartnäckigen Versuch, aus diesem ewigen Reich ein zeitliches Reich zu machen, indem man den Glauben durch irgendein begreifliches natürliches Band als Einheitskraft dieser Gesellschaft ersetzt.

Folgt daraus, daß die Kirche gegen das Reich der Menschen arbeitet? Ganz im Gegenteil. Vielmehr arbeiten diejenigen gegen es, die sich für einen Ersatz der Kirche halten und damit seinen Begriff widersprüchlich und seine Geburt unmöglich machen. Zur Konstruktion dieses Begriffs muß alles nach und nach ins Werk gesetzt werden, auch die großen geistigen Kräfte, die eben durch ihre Universalität zu dieser Aufgabe fähig sind: die Wissenschaft, die Kunst, das Recht und die Moral. Daß am Ende dieser Anstrengungen eine Menschengesellschaft irgendeiner Art erstehen kann, wird man nicht bezweifeln, aber sie wird der Bezeichnung Gesellschaft um so weniger unwürdig sein, je besser sie sich auf die vollkommene Gesellschaft hinordnet, die sie ja nicht sein kann, und angesichts derer ihr eigenes Ziel selbst nur Mittel ist. Als Menschen und als Bürger haben die Christen die Verpflichtung, das allgemeine Wohl ihrer weltlichen Gemeinwesen tatkräftig mit zu sichern; als Christen aber tragen sie eine noch höhere Verantwortung, nämlich die Gestaltung des Weltlichen durch das Christentum zu leisten und zu befördern; überall wo sie sind und in allen Bereichen, in denen es ihnen überlassen ist, zu handeln ...

... Der Christ glaubt an das Gottesreich, und seine Hoffnung auf es ist sogar eine Gewißheit; der Mensch hofft mit Recht auf das Menschenreich, aber dies Hoffen ist keine Gewißheit. Das einzige, womit der Historiker ihm helfen kann, ist, ihm neben dem wirklichen Objekt seines Hoffens auch die Ursachen für das wiederholte Scheitern seiner Realisierungsversuche vor Augen zu führen und die Mittel anzugeben, die zum Ziele führen. Der Historiker kann jedoch nicht die Menschen dazu bringen, das zu wollen, was sie notwendig wollen müßten, um das von ihnen selbst erstrebte Ziel zu erreichen. Man kann sogar nicht einmal wissen, ob sie es jemals wollen werden. Wenn er nur aus der Vergangenheit urteilt, wie es natürlicherweise seine Neigung ist, wird der Historiker hierüber eher einige Besorgnis bewahren. Aber wie auch immer die weltliche Zukunft des Menschen sein mag; eins ist wenigstens sicher. Wenn die Einheit des Erdballs in der Zeit möglich ist, genügt es nicht, daß die Menschen sie mit Ungestüm begehren, damit endlich ihr Reich und der damit von ihnen erwartete Frieden anbreche. Diese Geburt ist keine Notwendigkeit und sie vollzieht sich nicht früher oder später von selbst und unabhängig davon, was sie selber tun oder nicht tun. Wenn sie kommen soll, wird sie ihr Werk sein. Morgen, in einem Jahrhundert, in zehn Jahrhunderten werden sie vielleicht abermals sagen, daß das Mittel, das man ihnen vorschlägt, unannehmbar sei. Aber auch dann wird das ebenso wie heute für sie nur eine andere Ausdrucksweise dafür sein, daß sie das Ziel nicht wirklich wollen. Denn es ist das Ziel, das befiehlt. Das Reich der Menschen kann sich nur im Schatten des Kreuzes als Vorstadt des Gottesreiches erheben.

Reinhold Schneider
Das Schweigen der unendlichen Räume

Nacht für Nacht fechten uns die Räume an. Wir verlassen die Erde auf irgendeinem Fahrzeug der Phantasie; der Widerschein des Mondes verlischt; wir treiben im Dunkel. Bald hat es keinen Sinn mehr, nach Zeit zu fragen; denn ihr Maß, die Drehung der Erde, gilt hier nicht. Wenn noch Zeit ist, so ist sie völlig anderer Art. Wie wollen wir unser Lebensalter bestimmen? Wir wissen auch nicht, wo wir sind. (…) Denn wir wissen nicht, wo die Erde kreist. Sie ist weitergewandert um die Sonne. Und die Sonne schwingt sich um die Mitte ihres Systems und zugleich in einem Zyklus von mehr als zweihundert Millionen Jahren um die Mitte der Milchstraße, und die Milchstraße eilt mit 300 sec/km durch den Raum.

Wie sollten wir diese mit rasender Schnelle durch den Raum schießenden Spiralen errechnen? Auch läßt sich nicht sagen, ob wir sinken, steigen oder gleiten. Und doch bleiben wir gefangen in einer äußeren Spirale der Milchstraße, deren Radius 50000 Lichtjahre beträgt. Weit kommen wir nicht, selbst wenn wir uns mit Lichtgeschwindigkeit bewegen könnten.

Unsere Lebensfrist, wie wir sie auch beziffern mögen, ertrinkt im All. Das nächste System, den Andromeda-Nebel, gewahren wir, wie er vor 720000 Jahren war; so lange ist sein Licht zu uns auf dem Wege. Wo er heute steht, wissen wir nicht. Unsere Fernrohre blicken um vielleicht 500 Millionen Jahre zurück. Könnte in dieser Ferne das Bild unseres Systems aufgefangen werden, so stammte es, auf die Erdgeschichte bezogen, aus der Triasperiode, da die Saurier die Erde beherrschten. Fernste Prähistorie ist dort Gegenwart – wenn es eben einen Sinn hätte oder zulässig wäre, was wir ›Zeit‹ nennen, in ein anderes System zu übertragen. Die 1000 Millionen Milchstraßen, deren jede wohl wenigstens 100 000 Millionen Sonnen vereint – ausgestreut in ungeheuren Abständen in einem Universum von 7000 bis 8000 Millionen Lichtjahren Durchmesser, dessen Alter 6 bis 8 Milliarden Jahre nach unserer Rechnung nicht überschreiten kann: das ist die Wirklichkeit, in der wir treiben.

Nichts scheint absurder, als den Menschen in irgendeine Beziehung zu ihr zu setzen. Sie ist eine ungeheuerliche Überforderung, nicht allein des menschlichen Geistes und der Vorstellungskraft, sondern der Existenz. Sie steigert sich von Augenblick zu Augenblick. Denn je weiter die Milchstraßen von uns entfernt sind, um so rascher scheinen sie zu fliehen; das Licht fliegt ihnen voraus, der Raum expandiert mit Lichtgeschwindigkeit.

Wenn der Feuerschein unserer Versuche in Nevada oder im Pazifik die uns noch sichtbaren Fernen erreicht, so ist, nach allem Ermessen, das Feuer der Geschichte auf Erden ausgebrannt; von den heute gebietenden Mächten ist dann nicht mehr der Schatten eines Namens; die Signale unserer Tragödie irren weiter, wenn Schauplatz und Spieler längst nicht mehr sind. Nach 200 Milliarden Jahren kehrt im gegenwärtigen, schwerlich endgültigen Bild der unendlich-endlichen Welt ein Lichtstrahl an seinen Ausgangspunkt zurück. Wen werden nach dieser Zeit unsere Flammenzeichen suchen und antreffen? Vor unseren Augen wird unser geschichtliches Dasein aufgezehrt von den Dimensionen, denen wir nicht gewachsen sind. (Wenden wir uns an den Mikrokosmos, so sind wir kaum weniger ratlos.) Die Dimensionen drohen uns zu vernichten. Das ist keineswegs allein im materiellen, raumlich-zeitlichen Sinne gemeint.

> Neigendes, steigendes Leben,
> Riesenhaft fühle ichs weben,
> Welches das meine verdrängt.

Hebbel hat in diesen Versen das Drängen und Geschehen in den Räumen als Leben empfunden, wie es die Denker von Milet aufgefaßt haben – aber als feindliches; wenn die Wissenschaft von einem pulsierenden, sich nach dem Massengehalte ausdehnenden oder wieder zusammenziehenden Raum spricht, oder, den antiken Philosophen wieder begegnend, vom ›Leben‹ eines Sternes, so ist sie dieser Auffassung nah. Aber das ist doch eine fragwürdige Vermenschlichung. Wer, der sich den kosmischen Perspektiven wirklich stellt, sollte sich nicht bedroht, vernichtet fühlen! Pascal, der den Schauder der um uns aufgebrochenen Räume als moderner Mensch empfand, behauptete sich in der Selbstgewißheit des Geistes.

360

Der Mensch erhebt sich im Antlitz der Abgründe und Welteninseln, indem er denkend das ›All zusammenfaßt‹. Er bleibt Herrscher, denn er ist übergeordneten Ursprungs. Aber er lebt nicht im Geiste allein, nicht einmal wesentlich. Die Erosion unserer Existenz währt fort. Welche Erkenntnis ist sicher, ist nicht Übergang? Sicherlich gehören die Entdeckungen und die Weltsicht unseres Jahrhunderts zu den großen Leistungen der Menschheit (wahrscheinlich sind sie die entscheidenden unserer Epoche). Aber wer will die grundlegenden Einsichten von den nicht haltbaren abgrenzen? Und ist die Methode unserer Forschung unangreifbar? (...) Ebenso gewiß wie die Wissenschaft auf einer schmalen oder breiteren Kontinuität fortarbeitet (gewissermaßen auf der Keimbahn gegenüber der Produktion der Körper, dem Soma): so gewiß ist es auch, daß die Weltbilder in einem tiefen Zusammenhang mit ihrer geschichtlichen Epoche stehen und daß die Menschheit am Grunde eines jeden ihr eigenes Gesicht erblickt. Forschung und geschichtlicher Ablauf, Machtkämpfe und Technisierung steigern sich gegenseitig und müssen mit dem Wirtschaftlichen als ein Ganzes gesehen werden. Alle Forschung, auch der Abschuß scheinbar harmloser Satelliten, stürzt in das Kraftfeld der Macht. Die Waffe ist Magnet; ein jeder Gedanke, eine jede Entdeckung fällt ihr anheim; jedes Experiment wird in die Beziehung zu ihr transponiert. Das ist das Gefälle der Welt.

Für die ungeheuren Gefahren, die der Geist heraufruft, entschädigen sich die Mächte und Mächtigen, indem sie ihn nutzbar machen und in Ketten an den Staatswagen schließen. Die Relativitätstheorie in ihrem unheimlichen, ungewollten Zusammenhang mit der modernen Form der Macht (allein schon durch die Gleichung zwischen Energie und Masse) ist gewiß in demselben Grade von historischer Bedeutung wie das Weltbild Newtons in seiner tiefen Beziehung zur Philosophie Kants, zu der das achtzehnte und neunzehnte Jahrhundert bestimmenden Auffassung von Staat und Mensch. Vielleicht haben Einstein und andere führende Physiker unserer Zeit mehr von der Situation der Menschheit gesagt als Künstler und Philosophen. Die Frage an den Weltraum ist geschichtsbestimmend geworden, wie sie es vielleicht noch niemals gewesen ist. Forscher und Forschung sind unsere Sprecher, und zwar aus ihrer geschichtlichen Existenz; das ist ihr Ruhm und ihr Fluch. Alle Entdeckungen konnten allein im Kraftfeld der Geschichte gemacht werden; sie fallen mit der ganzen Wirkkraft der Genialität in dieses Kraftfeld zurück. Von den unendlichen Räumen geht, da der Mensch ihnen schutzlos gegenübersteht, Geschichte aus – aber sie selber scheinen der Geschichte nicht erreichbar zu sein. Anteillos geben sie deren Zeichen weiter ins Nirgendwo.

Nun hat Einstein nachdrücklich ein religiöses, ja mystisches Element seiner Wissenschaft postuliert; sie ist die erkennende Verehrung ›höherer Denkkraft‹; in einem 1930 veröffentlichten Aufsatz zitierte er zustimmend die Meinung eines Zeitgenossen, daß in unserer im allgemeinen materialistisch eingestellten Zeit die ernsthaften Forscher die einzig tief religiösen Menschen seien. Lenin empfand ihn und seine Lehre denn auch als gegnerisch; schon bald nachdem er zur Macht gekommen war, forderte er seine Propagandisten auf, die Wirkung Einsteins zu überwachen. Einstein kann nicht glauben, daß ›Gott Würfel spielt‹. Gott ist die regierende Denkkraft, das allumfassende Weltgesetz, nicht ›nach dem Bilde des Menschen gedacht‹. Aber ›wer von der kausalen Gesetzmäßigkeit allen Geschehens durchdrungen ist, für den ist die Idee eines Wesens, welches in den Gang des Weltgeschehens eingreift, ganz unmöglich‹. (...) Und, zehn Jahre später, noch schärfer: ›Die wesentlichste Ursache unserer heutigen Konflikte zwischen der Religion und der Naturwissenschaft liegt in dem Begriff eines persönlichen Gottes.‹ (...) Weder ein menschlicher noch ein göttlicher Wille kann ›als unabhängige Ursache von Naturereignissen anerkannt werden‹. Das Naturgesetz ist kein Würfelspiel. Gott ist nicht Person. Wie sollte es der Mensch sein! Es ist verständlich, daß Einstein mit Ehrfurcht und Liebe von buddhistischen Schriften und von Schopenhauer spricht.

Diese Sätze wurden nicht aufgegriffen, um gegen sie zu polemisieren; ganz im Gegenteil, sie bekennen überzeugend eine ›kosmische Religion‹, echte Frömmigkeit. Wir machen uns, vielleicht gerade als Christen, nicht genügend klar, welche Dimensionen der moderne Forscher aushalten muß; – unter welchem Druck der Räume er lebt; der Abstand zwischen dem wissenschaftlichen Weltbild und dem Lebensbewußtsein der Menschen und Völker konnte zur Zeit des Kopernikus und Cusanus kaum größer sein als heute; die Ergebnisse der Forschung sind nur auf unzulängliche Weise zum Daseinsinhalt geworden. Sie werden im täglichen Leben nicht realisiert. Wir schützen uns ab: um so besser können wir in der Tragödie irdischer Verhängnisse spielen. – Vertreter der jüngeren Generation haben, im Gegensatz zu Einstein, im Zuge der Atomforschung die Unbestimmbarkeit mikrokosmischen Geschehens, einen Anschein der Freiheit anerkannt: es hat keinen Sinn, nach Kausalität zu fragen, wenn es unmöglich ist, einen gewissen Tatbestand zu erforschen, ohne ihn zu verändern; denn das Kausalitätsgesetz sagt Künftiges voraus auf Grund vollständiger Kenntnis der Gegebenheiten und der auf sie geschehenden Einwirkung. Allerdings hat Niels Bohr, der Meister dieser

Forschung, es offengelassen, ob man den von ihm geprägten Begriff der Komplementarität auf Freiheit und Notwendigkeit anwenden mag oder nicht: das heißt, ob dasselbe Phänomen unter einer bestimmten Fragestellung in der Perspektive der Freiheit, unter einer andern in der Perspektive der Notwendigkeit erscheint, so wie das Licht bei wechselnden Experimenten als Korpuskel oder Welle angesehen werden muß. Freiheit und Notwendigkeit könnten also als Erscheinungen desselben nicht bestimmbaren Phänomens angesehen werden (wie es in der griechischen Tragödie geschieht). Die Person wäre möglich – aber in welchen Räumen!

Und doch ist hier auch eine christliche Hoffnung. Im Mikrokosmos wie in dem von Einstein gesichteten begrenzt-unbegrenzbaren Makrokosmos sind gewisse religiöse Möglichkeiten aufgegangen. Wo die unübertretbare Grenze ist – jenseits der Lichtgeschwindigkeit –, ist nicht erfahrbar; der Raum fließt in sich selbst zurück; wo Künftiges nicht determiniert ist, gar nicht determiniert werden kann, findet der Glaube vielleicht einen Standort. Und es ist vielleicht die größte geschichtliche Tat Pius' XII. gewesen – und eine große der Seelsorge –, daß er sich in seiner Ansprache über das moderne astronomische Weltbild zu den unvorstellbaren Dimensionen des Raumes und der Zeit, zu der unfaßbaren Vielheit der Welten bekannte. Der Nachfolger Urbans VIII., unter dessen Pontifikat Galilei verurteilt wurde; der es verbot, dem einst von ihm bewunderten Mann ein Grabmal zu setzen: der Nachfolger Urbans beugte sich, hundert Jahre nachdem die Schriften Galileis aus dem Index gestrichen worden waren, vor einem das bisherige christliche Geschichtsbewußtsein sprengenden Weltbild. Er tat es in felsenfestem Glauben an Anfang und Ende, den Schöpfungsakt und das Ziel – das freilich eine allen bisherigen Vorstellungen und Lehren der repräsentativen Kirche entfliehende Weltbahn abschließen wird. Es erschien als religiöser Triumph, daß das All in seiner Unvorstellbarkeit nicht mehr ›alles‹ ist.

Hat die Christenheit diese Wendung mit vollzogen?

Oder wird sie es sich in diesem Kosmos schon bald zu leicht machen? Liegt nicht eine Gefahr darin, ihn verstehen zu wollen, auf unsere Vorstellung von Gott abzustimmen? – auch auf eine mächtig gesteigerte? Wer will behaupten, daß die Menschheit in einigen hundert Jahren nicht wieder an die Unendlichkeit des Raumes, der Zeit, der Materie glauben wird wie die Weisen des Ostens, die Vorsokratiker und Stoiker, der Kardinal Cusanus und der Ketzer Giordano? Galilei hatte recht gegen seine Zeit, aber doch keineswegs in dem von ihm gemeinten Sinne und unter Berufung auf im wesentlichen unhaltbare Beweisführungen; die Sonne steht nicht fest; sie führt vielfache Bewegungen aus; vom Monde gesehen steht die Erde. Ein jedes System kann als ruhende Mitte angesehen werden.

Wachsendem Wissen breitet sich wachsendes Nichtwissen entgegen. ›Je tiefer wir den Dingen auf den Grund gehen, desto besser lernen wir ihr Verhalten kennen, aber desto weiter entfernen wir uns von ihrem Wesen‹ (Hildesheimer). Wir beobachten und beschreiben. Wir erkennen nicht. Und das Christentum, das wir doch in gewissem Grade zu verstehen glauben, wird um so unfaßbarer, je weiter wir uns von der Erde entfernen. Was ist unwahrscheinlicher, als daß unsere Sonne als einzige unter Trillionen ein Planetensystem beherrscht? Was wissen wir von der Geschichte unseres Planetensystems? Keine Theorie seiner Entstehung ist gesichert. (Wieviel weniger eine Kosmogonie!) Wir können die wirkenden Ursachen der Erdgeschichte nicht hinreichend durchdringen; schon unsere nächste Vergangenheit, die Eiszeit, bleibt rätselhaft – und wie sollen wir als Christen die ungeheure Tragödie der Tierwelt, den Untergang der Saurier, das mysteriöse Ende der Mammuts, die Greuel der Tiefsee, die unsagbaren Entbehrungen und Schrecken, durch die sich der Mensch in den Eiszeiten emporgekämpft und emporgelitten hat, ohne Beschwernis dem Vater der Liebe unterstellen! Wir haben keine anerkannte Theorie der Entstehung des Mondes. Und wer entsiegelt die Zeichen der schweigenden Räume? ›Mag auch der nächtliche Sternenhimmel‹, schrieb Pascual Jordan, ›unserer Kurzlebigkeit als ein Sinnbild erhabener ewiger Ruhe erscheinen – in Wahrheit ist er der Schauplatz unerhörter Geschehnisse, Schauplatz des großen Dramas der Weltschöpfung, das sich unserem staunenden Blick allmählich zu enthüllen beginnt.‹ Die Schöpfung ist das schreckliche Wort des Gottes, der größer ist als unser Herz. Christus aber ist das fleischgewordene Wort Gottes an die Geschichtswelt der Erde. Wo ist der Einklang des Schrecklichen und der Liebe? Er ist da. Aber in welcher Dimension? Auf Golgatha erzeigte er sich: Gott in Gott von Gott geopfert und sich opfernd bis zur letzten Frage.

Der Kosmos ist Wort eines außerdimensionalen Gottes. Das heißt: ein jedes Ding ›bedeutet‹, aber die Bedeutung weist ins Dunkle. ›Die Natur‹ sagte Viktor von Weizsäcker, (…) ›ist nicht Geist, aber sie hat Geist, sie zeigt ihn in der Fülle ihrer Formen.‹ Doch – sprechen wir eine einzige Silbe nach, gar als Christen? Auf dem Gleichnis des Kosmos liegen Schatten einer Wesenheit, vor der unser Geist versagt, unser Herz erstarrt. Auch das den Kosmos zusammenfassende Denken Pascals (welche Anmaßung der

Größe!) schützt nicht; es bleibt immer fragwürdig, und endlich kommt es auf das Fühlen an, auf die empfindungsmäßige Existenz. Das Wort ›Am Anfang‹ gilt nur von unserer Welt (im weitesten Sinne). Gott aber ist anfanglos – die 6 oder 8 Milliarden Jahre unseres Alls sind nur, was sie mit Bezug auf ihn bedeuten, aber nichts als Zeit. Gott als der Schaffende war unendliche ›Zeit‹ vor diesen Räumen und wird nach ihnen sein, in der Folge von Welt auf Welt, in saecula saeculorum. Wenigstens zu den ›Weltjahren‹ des Origenes sollten wir zurückfinden; wenigstens zum Nachdenken über die Frage, ob der Abfall wieder möglich ist, wenn die Zyklen der Schöpfung durchlaufen sind. Origenes verwarf diese These; aber er hielt ihre philosophische Erörterung für erlaubt. (…) Dostojewski hat es vermocht, seinen christlichen Glauben mit der ewigen Wiederkehr zu vereinen; er spricht von ihr, unberührt von Nietzsche, mit radikaler Bestimmtheit. Christus ist die Mitte unendlichen Kreisens. Das Drama ohne Ende, nicht als materiell-geschichtliches Geschehen, aber als Aussage des Unfaßbaren: ob diese Rede der Gottheit durch die Räume weht? Alles ist *ein*mal, aber nicht im materiellen Sinn, vielmehr im Gehalt des Geschehens immer wieder, Bild des in sich selber ruhenden kreisenden Feuers.

Wo die beiden Worte, der Kosmos und das Wort im Fleisch, aufeinanderstoßen, ist der Schauplatz eines zerstörenden Kampfes. Wir können die Ankündigungen des Weltendes in den Evangelien, den Apostelbriefen, der Apokalypse als eine Katastrophe des Milchstraßensystems oder einer von größerem oder geringerem Radius begrenzten Gruppe der Milchstraße verstehen: auch dann bleiben die Vorgänge von unvorstellbarer Wucht, ausgehend von göttlichem Willen, nicht von Menschenwerk. Aber wir verrücken das Wort nicht, daß in Christus alles geschaffen ist; daß er das Haupt ist des Weltalls und daß in ihm alles erneuert wird: die Materie selbst. In den Abgründen des Weltalls müßten wir, statt unseres eigenen verwirrten Gesichts, das Antlitz Jesu Christi erkennen. Es geht nicht darum, daß die Wissenschaft den Glauben aufheben könnte oder müßte, nicht um den Konflikt zwischen Glauben und Wissen. Der Glaube ist Tatsache des Innern. Es geht um die Auseinandersetzung mit einer nicht ablehnbaren Wirklichkeit, mit Geschaffenem. Die wissenschaftliche Theorie von Anfang und Ende kann außer der Diskussion bleiben. Aber auch theologische und philosophische Spekulationen helfen uns nicht.

Uns bleibt nur das Gebet. Wir müssen uns in den Räumen verlieren und Christus anrufen, den Herrn der übergeschichtlichen, außergeschichtlichen Dimensionen – die Wirklichkeit über den unendlich vielen Geometrien, die wir heute für möglich halten. Es kann wohl sein, daß wir ohne Antwort bleiben. Aber in den letzten Jahrhunderten sind so gewaltige Veränderungen geschehen, daß wir uns, unser Lebensgefühl in den Arsenalen der Geschichte nicht mehr gefangengeben dürfen. Sicher wird hier über unser Dasein entschieden, aber nicht über unsere geistige Existenz. Gelingt es uns als Christen nicht, uns in den unendlichen Räumen zu beheimaten – so verfehlen wir die Ära, aber auch die Kontinuität europäischen Fragens und Denkens seit Milet, Kroton und Elea. Und das ist nur eine Frage des Betens oder Betenwollens, des Ausharrens in den tausend Augen der Finsternis.

Wie sollten wir erwarten, daß eine Generation oder einige wenige Generationen eine Antwort finden? Wir haben uns ja lange genug gewehrt gegen die Tatsache, daß die Vorhänge gefallen, die bebilderten Schleier vor den Tiefen zerrissen sind. Oder glauben wir etwa, daß es Aspekte der Welt gibt, auf die das Christentum keine Antwort hat? Das ist das einzige, das nicht geschehen dürfte. Und es ist besser, zu sterben mit einer brennenden Frage auf dem Herzen, als mit einem nicht mehr ganz ehrlichen Glauben: besser in der Agonie als in der Narkose. Die Hoffnung bleibt, daß die Menschheit einmal Christus wandeln sehen wird durch die Räume, wie ihn Petrus sah auf dem Meere. Ist es ein ›Gespenst‹, ein Widerschein der Erde? Ist es der Herr? Fast so groß wie diese Hoffnung ist die Gefahr, daß wir aufschreiend versinken in den unendlichen Räumen.

Nachwort

Ohne den kritisch ermutigenden Zuspruch von Leszek Kolakowski, Professor für Philosophie am All Souls College der Universität Oxford, wäre der Band kaum zustande gekommen. Ihm gebührt darum vor allem Dank. Seine Einleitung zur Auswahl der Texte ist ein wichtiger Beitrag zum Ganzen, indem Kolakowski die andauernd aktuelle »Sorge um Gott« in unsrer Zeit in »harte Sehnähe« rückt, die brüchig und fragwürdig gewordenen Glaubenstraditionen entschieden, ja rigoros auf die zentrale Frage nach Gott bezieht und diese auf dem geistigen Hintergrund unsrer Gegenwart begründet und entfaltet.

Damit ist die Idee des Buchs markiert. Sie war – über Jahre hin – entstanden aus Gesprächen mit jungen Menschen, mit Wissenschaftlern verschiedenster Fachrichtungen, aber überwiegend Naturwissenschaftlern, und – nicht zuletzt – aus eignem Beobachten und Nachdenken, was beides nie zu einem bequemen Ende kommt. Das hat zunächst zu einer eher trivial scheinenden, aber doch überraschenden Feststellung geführt. Noch hinter schweigender Skepsis – und die tiefste Skepsis mag oder kann sich ja nicht mehr artikulieren –, noch hinter der weitverbreiteten, scheinbar teilnahmslosen Gleichgültigkeit wird, wenn man nur genau zu- und hinhört, ein Rest von Unruhe spürbar – jener Unruhe, von der Kolakowski in der Einleitung auch spricht. Von den sehr verschiedenen – negativen wie positiven – Ursachen und Motiven dieser Unruhe handeln die ausgewählten Texte. Der viel beredete Verlust an Transzendenz in unsrer gegenwärtigen (spätzeitlichen?) Zivilisation und Kultur mag schon Denkklischee geworden sein. Und der pure rationale Dünkel, der auf alles Irrationale verzichten zu können meint, läuft doch, wenn wir ehrlich vor uns selbst sind, allemal auf mißverstandene Vernunft und Vernünftigkeit hinaus, wenn nicht auf intellektuellen Hochmut, den wir als neue »Aufklärung« mißverstehen. Denn die Unruhe scheint auf so etwas wie einen existentiellen geistigen Notstand zu verweisen. Ein Signal, das wahrzunehmen und zu deuten eine nicht nur nachdenkenswerte Aufgabe ist. Wir könnten am Ende vielleicht auf ungeheure geistige Leerräume unserer inneren Welt stoßen, die durch äußeren Wohlstand, Wachstum, Fortschrittsglauben, »Zuwachsraten« nur wie von Potemkinschen Attrappen verdeckt werden. Wir leben und zehren von einer allmählich furchterregenden Selbsttäuschung, die die gemeinsame Ursache ist für den oft schon zynischen Pragmatismus der Herrschenden, die Gleichgültigkeit der Massen und die teils anarchische, teils zielgerichtete Aggressivität einer Jugend, deren Zweifel an Sinn, Werten und Normen in einer Wohlstandswelt zu einer Sensibilität geführt haben, die oftmals der Ratlosigkeit der Älteren überlegen scheint. Es gehört aber offenbar zum Wesen jener Unruhe, daß sie sich in den seltensten Fällen sprachlich präzise artikulieren, verständlich äußern oder gar sprechend befreien kann. Und es gehört zu den fast täglichen Erlebnissen in diesen Jahren, daß sich tiefwurzelnde Unruhe entweder in wortreichen Halbwahrheiten und halben Einsichten oder wortlos revoltierend äußert, bis hin zu jenem immer sprachloser werdenden Anarchismus, der sich in Destruktion, Gewalt und Projektionen erschöpft, wofür die soziale und politische Umwelt nur feindliche Herausforderung ist – Herausforderung an utopische Wunschvorstellungen und vermeintliche eigne Kraft, sie sich in Gewalt äußert. Und so entstehen zyklische Wechselwirkungen: zwischen Gewalt und Macht, zwischen Ratlosigkeit und Sinnlosigkeit, zwischen Rechtfertigungssuaden und affirmativem Geschrei. Der Befund ist alarmierend, weil er auf einen Tatbestand hinweist, der vom täglichen öffentlichen Geschwätz und Gerede nur verdeckt oder leichtfertig überspielt wird: es geht um den am Ende bewußten Verzicht auf sprachliche Kommunikation zwischen den Generationen und damit um einen Verlust, der nicht nur als soziales Defizit zu diagnostizieren ist. Die Signale bezeichnen mehr: den Zusammenbruch geistiger und kultureller Traditionen, die nicht nur Sinngehalte, Denkmuster, Wertvorstellungen zur kritischen Rezeption übermittelten. Vielmehr werden Sinngehalte, Wissensbestände und Glaubensinhalte grundsätzlich in Frage gestellt und – manchmal leichtfertig, häufiger aber unter schmerzhaften Erfahrungen – verworfen. Auf die Fragen »Was kann ich wissen?« und »Was kann, was soll ich glauben?« antworten Öffentlichkeit und soziale Gemeinschaft – alle die, die zu Antworten berufen und verpflichtet sind – mit Leerformeln und Klischees – oder mit Ausflüchten und Appellen an »Grundwerte«, die weder neu definiert noch verständlich und verbindlich vermittelt, noch glaubhaft überzeugend praktiziert werden. Und der dogmatische Lehrauftrag der Kirchen vermag die inneren Leerräume auch nicht mehr zu füllen.

Das sind gewiß pauschale, aber leider auch plausible Feststellungen. Sie verweisen – neben vielen anderen – auf einen neuralgischen Punkt unsrer Gegenwart, der *ein* – und ein nicht unwichtiger – Anlaß zur Zusammenstellung dieses Lesebuchs war. Nämlich: durch Texte, durch sprachliche Vermittlung zum Nachdenken, durch Lesen zum Dialog, zu gedanklicher Kommunikation, ja zum Disput in Zustimmung und Widerspruch anzuregen, und wenn sich das zunächst auch alles im subjektiven Raum des einzelnen Lesers ereignet. Es ist ja im Bereich des Menschlichen immer noch die Sprache, die aus monologischer Einsamkeit, subjektiver Verzweiflung und gemeinschaftlicher Hilflosigkeit herausführen kann, indem sie auf Darstellung, Verständigung, auf Dialog und menschliche Beziehung angelegt ist. Das ist eine Einsicht, die auf ein Humanum schlechthin verweist: auf die Chance, einander und sich selbst, die Welt in uns und die Welt um uns, wenn auch nie ganz, so doch besser und verläßlicher zu verstehen.

Und es ist letzten Endes eben die Sprache, es sind die in diesem Band versammelten Texte, die so eindringlich wie unabweisbar die Vermutung und schließlich die Einsicht bestätigen, daß hinter den Ängsten, der Unruhe, der Hilflosigkeit und Ratlosigkeit in zwar verwirrender Vielfalt der Ansätze und Standpunkte, schließlich aber doch in überwältigender Einfachheit, und Übereinstimmung etwas steht, was in diesem Buch zu Worte kommt: die Sorge um Gott und die Frage nach Gott.

Wir Menschen im geschichtlichen Wirkungsraum abendländisch-christlicher Tradition stehen, auch wenn wir die Gottesfrage zunächst nur als Frage gelten lassen, vor einem Dilemma, gleichsam vor dem Zwang einer doppelten Buchführung. Da gibt es eine zweitausend Jahre alte ungeheure Botschaft, von christlichen Institutionen verwaltet, verfälscht und interpretiert mit dem Alleinanspruch gültiger Verkündigung. Da gibt es eine jedem zugängliche sprachliche Überlieferung dieser Botschaft im Buch der Bücher – einer Botschaft, die die Gottesfrage so unmißverständlich wie schwer begreifbar beantwortet. Über die Jahrhunderte hin ist diese Antwort angenommen, geglaubt, bezweifelt, bestritten, verhöhnt und vergessen worden. Und auch denen, die sich ganz auf die Evidenz ihres persönlichen Glaubens verließen, gab die Antwort auf die Gottesfrage oft mehr Rätsel, mehr unlösbare Geheimnisse, mehr Denkschwierigkeiten, mehr Zumutungen auf, als die beauftragten Verkünder der Lehre häufig wahrhaben wollten. Die weitverbreitete moderne Gleichgültigkeit unserer Frage gegenüber entstammt ja nicht nur einer geistigen Faulheit, einem selbstgewissen Rationalismus, einer subjektiven Dummheit, sondern nicht selten auch einer Verzweiflung, einem Scheitern an der Rätselhaftigkeit jener Botschaft, die keine Gelehrsamkeit und keine Simplifizierung hinwegreden können.

Das ist das eine. Hinzukommt, wenn bisher gleichsam von der objektiv überkommenen Botschaft die Rede war, ein ganz subjektives, seltsam zwingendes Bedürfnis nach Gewißheit, nach Sicherheit, nach Beantwortung »letzter Fragen« und vor allem der

»Gottesfrage«. Sie kann durch das objektive Angebot der Botschaft zwar von Fall zu Fall befriedigt werden, aber es ist keineswegs nur die Botschaft, die sie auslöst. Um gleichsam ohne Umwege auf den Kern zu kommen: nicht nur zahlreiche Symptome unsres Zeitalters, der gegenwärtigen Gesellschaft, sondern ein menschliches Grundbedürfnis scheint Verlangen nach Glauben, Verlangen nach nicht szientistisch beweisbarer Wahrheit und Gewißheit zu signalisieren. Der Soziologe Alfred Weber hat von »vagabundierender Glaubenskraft« gesprochen. Er meinte damit, zunächst und zeitgeschichtlich (nach 1945), eben jene Unruhe, von der schon die Rede war und die in Sekten, Ideologien, Guru-Gläubigkeit – und am Ende auch in Drogensucht und sexuellem Libertinismus sich nicht nur kundtut, sondern auch betäubend zu befriedigen sucht. Aber Webers Formulierung verweist vielleicht auf noch etwas anderes – möglicherweise auf etwas spezifisch Menschliches, das die sogenannten Aufklärungen nur außer Sicht gebracht haben. Was gemeint ist, mag in einer – gewiß gewagten – These formuliert sein: es gibt möglicherweise ein angeborenes Grundbedürfnis des Menschen nach Glauben, nach Gottesgewißheit. Ob angeboren, vererbt oder kulturell tradiert, das bleibe dahingestellt. Vielleicht ist es auch ausgelöst durch ein Ich- und Selbstbewußtsein, dessen nur wir Menschen fähig sind, das uns zur Person befreit, zugleich aber in eine Einsamkeit stößt, deren wir bewußt werden können, indem wir gleichzeitig erfahren, daß Wissen allein die Rätselhaftigkeit der Welt nicht erhellen kann. Warum wir letzten Endes glauben wollen, obwohl wir manches – und immer mehr – auch wissen können, das mag zu den Geheimnissen der Menschenseele gehören; denn die Wurzeln des Glaubens sind offenbar tiefer begraben, »als die Vernunft zu bohren hoffen darf ...« (Julian Huxley).

Die in bestimmten Zeiten bis ins Unerträgliche gesteigerte Spannung zwischen der überlieferten, institutionalisierten, dokumentierten Botschaft (dogmatisiert in den Kirchen und kodifiziert in der Schrift) und den sich in kulturellen, sozialen und geistigen Prozessen wandelnden Glaubensbedürfnissen und Glaubensverzichten – und die gleichsam permanente Gottesfrage im Spannungsfeld unsrer geistigen Wirklichkeit mit ihren Perioden der Aufklärung und Gegenaufklärung, mit der fortschreitenden Verwissenschaftlichung unsres Weltverständnisses – und darin der einzelne mit seinen ganz eignen Fragen, Sorgen, Ängsten, mit seinem Vertrauen und seinen Gewißheiten, die niemals ganz vor Zweifel geschützt sind: erst wenn man dieses den Menschen unablässig fordernde Wechselspiel, eingebettet in geschichtliche Epochen und deren nie voraussehbare Ereignisse, zwar nicht ganz zu begreifen, aber doch wahrzunehmen versucht, wird deutlich, daß die »letzte aller Fragen«, die Gottesfrage, keine esoterische, weltabgewandte, vom geschichtlichen Alltag unberührte Sache ist. Wer von Gott spricht, redet und denkt zwar in besonderer Sprache und gleichsam auf einer höheren Ebene geistiger Erfahrung (wir sprechen von Meta-Physik), aber er denkt, fühlt, spricht, handelt, verzweifelt und hofft doch immer in und aus einer Lebenswirklichkeit, dem Hier und Jetzt seiner Lebensgeschichte und der seiner Mitmenschen. So ist die Gottesfrage – für den Atheisten wie für den Gläubigen – zwar eine Frage der Metaphysik, einer Überwirklichkeit, sie bezieht sich aber nicht nur, sondern sie entsteht, verstummt und stellt sich neu im Alltag unsrer Lebenswelt. Wir stellen die Frage gleichsam durch unsere Lebenswirklichkeit, unser Lebensschicksal hindurch und werden, wie immer sich die Frage für jeden von uns beantworten läßt, auf die Wirklichkeit zurückverwiesen. Und es scheint, als könnten wir den Sinn der Frage und die möglichen Antworten, die negativen wie die positiven, erst hinreichend begreifen im unmittelbaren Zusammenhang mit dem geschichtlichen Alltag unsrer Menschenwelt, mag dabei auch die ganze Rätselhaftigkeit unseres kreatürlichen Seins in den unendlichen kosmischen Räumen mit eingeschlossen sein. So fragen wir, wenn wir nach Gott fragen – und das sollte nie vergessen werden – immer auch nach der Welt und Wirklichkeit, aus der heraus wir fragen, denken, suchen und glauben. Und so gesehen und erlebt bringt sich die totale religiöse Gleichgültigkeit immer selbst um eine Dimension der Wirklichkeit.

Eben dies, die Spiegelbildlichkeit aller Glaubensfragen und zumal der Gottesfrage, wird in den Texten dieses Bandes aufs Vielfältigste belegt und gedeutet, wenn auch die geistigen Ausgangspunkte, die religiösen Positionen denkbar verschieden sind. Aber eben dies war ein Grundsatz der Auswahl. Es ging nicht um erbauliche, nicht um unangefochten verkündende Texte; es ging nicht um Predigt, um Missionierung oder Bekehrung. Anspruch und Absicht des Bandes sind bescheidener, vielleicht aber auch anspruchsvoller: es sollte eine Art Topographie versucht werden, eine Orts- und Lagebestimmung jener Denk- und Glaubensansätze, die letztlich auf die Frage nach dem nahen oder fernen Gott zielen. Keine Einübung in den Glauben also, kein Katechismus für Skeptiker, sondern eher Wegweiser und Wegzeichen, Signale, Appelle, Darstellungen und Deutungen persönlichster Erfahrungen, Enttäuschungen, Zweifel und Gewißheiten auf dem Wege, auf der Suche dessen, den wir – ohne ihn je hinreichend beschreiben zu können – »Gott« nennen.

Es sind Texte von Wissenschaftlern verschiedenster Herkunft, von Philosophen, Essayisten und Menschen, die die »Sorge um Gott« nicht nur im intellektuellen Sinne umgetrieben hat, sondern denen es ernst war mit der Möglichkeit des Glaubens, auch wenn sie selbst nicht zu letzter Gewißheit gelangt sind. Angesichts der Schranken unserer rationalen Erkenntnisfähigkeit die Rückbesinnung auf die intuitiven Möglichkeiten und Fähigkeiten unsres Welt- und Selbsterlebens. Auf das, was Pascal, der geniale Mathematiker, die »Logik des Herzens« genannt hat (»Le coeur a ses raisons que la raison ne connait pas«). Wie gesagt, auch Philosophen kommen zu Wort. Aber um den schon von Pascal verworfenen »Gott der Philosophen«, um ein denkerisches Konstrukt geht es nicht. Pascal: »Dieu d'Abraham, Dieu d'Isaac, Dieu de Jacob – non des philosophes et des savants« (Wilhelm Weischedel, Der Gott der Philosophen. 1971). Man muß das – vielleicht – nicht biblisch-theologisch verstehen sondern als eine fundamentale Unterscheidung zwischen dem »geglaubten« und dem »gedachten« Gott – mit der ebenso tiefen Gewißheit, daß Wissen nicht am Glauben hindert. Aber auch davon handeln ja die Texte.

Ehe zum Aufbau und zur Anlage des Bandes noch etwas zu sagen ist, sei eine Bemerkung zur Auswahl erlaubt. Warum nicht-theologische Texte aus diesem Jahrhundert? Die Begründung ist einfach, wenn auch nicht selbstverständlich. Antikirchliche Tendenzen haben ebenso wenig eine Rolle gespielt wie antikonfessionelle. Es ging allerdings darum, neben der legitimierten Verkündigung und Interpretation der Botschaft, auf die die Kirchen ein Erstrecht beanspruchen, einmal sichtbar werden zu lassen, daß die Sorge um Gott und die Frage nach Gott auch außerhalb der Kirchen und ihres Amtsauftrags umgehen und zur Sprache kommen – in einem Umfang und Ausmaß, wovon der Band einen ersten, aber nur lückenhaften Eindruck vermitteln kann. Es scheint so, als ob der Reichtum an Schrifttum religiösen Denkens außerhalb der Theologie in diesem Jahrhundert größer, vielfältiger und eigenständiger ist als das entsprechende Schrifttum im 19. Jahrhundert. Der geistige Rang religiöser Schriftsteller vor allem in der ersten Hälfte dieses Jahrhunderts mit ihrem Anspruch auf eine »irreduzible, unverletzbare religiöse Erfahrung« (Gaëtan Picon) ist unübersehbar. Das gilt besonders dann, wenn man Dichtung und schöne Literatur im vollen Umfang einbezieht. Darauf ist hier verzichtet worden. Nicht nur des Umfangs wegen, sondern weil für den Leser eine einheitliche Ebene des Verstehens und der Reflexion durchgehalten werden sollte, während die Literatur ja doch eine eigne Sprach- und Ausdrucksebene beansprucht, auf der sich Wahrheit, Wirklichkeit und Fiktion in eigenständiger, aber eben andrer Weise mischen.

Neben der Fülle des Schrifttums mußte aber ein Bereich ganz unberücksichtigt bleiben, der, wenn er überhaupt erschließbar, wenn er dokumentierbar wäre, vielleicht tiefste Aufschlüsse über die Sorge um Gott und die Frage nach ihm böte: gemeint sind Glauben und Hoffen, Zweifeln und gleichgültiges Verzichten, Grübeln und Denken jener anonymen einzelnen, quer durch alle sozialen und Bildungsschichten, quer durch alle Berufe und Altersstufen, die nur mit sich allein, allenfalls im kleinen Kreis, sich darüber klar zu werden versuchen, was sie glauben, die plötzlich innewerden, daß sie glauben – oder die ihren Kinderglauben längst beiseite gelassen haben und über allzu viel Mühe mit letzten Fragen schließlich ermatten – oder zurückfinden zum kodifizierten Glauben der Kirche. Es gehörten auch jene heimlichen Leser der Bibel hierher, die sich, außerhalb aller konfessionellen Bindungen, doch der Gotteserfahrung nähern möchten. Aber wo und wie wäre das zu dokumentieren, ohne ihm den unverwechselbaren Geschmack des Authentischen zu nehmen? Auch hier werden Grenzen der Sprache sichtbar, nicht nur Grenzen und Schranken sprachlicher Kommunikation, sondern jener Sprache des Heiligen, die ein letztes Geheimnis allenfalls umschreiben, andeuten, aber nicht unmittelbar verstehbar machen kann. Und nichts ist ja für den Menschen schwieriger als sich selbst auszudrücken. Der französische Sozialhistoriker Marc Bloch schreibt in seiner »Apologie der Geschichte«: »Was würden wir nicht alles erfahren, wenn wir das wahre Gebet der kleinen Leute vernehmen könnten – ob ihr Gott nun der gestrige oder der heutige ist! Vorausgesetzt, es gelänge ihnen, den Sehnsüchten ihrer Herzen unverkürzten Ausdruck zu verleihen«. Bloch meint als Historiker Erfahrungen über Lebenswirklichkeit und Lebensbedürfnisse der »kleinen Leute«. Aber wir könnten ja auch erfahren, was wir, »kleine Leute« allesamt, Gott zutrauen, zumuten, anvertrauen, wenn wir, möglicherweise ganz gegen unsere skeptische Gewohnheit, doch einmal beten!

Schließlich noch eine Bemerkung zur Auswahl im Zusammenhang mit Aufbau und Anlage des Bandes. Der Leser soll nicht gegängelt werden. Der Band verlangt nicht, in konventioneller Weise von vorn nach hinten gelesen zu werden. Die Gliederung des Ganzen soll den Charakter des Lesebuchs verdeutlichen: die Lektüre kann und soll dort beginnen, wohin das besondere Interesse des Lesers zielt. Der Beginn beim überzeugten oder doch ernstgemeinten Atheismus soll nicht Schritt um Schritt auf geradem Wege eine Annäherung und schließlich Hinführung zur letzten Gewißheit im Offenbarungsglauben einleiten. Nicht nur das letzte Kapitel »Gott in Zukunft« verweist erneut auf die offene Frage, der Leser wird auch innerhalb der anderen Kapitel Widersprüche, kontradiktorische Aussagen, kritische Fragezeichen innerhalb der Texte und zwischen ihnen entdecken, worauf schon die Leitworte am Kapitelanfang verweisen. Aus dem Gesamtwerk eines Autors sind nicht jeweils die bedeutendsten und möglicherweise bekanntesten Äußerungen zur Gottesfrage ausgewählt worden, sondern es wurde nach Texten gesucht, die den Fragen-Horizont erweitern. So wurden – beispielsweise – von Sartre keine Texte aus dem Hauptwerk »Das Sein und das Nichts« oder aus dem Humanismus-Essay genommen, sondern ein autobiographischer Bericht aus den »Wörtern«. Auf andere Texte, so beispielsweise von Heidegger, mußte verzichtet werden, weil kein Abdrucksrecht gewährt wurde. Nach reiflicher Überlegung wurden verbindende, vermittelnde und erläuternde Äußerungen des Herausgebers zwischen den Texten fallengelassen, weil der Leser die verbindenden »roten Fäden« nach eignen Bedürfnissen und Erfahrungen besser selber suchen und finden sollte.

Bei der Auswahl der Texte ging es nicht um prominente und illustre Autoren. Was schließlich aus einem engeren Bestand, der mindestens den dreifachen Umfang des Lesebuchs hatte, ausgewählt wurde, sollte so viel wie möglich unterschiedliche Denk- und Glaubensansätze zur Gottesfrage bieten zwischen den Polen des Atheismus und überzeugter Gläubigkeit, zu denen alle Fragen nach Gott gleichsam im Sinne einer geometrischen Ellipse gleichen Bezug und gleichen Abstand haben. Kürzungen im Text, die nicht den Sinn verändern, sondern konzentrieren sollen, wurden mit … gekennzeichnet; gekürzt wurde auch dann, wenn der Text auf vorhergehende oder später folgende Ausführungen verwies, die nicht zum Thema des Lesebuchs gehörten. Anmerkungen, die Exkurse oder Literaturverweise bieten, wurden fortgelassen, aber ebenfalls mit (…) gekennzeichnet. Soweit wie möglich wurden originale Überschriften beibehalten. Wo das nicht angängig oder keine Überschrift vorhanden war, wurde entweder auf den Buchtitel verwiesen oder aus dem Text eine Formulierung vorangestellt, die mit » « gekennzeichnet ist. Im Autorenverzeichnis, das auch die Literaturnachweise enthält, findet der Leser knappste Angaben für eine erste Orientierung, die seinem eignen Interesse weiterhelfen mag.

Für Gliederung, Auswahl und Anlage des Ganzen trägt der Herausgeber allein die Verantwortung. Er bekennt sich damit zu seinen eignen Überzeugungen, Zweifeln und Fragen, aus denen die Idee dieses Lesebuchs entstanden ist. Im Blick auf die ungeheuren Leerräume, die zwischen der Verkündigung der Amtskirchen und dem erschütterten Glauben des einzelnen bis hin zur Gleichgültigkeit der vielen entstanden sind, im Blick aber auch auf den Zusammenbruch der Ideologien, die den Leerraum auszufüllen suchten, im Blick auch auf ein echtes Glaubensbedürfnis, das sich auf die Dauer nicht mit Surrogaten befriedigen läßt, sollte das Lesebuch auf jene menschliche Vernunft verweisen, die sich nicht als puren Rationalismus mißversteht, sondern den Glauben in ihr Konzept und Selbstverständnis einbezieht, insbesondere dann, wenn er sich als geistige Unruhe, als Bedürfnis, als seelische Irritation gegenüber der rational technologischen Machbarkeit als vermeintlich letztem Lebenssinn äußert. Dennoch ist schwer vorstellbar, daß sich die derzeit lebenden Generationen, mit vielerlei wissenschaftlichen Einsichten und Erkenntnissen vertraut, gleichsam in einem einheitlichen Epochenwechsel auf die Suche nach neuen Glaubensgewißheiten machen, um dann doch immer wieder enttäuscht in Zweifeln stecken zu bleiben. Es ist und bleibt immer die Sache der vielen einzelnen, älteren wie vor allem jüngeren, die Unruhe noch lebhafter, drängender zu spüren, die Dimensionen eines letzten Sinnes ahnen läßt, die wir nie ganz ausmessen können. Denn die Nähe und die Ferne dessen, dem wir den Namen »Gott« geben, ist ja auch eine Sache der Perspektive. Von der Unendlichkeit Gottes her bleiben die Entfernungen gleich, nur wir Menschen nähern oder entfernen uns, wenden uns ab. Das ist selbstverursachtes Schicksal und ewiges Thema der Geschichte. Noch immer gilt, was der größte Aufklärer deutscher Sprache, Gotthold Ephraim Lessing, als Gewißheit seines Denkens und Glaubens so formuliert hat: »Nicht die Wahrheit, in deren Besitz irgend ein Mensch ist oder zu sein vermeint, sondern die aufrichtige Mühe, die er angewandt hat, hinter die Wahrheit zu kommen, macht den Wert des Menschen. Denn nicht durch den Besitz, sondern durch die Nachforschung der Wahrheit erweitern sich seine Kräfte, worin allein seine immer wachsende Vollkommenheit besteht. Der Besitz macht ruhig, träge, stolz. Wenn Gott in seiner Rechten alle Wahrheit und in seiner Linken den einzigen, immer regen Trieb nach Wahrheit, obschon mit dem Zusatz, mich immer und ewig zu irren, verschlossen hielte und spräche zu mir: ›Wähle!‹, ich fiele ihm mit Demut in seine Linke und sagte: ›Vater gib! Die reine Wahrheit ist ja doch nur für dich allein!‹«

Das hat Lessing vor zweihundert Jahren niedergeschrieben. Pathos und Dialektik, Anspruch und Hybris einer neuen Aufklärung, in persönlicher Einsicht gebändigt und humanisiert – vor dem großen, abendländischen Bilde Gottvaters, der in seinen darbietenden Händen aber nicht mehr Glauben und Unglauben hält sondern Wissen und Irrtum. Und in der Demut vor dem Höchsten geschieht nicht mehr die Gnadenwahl des Gläubigen, sondern, selbstbewußt und in eigener Würde, die freie Entscheidung des erkennenden Menschen, der weiß, daß er wählen darf, aber einsichtig genug ist, auf die absolute Wahrheit zu verzichten. Daß Gott die letzte Wahrheit seiner selbst für sich behält, das gehört zu den Grunderfahrungen des christlichen Glaubens. Daß er, wenn auch nur im Bilde, die freie Wahl zwischen ganzer Wahrheit und beständigem Irrtum zuläßt, widerspricht zutiefst dem Grundmotiv des biblischen Sündenfalls. Spätestens in Lessings Bekenntnis zur geistigen Mündigkeit des Menschen werden für alle Zukunft Glauben und Wissen geschieden. Und nur in Gott fallen sie auf unergründliche Weise zusammen. Die Einsicht aber, daß die Hybris der Gewißheit – im Glauben wie im Wissen – auch fortan vor den Rätseln unsres Daseins nicht bestehen kann, sie gehört zu Lessings Vermächtnis.

Das hat Rudolf Kassner, in den zwanziger Jahren unseres Jahrhunderts, auf gleichsam profanierende Weise in einem kurzen, ›Die Mitte‹ überschriebenen Disput bestätigt, dessen schimärischen Tiefsinn jeder auf seine Weise deuten mag:

»*Der Schüler*: Wenn du eine Artischocke oder eine Zwiebel schälst, so kommt immer wieder eine Artischocke oder Zwiebel, eine kleinere hervor. So denke ich mir, daß, wenn ich die Welt schälen wollte, um zu wissen, was ist, es dann immer wieder Welt geben müßte, eine Welt in der anderen: Was ist also der Inhalt und das letzte der Welt, wenn du es besser weißt?

Der Meister: Daß es zugleich sehr leicht und sehr schwer, daß es – streng genommen – unendlich leicht und unendlich schwer ist, Gott zu lieben. Diese Drehung ist der Inhalt und das Letzte der Welt, dieser Wirbel ist die Mitte der Welt.

Der Schüler: Gott ist die Mitte der Welt und in ihr. Es ist gut zu wissen, daß Gott in der Mitte sei.

Der Meister: Genau in der Mitte?

Der Schüler: Genau in der Mitte.

Der Meister: Genau in der Mitte lebt ein buckliger Zwerg, lebt ein geblendeter Affe, lebt ein Ungeheuer, das sein eigenes Herz käut.

Der Schüler: Warum käut das Ungeheuer sein eigenes Herz?

Der Meister: Damit du, der du am äußersten Rande der Welt stehst, dich nicht verzehrest. So hat der Zwerg den Buckel, damit du aufrecht seist, und ist der Affe geblendet, damit du sehest.«

Hans Rössner

376

Autoren-
und Quellenhinweise

Herausgeber und Verlag danken den Rechteinhabern für die erteilten Abdruckgenehmigungen. Die jeweils letzte, kursiv gedruckte Seitenzahl verweist auf die Seitenzahl im Band.

Hannah Arendt,

geb. 1906 Hannover, gest. 1975 New York. Studium Philosophie, Theologie und Griechisch, u.a. bei Bultmann, Jaspers und Heidegger. Ihr letztes (unvollendetes) Werk ›Vom Leben des Geistes‹ 2 Bde. Piper, München 1979 bietet Summe und Vermächtnis ihrer denkerischen Lebensleistung. (Orig.: The life of the mind, 2 Vol. New York 1977/78.) Text aus: Band II ›Das Wollen‹, Kap. II ›Die Entdeckung des inneren Menschen‹, S. 64–70 (gekürzt), *S. 194.*

Wystan Hugh Auden,

geb. 1907 York, gest. 1973 Wien. Studium in Oxford. Führer einer linksorientierten Intellektuellengruppe, später Wendung zu sozialen und religiösen Fragen. Bedeutender Schriftsteller und Lyriker. Aufenthalte in den USA und in Deutschland. 1956–61 Prof. für Literatur in Oxford. Großer lyrischer Neuerer, tragisch-ironische Deutung der Verlorenheit des heutigen Menschen. Text aus: ›Des Färbers Hand und andere Essays‹. (Orig.: The Dyer's Hand and Other Essays, New York, o.J.). Übers. v. Fritz Lorch. Sigbert Mohn, Gütersloh, o.J., S. 541–549 (gekürzt). (C) Linder AG, Zürich, und Curtis Brown Ltd, New York. *S. 343.*

Nikolai Berdjajew,

geb. 1874 Kiew, gest. 1948 Clamart bei Paris. Schon im zaristischen Rußland verbannt und angeklagt als Mitbegründer einer Bewegung, die – in revolutionärer Form – vom Idealismus zum Christenstum überleiten sollte. 1922 ausgewiesen, bis 1924 in Berlin, danach in Paris. Dort Neugründung der ›Religionsphilosophischen Akademie‹. Entwickelte eine umfassende christliche Existenzphilosophie, in deren Mittelpunkt der Mensch steht, lehrte den Primat der Freiheit. Text aus: ›Existentielle Dialektik des Göttlichen und Menschlichen‹ (Orig.: Dialectique Existentielle du Divin et de L'Humain). Übers. v. Bernhard Foss, C.H. Beck, München 1951, S. 1–10 (gekürzt). (C) J. B. Janin, Paris. *S. 269.*

Henri Bergson,

geb. 1859 Paris, gest. 1941 Paris. Professor für Philosophie am Collège de France. Seine Lebensphilosophie (élan vital) hat die neuere französische und europäische Philosophie zeitweise stark beeinflußt. ›B's Größe liegt in der Macht, mit der er die Haltung des Menschen in eine neue Richtung zu drängen versuchte‹ (Max Scheler). Text aus: ›Die beiden Quellen der Moral und der Religion‹, 1932, (Orig.: Les deux sources de la morale et de la religion) Übers. v. Eugen Lerch. Eugen Diederichs, Jena 1933, 1.-3. Tsd. S. 230-250 (gekürzt). (C) Walter-Verlag, Olten 1980. *S. 140.*

Georges Bernanos,

geb. 1888 Paris, gest. 1948 Neuilly. Nach Studium der Rechte und Philologie Redakteur und freier Schriftsteller. Romane und Erzählungen mit internationalen Erfolgen. Zentrales Thema der Kampf Gottes mit dem Bösen im menschlichen Herzen. Einer der Höhepunkte seines Schaffens ›Tagebuch eines Landpfarrers‹. Das Ringen um letzte Fragen immer in der realistischen Wirklichkeit des (meist ländlichen) Alltags. Text aus: ›Das sanfte Erbarmen. Briefe des Dichters‹. Auswahl und Übers. v. H.U. von Balthasar, Johannesverlag Einsiedeln, [3]1955, S. 108-121 (gekürzt). *S. 314.*

Ernst Bloch,

geb. 1885 Ludwigshafen/Rh., gest. 1977 Tübingen. Marxistischer Philosoph, Professor in Leipzig, seit 1962 in Tübingen. Blochs Philosophie ›versucht eine Enzyklopädie der Hoffnungsinhalte in der Kulturgeschichte einer noch unfertigen Welt‹ (Schichkoff). Text aus seinem Hauptwerk: ›Das Prinzip Hoffnung‹, 3 Bde., Suhrkamp, Frankfurt/M. 1959. Zitiert nach der Wissenschaftl. Sonderausgabe 1967, Bd. 3, S. 1405-1414 (gekürzt). *S. 102.*

Léon Marie Bloy,

geb. 1846 Perigueux, gest. 1917 Bourg-la-Reine b. Paris. Autodidakt. Als kleiner Beamter mit Familie lebenslange Armut. Prediger der Armut gegen materialistischen Zeitgeist. Vertreter eines absoluten Christentums. Größte schriftstellerische Leistung seine Tagebücher mit kühner, bildhafter Sprache. Text aus: ›Der beständige Zeuge Gottes‹. Eine Auswahl aus dem Gesamtwerk. Hrsg. von Raïssa Maritain, eingel. von Jaques Maritain. (Orig.: Pages de Léon Bloy). Übers. v. Henriette u. Wolfgang Kühne. Otto Müller, Salzburg o. J., S. 227-229. *S. 31.*

Hermann Broch,

geb. 1886 Wien, gest. 1951 New Haven. Österreichischer Industrieller. 1928-31 Studium Mathematik, Philosophie, Psychologie in Wien. 1938 Emigration in die USA. Bedeutender Erzähler, Essayist und Kulturphilosoph. ›Der Lebens- und Schaffensumkreis ... glich eher einem Dreieck ...: Dichten-Erkennen-Handeln ..., dessen räumlichen Inhalt nur sein Wesen in seiner Einmaligkeit ausfüllen konnte‹ (Hannah Arendt). Text aus: ›Gesammelte Werke. Erkennen und Handeln‹, Essays Bd. II. Hrsg. und eingel. von Hannah Arendt. Rhein-Verlag, Zürich 1955, S. 28-34. (C) Suhrkamp, Frankfurt/M. *S. 348.*

Martin Buber,
geb. 1878 Wien, gest. 1965 Jerusalem. Religions- und Sozialphilosoph.
1924–33 Professor in Frankfurt/M. Großer geistiger und erzieherischer
Einfluß im jüdischen und deutschen Sprachbereich. Zionist. Nach 1945
öffentliche Wirkung für Aussöhnung zwischen Juden und Deutschen.
Deuter und Übersetzer der chassidischen Literatur. Welt als Beziehung
und Erfahrung. Grundbeziehung ›Ich und du‹. Text aus: ›Werke‹. 1. Bd.
Schriften zur Philosophie. Kösel, München 1962. (C) Lambert Schneider, Heidelberg. S. 152–159. *S. 285.*

Albert Camus,
geb. 1913 Mondovi/Algerien, gest. 1960 Sens bei Paris. Dichter und Philosoph. 1957 Nobelpreis für Literatur. Vertritt eine Philosophie des
Absurden, unterschieden von Sartres Existentialismus. Der Mythos von
Sisyphus ist das Symbol menschlichen Lebens. Trotz Hoffnungslosigkeit und Sinnlosigkeit muß das Leben bestanden und als Auftrag zu
humaner Solidarität verstanden werden. Text aus: ›Der Mensch in der
Revolte‹. Essays. (Orig.: L'homme révolté, Paris). Übers. v. Justus Strel-
ler, Rowohlt, Hamburg 1953. S. 31–40. *S. 85.*

Alfred Döblin,
geb. 1878 Stettin, gest. 1957 Emmendingen b. Freiburg/Brsg. Studium
der Medizin. Seit 1911 Nerven- und Kassenarzt in Berlin-O. 1933 Flucht
nach Paris, 1940 in die USA. 1945 Rückkehr. Bedeutender Erzähler,
Dramatiker und Essayist. Sein Hauptwerk ›Berlin Alexanderplatz‹ 1929.
Große spachliche Kraft, scharfer Intellekt und visionäre Schau. Später
religiöse Wendung zum kath. Christentum. Text aus: ›Der unsterbliche
Mensch. Ein Religionsgespräch‹ Karl Alber, München ²1948, S. 213–224
(gekürzt). (C) Linder AG, Zürich. *S. 277.*

Albert Einstein,
geb. 1879 Ulm, gest. 1955 Princeton. Weltberühmter Physiker, seit
1914–1933 in Berlin, dann in Princeton, USA. 1905 spezielle, 1916 allgemeine Relativitätstheorie. Nobelpreis für Physik 1921. ›Die Arbeiten E's
sind für die moderne Physik, vor allem für die Atomphysik, aber auch für
die Theorie der Naturwissenschaften und für die moderne Metaphysik
von überragender Bedeutung‹ (Schischkopf). Text aus: ›Mein Weltbild‹.
Europa-Verlag, Zürich 1953, S. 7–22 (gekürzt). *S. 159.*

Mircea Eliade,
geb. 1907 Bukarest. Indologe, Religionswissenschaftler, Kulturphilosoph. Zeitweise im dipl. Dienst Rumäniens. Gastvorlesungen an zahlreichen Universitäten. Seit 1956 Professor für Religionswissenschaften in
Chicago. Neben Novellen und Romanen Veröffentlichungen zur Religionsgeschichte und Mythenforschung. Mit Ernst Jünger Hrsg. der Zeit-
schrift ›Antaios‹. Text aus: ›Das Heilige und das Profane. Vom Wesen
des Religiösen‹. Rowohlt Taschenbuch Verlag, Hamburg 1957. S.
127–136. (C) Mircea Eliade. *S. 56.*

Sigmund Freud,
geb. 1856 Freiberg, Mähren, gest. 1939 London. Studium der Medizin. Professor für Neurophathologie in Wien. Begründer der Psychoanalyse. Einer der großen Geister des Jahrhunderts, der zu tiefen Einsichten ins Unbewußte des menschlichen Seelenlebens gelangte - mit weltweiter Wirkung und vielfältiger Fortwirkung. Text aus: ›Die Zukunft einer Illusion‹ in: Gesammelte Werke. Bd. XIV. S. Fischer, Frankfurt ³1963. S. 337–356 (gekürzt). *S. 67.*

Erich Fromm,
geb. 1900 Frankfurt/M., gest. 1980 Muralto b. Lugano. Psychoanalytiker. 1934 in die USA. Seit 1958 Professor an verschiedenen Universitäten. Er erkennt biologische Grundlagen des menschlichen Trieblebens an, betont aber soziale und kulturelle Überformung der Antriebs- und Persönlichkeitsentwicklung des Menschen. Zahlreiche Veröffentlichungen. Text aus: ›Psychoanalyse und Religion‹. Deutsche Verlagsanstalt, Stuttgart 1981. Zit. aus: Diana-Verlag, Konstanz 1966. S. 131–139. (C) Deutsche Verlagsanstalt, Stuttgart 1981. *S. 184.*

André Frossard,
geb. 1915 Colombier-Chatelon bei Belfort. École Nationale des Arts Decoratifs. Journalist und Kolumnist des ›Figaro‹. Vater erster Generalsekretär der Kommunistischen Partei Frankreichs und später als Sozialist Minister. Als Weltanschauung galt in der Familie der Marxismus ohne christliche Bindungen. Text aus: ›Es gibt eine andere Welt‹. (Orig.: Il y a un autre monde, Paris, 1976). Übers. v. Lotte von Schaukal. Herder, Freiburg, Basel, Wien, ²1977, S. 20–38. *S. 292.*

Etienne Gilson,
geb. 1884 Paris, gest. 1978 Gravant. Professor für Philosophie an der Sorbonne. 1929 in Toronto Begründer des Institut Pontifical d'Etudes Médiévales. Vertreter des Neuthomismus. Text aus: ›Metamorphosen des Gottesreiches‹ (Orig.: Les métamorphoses de la cité de Dieu). Übers. v. U. Behler. F. Schöningh, Paderborn 1959, S. 272–282 (gekürzt). *S. 352.*

Theodor Haecker,
geb. 1879 Eberbach, Württ., gest. 1945 Usterbach b. Augsburg. Freier Schriftsteller. Arbeiten u. a. über Kierkegaard und Anthropologie. Vertrat den Primat des Geistes vor allen anderen menschlichen Kräften. Entschiedene katholische Kulturphilosophie. Text aus: ›Werke in 5 Bden. Bd. 2 Tag- und Nachtbücher 1939–1945‹. Kösel, München ³1959. (Auswahl). *S. 310.*

Werner Heisenberg,
geb. 1901 Würzburg, gest. 1976 München. Einer der großen Physiker des Jahrhunderts. Professor in Leipzig u. Berlin. Seit 1941 Direktor des Max-Planck-Instituts für Physik, Berlin, später Göttingen und München. Mitbegründer der Quantenmechanik, stellte 1927 die nach ihm benannte Unschärferelation auf. Zahlreiche wissenschaftliche Veröffentlichungen. 1932 Nobelpreis. 1969 als biographische, wissenschaftlich-philosophische Summe ›Der Teil und das Ganze‹. Text aus: ›Schritte über Grenzen‹. Ges. Reden und Aufsätze. Piper, München [4] 1977. S. 336–350 (gekürzt). *S. 172.*

Max Horkheimer,
geb. 1895 Stuttgart, gest. 1973 Nürnberg. Soziologe und Philosoph. 1930 Professor in Frankfurt, Direktor des ›Instituts für Sozialforschung‹. Einer der Initiatoren der ›Frankfurter Schule‹ und ihrer ›Kritischen Theorie‹. Text aus: ›Die Sehnsucht nach dem ganz Anderen. Ein Interview mit Kommentar v. Helmut Gumnior‹. GTB Siebenstern 97/F. Gütersloher Verlagshaus Gerd Mohn. Zitiert nach Ausg. im Furche-Verlag, Hamburg 1970. S. 67–81 (gekürzt). *S. 327.*

Julian Sorell Huxley,
geb. 1887 London, gest. 1975. Bruder des Schriftstellers Aldous H. Biologe. Professor für Zoologie am Rice-Institut in Houston (Texas), in Oxford u. am Kings College in London. 1946–48 Generaldirektor der Unesco. Vertreter einer weltanschaulich erweiterten Evolutionstheorie. 1947 ›Der Mensch in der Modernen Welt‹. 1954 ›Die Wüste und die alten Götter‹. Text aus: ›Der Gott des Dr. Robinson‹. Club Voltaire. I. Szczesny, München 1963. S. 40–44 (gekürzt). *S. 323.*

Karl Jaspers,
geb. 1883 Oldenburg/O., gest. 1969 Basel. Ursprünglich Psychiater, seit 1916 Professor für Psychologie, dann für Philosophie in Heidelberg, 1948 Professor in Basel. ›Existenzphilosophie ... würde sich selbst aufheben, wollte sie beanspruchen, zu wissen, was der Mensch sei. Die Absurdität und Unbegreiflichkeit der realen Welt durchzieht auch den Menschen ... Dennoch soll er in der Welt zu gehaltvoller Entscheidung und sinnvollem Tun gelangen. Ihm hierbei zu einer Selbstgewißheit zu verhelfen ... soll die Philosophie dienen‹ (W. Stegmüller). Text aus: ›Der philosophische Glaube angesichts der Offenbarung‹. Piper, München 1962. S. 386–398 (gekürzt). *S. 125.*

Hans Jonas,
geb. 1903 Mönchengladbach. Emerit. Professor der New School for Social Research, New York. Neben Studium zur philosophischen Anthropologie und Ontologie umfangreiche Untersuchungen zum Wesen und der Geschichte der Gnosis. Ende der sechziger Jahre ethi-

sche Aspekte der Technologie. Text aus: ›Das Prinzip Verantwortung.
Versuch einer Ethik für die technologische Zivilisation‹. Insel, Frankfurt/M. 1979. S. 96–99. *S. 137.*

Carl Gustav Jung,

geb. 1875 Kesswil (Schweiz), gest. 1961 Zürich. Psychiater und Psychotherapeut. 1907–13 Zusammenarbeit mit Sigmund Freud. Eigne Lehre einer ›Analytischen Psychologie‹ mit ständig ausgebauten Leitgedanken, darunter die ›Archetypen‹ als artbedingte Aktions- und Reaktionsweisen des Menschen. Beachtung u. Entfaltung angeborener religiöser Funktionen der Psyche. Zahlreiche Veröffentlichungen mit fachüberschreitender Wirkung. Text aus: ›Psychologie und Religion. Die Terry Lectures 1937‹. Aus dem Englischen. Rascher, Zürich 1947. 6.–8. Tsd. S. 157–163 (gekürzt). (C) Walter-Verlag, Olten 1971. *S. 42.*

Ernst Jünger,

geb. 1895 Heidelberg, lebt in Wilfingen. Nach Fremdenlegion und Teilnahme am 1. Weltkrieg (Pour le mérite) bis 1925 Studium Naturwissenschaften und Philosophie. Danach freier Schriftsteller. Teilnahme am 2. Weltkrieg, 1944 wegen Wehrunwürdigkeit entlassen. Ebenso umstrittener wie bedeutender Erzähler und Essayist von großer geistiger Eigenständigkeit. Text aus: ›Siebzig verweht I‹. Klett-Cotta, Stuttgart 1980. S. 121–123; 150–151 (gekürzt). *S. 32.*

Rudolf Kassner,

geb. 1873 Groß-Pawlowitz/Mähren, gest. 1959 Siders/Wallis. Studium Philologie, Geschichte und Philosophie. Zahlreiche Reisen. Privatgelehrter. Kulturphilosoph und Physiognomiker. Bedeutender Essayist und Erzähler. Verbindung mit Hofmannsthal, Rilke, Valéry u.a. Text aus: ›Von den Elementen der menschlichen Größe‹. Insel, Wiesbaden 1954. S. 34–40. (C) Eugen Rentsch, Erlebach. *S. 33.*
Der im Nachwort d. Hrsg. zitierte Text ›Die Mitte‹ erstmals veröffentl. in ›Navigare necesse est. Eine Festgabe für Anton Kippenberg zum 22. Mai 1924‹. Insel, Leipzig o.J. *S. 376.*

Karl Kerényi,

geb. 1897 Temesvár, gest. 1973 Zürich. Religionswissenschaftler und klassischer Philologe. Seit 1943 in Zürich. Zeitweise Verbindung mit dem C. G. Jung-Institut. Vor allem Mythenforschung. Enge Verbindung von Altertumsforschung und neuverstandenem Humanismus. Text aus: ›Antike Religion‹. Albert Langen/Georg Müller. München 1971. Zitiert nach Liz.-Ausgabe VMA-Verlag. Wiesbaden 1978. S. 207–212 (gekürzt). *S. 190.*

Clive Staples Lewis,
geb. 1898 Belfast, gest. 1963 Oxford. Studium Literaturwissenschaft in Oxford, dort Lehrtätigkeit 1927–1954, danach Professor für engl. Literatur in Cambridge. Vielseitige schriftstellerische Begabung mit christlichethischer Grundhaltung. Zahlreiche Essays über religiöse Themen. Text aus: ›Die letzte Nacht der Welt. Geistliche Essays‹. (Orig.: The World's last Night and other Essays, 1960) Übers. v. Alfred Kuoni. Furche Verlag, Hamburg 1964. S. 19–42 (gekürzt). (C) Benziger Verlag, Zürich/Köln 1963 *S. 250.*

André Malraux,
geb. 1901 Paris, gest. 1976 Créteil bei Paris. Studium Archäologie, Sanskrit u. Chinesisch. 1923 archäologische Expedition nach Indochina, Kambodscha und Siam. 1926/27 Teilnahme an der chinesischen Revolution. 1939 Bruch mit dem Kommunismus. 1945/46 Informationsminister De Gaulles, später erneut Informations- und Kultusminister. Internationaler literarischer Ruhm. Vertritt einen pessimistisch-tragischen Humanismus. Text aus: ›Anti-Memoiren‹. (Orig.: Antimémoires, Paris 1967.) Übers. v. Carlo Schmid. S. Fischer, Frankfurt/M. 1968. S. 290–296 (gekürzt). *S. 37.*

Gabriel Marcel,
geb. 1889 Paris, gest. 1973 Paris. Professor für Philosophie an der Sorbonne. M. hat in den 50er Jahren die Kennzeichnung als ›christlicher Existentialist‹ zurückgewiesen und sich als ›Neo-Sokratiker‹ bezeichnet. ›Das Sein ist ein Mysterium‹. Text aus: ›Dialog und Erfahrung. Vorträge in Deutsch‹. Hrsg. v. Wolfgang Ruf. Josef Knecht, Frankfurt/M. 1969. S. 14–31 (gekürzt). *S. 230.*

Jacques Maritain,
geb. 1882 Paris, gest. 1973 Toulouse. Philosoph. 1913–40 Professor am Institut Catholique in Paris, bis 1944 am Institut d'Etudes Médiévales, Toronto. 1945–48 französ. Botschafter am Vatikan. Danach Dozent an der Princeton University, USA. Führender Philosoph des sogen. Neothomismus, ursprünglich dem Neovitalismus (Bergson) nahestehend, dann aber über die philosophische ›Moderne‹ hinausweisend. Text aus: ›Wege zur Gotteserkenntnis‹. (Orig.: Approches de Dieu.) Übers. v. Henriette u. Wolfgang Kühne. Alsatia, Colmar 1955. S. 9–21 (gekürzt). *S. 222.*

François Mauriac,
geb. 1885 Bordeaux, gest. 1970 Paris. Romancier und Journalist. Romane, Dramen, Essays. ›Zeichnet die verzweifelte Einsamkeit von Männern und Frauen, … die, in Unglauben verhärtet, … sich selbst und ihre Umwelt zerstören … unbarmherzige Konsequenz des Moralisten … Erkennt keine Ethik außerhalb der des katholischen Glaubens an‹ (Wilpert). 1952 Nobelpreis für Literatur. Auch politischer Polemiker und

Kommentator. Text aus: ›Der Stein des Anstoßes. Ein Bekenntnis‹. Übers. v. H. U. von Balthasar. Johannes-Verlag, Einsiedeln. 1952. S. 7–16. *S. 264.*

Jacques Monod,

geb. 1910 Paris, gest. 1976 Paris. Studium der Naturwissenschaften. 1944 Eintritt ins Institut Pasteur, Paris. 1959 Professor f. Stoffwechsel-Chemie an der Sorbonne. 1965 Nobelpreis. 1971 Direktor des Institut Pasteur. Den Wissenschaftlern sei heute mehr denn je die Pflicht auferlegt, ›ihre Fachdisziplin in dem Gesamtzusammenhang der modernen Kultur zu sehen …«. Text aus: ›Zufall und Notwendigkeit‹. Philosophische Fragen der modernen Biologie. Mit einer Vorrede zur deutschen Ausgabe von Manfred Eigen. (Orig.: Le hasard et la nécessité, Paris 1970.) Übers. v. Friedrich Griese, Piper, München 1971. S. 202–219 (gekürzt). *S. 93.*

José Ortega y Gasset,

geb. 1883 Madrid, gest. 1955 Madrid. Von Dilthey und Nietzsche beeinflußt. 1911–36 Professor der Philosophie a. d. Universität Madrid. O. fordert, ›die Vernunft in die Biologie einzuordnen und dem Spontanen zu unterstellen. In einigen Jahren wird es absurd erscheinen, daß man einmal vom Leben verlangte, es solle der Kultur dienen…‹. ›Europa muß von seinem Idealismus geheilt werden, wodurch allein es auch allen Materialismus, Positivismus, Utopismus überwinden kann‹. Text aus: ›Gott in Sicht. Betrachtungen‹. Deutsche Verlags-Anstalt, Stuttgart 1964. S. 42–56. *S. 113.*

Rudolf Otto,

geb. 1869 Peine, gest. 1937 Marburg. Religionsphilosophie u. Theologie. Phänomenologische Erforschung des Religiösen. O. unterscheidet das ›Numinose‹ (die Heiligkeit), das ›Tremendum‹ (den frommen Schauder), das ›Mysteriöse‹ und das ›Fascinosum‹ (das Faszinierende, Hinreißende). Text aus seinem Hauptwerk: ›Das Heilige. Über das Irrationale in der Idee des Göttlichen und sein Verhältnis zum Rationalen‹. C. H. Beck, München o. J., 29.-30. Aufl. S. 189–197 (gekürzt). *S. 237.*

Charles Péguy,

geb. 1873 Orléans, gest. 1914 Plessis-l'Evêque b. Villeroy. Schüler Bergsons. Publizist, Buchhändler und Schriftsteller. Mitbegründer der neukatholischen Bewegung in Frankreich und repräsentative geistige Gestalt Frankreichs vor dem Ersten Weltkrieg. Leidenschaftliche Persönlichkeit, entschiedener Glaube, Sozialist, antiklerikaler Katholik, Kampf für die geistige Erneuerung Frankreichs. Text aus: ›Erkämpfte Wahrheit‹ (Orig.: Pensées). Übers. v. Susi Thieme. Bastion-Verlag, Düsseldorf 1951 (Auswahl). *S. 243.*

Karl Raimund Popper,
geb. 1902 Wien. Emer. Prof. der Philosophie, lebt in England. Kritiker und Gegner des Wiener Neupositivismus. Philosophische Arbeiten u. a. auf dem Gebiet der Erkenntnislehre und Wissenschaftstheorie der Naturwissenschaften. Bedeutende Wirkung in den letzten Jahrzehnten. Text aus einem seiner Hauptwerke: ›Die Offene Gesellschaft und ihre Feinde, Bd. II: Falsche Propheten. Hegel, Marx und die Folgen‹. (Orig.: The Open Society and Its Enemies, II. The High Tide of Prophety). Übers. v. P. K. Feyerabend. Franke, München ⁵1977. S. 334–338. (C) Karl Popper 1981. *S. 204.*

Adolf Portmann,
geb. 1897 Basel, wo er als emerit. Professor für Zoologie lebt. P. sucht eine neue Anthropologie zu begründen, nicht auf rein darwinistischer Grundlage, da nach P. höhere Gestaltung nie allein aus niederen Formen zu erklären ist. Der Mensch als leib-seelische Gesamtheit, dessen geistige, kulturschöpferische Fähigkeiten als primär und autonom verstanden werden müssen. Zahlreiche Veröffentlichungen. Text aus: ›Biologische Fragmente zu einer Lehre vom Menschen‹. Schwabe, Basel ³1969. S. 162–165. *S. 321.*

Horst Eberhard Richter,
geb. 1923 Berlin. Professor für Psychosomatik und Psychotherapie an der Universität Gießen. ›Als Psychoanalytiker, Familien- und Sozialtherapeut widmet er sich… gesellschaftskritisch angelegten sozialpsychologischen und sozialphilosophischen Analysen‹ (Verlag). Text aus: ›Der Gotteskomplex. Die Geburt und die Krise des Glaubens an die Allmacht des Menschen‹. Rowohlt, Reinbek b. Hamburg 1979. S. 19–31. *S. 45.*

Jean-Paul Sartre,
geb. 1905 Paris, gest. 1980 Paris. Der wohl einflußreichste Vertreter der französischen Existenzphilosophie. ›Das denkende Erschaffen des Nichts ist der Adelsbrief der menschlichen Freiheit‹ (K. Wais) im Vertrauen in die Fähigkeit, sich selbst zu ›machen‹. Auch Erzählungen, Romane und Dramen. Sein philosophisches Hauptwerk ›L'Etre et le néant‹ 1943, deutsch 1952. Text aus seiner Autobiographie: ›Die Wörter‹. (Orig.: Les Mots, 1964). Übers. u. Nachbemerkung v. Hans Mayer. Rowohlt, Reinbek 1965. S. 72–79; 191–194 (gekürzt). *S. 77.*

Max Scheler,
geb. 1874 München, gest. 1928 Frankfurt/M. Studium der Medizin und Philosophie. Entscheidender Anstoß durch Husserls Phänomenologie. 1919 Professor in Köln, 1928 in Frankfurt/M. Ein umfassender, zahlreichen philosophischen Problemen leidenschaftlich hingegebener Denker. Mitbegründer der modernen philosophischen Anthropologie. Text

aus seinem im Todesjahr gehaltenen, in erweiterter Fassung zum Druck gegebenen Vortrag: ›Die Stellung des Menschen im Kosmos‹. Franke, Bern [9]1978. S. 87–93. *S. 132.*

Leo Isaak Schestow,

geb. 1866 Kiew, gest. 1938 Paris. Russischer Philosoph. Professor an der Sorbonne. ›Das Ideale verabsolutieren bedeutet, jede Realität relativieren, ja sogar vernichten.‹ ›Das Gebiet des wahrhaft Seienden ist ein Gebiet grenzenloser Freiheit, nicht einer ›vernünftigen‹ Freiheit, welche die Menschen sogar Gott aufdrängen...‹ Text aus: ›Auf Hiobs Wage. Über die Quellen der ewigen Wahrheiten‹. Übers. v. Hans Ruoff u. Reinhold von Walter. Lambert Schneider, Berlin 1929. S. 343–349. *S. 300.*

Reinhold Schneider,

geb. 1903 Baden-Baden, gest. 1958 Freiburg/Brsg. Katholische Erziehung. Autodidaktische Weiterbildung in Spanisch, Portugiesisch und Geschichte. Freier Schriftsteller in Potsdam, Berlin und Freiburg/Brsg. 1938 Rückkehr zum Katholizismus. Nach 1933 Schreibverbot, intensive schriftstellerische Tätigkeit, geistiger Widerstand gegen den Nationalsozialismus, kurz vor Kriegsende Anklage wegen Hochverrats. Bedeutender Erzähler, Dramatiker, Essayist und Historiker. Grundgedanke die Antinomie von weltlicher Macht und göttlicher Gnade. Geschärfter Blick für die kulturellen, politischen, ethischen Probleme der Zeit auf dem Hintergrund der historischen Tradition. Text aus: ›Pfeiler im Strom‹. Insel, Wiesbaden 1958. S. 234–242. *S. 359.*

Walter Schubart,

geb. 1897 Sonneberg/Thür. Jurastudium. Danach Syndikus in München, später Rechtsanwalt in Jena. 1933 aus politischen Gründen nach Riga. Dr. phil. und Dozent für Philosophie an der dortigen Universität. 1940 Versuch nach Deutschland zurückzukehren, durch Kriegserklärung Hitlers 1941 Grenzen geschlossen, seither verschollen. Sein bedeutendstes Buch ›Europa und die Seele des Ostens‹ 1941. Arbeiten über Nietzsche und Dostojewski. Text aus: ›Religion und Eros‹. Hrsg. v. Friedrich Seifert, C. H. Beck, München 1966. 19.–20. Tsd. S. 264–287. *S. 335.*

Georg Simmel,

geb. 1858 Berlin, gest. 1918 Straßburg. Professor für Philosophie in Berlin und Straßburg. Verbindung von Soziologie und Philosophie. ›Durch alle Perioden seines wandlungs- und anpassungsfähigen Denkens hindurch hält S. an dem Bestreben fest, das Leben in seiner beständigen Bewegung und Entwicklung und in seinem Beziehungsreichtum zu erfassen‹ (Ziegenfuß). Text aus: ›Brücke und Tür. Essays des Philosophen zur Geschichte, Religion, Kunst und Gesellschaft‹. Im Verein mit Margarete

Susman hrsg. v. Michael Landmann. K. F. Koehler, Stuttgart 1957. S. 105–110. *S. 121.*

Pierre Teilhard de Chardin,
geb. 1881 bei Clermont-Ferrand, gest. 1955 New York. Jesuit und Anthropologe. ›Seine Philosophie der universalen Evolution geht weit über die positivistische Evolutionstheorie hinaus, indem sie den Prozeß vom Kosmos zur Personalität hin ... interpretiert und die Kontinuität von Natur und Kultur, Biosphäre und Noosphäre als Progreß in einer großen Synthese zusammenschließt...‹ (Schischkoff). Text aus seinem Hauptwerk: ›Der Mensch im Kosmos‹ (Orig.: Le phénomène humain). Übers. v. Othon Marbach. C. H. Beck, München ² 1959. S. 5–8; 250–253; 287–288. *S. 257.*

Miguel de Unamuno,
geb. 1864 Bilbao, gest. 1936 Salamanca, wo er wiederholt Rektor der Universität war. Philosoph, Kritiker, Essayist, Lyriker, Dramatiker. ›U. ist einzig durch die Stärke seiner Persönlichkeit, durch die flammende Energie seines sittlichen Willens, durch den Ernst seines Glaubens, durch das Apostolat eines ganzen Lebens...‹. E. R. Curtius im Vorwort zur deutschen Ausgabe seines 1913 ersch. Buchs ›Del sentimiento tragico de la vida‹. Text aus der deutschen Ausgabe: ›Das tragische Lebensgefuhl‹. Übers. v. Robert Friese. Meyer und Jessen, München 1925. S. 204–234 (gekürzt). (C) Phaidon, Wien. *S. 211.*

Alan Watts,
geb. 1915 in England, gest. 1973 in den USA. Religionsphilosoph. Mitbegründer der Beatnik-Bewegung und Guru der Hippies. Ohne Universitätslehrstuhl weltweiter Erfolg seiner Bücher. Studien über den Zen-Buddhismus und über Laotses Lehre vom Tao. Ein ebenso anregender wie eigenwilliger Denker und faszinierender Schriftsteller, der die östlichen Weisheitslehren und Meditationstechniken ›als Ausdruck fundamentaler menschlicher Lebensformen‹ (G. Kaltenbrunner) auffaßte. Text aus: ›Weisheit des ungesicherten Lebens‹. Scherz, München. Zitiert nach der Ausgabe im O. W. Barth-Verlag, München 1955. S. 16–26. (C) Alfred Scherz Bern/München/Wien. *S. 152.*

Max Weber,
geb. 1864 Erfurt, gest. 1920 München. Professor für Nationalökonomie in Freiburg, Heidelberg und München. Begründer der Religionssoziologie. Theoretische Neubegründung der Sozialwissenschaften. ›Die Fähigkeit der Unterscheidung zwischen Erkennen und Beurteilen und die Erfüllung sowohl der wissenschaftlichen Pflicht, die Wahrheit der Tatsachen zu sehen, als der praktischen, für die eigenen Ideale einzutreten, ist das, woran wir uns wieder stärker gewöhnen wollen.‹ W. gehört zu den bedeutendsten Geistern des Jahrhunderts. Text aus:

›Gesammelte Aufsätze zur Religionssoziologie. Zwischenbetrachtungen‹, Bd. 1. Mohr (Siebeck), Tübingen 1920, [7]1978. S. 567–571 (gekürzt). *S. 200.*

Simone Weil,

geb. 1909 Paris, gest. 1943 Ashfort (Kent). Französische Philosophin, seit 1942 in den USA, dann in England. Als Jüdin nicht konvertiert, vertritt sie eine mystische Katholizität, verbunden mit einer dialektischen Denkschärfe. Ihre Werke wurden nach dem 2. Weltkrieg weithin bekannt. Text aus: ›Das Unglück und die Gottesliebe‹. (Orig.: Attente de Dieu). Mit einer Einführung von T. S. Eliot. Übers. v. Friedhelm Kemp. Kösel, München 1953. S. 113–121. *S. 306.*

Carl Friedrich von Weizsäcker,

geb. 1912 Kiel. Lebt in Starnberg. Studium der Physik. Promotion 1933 bei Werner Heisenberg. Habilitation 1936 und Professuren für theoretische Physik in Straßburg u. Göttingen, 1957–69 für Philosophie in Hamburg. 1970-80 Direktor am Max-Planck-Institut zur Erforschung der Lebensbedingungen der wissenschaftlich-technischen Welt. Text aus: ›Der Garten des Menschlichen. Beiträge zur geschichtlichen Anthropologie‹. Hanser, München 1977. S. 444–453. *S. 144.*

Viktor von Weizsäcker,

geb. 1886 Stuttgart, gest. 1957 Heidelberg. Mediziner. Professor für Neurologie in Heidelberg, dann in Breslau. Ab 1946 Professor für allgemeine klinische Medizin in Heidelberg. Um eine ganzheitliche anthropologische Medizin bemüht. Entschiedene Entwicklung der Psychosomatik (u. a. ›Der Gestaltkreis‹ 1940). Text aus: ›Am Anfang schuf Gott Himmel und Erde. Grundfragen der Naturphilosophie‹. Vandenhoeck & Ruprecht, Göttingen 1954. S. 29–39. *S. 164.*

Der Herausgeber verdankt die ausgewählten Lebensdaten der Autoren sowie die literarischen Angaben teilweise den Verlagen, überwiegend aber zahlreichen Nachschlagewerken. Häufiger benutzt wurden u.a.: Philosophisches Wörterbuch. Neu bearbeitet von Georgi Schischkopf. Kröner, Stuttgart [19]1974. – Wolfgang Stegmüller, Hauptströmungen der Gegenwartsphilosophie. 2 Bde. Kröner, Stuttgart [6]1975. – Werner Ziegenfuss, Philosophen-Lexikon. Handwörterbuch der Philosophie nach Personen. 2 Bde. Walter de Gruyter, Berlin 1949. – Fritz Heinemann (Hrsg.), Die Philosophie im XX. Jahrhundert. Eine enzyklopädische Darstellung ihrer Geschichte, Disziplinen und Aufgaben. Ernst Klett, Stuttgart 1959. – Gero von Wilpert (Hrsg.), Lexikon der Weltliteratur. Biographisch-bibliographisches Handwörterbuch nach Autoren und anonymen Werken. Kröner, Stuttgart 1963. – Zitate wurden entsprechend gekennzeichnet.

CIP-Kurztitelaufnahme der Deutschen Bibliothek

Der nahe und der ferne Gott:
nichttheolog. Texte zur Gottesfrage im 20. Jh.:
e. Lesebuch/Mit e. Einl. von Leszek Kolakowski. Hrsg.,
ausgew. u. mit e. Nachw. von Hans Rössner. –
Berlin: Severin und Siedler, 1981.
ISBN 3 88680 014 8
NE: Rössner, Hans [Hrsg.]

© 1981 by Quadriga GmbH
Verlagsbuchhandlung KG, Berlin
Severin und Siedler
Alle Rechte, auch das der fotomechanischen
Wiedergabe, vorbehalten
Ausstattung: Otl Aicher, Rotis
Satz: Bongé & Partner, Berlin
Lithos: Faesser, Berlin
Druck und Buchbinder: May & Co, Darmstadt
Printed in Germany 1981
ISBN 3 88680 014 8